U0819048

图解
管理学一本通

刘茗溪⊙编著

中国华侨出版社
北京

图书在版编目（CIP）数据

图解管理学一本通 / 刘茗溪编著 . —北京：中国华侨出版社，2016.12（2020.3 重印）

ISBN 978-7-5113-6563-7

Ⅰ . ①图… Ⅱ . ①刘… Ⅲ . ①管理学—通俗读物 Ⅳ . ① C93-49

中国版本图书馆 CIP 数据核字（2016）第 294756 号

图解管理学一本通

编　　著：刘茗溪
责任编辑：安　吉
封面设计：韩立强
文字编辑：胡宝林
美术编辑：张　诚
插图绘制：圣德文化
经　　销：新华书店
开　　本：720mm × 1020mm　1/16　印张：28　字数：510 千字
印　　刷：北京德富泰印务有限公司
版　　次：2017 年 6 月第 1 版　2020 年 3 月第 2 次印刷
书　　号：ISBN 978-7-5113-6563-7
定　　价：68.00 元

中国华侨出版社　北京市朝阳区西坝河东里 77 号楼底商 5 号　邮编：100028
法律顾问：陈鹰律师事务所
发 行 部：（010）58815874　　传　　真：（010）58815857
网　　址：www.oveaschin.com　　E-mail：oveaschin@sina.com

如果发现印装质量问题，影响阅读，请与印刷厂联系调换。

前言

管理学是系统研究管理活动的基本规律和一般方法的科学。它是人类近代史上发展最迅速、对社会经济发展影响最为重大的一门学科。管理是一门高深的艺术，任何经营成果的取得都源于管理。管理直接影响着一个企业的兴衰成败，这是现代企业面对的一个不争事实。可以说，企业竞争的本质就是管理水平的较量。为此，掌握管理的妙法，必将对企业的良好运作和稳步发展起到决定的作用。

今天，管理者面对的世界已经发生了很大的改变，管理者凭借自己的想象去管理企业的时代已经结束。管理是一个系统的工程，而管理学更是一门真正的科学。一名出色的管理者除了要有严谨务实的心态，还要具备多方面的职业素质。

素有“全球第一 CEO”之称的杰克·韦尔奇曾说：“作为管理者，必须高度重视识人、用人的能力，不断提高管人的技巧。作为一个合格的现代管理者，既需要有‘才智’，又需要有‘直觉’；既需要有‘理性’，又需要有‘感情’；既要善于在办公室中分析研究问题，得出‘科学’的结论，又要善于学习和借鉴别人的经验。”美国著名管理大师迈克尔·波特也曾说：“一个管理者的能力表现并不在于指挥别人，而是在指挥自己跳出最美的舞蹈。”意即当代的管理者除了指挥他人缔造业绩以外，自身还要具备扎实的专业技能和理论基础素养，如此才能成为一名成功的管理者。

作为管理者，每天都应该学点管理学，不仅要在管理知识上获得增长，更为重要的是，通过学习体现出积极向上、竭力促进企业发展的精神。如果不学习，或者满足现状，管理工作就会出现问题。如果不懂管理学，管理者会使组织失去灵魂和生命。正如彼得·德鲁克所说：在每个企业中，管理者都要赋予企业生命，为企业注入活力。如果没有管理者的卓越领导，生产资源将永远只是资源，无法变成产品。然而，资源和环境每时每刻都在发生变化，如果管理者不能与时俱进，不能在管理知识和技能上得到提升，管理者就会丧失对企业的有效指导，从而使企业走向衰败。管理的终极目标在于实践。管理大师彼得·德鲁克说：“管理是一种实践，其本质不在于知，而在于行；其验证不在于逻辑，而在于成果。”从这个意义上来说，我们学习管理学，不能纸上谈兵，而要真正付诸实际行动。所有管理学知识的出发点都是为了让个人和团体变得更有效率、更加出色，你所需要做的就是理解并实践这些知识，让它们从书本走入生活。在实际中，管理一个团队或公司将面临各种各样的问题和挑战，很多管理者对于如何驾驭员工或下属，如何建立优秀的团队，如何做到知人善任、人尽其才，如何实现与下属的无障碍沟通，如何用简单的管理取得大的收益等问题头疼不已，或者感觉力不从心。为帮助这些管理者掌握最切合实际的各种管理方法，在管理过程中少走弯路，使管理的过程更顺畅，我们特意组织专业人员编写了这本《图解管理学一本通》。

这是一部百科全书式的管理学优秀读本。本书内容全面、讲解透彻，有效融汇了世界级管理大师们的思想精华，浓缩了世界著名企业的管理智慧，精确诠释了管理的精髓，具有很好的借鉴和指导意义。全书共分为十篇，包括管理学及其演变、决策、战略管理、团队管理、沟通管理、激励、人力资源管理等各个方面，汇聚管理学的精髓，结合真实、生动的案例，将管理的妙招一一展示。本书力求做到有血有肉、内容丰富；力争做到能够使外行看得明白，内行得到启发；力图避免纯粹学术著作在某些方面的死板和干涩，能够引起读者进一步阅读的兴趣，受到启迪，领悟到管理的奥秘和真谛。

管理工作不是一朝一夕的事，管理实效的取得也不是立竿见影的。企事业单位的领导者和管理者如果能在深入阅读本书的基础上开动脑筋，理论联系实际，对现实中的疑惑进行深入的思考，将理论和实践相结合，并在实践中完善发展自己的管理观念，日积月累，必将在错综复杂的局势下，将管理工作做到左右逢源、如鱼得水的境界，并能成功应对各种危机，化解各种难题，成为出色的管理者。管理学与人们的工作和生活有着非常紧密的联系，应用十分广泛，所以，在当今社会，学习管理学对每个人都有着重要的意义。本书对每个想要掌握管理学知识的读者都大有裨益，即使你现在是一个初学者，一个渴望掌握管理能力的普通人，你也能从本书中得到有益的帮助，在管理方面获得新的突破。

目录

第一篇　管理学及其演变

第二篇　管理组织文化

第五篇　人力资源管理

第一篇

管理学及其演变

第一章

管理无处不在

管理是什么

如果遵照管理的基本定义，管理是指通过计划、组织、领导、控制及创新等手段，结合人力、物力、财力、信息等资源，以期高效地达到组织目标的过程。这个概念确实简明扼要地涵盖了管理的全部内容，那么，具体来说，管理承担了哪些功能呢？

1. 指导公司完成它的使命

管理者制订计划与战略的目的是指导公司完成它的使命。计划包括设定未来的目标，并且确定实现那些目标所需的行动。为了使计划有效，应该谨慎协调个人、团队和管理层的目标。

没有哪一家公司是在与外界隔绝的状态下运行的，所以在环境和竞争状况变化的情况下，实现公司的使命是有难度的。这需要持续地对公司的优势、劣势、机会和威胁进行评估，以便采取适当的战略。

无论是制订还是落实战略与计划，管理在其中发挥的作用都是让企业有条不紊地实现战略目标，要坚持用企业的发展战略来指导和统领各项计划。计划制订时必须注意到：具体的措施、定量的目标和综合平衡。

2. 安排和协调公司的资源

管理涉及安排和协调公司的人、财、物以及信息和技术资源，这些都属于管理组织的范畴。这个管理过程包括确定所有参与者的角色、分配任务、调度和配置资源、明确流程和确定优先顺序。

3. 激励员工贡献力量并与他人协作

在管理过程中激励员工贡献个人的最大力量并与他人协作是一个十分重要的职能，涉及的主要活动包括：明确地传达组织的目标、鼓舞和激励员工、为其他人树立榜样、为下属指明方向以及创造一个环境以使有着不同背景的员工可以很好地合作。

管理者在执行领导职能时有5项需要遵守的原则：

（1）愿景比管控更重要。

（2）信念比指标更重要。

（3）团队比个人更重要。

（4）授权比命令更重要。

（5）平等比权威更重要。

4. 衡量绩效、实施变革以及监督事件

很多时候，管理者在执行管理职能时都是在“控制”——衡量绩效、把绩效水平与目标相比较、实施必要的变革以及监督事件的发展，这就是控制。对于长期的成功而言，收集质量反馈信息、识别潜在的问题、采取纠正措施，这些活动都是至关重要的。组织活动的实际结果与设计这些活动的本意可能存在一些重大的变异或偏差，组织应该采取多种方法去发现和纠正它们，以便实现计划活动的特定目标。要想真正对企业控制到位，管理者必须把眼光瞄准以下5个焦点：

（1）人员控制。

（2）财务控制。

（3）作业控制。

（4）信息控制。

（5）组织绩效控制。

5. 大量的交流与互动

管理者面临着大量的互动，不断与上级、同级、下级以及组织外部的人交流。在这个过程中，管理者就扮演了名义首脑的角色，也就是代表一个组织、部门或工作单位的有形的人物：鼓励别人把工作做好的领导者的角色以及把组织内外部人的活动连接起来的联络员角色。

沟通有利于领导者激励下属，建立良好的人际关系和组织氛围。除了技术性和协调性的信息外，企业员工还需要鼓励性的信息。它可以使领导者了解员工的需要，关心员工的疾苦，在决策中就会考虑员工的要求，以提高他们的工作热情。人一般都会要求对自己的工作能力有一个恰当的评价。如果领导的表扬、认可或者满意能够通过各种渠道及时传递给员工，就会成为某种工作激励。同时，企业内部良好的人际关系更离不开沟通。思想上和感情上的沟通可以增进彼此的了解，消除误解、隔阂和猜忌。即使不能达到完全理解，至少也可取得谅解，使企业有和谐的组织氛围，所谓“大家心往一处想，劲往一处使”就是有效沟通的结果。

6. 在方案中作出选择

管理者还必须在几个相互冲突的方案中作出选择。这要求他要平衡会受到决策影响的各方的利益。4个决策角色包括：

（1）企业家，他会把变革引入组织。

（2）故障排除者，会采取纠正措施，控制损失，应付预料之外的局面或危机。

（3）资源分配者，负责分配人力和其他资源，使它们能够最好地满足组织的需要。

（4）谈判者，其职责是达成一致和确定折中方案。

这些活动既涉及组织内部也涉及组织外部，管理者有时候要与控制着有价值的资源的团体合作，例如其他组织的管理者、供应商以及各种金融机构的成员。其实，从广义的方面来说，每个人都是管理者，因为我们都要管理好自己的人生，对自己的人生负责。管理是一项至为重要的技能，任何人无论是在工作还是生活中，到处都在从事管理，且一辈子都无法脱离。同理，当我们把管理的定义缩小到企业管埋时，管理者也应该秉持着对企业负责的态度，认真学习管理知识，担当起管理者应有的职能。

德鲁克之管理定义

“管理就是界定企业的使命，并激励和组织人力资源去实现这个使命。界定使命是企业家的任务，而激励与组织人力资源是领导力的范畴，二者的结合就是管理。”这就是德鲁克对管理的定义。

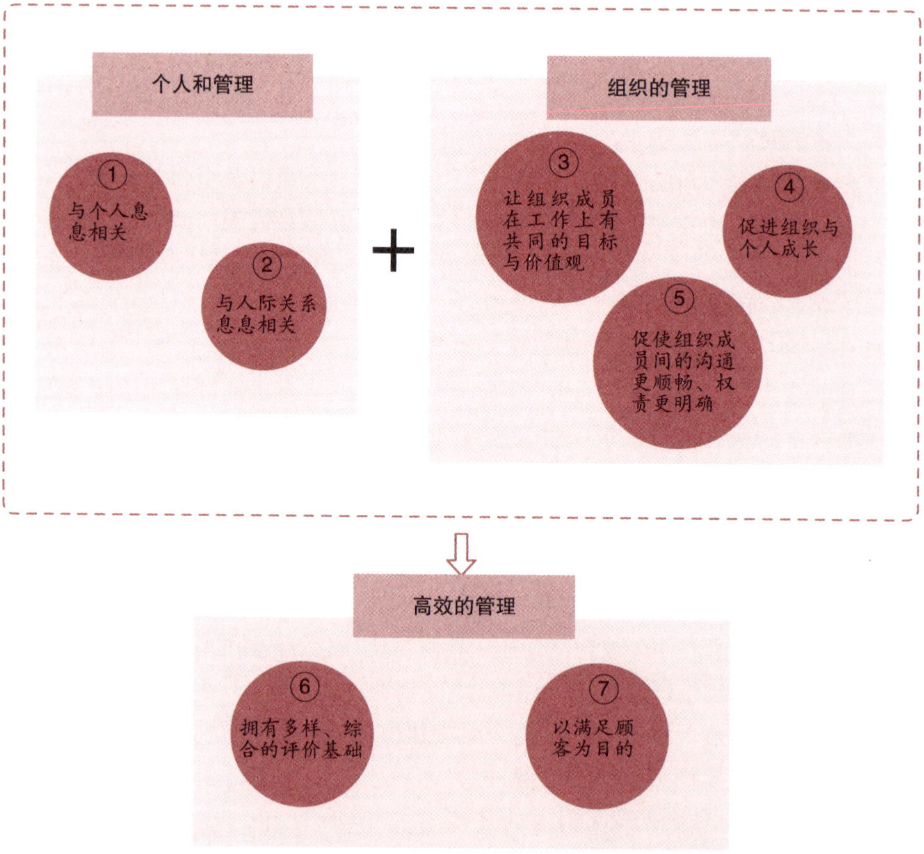

管理学并不可怕

管理学是科学的、高深的，但并不是复杂的、可怕的。管理学是一门科学，只要是科学就必须具备普遍性和公理性，符合事物的一般规律，这些性质都决定了它必须是简单的。

计算机刚诞生时，是一个使用了18000个电子管、1500个继电器，总体积90立方米、占地170平方米、耗电量为140千瓦的复杂的庞然大物。而如今，电脑只有笔记本那么大，操作简易，便于携带。

初期的照相机，同样体积庞大、笨重复杂，由于曝光所需的时间很长，照相时要选择好天气，必须在晴天的中午，让照相的人在镜头前端端正正地坐半小时左右。而如今，几乎每个人的手机上都有照相功能。

1769年，汽车刚刚问世时，是用蒸汽驱动的。车架前端装着一个大锅炉，这个复杂的怪东西走起来浓烟滚滚、蒸汽腾腾。而如今，汽车的线条如此简单流畅，操作如此简单便捷。

科技产品从简单到复杂，又从复杂到简单；人诞生之初也是简单的，之后变得越来越复杂，而到了四十不惑、五十知天命的时候又重回简单；公司也是一样，创业的时候是简单的，随着发展而变得复杂，等到了一定阶段又必须重回简单。

任何事物的发展规律，都是遵循着“简单——复杂——简单”这样一个规律，学习管理学也是如此，在你刚刚当上管理者时，管理对你来说可能仅仅是管好手下的那几个人，可后来，随着职位的上升、业务的扩展，你要管理的事情越来越多，你发现自己要学习的东西也越来越多，你觉得管理学的知识千头万绪，不知如何下手。在你真正了解了管理学、把管理学运用到工作和生活中之后，你又会发现管理学其实如此简单、使用起来也得心应手。

14世纪，英格兰修士威廉提出一个原理：如无必要，勿增实体。它被人们称为“奥卡姆剃刀”，其含义是：只承认一个个确实存在的东西，凡干扰这一具体存在的、空洞的概念都是累赘，应当一律取消。“奥卡姆剃刀”的出发点就是：大自然不做任何多余的事。对于现象，最简单的解释往往比复杂的解释更准确。如果你有两个类似的解决方案，选择最简单的、需要最少假设的那个，最有可能是正确的。一句话：把烦琐累赘一刀砍掉，让事情保持简单！

“奥卡姆剃刀”是最公平的刀，无论科学家还是普通人，谁有勇气拿起它，谁就是成功的人。通用电气公司前CEO（首席执行官）杰克·韦尔奇深得威廉的真传。他用一把锐利的“剃刀”，剃去了通用电气身上背负已久的官僚习气，使通用轻装上阵，取得了巨大的成功。

墨菲定律说：把事情弄复杂很简单，把事情弄简单却很复杂。简单，其实并不简单。需要非常高的、专业化的能力和水平。凡事必须找出规律、由表及里，以效率和效果为导向和出发点“化蛹为蝶”！这种高级的“简单”概括起来有三个层次：

第一个层次——就是要对事物做仔细的认识和研究。

第二个层次——抓住事物的本质，简单明了、通俗易懂地表达复杂的观点。

第三个层次——在深刻了解事物的基础上，找到简单、高效的解决办法。

在管理中，只要你遵循这样的原则，抓住工作重点，找到合适的方法，就会变得非常简单而高效！

学习管理学的终极目的就是要让管理变得更高效、有序，当你的工作与生活不再杂乱无章、拖沓无聊，它们也就自然变得更简单了。所以，不要惧怕管理学，它既不需要你死记硬背定理公式，也不要求你出口成章，你要做的，只是抱着明确的目的学习管理学、应用管理学、收获管理学的成果，这难道不简单吗？

管理的三项任务

真正成功的企业家，不仅积聚了大量财富，而且建立了一个能长期存在的深刻的企业理论。管理的任务主要有以下三项：

1. 使员工工作富有活力并有成就感

德鲁克说：“企业的资源包括很多，但真正的资源只有一项，就是人力资源。”管理者只有将资金投入人力资源的管理之中，激发员工的想象力与创造力，才可能使产出大于投入。

另外，要想使下属高效工作，就要满足下属对工作成就感的追求。这是获得卓越管理必须遵守的一条重要法则。一般而言，越是优秀的人越喜欢接受挑战性工作。因此，管理者要善于委派挑战性工作给最为优秀的人才，这样做不仅使其易于获得成就感，也能使管理工作实现真正的高效。

2. 取得经济成果

企业与其他社会组织的根本区别在于，企业是为了获得经济成果而存在的。企业家的终极使命就是赢利，给员工发不出工资是企业家的失败。企业就像是一个大家庭，必须有钱维持这个家庭的开支，才能维系企业的正常运转。如果没有利润的支撑，一切美好的设想都只能算是天方夜谭，社会责任也成为空谈。

3. 妥善处理企业对社会的影响和企业承担的责任

越来越多的实例向我们表明，企业，特别是沃尔玛、星巴克、耐克、麦当劳等知名度较高的跨国企业，它们在品牌建设方面的路径，正在由传统的广告方式转型为履行社会责任的方式，也就是通过积极主动地履行社会责任来再造企业文化，重塑企业形象，并由此打造企业品牌影响力。

下面我们以沃尔玛为例。

沃尔玛曾经主动采取两项举措：一是为了减少企业二氧化碳排放量，将其庞大的物流车队的效率提高100%；二是为达成节约利用资源的目标，将其各卖场的能源耗费量减少30%。沃尔玛这样做的动机很简单，因为有民意调查表明，由于公司在资源、环境等社会问题上的某些立场及做法，已经有 8% 的买主表示不再光顾沃尔玛。所以沃尔玛的举措是为了使自身的品牌力量不致因对资源与环境责任的缺失而受到削弱。

任何组织都需要承担社会责任。组织应承担的社会责任可分为两类：一类是组织对社会造成影响的责任，另一类是组织对社会问题的责任。根据这两类不同的社会责任，可以采取不同的措施。组织对社会造成的影响，不管是有意还是无意，都必须负起责任。

管理者要明白，管理的这三项任务没有主次之分，所以，在实际工作中，要一视同仁，不要只顾“取得经济成果”而忽视了企业应该承担的社会责任。

最高管理者的任务与责任

最高管理者是指在最高层指挥和控制组织的一个人或一组人。其最重要的任务就是根据外部市场和顾客需求确定公司事业及其目标，并通过各种措施来创造一个良好的内部环境来实现事业目标。

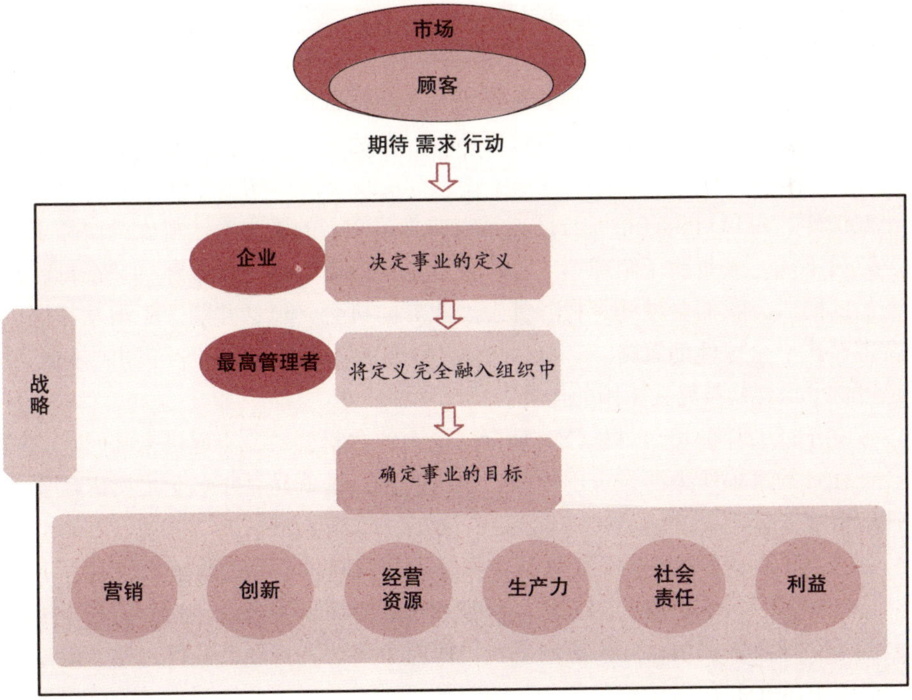

管理是关键时刻的救世主

自1825年英国第一次爆发经济危机以来，全球的经济环境就从来没有长久地平稳过。每次经济危机都会导致一定程度的市场重组，致使一些老的行业或企业衰退或破产，同时也推动着新的行业或企业登上历史的舞台。

优胜劣汰、新陈代谢是市场规律的必然结果，要想不被历史的洪流无情地吞噬掉，就要用管理的手段让企业永远流动着新鲜的血液。

很多历史悠久的著名企业都是这样做的：

20世纪90年代，可口可乐由于通过牺牲长期需求的短期行为来实现业绩增长，即只专注于自己的碳酸饮料增长政策，没有跟上大众口味的变化潮流，致使业绩接连受挫。

当时，消费者的口味开始倾向于健康饮料，瓶装水、运动和能量饮料以及果汁等成为饮料行业的主要增长源。但可口可乐仍然把重点放在经典的可口可乐、雪碧和芬达等几个核心品牌上，目的是实现现有产品利润的最大化。

更关键的是，此时竞争对手百事公司已经在非碳酸饮料业务上抢先一步。早在20世纪90年代初，百事公司就提出要做“全方位的饮料公司”，并开始不断地并购扩展产品线。如百事公司并购了纯品康纳，收购了桂格公司运动饮料品牌等。

2000年，在业绩受挫面前，可口可乐总裁易人，并提出“适应变化中的客户需求”的管理构架，包括增加开拓新业务的部门。一位经历此次重组的可口可乐装瓶系统人士说，当时可口可乐中国装瓶厂也有小规模裁员，有部分香港办事处的员工被派往内地工作，目的是让员工更接近市场。此后，可口可乐提出要做全方位的饮料公司。

2007年，可口可乐宣布以41亿美元收购美国知名的维生素饮料生产商酷乐仕公司，此后不久，又收购了全球第二大矿泉水生产商海兰德·斯普林。“在自己开发新产品的同时，我们会继续寻找各种发展业务的机会，包括并购。中国及其他市场均会遵循这个全球性的策略。”可口可乐中国区副总裁李小筠说。提出收购汇源，正是可口可乐并购策略在中国的体现。

成立于1892年的可口可乐公司是全球最大的饮料公司，当危机来临时，它们从不会被往日的辉煌所束缚，勇于创新，敢于改革，这就是百年名企之所以屹立不倒的管理精髓。

拥有160多年历史的欧洲家电品牌西门子公司同样历经数次危机洗礼，愈战愈勇。2008年的经济危机影响到了每个国家和每个公司，当然也包括西门子。不过正如西门子全球总裁罗旭德先生指出的：“西门子无法置身经济危机之外，但是经济危机并没有冲击到西门子的业务。”原因是西门子在经济危机到来之前已经采取了一系列预防性的措施。例如，在经济危机爆发的一年多以前，西门子已经开始削减在销售、行政管理以及其他相关方面的费用。这些措施帮助西门子建立了非常好的成本结构来抵御危机。

再比如，西门子早些时候开始实行的CEO负责制，其主要目的是精简机构，减少公司内部的汇报流程，这一措施使得公司的CEO能够承担清晰的责任。另外，在经济危机到来之前，西门子已经开始调整自己的业务领域和产品解决方案，特别是调整并形成了自己独特、全面的环保业务组合。这是非常明显的战略调整，也为西门子带来了非常明显的结果。现在很多国家提出了经济刺激计划，提出只有可持续发展才能抵御经济危机。西门子也认为环保业务的确能够帮助自己最终战胜经济危机，他们相信自己在经济危机之后会变得更强大。

需要指出的是，这次经济危机也极大地改变了西门子的经营方式。世界经济的重心从欧美转移到了亚洲国家，西门子也相应地把业务重心向中国这样的新兴市场转移了。同样是应对危机，与可口可乐公司不同的是，西门子公司采取了事先预防的方式。像西门子这样的大企业早已在100多年的经营与管理中培养出了自己长远的眼光，不仅在危机发生后能应对自如，而且练就了“百毒不侵”的防御机制。所以说管理不仅是企业应对危机的“救命稻草”，更是维护企业平稳运营的“定海神针”。

对一个企业而言，每一次危机本身既包含导致失败的根源，也孕育着成功的种子。发现、培育，以便收获这个潜在的成功机会，就是危机管理的精髓。而习惯于错误地估计形势，并使事态进一步恶化，则是不良的危机管理的典型。简言之，如果处理得当，危机完全可以演变为“契机”。

管理让沟通更有效

日常生活中，我们已经习惯了只站在自己的角度来考虑问题，但当一个管理者在管理一个企业时，不应该根据个人的喜恶要求员工应该做什么、不应该做什么。

我们在动物园里或者是电视上看马戏表演的时候，一头非常凶猛的老虎被一个十几岁的小姑娘驯服得非常温顺、听话，小姑娘让它表演什么动作它就表演什么动作，一点没有兽中之王的那种凶狠和残暴。我们为老虎的精彩表演鼓掌的同时更为小姑娘的勇敢和机智喝彩。小姑娘是如何做到让老虎听话并能按照她的意愿去表演的呢？首先小姑娘要了解老虎的秉性，它什么时候需要干什么，它的一个表情一个动作意味着什么，当它表演出色的时候我们要给它什么。小姑娘只有充分了解老虎，知道它的想法，走进它的世界，才能让老虎信服她、依赖她，听她的指挥。

管理动物都需要了解动物的想法，何况是管理人呢。从某种意义上说，管理就是一个深入沟通的过程。沟通分为“有效沟通”和“无效沟通”。沟通并不止是

“说了”，如果停留在说了的层面，只能算是“无效沟通”。只有让对方知道了、了解了并且去“做了”，才称得上“有效沟通”。人与人之间的交流有语言、有文字，应该比人跟老虎的沟通容易几百倍，从小姑娘理解老虎的秉性并且能够指挥老虎表演她需要它表演的动作，我们不难看出管理也一样，也要深刻了解员工的思想，通过沟通能够让员工认可并且执行领导的想法。

德鲁克说，只有了解了对方的期望，我们才能了解沟通是否能够利用收听者的期待以及是否需要对他“当头棒喝”，而让他意识到“不能如其所愿”的事情正在发生。也就是说，通过了解对方的期待，使我们的沟通更有针对性。

杰克·凯维是加利福尼亚州一家电气公司的科长，他一向知人善任，并且每当推行一项计划时，总是不遗余力地率先做榜样，将最困难的工作承揽到自己的身上，等到一切都上了轨道之后，他才将工作交给下属，而自己退居幕后。虽然，这种处理事情的方法是很好的，但他太喜欢为人作表率，所以常常让人觉得他似乎太骄傲了。不知怎么搞的，一向精神奕奕的凯维却显得无精打采。

原来最近的经济极不景气，资金方面周转不灵，再加上预算又被削减，使得科里的业务差点停顿。凯维觉得这种情形若继续下去，后果一定不可收拾。于是他实施了一套新方案，并且鼓励职工：“好好干吧！成功之后一定不会亏待你们的。”但没想到眼看就要达到目标，结果还是功亏一篑，也难怪他会意志消沉了。

平日对凯维就极为照顾的经理知道这些情况后，便对他说：“你最近看起来总是无精打采的，失败的挫折感我当然能够了解，但是我觉得你之所以会失败，乃是因为你只是一味地注意该如何实现目标，却忽略了人际关系这种软体的工程，如果你能多方考虑并多为他人着想，这种问题一定能够迎刃而解。”经理停顿了一下，又接着说：“大丈夫要能屈能伸，我觉得你就是进取心太急切了，又总喜欢作员工的表率，而完全不考虑他们的立场，认为他们一定能如你所愿地完成工作，结果倒给了职工极大的心理压力。大概也就是因为这个缘故，所以大家都佩服你，但不喜欢做你的下属。其实每个人都知道工作的重要性，所以你实在没必要再给他们施加压力。你好好休息几天，让精神恢复过来，至于工作方面，我会帮助你的。”

经理在与杰克·凯维沟通之前，已经作过详细的调查，不仅清楚凯维消沉的原因，也知道了同事对他的评价。他判断，凯维此时最需要的一定是失败的原因和鼓励的话语。所以，他才说出上述一番话。

这些话对于凯维来说确实很受用，在经理与他谈完话的第二天，他就信心百倍地开始工作了。

会打棒球的人都知道，当我们要接球时，应顺着球势慢慢后退，这样的话球劲便会减弱，与此相似，我们在说服他人的时候，如果能将接棒球的那一套运用过来，沟通就会变得极为容易。

企业的公转自转都离不开管理

如果把企业在市场中的表现比喻为公转，把企业内部的运营、资源调配等比喻为自转，那不管是公转还是自转，都是离不开管理的。所有的企业都是以赢利为目的的，争夺同一个市场就像抢吃同一块蛋糕，你必须比别人更快、更强、更特别，才能抢到最大的那一块。很多时候，如果用好管理手段，利用好自身的优势，小企业往往会抢夺市场先机，把那些大企业远远甩在身后。2010年南非世界杯成就了神奇的章鱼保罗，这是典型的奇思妙想，借助动物的敏感，以小见大，制造轰动全球的事件。在章鱼帝的影响之下，德国奥伯豪森水族馆官方网站点击率暴增，欲前往该水族馆参观的游客也大幅增加，其品牌知名度一夜之间可谓享誉全球。至于西班牙天价买章鱼，德国坚决不卖。当全球都在津津乐道这只神奇的章鱼时，不知道水族馆背后的老板已经在梦里笑醒了多少次：这个世界，还有比这成本更低、效果更好的营销吗？在这场因足球世界杯而起的广告界的世界杯中，德国奥伯豪森水族馆不花一分钱却成为世界杯营销平台上最大的赢家，这对中小企业是否该有所启迪呢？

优秀管理者的要素

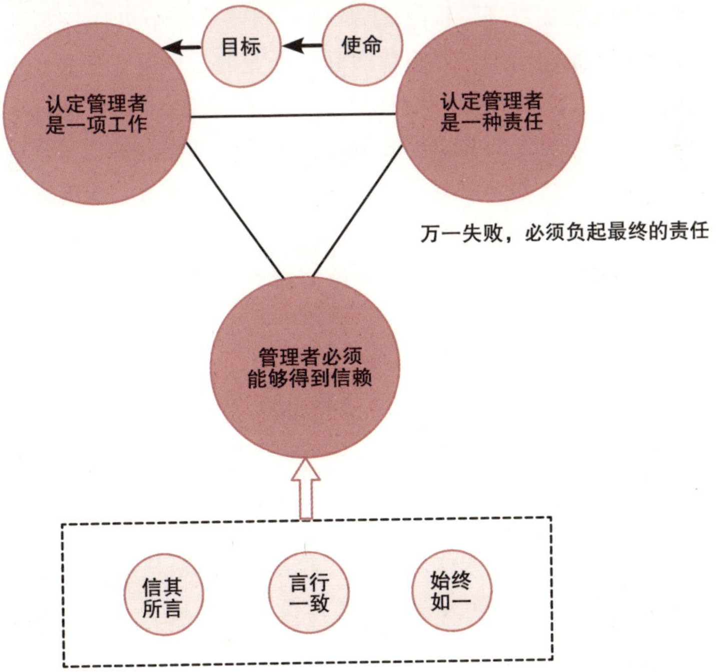

区别于历史悠久的大企业，小企业往往组织结构简单，没有冗繁的官僚系统，管理者可以第一时间听到员工的建议，并且执行起来也会更快捷，所以，特别是在创意市场，最能够夺人眼球的往往是由年轻人组成的小团队。同理，大企业也可以从中发现管理的奥义：要想分到大蛋糕，光有敏锐的市场嗅觉还不够，还要有灵活便捷、执行力强的组织结构，内外双修，才能在市场中如鱼得水，占得先机。

就像如果地球不自转就无法公转一样，《礼记·大学》中有云："身修而后家齐，家齐而后国治。"拖着浑身痼疾的身躯是无法打胜仗的，解决企业的内部问题，就更离不开有效的管理手段了。

在德国的主要航空和宇航企业MBB公司，可以看到这样一种情景：上下班时，员工把专门的身份IC卡放入电子计算器，马上显示当时为止本星期已工作时间多少小时。MBB公司允许员工根据工作任务、个人方便等与公司商定上下班时间。原来该公司实行了灵活的上下班制度，公司只考核员工的工作成果，不规定具体时间，只要在要求时间内按质量完成工作任务就照付薪金，并按工作质量发放奖金。这种灵活机动的工作时间，不仅使员工免受交通拥挤之苦，还使他们感到个人权益受到尊重，从而产生强烈的责任感，工作热情也有所提高，公司因此受益匪浅。

法国斯太利公司也同样摒弃了条条框框，对员工实行非常人性化的管理。该企业根据轮换班次的需要和生产经营的要求，把全厂职工以15人一组分成16个小组，每组选出两名组长：一位组长负责培训，召集讨论会和做生产记录；另一位组长负责抓生产线上的问题。厂方只制订总生产进度和要求，小组自行安排组内人员工作。小组还有权决定组内招工和对组员奖惩。企业的这种放权行为，不仅没有耽误生产，还使该公司的生产力激增，成本明显低于其他企业。

管理不是头疼医头脚疼医脚，而是制订一套切实可行的合理系统。如果能运用管理手段为自己的企业营造一个适合生存发展的环境，你就会发现无须用多大的力气推动，企业自己就会开始按照正确的轨道运转了。

地球离开谁都会照常公转、自转，好的管理者应该做到的就是管理出一个离开你也照常运行的企业。

下一站，管理的新纪元

1769年，英国人乔赛亚·韦奇伍德开办埃特鲁利亚陶瓷工厂，在场内实行精细的劳动分工，他把原来由一个人从头到尾完成的制陶流程分成几十道专门工序，分别由专人完成。这样一来，原来意义上的"制陶工"就不复存在了，存在的只是挖泥工、运泥工、搬土工、制坯工等，制陶工匠变成了制陶工场的工人，他们必须按固定的工作节奏劳动，服从统一的劳动管理。

1913年，美国人亨利·福特在韦奇伍德的基础上进行改进，提出在汽车组装中，汽车底盘在传送带上以一定速度从一端向另一端前行。前行中，逐步装上发动机、操作系统、车厢、方向盘、仪表、车灯、车窗玻璃、车轮，一辆完整的车组装成了。从此流水线管理被广泛应用，宣告了一个管理新纪元的诞生。从1769年至1913年，流水线工艺的被认可经历了整整144年。

接受新观念总是需要一个漫长的过程的，但这个飞速发展的时代已经不允许我们再花费太多的时间来消化、吸收管理的新理念，而是要求管理者们用自己的眼睛随时发现身边的管理新现象并迅速地吸收、整合、应用——只有这样，你才有可能成为下一个管理新纪元的王者。

新现象一：我为自己代言。在很多人的心目中，乔布斯就是苹果，苹果就是乔布斯。他在每年的新品发布会上的演示，都被无数“果粉”和业内人士翘首以盼。很多专家认为，乔布斯是世界上最懂得消费者心理的人，也是最善于演示新产品的人。他的演讲风格能营造一种魔力场，这种个人魅力很少有CEO能达到。《乔布斯的魔力演讲》的作者卡迈恩·加洛认为：“乔布斯是世界舞台上最具沟通魅力的大师级人物，也是全世界最擅长掳获人心的演讲者，任何人与他相比都是望尘莫及。”

无独有偶，在中国也出现了一位“为自己代言”的CEO：一则励志视频在微博推出之后迅速蹿红网络，视频的主角并不是明星，而是一位“80后”电子商务创业青年才俊。其广告词“为梦想奋斗，活出自己的色彩，做最漂亮的自己。我是陈欧，我为自己代言 ”语言简短，刻画了一位为未来奋斗的“80后”形象，引起很多同龄人以及“90后”“70后”甚至“50后”的共鸣。

据悉，在短短一天时间内该视频已经转发超过5000次，网友回复达1400多条。网友还根据其广告词模板，创造出了各种不同的广告体，这也是继凡客之后的又一受网友热捧的话题性广告。就像时尚总是在轮回一样，管理者这一角色在经历了个人英雄主义者的衰落之后的多年，又重新扛起了企业代言人的大旗，与20世纪诸多铁腕CEO不同的是，这些管理者的代言人角色更多时候是对外的，他们在管理公司的同时更向外界宣传着自己的理念，把企业文化的覆盖面扩散到了整个市场。作为新纪元的管理者，要在这个信号的启迪下努力调整自己的角色，让自己的气场更强大！

新现象二：从论坛灌水，到社交网站偷菜，再到当今微博的火热，网络的力量已经不仅仅在网上，网络的影响已经超乎人们的想象，爱它也罢，恨它也好，我们都必须接受一个事实：新时代来临了！在互联网全面渗透、社会化媒体急剧发酵的今天，微博改变了我们接触信息、参与信息的方式。从而，我们发现，在微博世界里，产品变了、资讯变了、体验方式变了、消费模式变了。

企业不得不重新考量原有的营销链条、营销组合以及营销效果。只要你用心观察，就会发现这个世界每一秒都在改变，还有更多的管理新现象等着你来发掘。乔布斯的人生信条是：改变世界。这个世界只有一个乔布斯，所以我们大多数人如果能做到追赶上这个世界改变的步伐就已然是不简单了。

你可以没有乔布斯的头脑与决绝，但不能停止你追赶的步伐。只要你永不停止，当你蓦然回首时，你会发现你已经站在了时代的前面，你已然拥有了改变世界的资本，下一个管理纪元，就会由你来玩转！

如何发现“已经发生的未来”

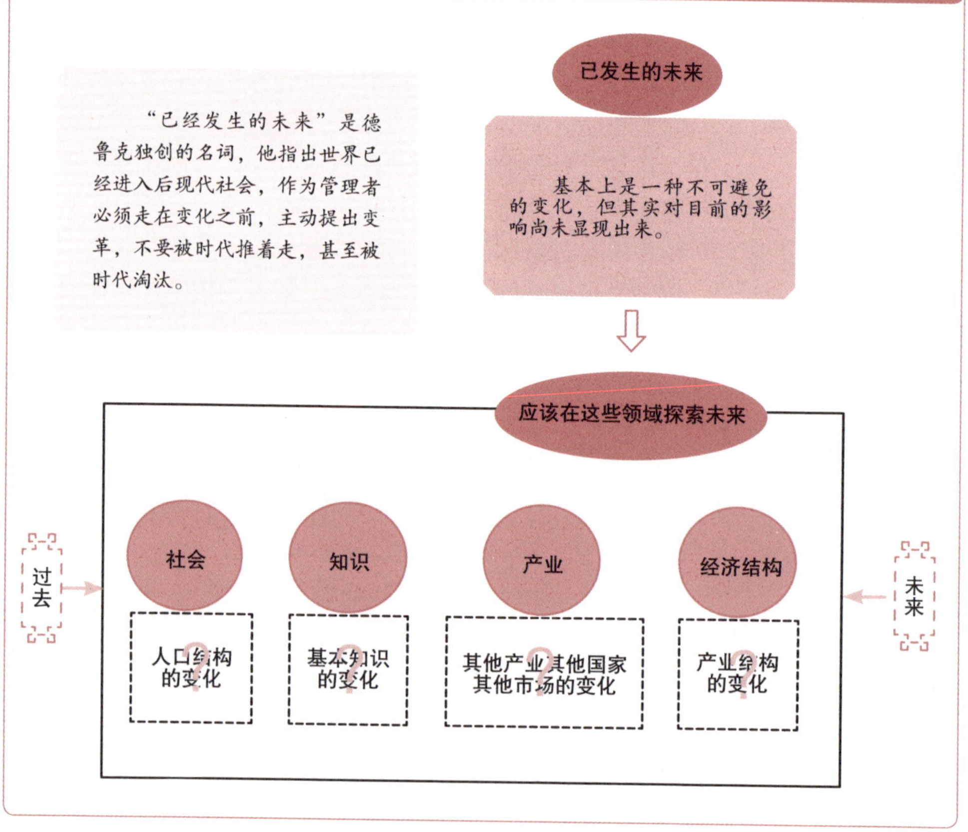

第二章

管理思想演变的总趋势

管理的历史演进

许多人都认为管理是一个很新的概念，但实际上它并不是，从古至今，人类从来没有离开过管理。早在 1000年前，我国古代的领导者就寻找到了一种有效的方法管理一个很大的组织，并且指出了沟通和了解民心的重要性。不仅如此，古代领导者们还探讨了劳动者的价值、以德为基础雇用和提升人才以及明确工作职能的必要性。现代管理的很多理论都可以从孙武的《孙子兵法》中找到端倪。

除了我国，其他国家的古代管理者也在应用着管理理念。诸如，古代埃及在设计和建立金字塔时就需要进行大量的计划、组织和劳工管理；天主教教会在世界范围内的传教同样进行了大量的计划、组织和指挥。

而通常我们所认识的“现代管理”起源于工业革命，这场革命于18世纪中期首先在英国爆发，后来又迅速蔓延至美国和世界的其他地理区域。在这段时期内许多人对管理思想和实践的发展作出了贡献，如被誉为“现代管理之父”的弗雷德里克·泰勒。泰勒是一名美国工程师，他研究的关于工人动机与其绩效之间联系的成果为应用于工作场所的激励理论奠定了重要的基础。他认为工资仅仅是报酬的一部分，员工应该定期得到关于其绩效的反馈。他的主要贡献是科学管理原则，这些原则为多种管理者职能、角色和活动提供了重要的基础：近代研究显示科学管理是一种严密的理论方法，它还促进了其他领域的发展，如制度经济学。

在过去200年的历程中，其他人对我们关于现代管理理论和实践概念的发展也起了重要作用。其中弗兰克和莉莲·吉尔布雷思开创了时间和动作研究，以确定完成任务最有效率的方式。艾尔弗雷德·斯隆（通用公司的前首席执行官）和切斯特·巴纳德加深了我们对于如何建立高效率和有效组织的了解。其中斯隆关注组织的正式方面，如职能和部门，而巴纳德则强调组织的社会特征，如合作、建立共同目标以及沟通的重要性。玛丽·帕克·福莱特和道格拉斯·麦格雷戈关注组织中领导的重要性和领导的价值。福莱特赞成强调整合以及将员工视为合作伙伴的重要性的相关原则。同样，因为推进 “Y理论”领导实践而广为人知的麦格雷戈对人性持积极的假设，认为积极的领导能够带来员工更高的投入和更高水平的成就。此外，亚伯拉罕·马斯洛和弗雷德里克·赫茨伯格对我们了解动机起到了最主要的作用，这一知识在当前管理实践中得到了广泛运用。马斯洛最著名的是提出了“需要层次”理论，而赫茨伯格则提出了激励因素和保健因素的独立性。这两种理念都促进了工作丰富化的概念被运用于任务设计，以达到更加有效地激励员工和更多地使用其技能的目的。

这些理念看似晦涩，其实在人类几千年的应用中，它早已深入人心。在信息大爆炸的新纪元，管理变得越来越多元化，但管理者要始终明确自己的定位——用管理让世界变得更美好。这也是从古至今的所有管理学家向我们传达的终极奥义。

X理论与Y理论

美国管理学家麦格雷戈于1957年提出了X-Y理论。麦格雷戈把传统管理学成为“X理论”，他自己的管理学说称为“Y理论”。

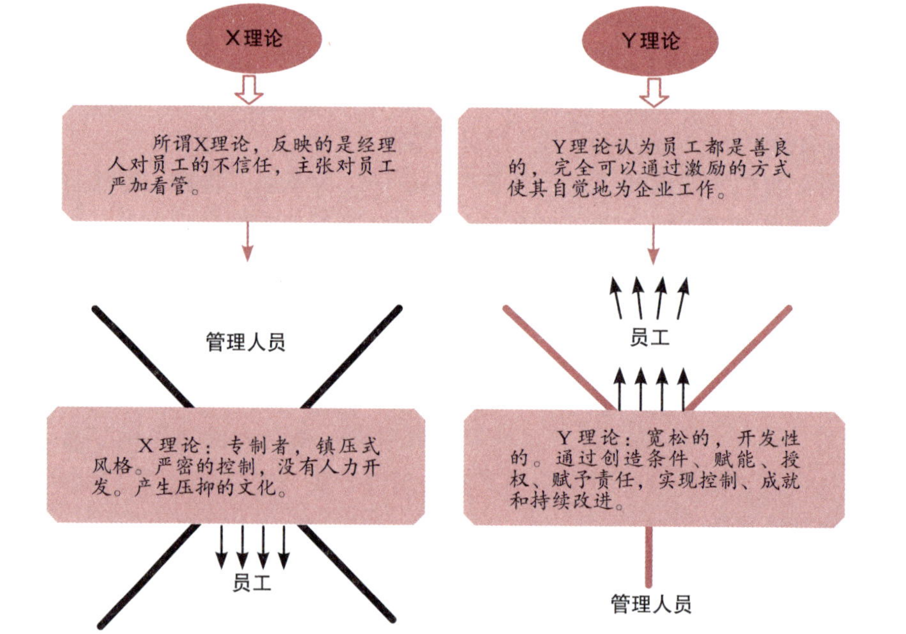

当前和今后管理的主旋律是创新

在这个多变的年代，变是唯一不变的真理。

任何已有的和常规的管理模式最后都将被创新的模式所取代，管理创新是管理的主旋律。

当前对管理创新发展趋势的研究主要有以下几个观点：

（1）管理创新的内容：战略创新、制度创新、组织创新、观念创新和市场创新等几个方面。

把创新渗透整个管理过程之中。乔布斯的人生信条是改变世界。那么，乔布斯改变了什么呢？除了给数以十亿计的消费者带来美妙神奇的产品之外，乔布斯对行业的改变也是无人能及的。现在来看，乔布斯及其苹果公司至少改变了6个行业的格局。①他用苹果电脑开创了个人电脑这个行业；②他用皮克斯开创了三维动画电影这个行业；③他用iPod颠覆了整个音乐行业；④他用iPhone颠覆了手机通信行业；⑤他用iPad正在改变新闻出版业；⑥他用iTunes则改变了软件行业（也包括前面说的音乐和出版）。如果一个人改变其中任何一个行业，那已经是天才级的人物，而乔布斯改变了6个！

可以说乔布斯的一生都是在创新，创新已然是他生命的全部，正是因为如此，他才能够把自己和苹果公司打造成神一般的存在。对于所有企业来说都是如此，只有把创新渗透整个管理过程中，才能真正地从创新中获益。叫喊着要创新却舍弃不了保守的老观念，是永远无法前进的。

（2）组织中的个体都是创新的主体，随之而来的是需要一个适合其创新的环境和机制。

乔布斯走了，有关纪念他的文章已经数不胜数。的确，乔布斯作为一个传奇，他是不可复制的，他重新塑造了PC、音乐和手机行业，改变了人们工作、娱乐和通信方式。

就乔布斯个人而言，其出现是一个偶然，但乔布斯出现在美国，其实很难用偶然去解释。乔布斯无论作为一个奇迹也罢，传奇也罢，似乎又和美国的制度背景、硅谷文化和人生哲学有着不可分割的联系。乔布斯是美国硅谷文化的一个多元体，比如，他是梦的代表，他是创新的引领者。更重要的是，他坎坷的身世和一次又一次失败的经历，并且能够站起来取得成功，恰恰是美国硅谷文化中最重要的组成部分：宽容失败，并鼓励创新。对于乔布斯现象，其意义并不在于出现第二个乔布斯，而是给其他国家提供了一个如何培养"自己的乔布斯"的制度性思考。

德国、英国也都崇尚创新，鼓励技术发明，但为什么没有出现乔布斯这样的科技界顶尖人物？因为美国的文化精神内核是鼓励冒险、宽容失败、勇于创新和不断进取，这些是乔布斯成长的重要沃土，是风险投资健康发展的沃土。乔布斯能够无拘无束地穿越各界障碍，在技术和艺术之间无缝隙地穿越，靠的就是这种宽容失败的硅谷文化。

所以说创新并不能仅仅依靠个体的拼搏，更重要的是要为创新提供一个宽容与自由的环境，创新者从来都是不羁的，我们的社会要适当地为创新者们减轻不必要的束缚，把自己的角色从一个扼杀者转换成新思想、新潮流的培养皿！

（3）企业个性化，因为竞争的激烈性，企业必须有自己的独特个性，模仿别人是难以生存的，所以，成功的企业必须注重自己的独到之处。即具有独特个性化的产品和个性化的经营管理方式。

乔布斯是苹果的商业模式的重塑者。他将苹果从一个电脑品牌转变为一个消费品牌，利用iTunes将苹果公司从一个产品公司转变为一个平台公司。他在20世纪90年代末就意识到，个人电脑的竞争已经基本结束，应该开始对数码终端展开竞争。他领导研发的iPod、iPhone和iPad都开创了一个新的品类，他利用iTunes把数以百计的唱片公司（背后则是数以万计的音乐人）、数以百万计的软件（包括游戏）开发者以及数以百万计的媒体和出版机构凝聚起来，完成了对苹果商业模式的重新塑造。从2003年（那一年iTunes推出）到2011年的8年之内，苹果的市值增加了近70倍，一个重要的增长引擎就是苹果商业模式的重新塑造。

管理模式创新是企业的深度调整

管理创新对于现代企业来说极其关键，经营管理模式能否形成新的突破，决定了企业究竟能走多远多久。因此，企业管理者必须把握商业发展新趋势、新要求，不断进行管理模式创新，并把创新渗透整个运营过程之中。

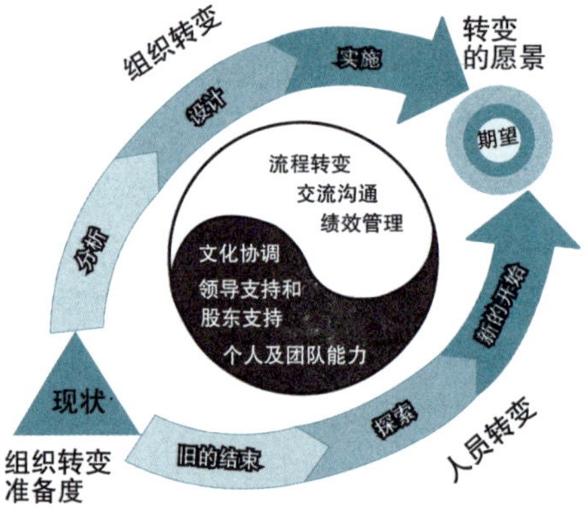

企业管理模式创新是针对内外部环境、条件的变化，企业主动在企业文化、组织架构、管理流程、人力资源配置等方面的深度调整。

只有战胜满足感，不断创新，才不会被飞速发展的市场淘汰。

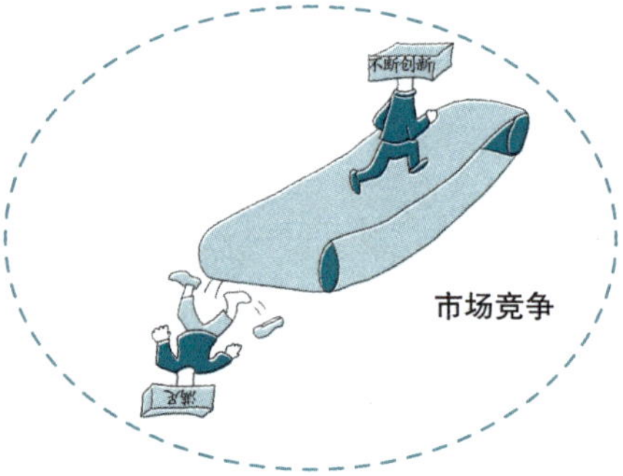

历史一次一次地向我们证明了，跟在别人屁股后面跑的人绝对不会成功。这就是为什么全世界只有一颗“被咬掉一口的苹果”，全世界只有一个不朽的“乔帮主”——他们是特别的，他们一直在被别人追赶，甚至被这个时代所追赶。在这个偌大的地球上，只有保持自己的独特性才不会被遗忘、被淹没。

创新，就是要比别人看得更远，更深刻，当你不再闭门造车，当你不甘心永远做一个无名小卒时，你已经找到了你创新的动力。

知识是管理中的重要资源

世界经济从农业经济到工业经济再到知识经济的历史发展过程中，由于社会的发展使得知识已成为最为重要的资源。在信息的催化之下，知识经济时代已经到来，企业具有独特的属于自己的知识已成为企业生存发展的重要标志。在企业管理中如何获得知识，如何使用知识，如何使知识变为更多的知识，如何把知识直接转化为生产力，这些都是知识经济中管理理论所要解决的问题。这里需要考虑的问题有：

（1）知识经济构成的机制是什么，有什么规律，传统的经济理论在知识经济中还有多少价值。

创新是知识经济发展的动力，教育、文化和研究开发是知识经济的先导产业，教育和研究开发是知识经济时代最主要的部门，知识和高素质的人力资源是最为重要的资源。知识经济的发展不能违反价值规律，不能违反供求规律，更不能违反市场的竞争规律。知识在现代社会价值的创造中的功效已远远高于人、财、物这些传统的生产要素，成为所有创造价值要素中最基本的要素，因此知识经济的提法可以说正是针对知识在现代社会价值创造中的基础性作用而言的，但不能由此就认为知识经济仅仅是区别于所谓的物质经济或资本经济。

（2）知识经济中的企业应该是什么形态，其机制是什么，应遵从什么规律。

对这个问题，可能在每个人心目中都有不同的答案。但从企业的角度分析，建议可以重点关注知识管理工作中的“两化”，即“隐性知识显性化”和“隐性知识隐性化”。所谓“隐性知识显性化”，指的是把隐藏在个人头脑中的经验、技能等没有成文的内容以个人总结、方案总结、学术成果等形式固定下来，便于后续的知识传播与复用。具体来讲，就是每个企业把内部的最佳实践提炼总结出来，以此形成内部的标准、范例，实现组织内的知识分享。

所谓“隐性知识隐性化”，指的是对于难以成文的知识点，通过人人交流的形式，将个人的经验、技能传授给他人，做到团队内的有效分享。如果说业务的规范性很好地保障了内部工作流程的有效性及稳定性，但工作质量的高与低还要取决于个人技能水平的高低。

人类经济发展的三个阶段

1.农业经济时代

经济发展的关键是劳动力的占有和使用。

2.工业经济时代

经济发展的关键是对自然资源的占有和资金的利用。

3.知识经济时代

经济发展的关键是知识的生产、使用和消费，科技创新。

（3）知识经济中企业的终极目标是什么。

知识经济时代，企业发展主要是靠关键技术、品牌和销售渠道，通过许可、转让方式，把生产委托给关联企业或合作企业，充分利用已有的厂房、设备及职工来实现的。可以说在知识经济中企业的终极目标就是实现发展的虚拟化，用无形的知识来创造有形的价值。

（4）知识经济条件下人性有什么改变，在这样的人性下面应该采用什么样的管理方式最为合适。

在知识经济时代和信息社会中，随着科技和社会生产力的迅猛发展，个人行为动机不再是纯粹单一的心理需要，人们的行为目的不仅要考虑当前的实际需要，而且要充分考虑未来经济和社会的可持续发展要求；人们在高度关注“人力资本”在经济和社会发展中的重要作用时，也要积极运用“创新知识”及“创新技能”，大力加强对“自然物”与“人造物”的改良和改进，以便使其能更有效地发挥服务功能；最后，人类在寻求自身“全面、自由发展”的同时，还应努力实现人与周边环境的和谐发展。针对人性在知识经济条件下的变化，企业的管理方式应该从传统的权力运用和层次控制转变为平等的协作，结合“知识人”的特点，做到管理对象无形化、管理内容知识化、管理文化融合化、管理边界虚拟化、管理思想人性化、管理方法柔性化、管理组织扁平化、管理平台信息化。

以上的这一系列问题都将引导着管理理论的深入发展，但管理者作为活跃在管理第一线的实践者，单单深谙这些理论还不够，必须深刻认识到这些问题，找到问题的答案，并结合现状应用这些原理，把管理理论转化成切实可行的管理方法，这才是知识经济的精髓——知识就是力量！

企业中的一场管理革命——企业再造

20世纪90年代以来，西方发达国家兴起了一场企业再造革命，被喻为“从毛毛虫变蝴蝶”的革命，也被认为继全面质量管理运动后的第二次管理革命。美国麻省理工学院教授麦可·哈默在1993年提出企业再造，1994年年底的调查显示，在600多家欧美的大型企业中，有七成正在推行企业重建计划，其余也有半数企业正在积极考虑。随着企业再造运动的发展，亚洲国家一些公司也在开始重新考虑企业的构成模式。

企业再造运动主要在两个方面和传统的管理模式不同：

一方面，从传统的自上而下的管理模式变为信息过程的增值管理模式，即衡量一个企业的有效性的主要标志是——当一个信息输入企业以后，经过企业的加工然后再输出，信息通过企业的任何一个环节对此信息的加工的增值是多少，从工业的新产品链到信息的价值链，形成一个企业的价值的增值过程。如果不对该信息进行增值就要进行改造，这样就形成了一个企业管理机制观念的改变。

6年前，凭借热销的摩托罗拉和刀锋手机，摩托罗拉风光无限。2006年，凭借强大的市场份额，摩托罗拉的手机业务发布了创纪录的业绩：销售额增长了22%，营业利润率达到将近10%，每股收益超过1美元。但自那以后，其手机业务便风光不再，并拖累了摩托罗拉的整体业绩。摩托罗拉2007年的整体销售额下滑了15%，2008年下滑了18%，2009年的降幅则扩大到27%。

尤其是2007年苹果iPhone的问世，让摩托罗拉的创新戛然而止。自此，摩托罗拉手机走向了衰败之路。

2008年8月时任高通首席运营官的桑杰·贾空降摩托罗拉，出任摩托罗拉联席CEO兼手机部门CEO，他启动了一系列改革，包括对技术平台进行合并、看准安卓机遇推出多款功能强大的手机。

2009年底，摩托罗拉推出了基于谷歌安卓操作系统的高端Droid手机，给市场对其创新能力的怀疑予以回击。

的确，最近摩托罗拉手机业务越发活跃。调查显示，安卓是市场上表现最强劲的手机操作系统，甚至超过苹果的iOS，同时也让摩托罗拉的老对手诺基亚陷入泥潭而不可自拔。

安卓作为一个开源系统，每个手机厂商都可以使用，但能否在此基础上研发出更多的新创意、更高的价值，就取决于企业对信息增值改造的能力。在这个信息时代，每个人每天都有机会捕捉到无数有价值的信息，而最后能从人群中超脱出来的，必然是让这个信息变得更有价值的人。

传统金字 型组织结构

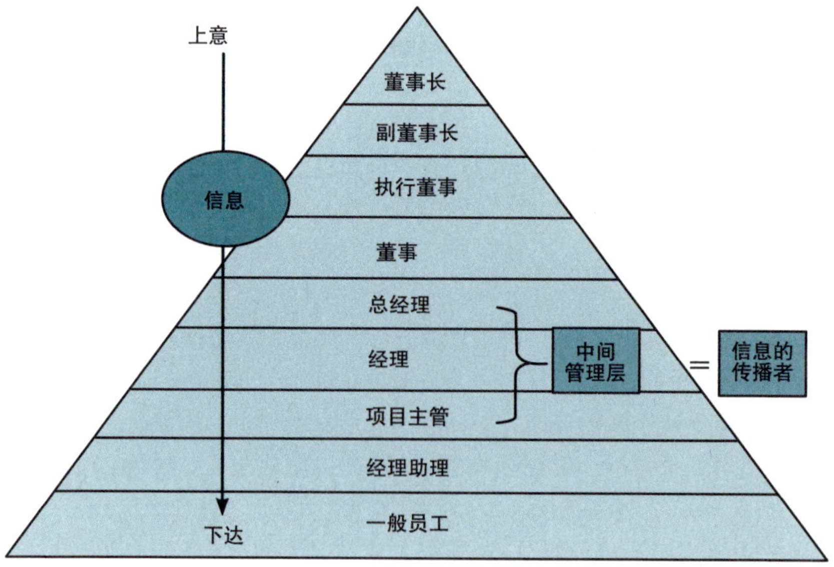

企业再造的另一方面是企业再造不是在传统的管理模式基础上的渐进式改造，而是强调从根本上着手，要改变企业的运作模式就彻底改造，把旧的全部忘掉、全部抛弃，唯有破除过去，才能创造新机，这样的企业再造革命是建立在信息网络遍布企业各个部门的基础上的，企业职工可以得到与自己有关的任何信息，这样大大减少了信息流动所带来的时间损失，不仅提高了效率、精简了人员，还使得每个员工都对企业的全局有了全面的了解，从而使企业出现一个崭新的局面。

张瑞敏很久没有针对管理模式发出声音了。在过去的中国企业几轮模式变革中，海尔一直处于前端，是中国企业学习的目标。而今，张瑞敏带着他的全新管理模式再次站到风口浪尖，接受考验。

张瑞敏表示，全世界的组织结构大概都是正三角，海尔调整了组织结构。从“正三角”到“倒三角”，这是一个非常重要的突破和创新。在当代企业里头与美国全食超市的做法可能有点类似。海尔现在应该逐渐地开始清晰起来。信息要快要准，整个网络体现的是即时性，这对中国企业是非常大的挑战。要快可能不难，但要准的话就难了，因为一些人还是从自身利益出发。

“倒三角”的组织架构，就是使一线员工直接面对市场终端需求，让企业体系

根据市场环境调整组织结构

企业依赖市场生存，设置组织结构也是为了服务于市场。因此，组织结构应根据市场变化而变化，市场不同，则组织结构的设置也不同。

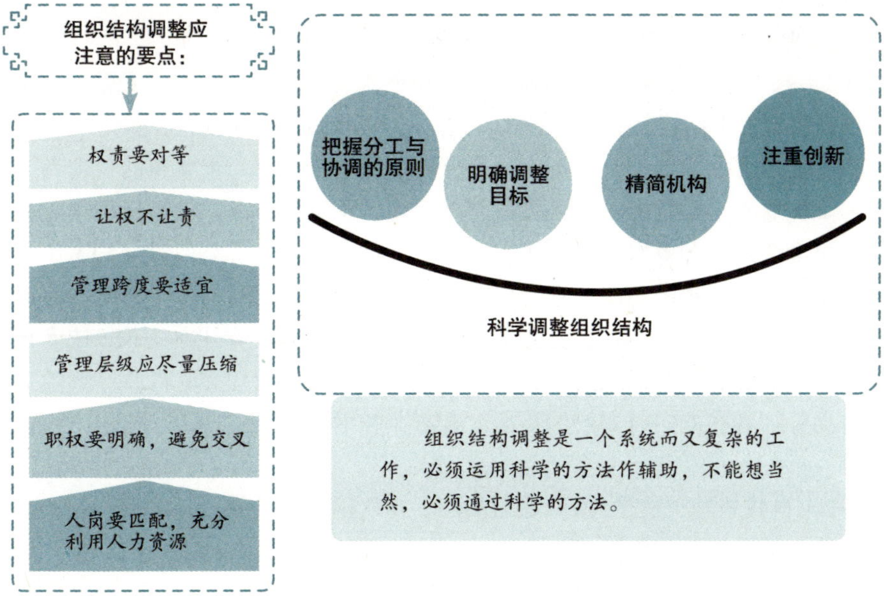

组织结构调整是一个系统而又复杂的工作，必须运用科学的方法作辅助，不能想当然，必须通过科学的方法。

提供支持资源，变传统的领导下令为一线员工主动让用户满意。最高领导在上面，提供支持和资源。这样一层层下来，员工在最下面，最底层的员工是直接面对用户的。这可以让每个员工成为自主经营体。

张瑞敏在集团内部高级经理人日清会上曾表示，用机制引导员工服务用户、创造用户资源，这是我们最有价值的创新行动。

从抡起铁锤砸第一台冰箱开始，张瑞敏就在不断地“重造海尔”。如果说20世纪80年代的第一次改革还是在国家经济体制改革下为了生存的一次被动行为，那么这次的再造，无疑是海尔人在主动拥抱信息时代。

人类作为能够吸收知识、创造智慧的高级生物，如果仅仅被当作流水线上的机器使用，那就可以称为管理者的失败。彻底改造企业就是要彻底消灭掉这个错误，把人真正地当作人来使用，让每个员工都能及时接收到信息，充分利用企业内所有的智慧，众人拾柴方能火焰高！

从头改变，重新设计，正当其时，刻不容缓！

学习型组织的出现奠定了未来的企业模式

技术和知识在急剧地增长，无论多么先进的东西都会随着时间的推移而逐渐被淘汰，因此一个企业要想持续发展，就必须要不断学习，不断更新知识。

学习型企业是美国麻省理工学院彼得·圣吉在《第五项修炼》一书中首先提出来的，他不仅要求企业中的每个人都要终身学习，不断获取新知，不断超越自我，而且要求企业不断地学习和不断地超越。

要达到学习型组织需要有以下几个方面的扎实基础：

（1）系统思维，这是5项修炼的核心。企业在处理问题时要扩大思考的空间，通过电脑模拟把事件的前因后果都考虑到，建立系统的处理模式。

有一句名言：“给我一个支点，我就能撬起地球。”一个卓越的管理者，需要选择一个拥有先进科技的一体化管理系统作为“支点”，助力他们提高企业业务的运作效率和绩效管理效率。新一代先进的管理平台应该具备类似银行ATM（自动柜员机）实时交易处理的功能。它不仅要提供全面的功能，而且各个功能模块都要建立在同一个平台上，完美支持数据的实时整合。同时，能采用动态BBS技术来保持数据结构的全面关联与实时同步，克服传统应用软件在数据实时性、一致性上的不足，帮助管理者获取实时有效的数据，看清业务中的因果关系，快速作出正确的业务决策。

（2）自我超越，这是5项修炼的基础。在认识客观世界的基础上，创造出自己最理想的环境，不是用降低理想来适应环境，而是用提升自己来达到理想，这需要创意和耐力，需要不断地学习和不断地超越。

（3）改善心智模式。强调每个人都要以开放求真的态度，将自己的胸怀扩大，克服原有习惯所形成的障碍，不断地改善它，最后还要突破它，这样才能以一个全新的心智模式出现。

（4）建立共同目标前景，这是在共同的理想、共同的文化、共同的使命的基础上组织在一起，为了一个共同的未来目标才能完成的。

有三只老鼠一同去偷油喝，到了油缸边一看，油缸里的油只剩一点点在缸底，并且缸身太高，谁也喝不到。于是它们想出办法：一个咬着另一个的尾巴，吊下去喝，第一只喝饱了，上来，再吊第二只下去喝。第一只老鼠最先吊下去喝，它在下面想："油只有这么一点点，今天总算我幸运，可以喝个饱。"第二只老鼠在中间想："下面的油是有限的，假如让它喝完了，我还有什么可喝的呢？还是放了它，自己跳下去喝吧！"第三只老鼠在上面想："油很少，等它俩喝饱，还有我的份吗？不如早点放了它们。"于是，第二只放了第一只的尾巴，第三只放了第二只的尾巴，都只管自己抢先跳下去。结果它们都落在油缸里，最终因为永远无法逃出去而饿死了。

我们通过大家都知道的这个寓言故事可以看出，由于团队成员追逐着与团队总

学习型组织的持续创新

学习型组织的缔造不应是最终目的，重要的是通过迈向学习型组织的种种努力，引导一种不断创新、不断进步的新观念，从而使组织日新月异，不断创造辉煌的未来。

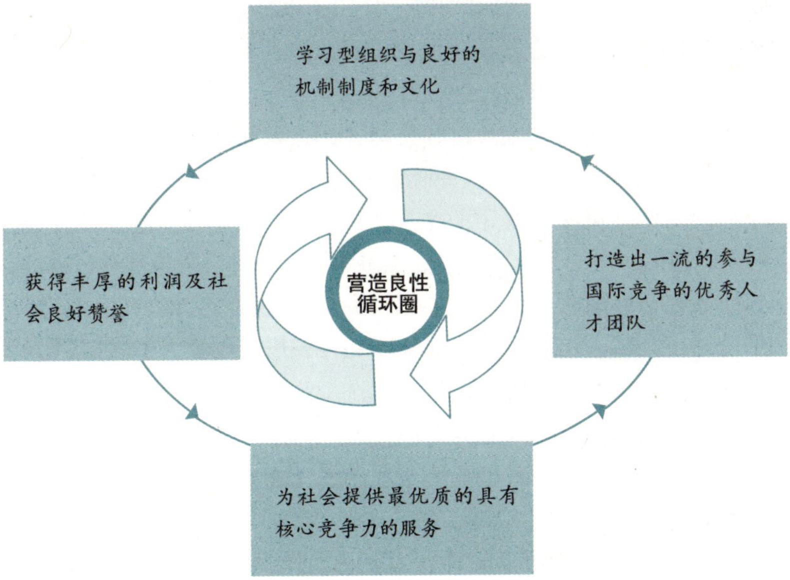

目标不一致的个体小目标而造成的后果。总之，对大家的共同目标达成一致并获得承诺，不需要命令、监督，用自己的执行力去行动，是团队取得成功的关键。

（5）团队学习。团队学习是组织中沟通与思考的对话工具，强调彼此不在本位，不自我防卫，不预设立场，在不敬畏的情况之下共同学习。团队学习是适应环境剧变的最佳方法，唯有大家一起学习、成长、超越和不断地进步，才能让组织免于失败，创造出不断成长的绩效来。

大量团队学习的研究结果表明，团队学习不但对提高团队绩效有直接的正效应，并且在一些团队变量对团队绩效的影响中具有重要的中介或缓冲作用。当团队中的所有成员都在一个平等宽松的环境中，朝着一个共同的目标心无旁骛地学习时，团队中那些不和谐的杂音也会渐渐减少直至消失。

“十倍速时代”的新挑战

在这变化加速的时代，机会不断涌现，却又瞬间消失。竞争对手、科技、顾客面、供应面、协力产业以及有关的规范制度的转变，已带来一个“十倍速时代”。

市场的复杂多变，且变化的速度在日益加快，这是当今被人们称为“十倍速时代”的主要特征。如何跟上时代的步伐、适应迅速变化的市场需要，是当今企业管理中的一大难题。在十倍速时代，行动准则与节奏是不同的。上一个小时造就你的因素，下一个小时就可能颠覆你。无论企业或个人，都必须掌握这个节奏，否则就必须接受灭顶之灾。

2001年12月2日，美国安然公司申请破产，其经营的失败与美国现行会计制度的漏洞、公司内部激励监督机制的失灵有很大关系，但更重要的是公司实行的混合一体化战略存在诸多弊端，给公司带来了灭顶之灾。

安然公司的前身是美国休斯敦天然气公司，20世纪80年代末之前的主业是维护和操纵横跨北美的天然气与石油输送管网络。公司于1985年兼并联合北方而更名为安然公司。之后，安然公司逐渐放弃了自己经营的天然气这一主业，把巨资投向金融、水电、网络、通信、电子，向国内各行业进军，向国外大规模扩张。

混合一体化战略必然要求企业进入毫不相关或关联度不大的新领域，增设新的科层组织、子公司或分部，结果导致管理幅度和管理层次的扩大，造成信息在决策制订和实施的传递过程中失真，管理失效。

而庞大的管理机构，也会造成企业的内部人际关系复杂化、工作效率低下，引起巨额的管理费用。因此企业要有较高的管理水平，能整合各种业务、有效控制成本、提高工作效率，从而达到1+1>2的效果。

企业只有快速反应、快速应变才能生存。企业行为不仅是比价格、质量和服务，还要比反应、比速度、比效率。在这商机稍纵即逝的时代，谁抢先一步谁就把握了获胜的先机。企业快速反应能力的建立成为管理理论研究的新领域。企业的快速反应能力是一种综合能力。简单地说，包括4个方面：想得到、看得准、理得清，干得好。企业快速反应能力的培养是一个系统工程，并且需要一个过程，更重要的是要坚持不懈。首先，要强化意识，要号召大家结合自身具体工作在快速反应上动脑筋，让大家在想得到、看得准、理得清、干得好上不断衡量和提高。其次，要建立一个关注企业快速反应能力的框架。形式决定本质，有了形式和框架，再进行贯彻和丰富。譬如成立一个虚拟小组，最好有高层领导参与，再有具体分工，坚持一段时间一定会有效果。最后，就是要适当尝试，层层推进。目前，可以尝试的项目很多。根据快速反应的要求，可以对某些项目去跟踪。对决策层，要求想得到、看得准；对执行层，要求理得清、干得好。如此，层层推进，企业的快速反应能力一定会不断提高，在竞争中不断取胜。

管理工作效率的持续提高成为衡量组织效能的首要标准，这个效率不单包括企

如何打造效率型企业组织

一个组织的结构往往意味着一个组织的权力分配，同时也决定着组织的决策模式，而权力分配与决策模式是影响组织效率最关键的要素。

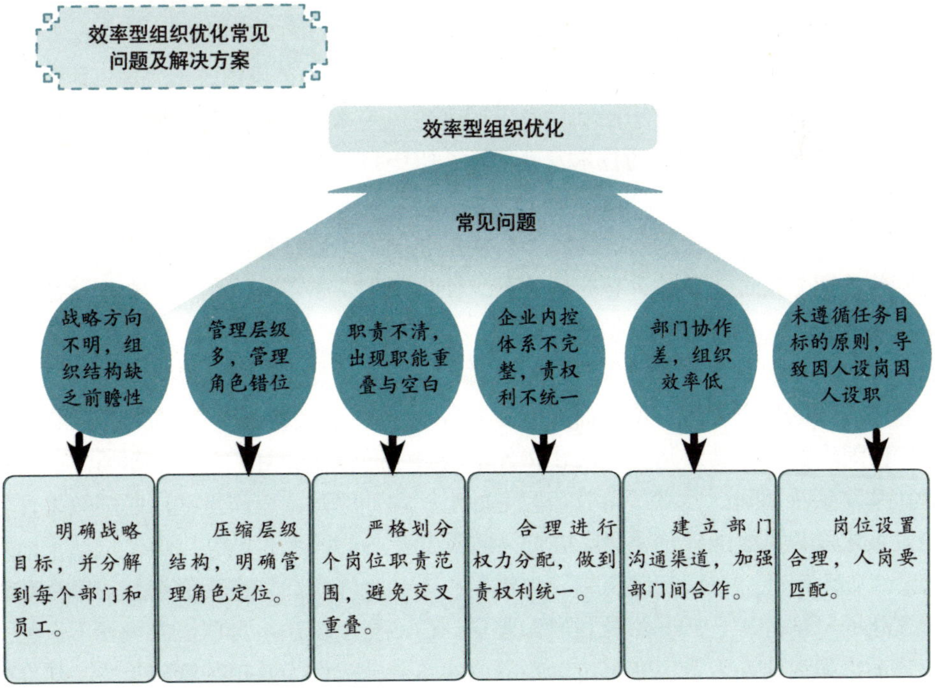

业的快速反应能力和工作速度与质量，还包括敏锐的观察力与果断的决策力。敏锐的观察力是预测和预见未来的首要条件，抓住时机果断决策使企业始终和市场的变化同步，这些都是企业能在这个十倍速时代稳稳立足的保障因素。

不但要建立效率高、适应性强的生产体系，而且还要尽可能建立时刻处于警戒状态的高效率、有战斗力的团队，以期能迅速及时处理因为环境变化而产生的新课题。未来还可能出现“百倍速时代”、“千倍速时代”乃至“万倍速时代”，提高效率不仅仅是为了适应这个时代的要求，也是为了企业的长远发展，使企业永远立于不败之地。

实行全球战略是企业决胜的关键

随着信息时代的到来，人与人之间的距离在缩短，国与国之间甚至洲际之间的边界变得越来越模糊。企业的竞争已经不在单一区域内进行，而是以全球作为竞争的舞台。竞争的全球化对每个企业来说都会受到冲击，同时也会带来新的机遇，全球化为企业施展才华提供了新的空间。这里主要涉及以下几个问题：

（1）企业的竞争战略是否从全球化的角度来思考的，或者说企业是否把自己看成是地球村的一员。

要想实行全球战略，先要扭转企业的观念。人类的每一次历史性突破都是从一个看似大胆的念头开始的，所以，实行全球战略的第一步，从“敢想”开始。

（2）从人力资源配置的角度来看，企业是否从全球范围内统筹考虑资源的合理配置，即依据不同地区的不同利税和不同金融风险来配置资本，依据不同地区技术发展水平和优势设计相应的技术发展中心，组织技术开发和根据经营需要利用和开发人力资源。

从创始至今的一个世纪，欧莱雅集团的领导层一直比较稳定。对于一个大型的国际化公司来说，正是这种稳定的领导力使集团保持了目标和信心，在变化莫测的市场中拥有了竞争的利器。

在创始人欧仁·舒莱乐掌管公司的时代，欧莱雅建立了化妆品产业，并且建立了管理人才的核心思想：说服而并不是下命令。20世纪50年代，欧莱雅强调创新，CEO佛朗索瓦·达勒鼓励所有人才在各个层面之间合作和对话。在查尔斯·兹维亚克执掌欧莱雅期间，确立了研究实验室的组织设计原则，以质量和产品的效果评估研发人才成为重要的评估手段。在此后将近20年的时间里，欧文中爵士采纳了诸多理念，如国际化、校园招聘、领导力培养、人才多样性，并进而使它们成了全球管理文化的一部分。自2006年就任欧莱雅全球CEO至今，让·保罗·安巩就不遗余力地推动以强大的人力资源和可持续性的成功商业模式作为基础的管理策略，建立知识型领导层。事实上，能够在100年里维护这一传统，本身就是非凡之举。

也许上述的许多理念被认为老生常谈，甚至已经过时，但当全球金融危机来临时，人力资本对于公司持续发展就变得尤其重要，而在欧莱雅，公司有更迫切的理由重视培养领导力：年轻的员工偏爱使自己不断进步的工作。多样性和灵活性，并且针对每位员工设计的职业发展模式，是欧莱雅领导力培养的重要模式。

几十年来，欧莱雅的“管理培训生计划”闻名于全球商界，公司还让极富潜力的员工尽早在重要岗位上经受锻炼，并被派到公司各地的培养中心。通过源源不断地吸引最优秀的毕业生，并对新员工进行精心培养，欧莱雅的业绩不断攀升。反过来，持续增长的公司又吸引更多的最优人才——凭借这一良性的、自我强化的循环过程，公司年复一年地逐渐强大。

从欧莱雅公司屹立百年不倒的经验中可以看出，全球化的人力资源战略是企业全球战略中重要的一环。

（3）注意全球的协调，不仅注意国内企业的研究和开发，更重要的是不断建立国际间的技术协调型研究开发机构，提高综合技术竞争能力。

很多著名IT企业诸如Google、Facebook等都有着成熟的全球战略扩张计划，他们知道要想让全球所有人都使用他们的产品就必须开发出适应每个国家的新技术，所以他们十分重视国际间的技术交流，他们的实验室永远欢迎唱反调者和与众不同的声音——想要让企业成为国际大军中的一员，首先你的产品必须是国际化的。

（4）建立基于国际分工协作的高效的生产体制。

耐克公司从1999年开始，使用电子数据交换方式与其供应商联系，直接将成衣的款式、颜色和数量等条件以 EDI（Electronic Data Interchange，电子数据交换）方式下单，并将交货期缩短至3～4个月。它同时要求供应布料的织布厂先到美国总公司上报新开发的布样，由设计师选择合适的布料设计为成衣款式后，再下单给成衣厂商生产；而且成衣厂商所使用的布料也必须是耐克公司认可的织布厂生产的。因

国际化拓展的四种路径

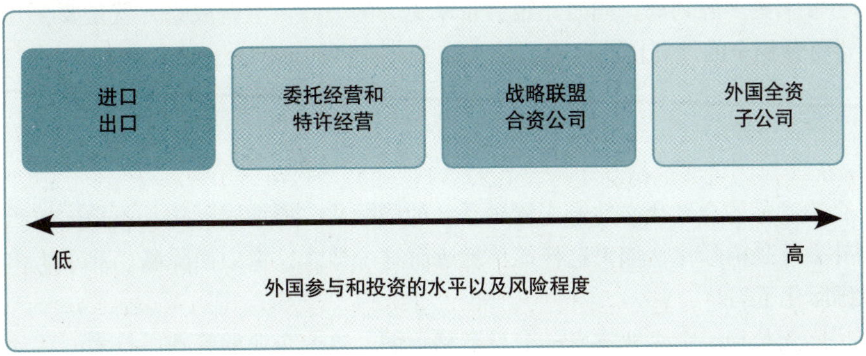

此，织布厂必须提早规划新产品供耐克公司选购。但由于布料是买主指定，买主给予成衣厂商订布的时间缩短，成衣厂商的交货期也就越来越短，从以往的180天缩短为90天。

耐克在中国境内生产的耐克鞋95%返回美国市场销售。耐克公司在中国的经营模式是以代理经营为主，少部分业务自己开店经营。像道吉、瑞纳、跨世、先探公司等均为耐克的代理公司。

耐克在中国的运输方式主要是公路运输，还有少部分涉及航空运输。境外生产的产品委托第三方物流公司通过航空运输直接运往设在中国主要城市的耐克公司办事处的仓库，如北京、上海。在中国境内生产的产品也同样委托第三方物流公司以公路货运的方式运往设在中国主要城市的耐克公司办事处的仓库。这部分运输、仓储费用是由耐克公司承担的。

对于耐克公司来讲，自己不做运输，运输环节是由第三方物流公司完成的，运输费用只承担从产地到地区性办事处仓库这个环节，仓储是办事处自行管理。仓库的主要功能是，作为总公司直属店的仓库，并不是每一家代理公司的仓库；另一个重要功能是中转仓库，产品从产地运到区域仓库后，代理公司马上会来提货运往自己的仓库，所以作中转库使用。

各个代理公司自备车辆，到耐克公司当地的办事处仓库提货，运往自己的仓库，再运往代理公司的各个店铺。这部分运输、仓储是代理公司自行完成的，运输、仓储费用是代理公司承担的。

从耐克的生产流程可以清晰地看出一个国际企业是如何有效利用全球资源进行高效生产的，这也是很多企业冲出本土的限制，力求争得一杯羹的“原罪”——更大的市场意味着更多的资源和更低廉的价格。

2008年世界经济危机促使人们思考，如果没有全球化，美国次贷危机可以控制在一个更小的范围内。但随后一些数据证明，我们这个世界并没有像我们想象的一样已经开发完了，还有很多的国际贸易领域未经挖掘，这也就意味着全球化战略尚还存在蓝海，目前仍是向世界进军的好时机。但就像经济危机的扩散一样，更大的市场会带来更多的利润，同时，也会带来更大的失败。所谓战略，就是要在开展之前，做好最周全的计划！

跨文化管理中的交融与冲突

企业竞争的全球化必然带来管理活动的国际化。所谓国际化，不是你的产品卖到国外去就是国际化，如果这样简单地理解这个概念，像山西陈醋、北京烤鸭，不早就国际化了吗？

国际化是指一个企业本身的一种资格证明。这个企业的管理、技术、活动舞台已经符合国际标准，得到国际上的认可，这个企业也就步入了国际化管理的历程，也必然在管理过程中遭遇到跨文化管理中的交融与冲突。

管理活动受价值观、伦理道德、行为准则、社会习俗的全面影响，当其与不同的文化相结合时，就形成了不同的管理文化和管理风格。典型的如美国式以“法”为主的管理，强调个人价值、强调严格的制度、理性决策和追求最大限度的利润等。

美国西南航空公司是一家成熟的低成本航空公司。1971年美西南航作为一个地方性的小航空公司开始运营，到1990年公司年收入达到10亿美元，成为美国市场的大型骨干航空公司。它在管理上有很多值得我国各航空公司学习的理念和做法。

所谓组织文化，是指在组织中为成员所共同拥有的一系列价值观、假定、信念、行为规范的总和。对管理可以有多种不同的定义，然而各种定义方式都强调管理是一种和人的因素密切相关的过程。在实施管理的过程中，组织成员对组织目标是否接受和认同，能否投入对组织目标的追求过程中去，以及其他一系列相关的人的因素都将直接影响到企业的管理绩效。组织中的每个成员都是一个个体，而个体的简单组合并不能带来规模效应，还需要将其有机地整合起来共同追求组织目标。一些组织强调借助于规章制度、组织结构等设计来将人力资源进行整合，但规章制度和组织结构设计可以称为人力资源管理中的刚性设计，是一种借助外力来寻求提高人力资源使用效率的途径。与之同样重要的是人力资源管理中的柔性设计，一种建立在自觉、自愿（而非命令链）基础上的组织成员的投入与奉献。“两条腿走路”，借助刚性的规章制度和柔性的自发投入、奉献的共同作用，才有利于充分调动人的积极性、最大限度地提高管理绩效。

美西南航在通过降低成本来提高自身竞争力的过程中充分地利用了美国式管理的精髓对成员的影响来提高其管理绩效，有效地保持了其在低成本航空公司中的领先地位。

美国式管理的特点是鼓励个人英雄主义及以能力为主要考核特征的模式，它在管理上的主要表现就是规范管理、制度管理和条例管理，以法制为主体的科学化管理。

而典型的日本式管理是以“理念”为主的管理，强调和谐的人际关系，上下协商的决策制度，员工对组织忠诚与组织对社会负责。以往，日本多数企业在经济不景气时削减人事费用但并不解雇员工，而是采取先在企业集团内部调配或者派遣关联企业等形式，实际上是通过调整奖金、补贴、福利保健费用等方法来化解困难。这也是日本失业率一直不高的原因所在。在2008年以来的国际金融危机和全球性经济衰退的背景下，这种方式受到了挑战，部分企业被迫削减人事费用，并因而威胁到雇佣关系的稳定，日本经团联为此专门在发布的《2009年版经营劳动政策委员会报告》中指出，“目前的状况，超越了过去的石油危机、泡沫经济破灭后带来的长期经济萧条，可以说是第三次危机”，并呼吁“雇佣关系的保障、稳定，是积蓄人力资本、筑起劳资信赖关系、培养员工忠诚心、团队精神的基础，也是竞争力的源泉。时代的变化日益激烈，日本式经营也在不断发生变化，对于应该坚守的一定要坚守”。这一观点已引起了人们的关注。

人是企业经营的主力，因此在探讨企业发展与经营时应先对人事管理之特质有所了解。基本上，管理方式会因为各国历史、文化背景、制度、国民性等因素而呈现不同风格。就日本来说，最具代表性的特质是集团主义、人本主义、平等主义、竞争原则及和谐原则，其他管理特色都可以说由这5方面衍生出来的。而中国式管理则是以“情”为主，注重发掘人的内在价值和积极性，强调管理的人和效应，对制度管理比较松懈，理性精神严重不足。

中国式管理以“安人”为最终目的，因而更具有包容性；以“易经”为理论基础，合理地运用“同中有异、异中有同”的人事现象；主张从个人的修身做起，然后才有资格来从事管理，而事业只是修身、齐家、治国的实际演练。21世纪，是中国管理哲学与西方管理科学相结合，并获得发扬的时代，两者缺一，都将寸步难行。

值得注意的是美国通过对日本的管理模式的反思，企业的经营理念在不断地变化，开始重视社会效益和人力资源的开发及职工的稳定，而日本也在强化人事的竞争机制，摒弃论资排辈，开始强调能力至上的观念。韩国的三星集团近几年通过美国式管理加日本式生产的企业变革在思维上、目标上、战略上向国际化企业迈出了一大步，三星的管理模式也发生了本质上的变化。

三星在20世纪90年代改革前在人力资源领域严重地受到日本企业终身雇佣制的影响，强调稳定，主张和谐，结果滋生了企业内部官僚主义和“大锅饭”现象，大大地降低了企业的效率和生产力。李健熙大胆地改革集团公司内部的人才管理制度，提出重视、培育、挖掘、保留人才的经营理念，建立了以绩效管理为核心的人力资源管理体系，对企业高中层人才，实施由多方面因素组成的工资福利体系。

在20世纪90年代初，三星开始强调产品的质量、知识产权、技术创新、品牌和产品上市的速度，在世界主要国家建立了16家研究与发展中心、23家研究与发展学院，高投入地从事研发与设计，很快地在全世界推广新的电子产品，迅速发展并建立了三星全球化的品牌形象。而这一切的根源都在于，三星一直坚持“精益生产”。当前，三星电子在液晶显示屏、静态芯片、闪光存储等产品领域都处于世界领先地位。

三星集团管理模式成功的变革和转型给正在改革并走出国门的中国企业提供了丰富的经验和启示。中国应该如何建立既具有中国文化特色又吸纳人类一切先进文化成果的管理文化模式，是一个需要深思的问题。

没有管理的管理是管理的最优境界

管理学家张今声教授在其著作中曾写道：“没有管理的管理是管理的最优境界。”没有管理不是取消管理，而是使管理进入更高的层次和更高的境界。是把管理的强制性转化为员工的自觉性，从而达到提高工作效率、取得更好工作效果的目的。

传统的管理模式在一定程度上束缚了人的个性和创造力，而未来社会由于员工的知识更加丰富，获取信息的手段更加便捷，这样就可能形成全新的管理模式。

“人性化”为标志的柔性管理

柔性管理以“人性化”为标志，它是在研究人们心理和行为规律的基础上，采用非强制方式，在人们心目中产生一种潜在的说服力，从而把组织的意志转变为人们的自觉行动。

柔性管理的特征

- 组织结构的扁平化和网络化
- 管理决策的柔性化
- 组织激励的科学化

→

柔性管理的作用

- 激发员工的创造性
- 适应多变的外部环境
- 满足柔性生产的需要

柔性管理是相对于刚性管理而言的。它更注重以人为本，是以文化和情感为基础，运用尊重、激励、引导、启迪等方法进行管理。

（1）人人都是管理的主体，员工既是决策的参与者，也是决策的执行者。

授权于组织成员是激发其工作热情的一个有效的手段。每个人都渴望成功，都希望能够得到社会的承认、受到别人的尊重。适当放权是满足人们这种心理需求的一种途径，可以起到事半功倍的效果。例如，一个青年工人平时对工作不认真，当领导委任他为车间的安全员后，他觉得自己的尊严提高了，不但对安全员的工作认真负责，自己的本职工作也干得有声有色，不仅如此，甚至对自己和他人的着装问题都提出了苛刻的要求，成为企业利益的忠实捍卫者。当企业把决策权交给员工时，会让员工产生企业的命运紧紧掌握在自己手中的感觉，这样，当他工作时，他的个人利益就会和企业利益达到统一，企业中就会形成“人人为我，我为人人”的最优氛围。

（2）以人为本，顺应人性，尊重人格。员工不是在制度的约束之下进行工作，而是自动自觉地把工作视为人生发展的组成部分。

社会心理学认为，人们都具有相互回报的心理。因而，企业领导应该把员工看成一种财富，是来帮助企业获取成功的人。尊重员工的结果是获得员工的真情回报，激发他们对组织的热爱之情。管理者要善于通过一定的管理手段，把对员工的尊重之情传达给员工，从内心打动员工，以此提高员工对组织的忠实度和工作的积极性。

（3）通过管理文化的构建，创造一种高度和谐、友善、亲切、融合的氛围，使企业成为一个密切协作的团体。

日本管理学专家坂本光司提出：经营公司就是为了履行“对五个人的使命与责任”。这五个使命是：使员工和员工家人幸福；使外包、下游厂商的员工幸福；使顾客幸福；使地方社会幸福、繁荣；自然造就股东的幸福。这个观点已成为当今业界普遍认可并奉行的企业永续经营、基业长青的秘诀。虽然从法律定义来讲，赢利是社会赋予“公司”的法律职责。但如果把员工的幸福、顾客的幸福、社会的幸福当成努力的方向，并以此为准则，衡量企业存在的价值，那么造就股东物质与精神上的幸福，企业得以永续经营，都是水到渠成的事情。

（4）遵循形式，顺应社会经济运行的自然法则，使管理成为一个自然的历史过程，这样就使企业成为一个自组织、自调节的有机整体，企业因此能够协调、有序、高效地运行。

第二篇

管理组织文化

第一章

如何形成企业文化体系

企业文化的结构和层次

企业文化，一般指企业在长期运行中逐渐形成的共同理想、价值观、作风、生活习惯等的总称。企业文化以公司全体员工为对象，通过宣传、教育、培训和文化娱乐、交心联谊等方式，旨在最大限度地统一员工思想、规范员工行为、凝聚员工力量，为企业总目标服务。

企业文化的结构是看不见摸不着的，导致很多人都认为企业文化是个虚的东西，因为它是无形的。但是韩国三星公司的企业文化结构的成功建设案例为众多公司提供了良好的范本。

早在20世纪60年代中期，韩国的半导体产业还仅仅停留在单纯的劳动密集型组装生产阶段，以这样的状态去实现韩国半导体技术的发展是遥不可及的。于是，三星果断地收购了面临经营困境的名为“韩国半导体”的企业，并于1974年正式步入半导体产业，立志为半导体领域的发展作出贡献。1988年三星集团开始“二次创业”，并将三星的发展目标定位于成为21世纪世界超一流企业。

这就是三星人的企业精神，将这种精神转化到企业里，便形成了一个企业特有的基因。如果说此前三星的企业文化为公司今后的发展做好了铺垫，那么，“二次创业”意味着三星的企业文化根据时代的变化得到了延伸和升华。

收购“韩国半导体”企业，使得三星集团的企业文化结构得到了充分扩充，同时为整个企业未来的发展方向指明了道路。

不得不承认，良好的企业文化结构就像一盏指路明灯，不仅能让员工团结一致，更能让企业经受得起风暴的考验，在茫茫大海中坚定前行。

企业文化的建设具体可以从以下几个方面着手：

（1）企业将要成为什么样的企业？企业文化既要从现实的需求出发，又一定要有高尚的归宿。可以选择成为对全人类有价值及贡献的企业；选择成为对国家和民族有价值和贡献的企业；选择成为对投资者、股东、管理者、员工有价值和贡献的企业，等等。

（2）选择与什么样的人一起实现企业价值？这个选择归根到底是由企业家个人

的人生观、价值观、个人的品德、能力以及胸怀来决定的。

（3）企业的赢利目标是什么？是想要成为国际一流的企业、国内一流的企业、行业中一流的企业，还是着眼于区域，成为地域中一流的企业。

（4）选择何种文化代表企业？一方水土养一方人，在企业文化的选择上，最经济、便捷的方式就是选择企业所在的当地的地域文化作为母文化，然后再与现代文明、商业文化对接，逐步融合、提炼、整合为企业自己的文化，这是漫长的过程，非一日之功可以铸就的。因此，企业文化的结构和层次在本质上决定了企业的成败，企业文化是企业个性化的根本体现，它是企业生存、竞争、发展的灵魂。

企业文化结构与层次

每个企业的企业文化基本上是由各自不相同的物质生活文化、制度管理文化、行为习俗文化、精神意识文化等四个层级构成，这四个层次的文化构成了企业文化的一个整体结构。

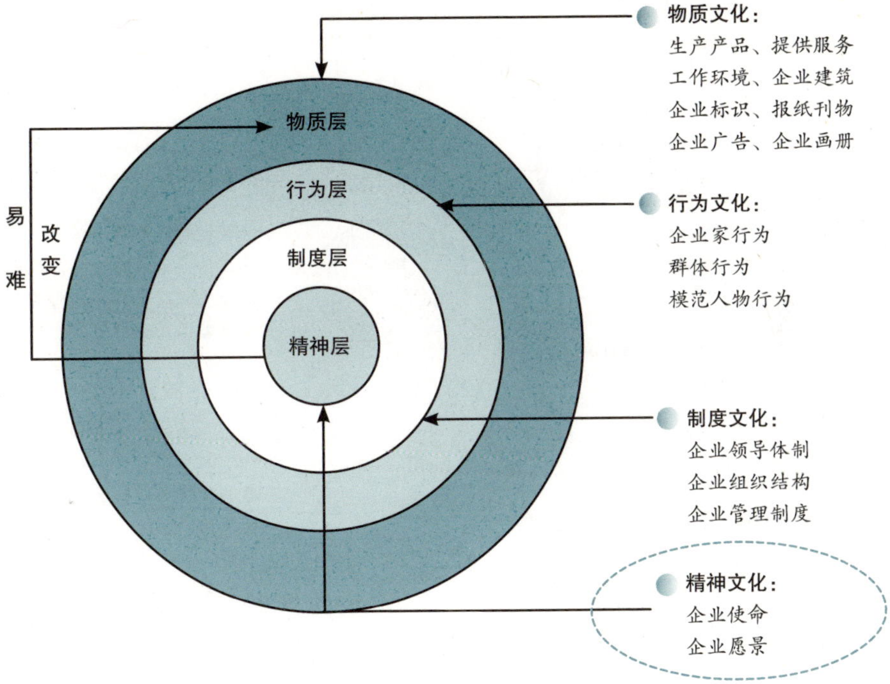

理念体系：一个活的生态系统

“优秀的企业文化是创造出来的”，而建立企业文化理念体系是企业文化创造的首要目标。企业文化理念一般是指具有企业自身个性特点的、符合发展需要的一系列价值标准和行动准则。企业文化理念体系是企业文化的核心层次，是形成制度文化、行为文化和物质文化的思想基础，是企业的重中之重。

然而，完整的企业文化理念体系究竟包含哪些内容？这是很多企业文化管理者们倍感困惑的话题。

具体来说，企业文化理念体系的内涵有这样几个方面：企业文化理念体系不是一两句闪光的语言，它是一个有核心价值观的完整的思想体系；企业文化理念体系不是一两个人（企业领导人或创始人）的理念，而是在企业创始人和主要领导人的引领下所形成的企业全员的价值共识；企业文化理念体系不只是一种管理的系统理念，而且是在以人为本的旗帜下所形成的涉及企业发展战略、市场开发、生产经营、管理控制、安全、廉政、服务等全方位的理念。

基于7S模型的企业文化理念体系

所谓 7S 模型，是指在分析企业管理问题时，将一个企业分解成战略（Strategy）、结构（Structure）、制度（Sys-tems）、人员（Staff）、作风（Style）、技能（Skills）和共享的价值观（Shared Values）等 7 大要素，以形成一个完整的思考框架。

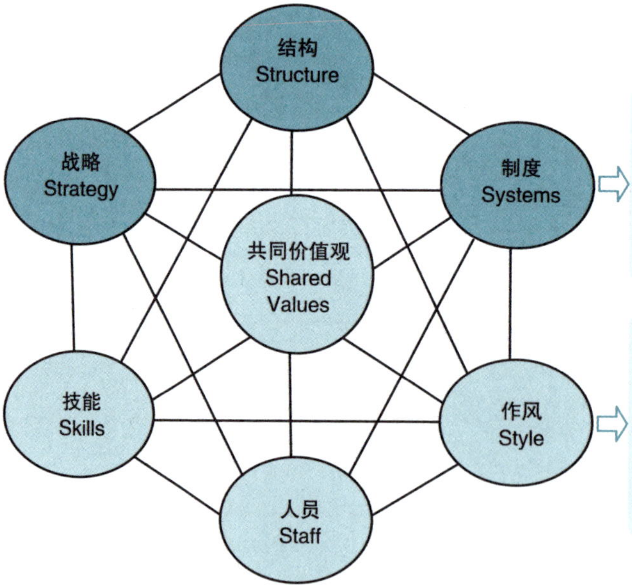

战略、结构和制度，被管理学界称为硬因素，体现着企业的硬实力。认为其与企业文化直接相关。

人员、作风、技能和共享的价值观，被管理学界称为软因素，体现着企业的软实力。被认为与企业文化关系不大。

事实上，软因素和硬因素都与企业文化有着密切关系，如果将二者割裂开来，只在软实力方面创新企业文化，势必造成企业理念与制度、观念与行为分裂，从而削弱企业文化的作用力和影响力，只有把硬因素和软因素统一到企业文化系统下，才能从根本上塑造企业面貌，使企业由内而外焕发生机和活力。

企业文化理念体系从层次上说，包含企业、部门、基层班组等不同层次的理念，就一个集团公司而言，既包括集团的理念，也包括下属企业的理念；企业文化理念体系不是空洞的学说，而是植根于企业生产经营实践之中，又直接或间接引导企业经营管理实践的思想指南。

最常见的文化理念的传播，是一个朗朗上口的口号。英特尔公司传承着一个让其他公司“诧异”的口号。

让英特尔人颇感自豪的一条守则是：英特尔信奉“人人平等”。公司没有个人办公室，只有一个个小隔间，每个人同样都只分配到小小的办公间；没有所谓的主管用餐室，每个人都到自助餐厅吃饭；停车场也不会给任何人保留车位，完全是随到随停，即使是公司前任总裁葛洛夫每天也得为找停车位而四处打转。有一次，有位专栏作家参观了英特尔后，很不客气地提出问题说：“葛洛夫先生，贵公司在管理上强调一切平等主义，是否过于虚伪了呢？”葛洛夫很诚恳地说：“这不是虚伪，这是我们的生存之道。”由于英特尔身处高科技产业，每天都由各种技术精英和经理人员共同制订决策，职位高低的象征对双方交流意见，显然有百害而无一利。因此，强调平等才符合高科技公司的需求。

公司与员工的关系唇齿相依，英特尔正是意识到这点，故而将它的成就归功于员工，正是他们不断开发出优良新品，才使得公司面对市场挑战时能沉着镇定、从容不迫。

面对优秀企业对员工的尊重与重视，员工们也真正体味到了在该企业奋斗的幸福感、满足感与自豪感，于是会心甘情愿将自己的才能毫无保留地奉献于公司，使其不断发展壮大。

愿景驱动：让战略适应变化

“愿景”概括了企业的未来目标、使命及核心价值，是一种企业为之奋斗的意愿。在企业运营过程中，愿景就像茫茫大海上指路的灯塔，时刻指明企业前进的方向；同时，修正偏离的航道。

著有《愿景》一书的胡佛毕生都以研究如何建立成功的企业为目标，他建立的胡佛公司就是专门提供商业信息咨询服务的。经过30年商场实战，胡佛提炼出著名的胡佛“3E律”——探索（Explore）、本质（Essence）和执行力（Execution），即创业者必须培养独特的视角和敏锐的洞察力，找出未能获得满足的消费者需求，并据此创意组合成企业的独特模式，形成独一无二的“愿景”。胡佛发现，伟大的企业之所以伟大，就是因为它们能够看到别人看不到的东西，将洞察力和策略结合起来，描绘适合企业的最佳“愿景”。

那么，“愿景”究竟是什么？胡佛解释说，“愿景”是人的一种意愿的表达，它概括了企业的未来目标、使命及核心价值。这个概念与我们经常提到的“企业文化”颇有相似之处，但比起经常囿于空泛口号的企业文化相比，它有着更多的可操作性，也具体得多。

要想让企业愿景成为振奋士气、催发大家前进的武器，以下四个方面的支撑必不可少。

一是清晰的表达。目标宏大、需要长期坚持奋进是愿景的两大基本特征。但也正因为如此，企业愿景一旦设定规划不好，往往就会变得好高骛远，与空喊口号无异。企业愿景首先应该如图像般可描述可感知，其次愿景之后必须有支撑。

二是对员工有看得见的好处。随着更多新时期员工的加入，领航人应该让愿景成为大家由衷认同的同一奋斗目标，因此更具挑战性。企业有愿景，员工才会觉得事业有前途，个人有奔头。当然，愿景一定要能吸引大众，如果愿景只是企业的愿景而与员工无关，那对员工也不会有作用。要让愿景能吸引大众，企业愿景就要与股票价值、员工收入、个人发展相联系，在“虚”中让员工看到“实”的好处。这样的愿景才是共同愿景，有了共同愿景，公司就不再是“他们的公司”，而是“我们的公司”；工作就不是简单地付出，而是投入。

三是要建立上下级信任。首先，有必要将员工当作自己的事业伙伴，奉献自己的爱和真诚；其次，员工要能从中分享到好处；最后，员工在实现愿景“途中”就能“分期”享受到利益，并不是等愿景实现了大家才能分享。

四是企业领导者要身体力行，而不是一边讲着伟大的企业愿景，一边干着背道而驰的事。但要做到这些，却并不容易。

让我们用奔驰公司前总裁埃沙德路透的一句话来激励自己：“如果你必须造船，你不必叫人们去寻找木头，当然也不必坐在那里只顾发号施令和分配烦琐的工作，你应该引导他们去向往远方缥缈无际的大海。”

价值观确立：奠定企业文化的基石

企业文化是企业的灵魂，是推动企业发展的不竭动力。而企业文化包含着非常丰富的内容，其核心是企业的价值观。企业的生存和发展依赖于正确的价值观，而要确立科学的价值观，首先必须从本质上理解企业价值观的内涵。

所谓价值观，简单地讲，就是关于价值的观念。价值是客观的，价值观则是主观的，由于人们的社会生活条件、生活经验、目的、需要、兴趣、爱好、情感、意志等不同，因而人们的价值观念也各不相同。这种主体的差异性正是价值观念的一个重要特点。

价值观的主体可以是一个人，也可以是一个群体。企业价值观就是一种以企业为主体的价值观念，是企业人格化的产物。具体地讲，企业价值观就是一个企业在追求经营成功的过程中，对生产经营和目标追求以及自身行为的根本看法和评价。它解释了企业秉承什么、支持什么、反对什么。

最重要的是，不要把核心价值观与文化、战略、战术、作业、政策或其他非核心的价值观混为一谈。日久年深之后，文化标准必须改变，策略必须改变，产品线必须改变，目标必须改变，权限必须改变，管理政策必须改变，组织结构必须改变，奖励制度必须改变。公司如果想长久生存并发展下去，唯一不改变的应该是核心价值观。作为员工与企业为之奋斗的最高纲领，核心价值观能够统揽全员的思想和意志，是实现企业可持续发展的必然要求。

价值观体系不仅要具有时代的特色、行业的特色，更要带有企业的特色和企业家群体的个性。

企业价值观体系

企业价值观是企业各种价值观的总和，即是各种观念相互联结、相互作用、有机统一而构成的一套完整的、系统的企业价值观体系。

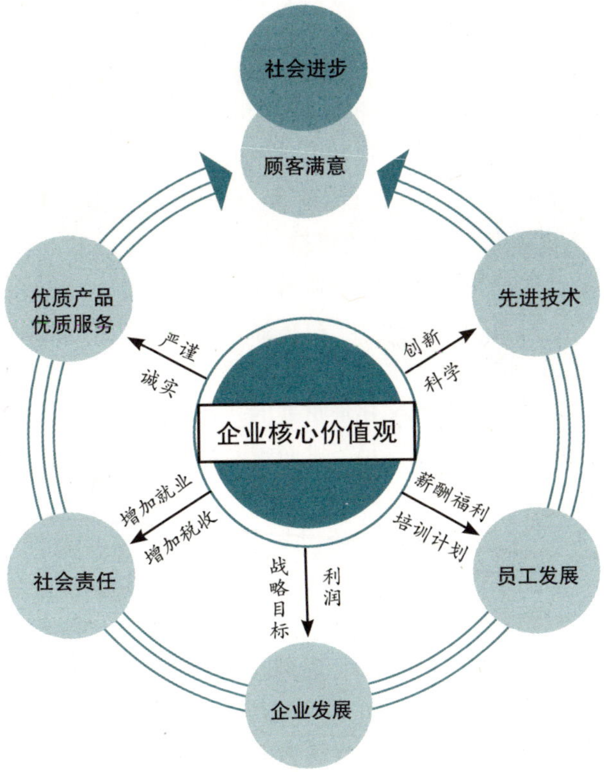

有一家叫SAK的时装公司，最初曾试图区分附属价值观和核心价值观。这家公司位于旧金山的苏玛区，早期员工都是些单身人士，他们在周日的晚上聚会，穿着黑衣服。为此，这家公司无意中就浸染了这些员工的价值观——时髦、年轻、酷。但是，随着公司的成长，经理们意识到了两个问题：如果只录用有SAK风格的赶时髦的年轻人，公司就没办法招聘到合适的员工；此外，还可能在不经意中忽视那些能够为公司作出重要贡献的年龄较大的已婚员工。为此，公司努力让员工明白，只招收时髦的员工与SAK的核心价值观——信任（为人诚实可信）、行为（独立作决策）以及主人翁精神（把自己当作公司的主人）没有必然的联系。

即使“不时髦”的人也应该被录用，只要他们拥戴公司的核心价值观。今天，SAK公司已成长为一个真正的多元化大型企业，大大拓展了自己的产品线，占据了更广阔的市场。

因而，企业的价值观不能从书本上抄来，只能从企业自己的实践、从企业家群体的实践中提炼出来。运用企业理念传达组织的价值观，动员并鼓励全体员工为实现组织的目标而努力，这更是一项重要的领导任务。

运营理念：贴近经营实践

运营理念，又称经营哲学、企业哲学，是一个企业在从事生产经营和管理活动中总结出的独特方法论。它是指导企业行为的基础。企业在激烈的市场竞争环境中，总是面临着各种矛盾和选择，这就要求企业用科学的方法论来指导企业运营，并用一套逻辑思维程序来决定自己的行为，运营理念由此应运而生。

例如，日本松下公司“讲求经济效益，重视生存的意志，事事谋求生存和发展”，这就是它的战略决策哲学。北京蓝岛商业大厦创办于1994年，它以“诚信为本，情义至上”的经营哲学为指导，“以情显义，以义取利，义利结合”，使之在创办3年的时间内营业额就翻了一番，跃居首都商界第四位。

由此看出，运营理念是企业文化最重要的一环，它渗透公司运行发展的各个方面。帮助企业在区域立足、国家立足，进而走向世界。运营理念具体可以分为五大部分：

1. 市场理念

商道即人道，诚信是王道。市场经济是诚信经济，诚信是经营之魂，品牌之核，立企之本，是企业永续发展的基石。诚信是一种责任，要以诚待人，以诚兴企，对社会诚信，对人民诚信，对合作伙伴诚信，时刻以诚信的企业形象立足于市场。

2. 质量理念

注重细节，追求卓越。以高度的责任感去追求工作全过程中每个细节的完美。这不仅仅是出于质量的要求，更是我们对国家、社会、人民的责任所在。

3. 服务理念

务实高效，顾客满意。以最务实的服务措施、最高效的服务风格，确保实现顾客高度满意的服务目标。

市场经济中，顾客的满意度是企业赢利能力的晴雨表，也是企业发展趋势好坏的风向标。谁赢得顾客，谁就赢得市场。因此，企业必须时刻本着务实高效的原则，想顾客之所想，急顾客之所急，给顾客最贴心最满意的服务。

4. 管理理念

以人为本，协同有序，规范高效。倡导人性化管理，各职能部门运转合理默契，管理制度化、规范化、科学化、效率化。

人是管理中最关键的要素，如何最大限度地激发和调动员工的主动性、积极性和创造性，是企业管理的核心课题。管理的过程中，管理机构高度协同，流畅有序，政令畅通；管理制度令行禁止，一视同仁。以管理为手段，促成员工在科学、规范的企业运营流程中勠力协作，优质高效地完成自己的本职工作，使企业与员工在双向互动中形成良性循环，最终实现可持续发展。

5. 人才理念

人尽其才，因才适用，德才兼备。用人之长，避其所短，提供合适平台，发掘每个人最大的潜能，培养有德亦有才的员工。

顾客流失的原因主要在 务理念问题

据专业机构调查研究证明，顾客停止购买公司产品的原因主要在于运营理念，特别是服务理念。

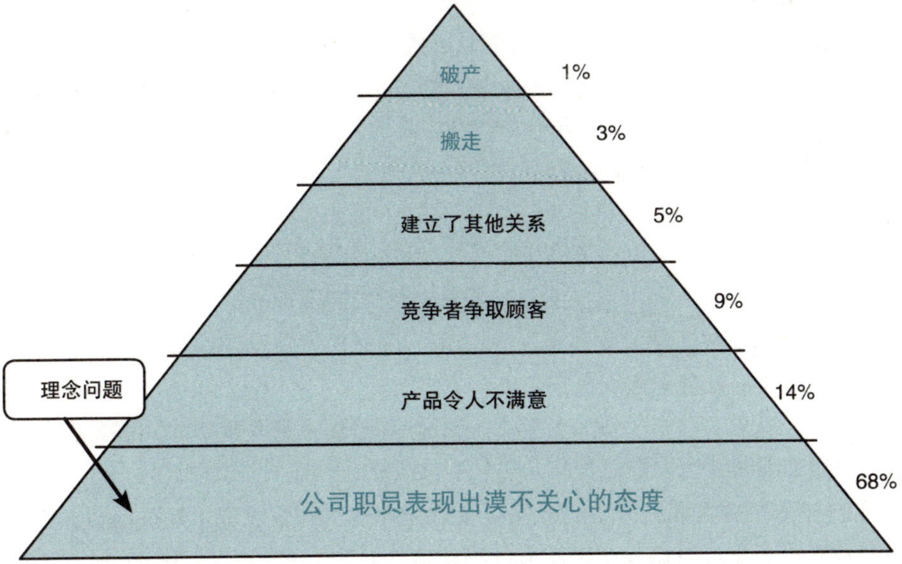

美国著名管理学家杜拉克指出："有效的管理者择人任事和升迁，都以一个人能做些什么为基础。所以，我的用人决定，不在于如何减少人的短处，而在于如何发挥人的长处。"知人善任，让每位员工都能找到最适合自己的发挥平台，才能为企业开拓最广阔的发展空间。

无论从事什么行业，领导者应要求从业人员必须具备非常高的职业道德。因此，企业对员工的要求必须是"德才兼备"。员工的德不仅要由才所体现，而且要为才所深化、升华；才不仅由德所率领，而且为德所强化、所激活。这样员工的德与行会与企业更好地合二为一。

企业文化的战略导向

战略问题是现代企业管理者必须研究和思考的首要问题。世界经济一体化的到来，使现代企业更加注重文化中的战略。实施企业战略管理比任何时候都显得更为重要。战略管理就是对宏观环境、行业态势、竞争对手以及自身资源情况作出分析，根据企业的愿景目标，提出企业未来所采取的行动，并付诸和监控实施、评估实施结果的过程。战略管理使企业有更多的可能去关注竞争环境、关注企业未来。因此，企业管理的发展方向是战略导向的企业管理。但是，用什么来引领企业战略的制订呢？先有战略还是先有文化？这个问题就像"先有鸡还是先有蛋"一样复杂，实践中也给很多企业带来了困惑。

企业战略和企业文化之间的关系，就好像人的行为与观念的关系，人先有了观念，对事物有了或初步或成熟的看法与认识，然后才产生在观念支撑下的行为，而行为又影响了人的观念。

一方面，企业战略是企业文化的重要组成单元，是企业文化的一种反映，有什么样的企业文化，便会产生什么样的企业战略。企业通过战略管理实现使命和达成愿景，企业战略反映着企业宗旨和核心价值观，有着深刻的企业文化烙印。优秀的企业文化往往会指导形成有效的企业战略，并且是实现企业战略的驱动力与重要支柱。

另一方面，企业文化应该服务于企业战略，企业要创建有利于企业战略实现的优秀的企业文化。企业文化在指导企业制订战略的同时，又是调动企业全体员工实施战略积极性的保证，是"软"管理的核心。企业要实现战略目标，必须有优秀的企业文化导航和支撑，用文化打造企业品牌，用文化树立企业信誉，用文化传播企业形象，用文化提升企业竞争力。

在企业发展过程中，企业文化至关重要，至于成为企业成功的关键要素和核心竞争力。在如下几种情形中，企业尤其需要从战略的高度看待文化建设。

（1）在技术含量低、商业模式易于被观察和模仿的行业中，如餐饮、宾馆服务等，企业难以产生显著的技术创新差异或低成本优势，新的产品或服务模式又很容易被观察和模仿，在这种情况下，文化就成为形成长期竞争优势的关键因素。只有优秀的企业文化，才能支持企业长期提供优质服务，从而超越竞争对手。

（2）在大量中小企业竞争中，能脱颖而出的多是因为形成了优秀的企业文化。在发展初期，由于资源条件和市场范围有限，很多企业缺乏创新能力，也就难以持续改进技术，提供差异化产品，而且因产品批量小，成本也很难控制在较低水平。但企业可以通过良好的整体服务占领地区市场，那些能逐步积累资源、由小壮大实现超常规跨越式发展的企业，通常是创建者为企业植入了独特鲜活且有强烈使命感的企业文化。

（3）在企业成长的发展中，最容易出现问题的不是稳定增长期，而是高速扩张期，企业“突然死亡”也多是在高速扩张期。因为高速扩张中，企业资源会迅速扩张，但控制资源的能力往往跟不上，从而造成投资失控，资源使用率低甚至流失等情况，最终使企业“失血过多而死”。

文化与战略的匹配

企业文化与企业战略是相辅相成的关系，二者相互匹配，互为支撑，才能推动企业取得佳绩。史蒂夫·乔布斯在 20 世纪 90 年代末重返苹果公司之后的重大转型策略，正是弥合了旧思维与创新型战略之间的鸿沟，取得了组织文化与战略相互协调的胜利。

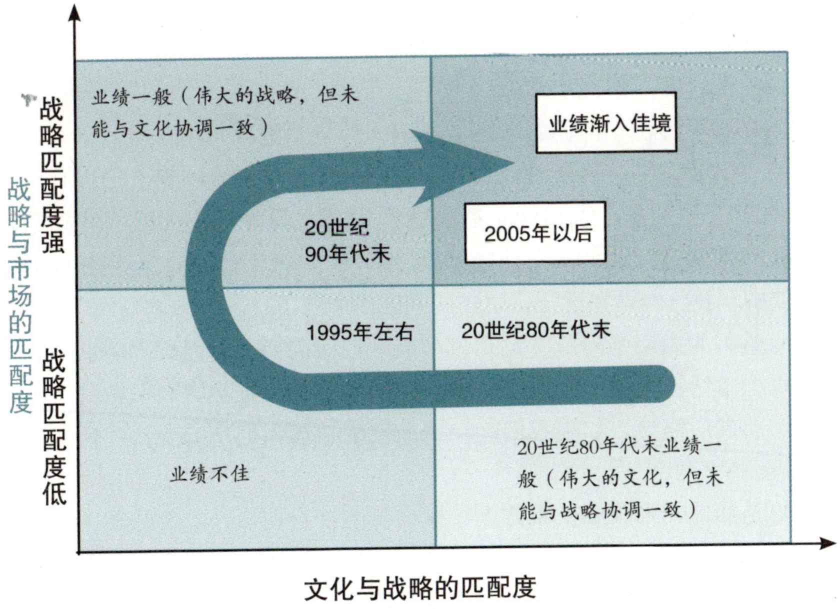

一般来说，企业的发展理念、管理模式、制度流程、行为方式等，如果跟不上资源扩张的步伐，则很容易导致企业内部管理混乱，最终陷入困境。而发展理念、管理模式、制度流程、行为方式等背后的深层问题是文化。

由此可见，越是高速发展的企业，越要重视企业文化建设并使文化成为企业战略的应有之义。

使命有什么用

企业使命是企业生产经营的哲学定位，也就是经营观念。企业确定的使命为企业确立了一个经营的基本指导思想、原则、方向、经营哲学等，它不是企业具体的战略目标，或者是抽象的存在，不一定表述为文字，但影响经营者的决策和思维。这中间包含了企业经第二章　确定核心价值观营的哲学定位、价值观展现以及企业的形象定位：经营的指导思想是什么？如何认识自己的事业？如何看待和评价市场、顾客、员工、伙伴和对手？

使命是核心价值观的载体与反映，是企业生存与发展的理由，是企业一种根本的、最有价值的、崇高的责任和任务，它回答的是“我们要做什么、为什么这样做”的现实问题。企业价值观的认知使命体现了企业全体员工的行为共识，是引导和激发全体员工持之以恒，为企业不断实现新的发展和超越而努力奋斗的动力之源；使命不仅包括目前面临的任务，更涵盖对过去的认识、反思以及对未来的期望和判断，揭示了企业成长的基本原则和思路。

有这样一个故事：

存在主义心理分析学的创始人维克多·弗兰克是纳粹集中营里的幸存者之一，他在纽约的一次演讲中对听众说：“为什么我今天还能站在这里？原因只有一个，是你们帮助我活了下来。当其他人都放弃希望时，我就这样逃过纳粹集中营的魔掌。虽然我从未到过这里，从未见过你们，从未对你们演讲过，但在我的梦中，就是在我的梦中，我已经站在这儿，说过这些话1000次了。”

弗兰克是因为内心强烈地感觉到自己被人们所需要，所以顽强地活了下来。其实，我们每个生活在世界上的人都被别人所需要。小范围地讲我们被我们的父母、兄弟姐妹、朋友所需要，如果我们能在更大范围地被人们所需要，我们的生活就更有意义。

企业更是如此，不仅要从整体上把握自身的社会使命，更要从员工个人角度出发考虑他们的使命，把两者巧妙地结合起来，从最微小也是最重要的环节——员工抓起，逐步实现企业的终极使命。

每个人都需要让生命更有意义，需要在生活中有一个伟大的目标，他们渴望把工作和个人的事业生涯结合在一起。而且工作越有意义，人们的认同感就越高，工作也就越有干劲。管理者要将企业当成毕生的事业来经营，而不只是当成一个赚钱工具。如果企业领导人都不能提升自己的境界、抱负、追求，没有干事业的胸怀，那员工又怎么可能以工作为事业呢？

其实，企业存在的目的，就是在服务于别人的同时传达自己的梦想和热情。每个人希望自己重要，在从事伟大的事业。因此让人认可自己的工作，是在从事一项伟大的事业，是对人类、对民族、对公司、对自己有利的事，这就是企业家的重要责任。企业要确立使命，要有使命宣言。

企业使命和目标的层级结构

企业使命是对企业“存在理由”的宣言，它要回答“我们的企业为什么要存在”的问题。目标、战略、计划相比较企业的使命更加具体。因此，企业的使命和目标的层级结构从上往下依次为：使命，目标，战略，执行计划／预算。

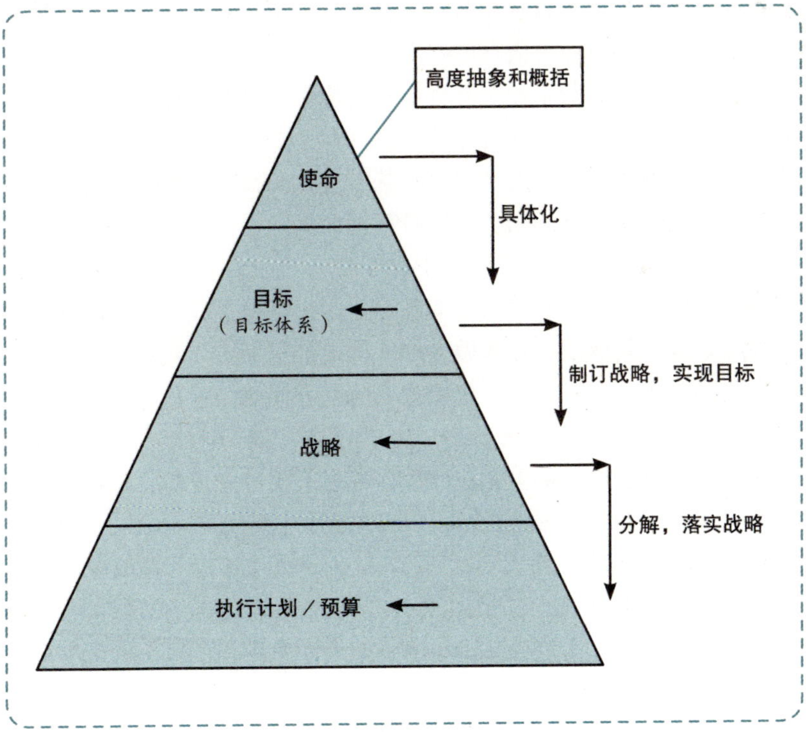

第二章

确定核心价值观

企业价值观的认知

美国学者阿伦·肯尼迪和特伦斯·迪尔在《西方企业文化》一书中指出：“价值观是任何一家公司成功哲学的精髓，为所有的职工提供了一种走向共同方向的意识，也给他们的日常行为提供了指导方针。”价值观作为企业全体成员所拥有的共同信念和判断是非的标准，以及调节行为和人际关系体系，在企业文化体系中居于核心地位。有什么样的企业价值观就会有什么样的企业文化，同时也就会有什么样的企业行为。如果企业奉行企业与社会互利的价值观，必然在确定企业利润水平的时候，自觉地把员工、企业、社会的利益统筹起来，努力避免失之偏颇。企业价值观正是这样为企业的生存和发展提供了基本方针和行为指南，解决了企业该干什么、朝什么方面干以及干得好坏的评价标准等问题。

企业价值观在整个企业文化体系中居于核心地位，是企业文化能否对企业经营发挥正面作用的关键，核心价值观的确立与落实也是企业文化塑造的核心内容，关系到企业文化建设的成败。正如做一件事情之前我们要先对这件事情本身进行评估、考量，在确立和落实企业核心价值观之前，我们对企业核心价值观本身要有充分的认识。

价值观在西方的企业里随着企业的性质各有不同，企业价值观经历了多种形态的演变，其中最大利润价值观、经营管理价值观和社会互利价值观是比较典型的企业价值观，分别代表了3个不同历史时期西方企业的基本信念和价值取向。

沃尔玛、通用、英特尔、花旗集团、辉瑞、微软、IBM等世界500强都有适合自己产业发展的核心理念。沃尔玛40多年前是美国一个乡村小镇上的夫妻店，而今在全球有5000多家零售店、超级购物中心，雇员超过150万人，组成了一个庞大的“沃尔玛”。多年来，沃尔玛始终坚持的理念是“天天平价”“太阳下山”“10英尺态度”“对顾客露出你的8颗牙”“每天追求卓越”等，以“四两”之理念轻拨“千斤”之大业。

综观这些大企业，它们都把“决不安于现状”作为自己的基本理念，支撑着它们走向一个个的成功。可见企业核心价值观不是虚无的，而是切实存在的，在发挥着潜移默化的作用，文化的力量不可低估。

对于员工个人来说，如何在工作中践行企业核心价值观呢？这里推荐一种简单易行的办法，即每天工作开始的5个问题。第一，在每天工作前，要认真问自己：“我的个人价值观是否与企业的一致？”第二，在每天工作开始时，默念或复述企业的核心价值观，主动激励自己，直至变成自己的思维习惯和工作追求。第三，在做出每个行为或某项决定时，检测这一行为或决定是否背离了企业的核心价值观。第四，把能够影响职业追求的任何事情都当作工作来对待，都以企业的核心价值观为原则和准绳，使自己始终保持蓬勃朝气、昂扬锐气和浩然正气。第五，个人的生活态度和价值取向，也要符合企业的核心价值观。

企业价值观体系

精神文化为企业之魂，优秀公司必须建立一套科学、系统、清晰的价值体系，方能凝聚人心，引领企业健康有序发展。

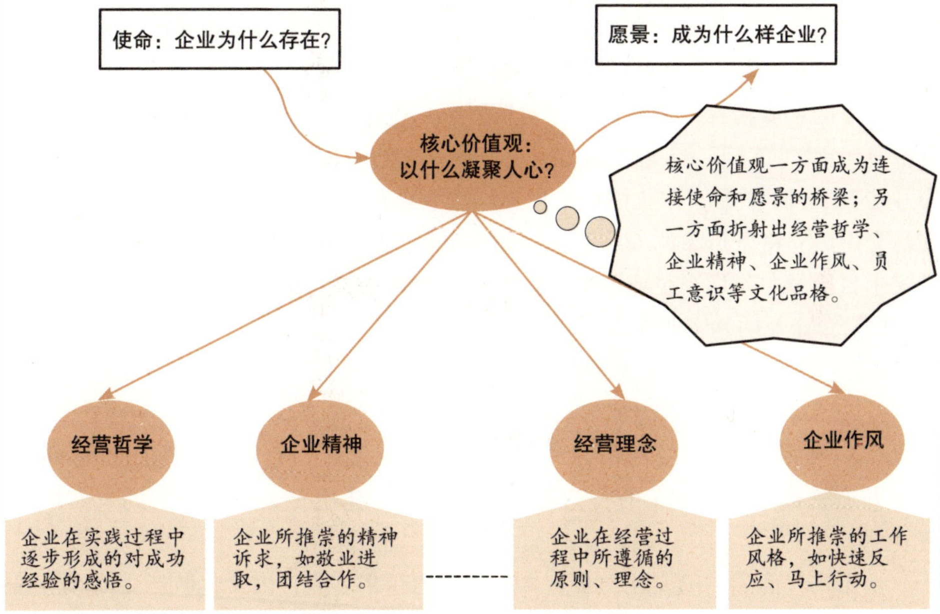

公司魂

企业精神指企业员工所具有的共同内心态度、思想境界和理想追求。它表达着企业的精神风貌和风气。企业精神是企业文化的一项重要而复杂的内容，人们对它的认识并不完全一致，有人认为它是企业全部的精神现象和精神活力。有人把它同企业价值观念等同起来。这些认识都没有抓住企业精神的实质。所谓企业精神，主要是指企业经营管理的指导思想。在美国被称为“企业哲学”，在日本被称为“社风”。

企业精神包括三个内容。一是员工对本企业的特征、地位、形象和风气的理解和认同；二是由企业优良传统、时代精神和企业个性融会的共同信念、作风和行为准则；三是员工对本企业的生产、发展、命运和未来抱有的理想和希望。企业可以根据自己的情况提炼出能够充分显示自己企业特色的企业精神。

微软公司前董事长比尔·盖茨在谈到企业精神时，讲过这样一段话：“企业精神会营造一种氛围，在这种氛围中，开拓性思维不断涌现，员工的潜能得以充分发挥。我们微软公司所形成的氛围是：你不仅拥有整个公司的全部资源，同时还拥有一个能使自己大显身手，发挥重要作用的小而精的班级或部门。每个人都有自己的主见，而能使这些主见变成现实的是微软这个团体。我们的策略一向是聘用有活力，具有创新精神的顶尖人才，然后把权力和责任连同资源，一并委托给他们，以便使他们出色地完成任务。”

短短的几句话提炼出了微软的公司魂，就是不断开拓，并放心大胆地交给员工权力。事实上，这种团体意识，绝非微软公司所独有。类似于这种把个人归属于集体的团体意识，也是许多公司都在追求和培养的。

良好的企业精神使雇员们工作热情更高、工作体验更深，从而使他们的生活更具价值和意义。以下三方面的重要意义，使得“公司魂”更加得以弘扬。

（1）导向作用。企业精神不仅是一个企业的精神支柱，而且体现着一个企业在社会中确立良好形象的战略意识，它一旦转化为企业员工的内在需要和动机，就会产生目标导向作用，企业员工就会时时以企业精神为标杆来衡量和调整自身的行为，以符合企业的基本要求。

（2）教育作用。企业精神的教育作用就在于形成企业员工共同信奉的价值观念，是员工对企业管理理念加深认识的过程。

（3）约束作用。企业精神的核心内容是价值观，它能够衍生出严格的行为规范和道德标准，对员工的行为起到规范和约束作用。企业精神的约束作用即表现在此。

由于现代商品中的文化含量、文化附加值越来越高，由文化所产生的经济效益和社会效益也越来越高，因此，必须充分认识企业精神在塑造企业形象中的作用。

全新的经营观

自20世纪以来，随着市场供求关系和竞争格局的变化，西方发达国家企业的经营观念大体经历了几个阶段性的重大转变：生产观念、产品观念、推销观念、营销观念、社会营销观念、生态学营销观念和大营销观念。应该说明，这几种观念并无先进与落后或孰优孰劣之分，其正确与否的标准完全基于企业经营在市场和竞争格局中的定位。

归纳起来，当前流行的6种主要的经营观念分别是：

（1）生产观念。生产观念认为，企业应通过大规模生产和大规模分销来降低成本，扩展市场。生产观念有明显的历史局限性。生产观念产生于产品供不应求的市场环境，兴起的原因是当时众多的企业面临的主要经营问题是生产效率低下、生产成本高。

（2）产品观念。产品观念认为，“酒香不怕巷子深”，只要是质量高、花色多、功能强、款式好、有特色的产品就会得到顾客的青睐。当市场转变为买方市场时，产品观念会禁锢企业的发展。产品观念产生于产品供求关系缓和甚至趋于平衡的市场环境，兴起的原因是市场上出现品牌的竞争。产品观念可能导致“市场近视症”。

（3）推销观念。推销观念的假设是，顾客在购买时是消极和被动的，如果听凭自然的话，他们通常不会足量购买。因此，企业必须通过一定的技术大力促销其产品，只有这样做了，顾客才有可能对他们的产品产生兴趣和购买的欲望。当企业经营那些顾客一般不会主动购买的“非寻求商品”，或是处理过剩产品时，推销观念往往能够发挥积极的作用。推销观念产生于激烈的市场竞争中，产生的原因是市场的繁荣和买方市场的逐渐形成，企业经营观念逐步转变。

（4）营销观念。营销观念认为，为了达成企业的经营目标，不能仅仅“推销已经生产出来的产品”，而必须努力发现需求并设法向市场提供能够满足某种需求的产品。企业的经营活动是一个始终以顾客需要和欲望为导向不断满足市场需求的过程。营销观念产生于竞争激励、需求多元化的市场环境中。

（5）社会营销观念。社会营销观念认为，企业不仅要通过满足个体消费者的需要和欲望来获得利益，而且要符合整个社会的长远利益，即要正确处理企业、顾客和全社会三方面的关系，统筹兼顾，求得它们之间的和谐与平衡。

（6）关系营销观念。关系营销是企业通过识别、建立、保持和加强与顾客和其他利益相关者的关系，履行承诺和实现交换，使各方互惠互利，实现各自目标。相比营销观念，关系营销观念的营销目标大大扩展，它不仅要通过满足需要使企业赢利，而且要为包括顾客、供应商、中间商等所有利益相关者贡献价值，进而实现本企业的价值。

由此可见，企业的经营观念是企业和市场之间关系的指导思想。经营思想的正确与否，对企业经营的成败具有决定意义。它是企业在制订各项经营决策时所遵循的基本思想和观念，它随着社会经济的发展而不断发展。

第三章

绘愿景——为企业指明前进的方向

用愿景引领企业前行

愿景的哲学意义建立在“你想成为什么，所以你能成为什么”，而不是“你能成为什么，所以你想成为什么”！愿景哲学的智慧给予企业激发人群无限潜能的力量去实现其人生哲学与企业哲学的终极发挥。这就是愿景领导的根本原则。

企业愿景又译为企业远景，简称愿景，或译作远景、远见，在20世纪90年代盛行一时。企业愿景是指企业战略家对企业前景和发展方向一个高度概括的描述。由企业核心理念（核心价值观、核心目的）和对未来的展望（未来10～30年的远大目标和对目标的生动描述）构成。

吉姆·柯林斯和杰里·波拉斯在《基业长青》一书中将企业划分为两种类型。第一种类型是明确企业愿景，并成功地将它扎根于员工之中的企业。这些企业大多是排在世界前列的受尊重的企业。第二种类型是认为只要提高销售额就万事大吉，而没有明确的经营理念或企业愿景，或企业愿景没有扩散到企业。这些企业绝不可能居世界前列，只有企业全体员工共同拥有企业愿景，这个企业才会有成长为优良企业的基础。

共同愿景的建立至关重要，它是团队活力的源泉、力量凝聚的关键、市场制胜的法宝。《第五项修炼》这本书所提出的整体互动思考方式及修炼方法，为人类的未来指出了一条新路。它不只是一本管理新论而已。它是一本探讨个人及组织生命的书，它让我们看到个人及组织中几种潜藏着的巨大力量来源——它们是最根本、最持久，却常是最不明显的。当你掌握了这些力量，个人的生命空间就会变得很大，如此方能成为一个全神贯注于自己真正想做的事，又兼顾生命中最重要事情的“学习者”；组织也因此会脱胎换骨成为“学习型组织”——在其中，人们得以不断扩展创造未来的能量，培养全新、前瞻而开阔的思考方式，全力实现共同的愿望，并持续学会如何共同学习。

愿景是一种激发潜能的梦想。梦想可能实现也可能实现不了，但站在现在看未来的时候是难以实现的。人类因梦想而伟大，回溯几百年前的中国古人，飞翔在天是一种看似不可实现的梦想，但当杨利伟坐着神舟五号环游地球的时候，你却会不得不感叹如果没有持之以恒的梦想，今日世界将会怎样？

愿景就是一个企业的梦想。当亨利·福特在100年前说他的愿景是“使每个人都拥有一辆汽车时”，你会认为他异想天开，但现在的美国社会，他的梦想已经基本实现了，那我们又如何理解在100年前有一个人曾经说过这样的话呢？这种梦想通常会使人感到不可思议，但又会不由自主地被它的力量所感染。因此，如果愿景是一种立即就被人所能把握实现的目标，那它充其量只能说是一个战略目标，而不是我们所说的愿景。

企业家要关注的是你的企业愿景是否能经常让你热血沸腾，甚至热泪盈眶；能否经常让你为它彻夜难眠；能否让你有一种热情、一股冲动，想将它与你的员工分享。如果没有，那你就应该考虑是否要修改企业愿景了。

愿景和使命对企业的意义和作用

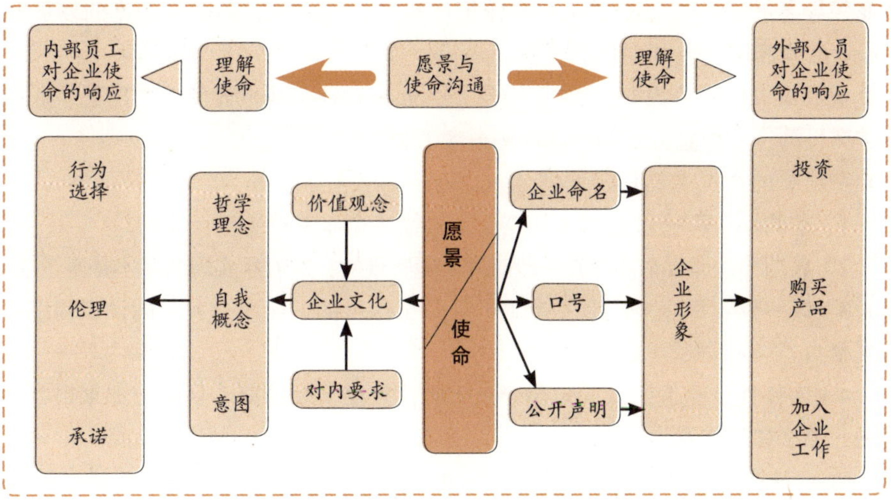

企业愿景的特征

企业愿景的本质就是将企业的存在价值提升到极限。传统观念认为，企业的存在价值是企业作为实现幸福的人类社会的手段与工具，在促进全社会幸福和寻找新的财富来源的过程中创造出来的。后来在此基础上对企业的活动增加了与全球自然环境共生，如ISO14000环境管理体系，和对国际社会的责任和贡献，如国际性的标准SA8000（Social Accountability8000，社会责任标准）等内容，使企业存在价值这一概念更加完整。在价值观经历全球化变革的时代，企业愿景及其概念范围也有必要扩大。

在考虑企业愿景时，应着重考虑两大部分：核心信仰和未来前景。核心信仰包括核心价值观和核心使命。它用以规定企业的基本价值观和存在的原因，是企业长期不变的信条，如同把组织聚合起来的黏合剂，核心信仰必须被组织成员共享，它的形成是企业自我认识的一个过程。核心价值观是一个企业最基本和持久的信仰，是组织内成员的共识。未来前景是企业未来10～30年欲实现的宏大愿景目标及对它的鲜活描述。

具体来讲，企业的愿景通常包含4个方面的内容：

一是使整个人类社会受惠受益。例如，有些企业的愿景就表达出企业的存在就是要为社会创造某种价值；二是实现企业的繁荣昌盛。例如，美国航空公司提出要做“全球的领导者”，这就是谋求企业的繁荣昌盛；三是令员工能够敬业乐业；四是要使客户心满意足。客户满意是最基础的愿景，因为客户是企业成功最重要的因素，如果客户对企业的愿景不能认同，那么愿景也就失去了意义。由于企业不仅是企业领导者的企业，也是员工、合作伙伴和社会的企业，随着企业走向发展和壮大，企业必须经历迈向社会化的过程。

企业愿景可以划分为3个层次：上层是企业针对社会或世界的；中层是企业的经营领域和目的；下层是员工的行动准则或实务指南。

企业愿景的特点主要有以下4个：

（1）前瞻性，即通过对未来的判断，来描述企业未来是什么样的。

（2）长期性，即要奋斗很长一段时间才能实现的，三五年实现的就不是愿景了。

（3）统一性，即企业愿景是要大部分员工认可的，能统一大家的认识和思想，提升凝聚力。

（4）宏伟性，企业愿景一定是个远大的比较难实现的奋斗目标，如果很容易就实现的，那么就不能称为愿景。

企业愿景能更好地关注员工的利益问题。愿景发挥作用的原理是通过构建适度、清晰的图景以激发员工的内在潜能，调动员工的积极性、主动性和创造性，并在实现愿景目标后得到合理的利益报酬与价值体现，从而为持续激发员工潜能创造条件。

如何建立企业愿景

了解了何为企业愿景和企业愿景的重要性之后，则需要关注一个实际的话题：如何建立企业愿景？针对数十年无数企业的成功经验，总结出建立企业愿景的三大原则。

（1）清晰可视。愿景作为人们所向往的美好前景，应当是能够联想、描绘得出的，当员工看到相关的文字表述时，头脑中能立刻呈现出清晰、具体的图景，从而自发地产生一种尽快实现愿景的思维冲动。如果企业愿景不够清晰、具体，不能通过想象在员工头脑中清晰显现出来，企业愿景的激励作用就得不到有效发挥，其存在也就打上了折扣，甚至形同虚设。

（2）要适度。一个好的企业愿景应给员工带来希望和憧憬，它所描绘的图景必须是员工经过辛勤劳动能够实现的。如果愿景定得太高，远远超过员工的实际执行能力；或者定得太低，使员工轻而易举即可实现，这种企业愿景的激励作用就达不到应有的效果，以愿景实现对员工的引领也就成了空话。只有愿景适当，让员工“跳起来能够摘到桃子”，员工的积极性才能调动起来，员工才愿意付出努力实现愿景所描绘的目标。这如同用手去拉一根橡皮筋，如果绷得太紧（愿景定得太高），张力太大，皮筋就容易断掉且易伤手；如果绷得不紧（愿景定得太低），张力太小甚至为零，皮筋就失去了它的存在意义。

（3）目标细分。企业愿景与企业发展战略密不可分。愿景为发展战略提供了蓝图，发展战略则是企业愿景的具体化和阶段化体现。企业愿景能否为企业发展战略提供方向和指导，关键看它是否对目标进行了细分和具体化，这是一个好企业愿景的基本条件。如果企业愿景笼笼统统、模模糊糊，没有形成可执行的细化措施，那么这个所谓的愿景也就成了一纸空文。

同时，还可以参考各个成功企业的愿景，以拓展自己的思维。

联想集团的愿景是：未来的联想应该是高科技的联想、服务的联想、国际化的联想。麦当劳的愿景：控制全球食品服务业。索尼公司的愿景：为包括我们的股东、顾客、员工乃至商业伙伴在内的所有人提供创造和实现他们美好梦想的机会。IBM的公司使命——无论是一小步，还是一大步，都要带动人类的进步。通用电气愿景：使世界更光明。微软公司愿景：计算机进入家庭，放在每一张桌子上，使用微软的软件。福特公司愿景：汽车要进入家庭。迪士尼公司愿景：成为全球的超级娱乐公司。惠普公司使命——为人类的幸福和发展作出技术贡献。

从上述精彩的愿景展示可以看出，成功企业总是志存高远的。它时刻激励着企业和员工去做最适合的事情，逐渐向着愿景靠拢。

企业管理者们现在最需要的是修正埋头苦干的“实干闯未来”的心态，扬起头来反思企业哲学，尤其是我们企业的愿景，我们的商业之梦。

愿景不是一成不变的。那些能够持续成功的公司，都保持着稳定不变的核心价值观和核心目的，尽管他们的经营战略和实践活动总是不断地适应着变化的外部世界。这种在不断发展的过程中又能保持核心不变的动力正是使一些公司成为精英企业的原因，诸如惠普公司、3M（明尼苏达矿物及制造业公司）公司、强生公司、宝洁公司、默克公司、索尼公司和诺德斯特龙公司。它们能够不断改造自己，一直保持着优异的长期效益。

然而，随着时代不断变化，在经济全球化、人才全球化、市场全球化的浪潮席卷我们之时，企业必须站在现在，活在当下，与时俱进地适当修改其远景规划，重新设计其愿景口号，以迎合现实的需要。

让愿景变为现实的三个原则

愿景是引导组织不断前进的指路明灯，它不仅必须起到激励员工的作用，还必须在其组织中得到广泛的支持与合作，并使员工全力以赴，才能把理想变成现实。

领导者让愿景变成现实的三个原则

制定愿景

让员工也参与其中，从而认可最终制定的愿景。

沟通愿景

愿景是一个持续沟通的过程，需要让它时时保持活力。

保持愿景的活力

1.时刻关注愿景——愿景应当成为组织的基础。

2.展示承担责任的勇气——真正的承担责任是行动。

企业愿景是对企业前景和发展方向一个高度概括的描述。由企业核心理念（核心价值观、核心目的）和对未来的展望（未来10～30年的远大目标和对目标的生动描述）构成。

当曾经迷恋口号的时代过去后，如今的企业更愿意面对“看得见、摸得着”的愿景，比如宏基，已经将“获利”放在了企业战略目标的首要位置。

今天的索尼公司，将愿景定位在“体验发展技术造福大众的快乐”，但20世纪50年代初，索尼追求的是“成为全球最知名的企业，改变日本产品在世界上的劣质形象”；今天的沃尔玛公司，将“给普通百姓提供机会，使他们能买到与富人一样的东西”的企业愿景变得家喻户晓，而在1990年，沃尔玛追求的则是“在2000年成为拥有1250亿美元的公司”。

同是位居世界前 50 强的麦德龙集团和甲骨文公司，好像不谋而合，同时改变企业愿景口号。通过他们的愿景强调“服务”，如果说愿景描绘的未来还太遥远的话，那么应该相信只有向客户提供最优质的服务，企业才有未来。

企业的愿景总会随着不同的时代而有所变化，真正优秀的公司知道哪些东西永远不应该改变，哪些东西应该自由地改变；知道哪些东西可以慷慨地牺牲，哪些东西需要永远珍爱。这种能够在“保持”和“改变”之间进行协调的能力，是不可多得的。

另外，企业的愿景可以与时俱进，想要成为立足于世界之林的伟大企业要有在愿景错误时及时改变的勇气。

闻名世界的日本京都制陶公司成立伊始，业务发展非常迅速。企业的创办人稻盛和夫经常要求年轻的员工加班，不但每天要加班到深夜，就是星期天也经常不休息。慢慢地，一种不满的情绪在员工中间蔓延。一次加班之后，一群员工决定用强硬的手段向公司提出要求，并以集体辞职相威胁。第二天，员工提交了按了血指印的抗议书，指明了不满之处，提出了诸如加薪、增加奖金的要求。稻盛和夫虽然没有同意他们的要求，却不得不花费三天三夜做说服工作才使得这批人留了下来。这件事深深地刺激了稻盛和夫，他陷入了痛苦的思考：“本来以为创立京都制陶是为了让我的技术闻名于世，现在看来，应该还有更为重要的事情。公司究竟是什么？公司的愿景是什么？要争取什么？”最终他发现：“让技术闻名于世其实是低层次的价值观，是次要的事情。经营公司的目的是为全体员工谋求物质和精神方面的幸福，为人类社会的进步贡献力量。”

从此以后，“为全体员工谋幸福，为社会发展贡献力量”成了京都制陶公司的追求目标，也变成了公司共赴的使命。企业发展越来越大，员工的忠诚度也越来越高。

作为企业，要告诉我们的员工，我们是什么？我们为什么？我们干什么？愿景是要让员工能够和企业一起分享对未来的憧憬，让员工对未来有更深的期待，让员工获得一种强大的生命意义感。愿景必须是正确的，同时是与时俱进的，这样才会使企业在发展瓶颈等关键时刻把握发展的契机。

第四章

礼仪与仪式：文化在行动

象征性活动的影响

就像礼品是“礼节、礼貌”的象征，它既反映着中华民族特有的传统习俗，又能体现出礼仪在生活中无处不在。一个企业，也需要象征性的活动来证明企业是有礼节、懂尊重的企业，这些活动就是企业文化的外部表现之一。

礼仪是现代社会公共关系的辅助手段之一，组织形象的塑造离不开礼仪。在塑造组织形象时，礼仪手段的恰当运用，正是组织形象的反映之一。要树立良好的组织形象，除建立产品信誉，运用象征性标记外，企业员工的精神风貌、服务态度、业务水平、装束仪表，都是组织形象的一部分。因此，企业中首先要在自己的个人形象方面注意维护企业形象，让社会公众通过员工而对组织产生好感。

具体的象征性活动主要包括以下5点：

（1）企业名称。有人认为这是树立企业形象的第一步。在商业中有这么一句老话叫“卖招牌”，因为招牌的好坏对于消费者的心理有一定的影响，它甚至会影响企业的经营效果。在新中国成立前，旧中国的一些企业对此是非常讲究的，它是集缄、鉴、训、座右铭于一体的一个缩小的广告。所以企业的名称应像给人取名那样有讲究，而且易懂好记、清新醒目、寓意深刻；避免那种空洞、乏味、概念化而无特色的名称。一些拥有名牌产品的企业有意识地将产品牌号与企业名称统一起来，也能收到相得益彰的效果。如：美国可口可乐公司和它的可口可乐饮料。

（2）企业广告。这是一种诉求手段，一切应以加深公众印象为主，它要调动一切因素来影响公众对企业所发出信息的主观选择意向。这种宣传企业自身的公共关系广告，要比产品广告更难取得成功。它要求广告的特色与企业的特色和形象相互协调，而且要适当在某个基调上加以重复，并不断变化内容与形式，以求信息的新鲜感，但同时又不离开一个固定的主题。总之，要达到这样一种效果，即令人感觉似曾相识，同时又不得不刮目相看。

（3）企业的标志。它是现代设计的一部分，它包括商标和组织的徽标。由于它具有容易识别、记忆、欣赏和制作的特点，因而在保证信誉、树立形象、加强交流方面起着举足轻重的作用。它是企业良好形象的一部分，是企业无形的财产，其价值是可估算的。因而企业可以设计各具特色的标志作为自己的象征，用独到的艺术构思给人留下美好的印象，以达到加深公众感知的目的。

（4）代表色。心理学中曾指出，在感知上，颜色起着重要的作用。一个企业可以选择某种固定色调，用于企业与外界交流的各个方面，如办公室、店铺、包装系统、广告、工作服装，等等，形成本企业特有的一种风格，从而在心理上加深公众的感知印象。

（5）环境设施。这点在商业企业显得尤为重要。商业企业舒适优美的环境布置、先进的营业设施能在生理上和心理上影响顾客和员工本身，进而直接影响到营业效果。

在企业的管理活动和日常工作中，企业也要提醒和教育员工注意自身行为，从而维护企业形象。礼仪手段的恰当运用，与企业人员的公关意识、形象意识大有关系，主动地、有意地通过礼仪来体现组织的形象，是每个企业人员的基本职业素养。

仪式的必要性

企业仪式是指企业的日常活动表现形式，而与之相对的典礼则是指企业行为的隆重表现形式。前者规范着员工在企业生活中的行为习惯，后者则通过使员工终生难忘的隆重颁奖等大型活动强化企业文化。企业通过这两种表现形式把企业价值观直观、形象地展现出来，或者说它们本身就是企业文化中最核心部分的表现形式。潜移默化地熏陶是企业仪式和典礼之所以起作用的关键因素。企业仪式和典礼也是企业中的正式制度的有效补充。

企业文化中的仪式内容范围很广，其中有工作仪式、管理仪式（包括各种会议）、社交仪式以及各类庆典、奖励仪式等。至于聚餐、聚会、晚会、郊游、体育活动等也都带有仪式含义。仪式不要僵化而要因地制宜，要有利于传达企业文化，因此企业可以自己创造出新的仪式。仪式可以把企业运作和员工生活里发生的事情戏剧化，借以弘扬企业价值观，从而强化自身的企业文化。抽象的价值观往往要借助于仪式而变成生动、具体、可遵循和操作的东西，缺乏仪式的表达方式，企业文化往往会变得僵硬呆板和难以捉摸。

分布于日本国内外的20万名松下职工，每天早上上班时唱晨歌，背诵“松下精神”，下班前唱晚歌。通过这些仪式，昭示了公司的价值观，增强了员工的归宿感和自豪感，从而使企业文化真正“活”在员工心里。海尔会定期举行诸如表彰大会、员工大会等仪式，在这些企业仪式上不断地重复企业文化对企业发展和员工发展的重要性。同时，在仪式上，表现好的员工会收到来自公司高层的奖励，这也用

常见的仪式活动及其文化功能

仪式是一种活动，把企业中某些生活戏剧化、固定化、程式化，以宣传企业的价值观念、企业精神，强化企业文化，可以提高员工的工作热情和对企业的向心力。以下是最为常见的企业仪式活动。

（1）以表彰会为代表的工作仪式。工作仪式，即发生在企业日常经营管理活动中的常规性工作仪式。如岗前小会、表彰会、职代会、培训会等。通过这些仪式可以凝聚人心，提高人们对企业价值观的认同。

（2）以联欢会为代表的生活仪式。指在工作之余，企业开展的与员工生活直接相关的各种活动。如联欢会、讲演会、茶话会等，通过这些活动可以密切员工之间的关系，有利于共同价值观的形成和传播。

（3）以店庆为代表的纪念性仪式。指那些对企业具有重要意义的纪念活动仪式。如店庆、挂星、获奖等具有纪念价值的活动。这些活动可以宣传企业文化，吸引员工对公司的关注，产生向心力。

以鞭策那些暂时落后的员工。

由此可见，利用仪式和庆典能够使企业文化得以充分体现，同时潜移默化地指导员工的行为。在每种仪式背后，都有一个体现了文化核心信念的寓意，正是因为这种联系，仪式不再是简单的形式，而成了企业日常经营中的重要环节。

企业文化仪式使价值观的传播具有了生动活泼的形式。通过一定的仪式进行企业文化活动，使那些抽象的、口号式的企业文化语言变成了生动的活动、具体的行为，进行了形象化的表达，变得可视可解，有利于员工对企业文化的认识、理解和支持，在工作中也会积极去体现。这就进一步使得企业的价值观逐渐向个人的价值观转化，通过文化仪式会自觉不自觉地让员工接受企业的价值观，也是发挥隐性教育的作用。在或庄严、或欢乐、或热烈、或随和的文化仪式氛围中，逐渐使员工感受到自己工作生活在企业大家庭中的快乐和自豪，从而产生一种强烈的归属感。

管理仪式

管理仪式是经理们在处理日常事务时所运用的。如各种正式会议，计划框架与成本曲线分析，行为、评价、复审技术等。管理仪式是日常工作中不可缺少的一环。

作为管理仪式的重中之重，正式会议成为传递企业运营信息、研究未来发展方向的首要选择。而会议的优点不言而喻。

（1）开会促进社交互动。多数人不喜欢一个人埋头工作，他们需要与他人保持接触和联系。开会让他们感觉自己是团体的一分子，有了分享个人情绪和观点的通道，不仅能谈论工作话题，也可谈论个人或政治话题。因此，有些看起来似乎与会议主题无关的唠叨（甚至是发牢骚），其实是进行宣泄的重要社交途径。

（2）开会让每个人都留在组织中。随着公司发展的日益矩阵化，公司内部相互依存，会议就像一台非正式的织布机，把组织里的各路线编织在一起。员工需要了解组织里其他部门的工作进展。除了正式的交流机制以外，他们还需要非正式的方式作为补充——指导他们安全通过政治和个人生活的雷区。会议创造、加强并拓展了这些信息网络。

（3）开会常常是地位的象征。各种委员会的会员资格意味着你是重要人物，别人重视你的观点，你在决策人群中占有一席之地。出席员工会议意味着你是领导团队的一员。即使是只有一次会议要求你出席或回答问题，也能让你在资深人员面前增加曝光率，提升你的地位。

（4）开会的心理驱动力非常强大。通常要胜过培训课程和文章中提出的那些既有逻辑又理性的“会议管理”建议。换言之，看似经理们浪费了时间或是时间没有产出，实际上满足了重要的个人和组织需求。

另外，正式会议可以统一思想，把会议组织者的想法传达给每个参会者；正式会议可以增加人际关系资源，让会议参与者和组织者逐渐熟悉起来，直至成为好朋友；会议可以让人从繁忙的工作中解脱出来，换一个心态和思路；会议可以发挥与会者的聪明才智，共同完成对某事的策划，并作出决定，即所谓的头脑风暴；会上讨论可以增加经济成效，即所谓的会展经济。

然而，过度地注重企业管理仪式也有不容忽视的弊端，如果过多开会，就是浪费时间。

如何节约时间，以最大的限度提高企业工作效率并节约成本是摆在各企业管理者面前的一个不容忽视的问题。我们要认识到，管理仪式固然重要，然而领导者把大部分的时间都花费在会议上，导致会议效率低下，就是舍本逐末了。

建立企业礼仪的标准

企业礼仪的标准，应该根据企业礼仪的类型来建立。企业礼仪植根于民族文化之中，同时又被打下了深深的地域文化、行业文化，尤其是本企业的文化烙印。因此，企业礼仪总是摇曳多姿，呈现出丰富多彩的样式。尽管如此，企业礼仪的类型仍然可以归纳为四大类：

（1）建立交际礼仪的标准。企业是一个从事经济活动的主体，作为社会组织，其内部人员之间和与外部群体或个体之间都有着大量的人际交往。因此，交际礼仪就成为传播企业文化、体现企业素质的重要形式。

人际交往的礼仪很多，也很烦琐，主要包括介绍和被介绍、称呼与被称呼、交谈用语、座位安排、说话时的姿态、肢体语言、禁忌用语、服饰、互换名片、站姿坐姿、握手与挥手、节日问候，等等。就会面来说，就有微笑礼、握手礼、拱手礼、鞠躬礼、颔首礼、招手礼、合掌礼、拥抱礼、注目礼，等等的分别。

（2）建立工作礼仪的标准。发生在企业日常经营管理活动，以及商务活动中的常规性的仪式就是工作礼仪，如展会、岗前小会、店会、表彰会、职代会、培训会、新闻发布会以及技术、生产、销售合作签约仪式，合资项目签字仪式等。

松下幸之助就在日本松下电器株式会社建立了一种朝会和夕会的企业仪式，即利用每天上下班5分钟的时间，各部门、各单位的员工聚在一起进行宣誓、总结。朝会时，要唱社歌：“为建设新日本同心协力！不断地努力生产！我们为世人提供的商品，犹如涌泉一般。振兴产业！”还要全体朗诵公司精神：“产业报国、光明正大、亲爱精诚、奋斗向上、遵守礼节、顺应同化、感恩图报。”

大凡优异的企业在这些基本工作礼仪上都表现得非常出色，体现了公司的文明程度和文化素养，也体现了企业文化的基本形态。

（3）建立生活礼仪的标准。

美国玫琳·凯化妆品公司，每逢圣诞节、公司纪念日，总经理都给全体员工寄发贺卡；员工过生日时，总经理寄去贺信，并亲笔写下贺词，然后郑重签名。员工进厂1周年、3周年、6周年、9周年时，总经理奉送比较贵重的首饰，当员工工作15周年时，将得到一件镶有钻石的昂贵首饰。

除此之外，在工作之余，企业开展的与员工生活直接相关的各种活动就是生活礼仪。包括企业的文体活动、联欢会、讲演会、茶话会等。

（4）建立节庆礼仪的标准。节庆礼仪指那些对企业具有重要意义的纪念活动仪式，主要包括公司的节日庆典和公共节日庆典。

如公司成立的周年庆典、公司成功开发出重要技术或产品的庆典、公司分公司或子公司成立的庆典、公司重要活动目标达成庆典、新生产线投产成功庆典，等等就属于前者。后者主要包括“三八”妇女节、“五一”劳动节、国庆节庆典、行业性的节日庆典，等等。

以上提到的这些庆典活动，是连接企业与员工、集团与分属企业、企业与社会的重要纽带。企业举行庆典，传播礼仪规范，都是企业文化的载体，为企业总体形象加分。

第五章

建立创新型组织

超越稳定状态，跳出思维定式

一种组织文化是一套积累的准则、信仰、仪式、活动、传统习惯。一个组织文化可比喻为一个有投入、中间过程和产出的池塘，投入就是从外面流入的活水，中间过程就是池塘中生物之间的共生关系，产出就是新形成的涌入其他系统的水流。组织有人员、思想、目标和技术等新鲜投入，中间过程和产出包括规则、角色关系、相互作用的方法、态度、价值观和信仰。当一个新的组织成员第一次接触到一种新文化时，他马上能感知的是这种文化和他熟悉的旧文化诸方面的差异。然而随着企业的发展，组织文化也应当跳出思维定式，进行合理的变革。

英特尔在对旧组织、制度文化实施变革中强调了“冲破旧习惯”“变低效为高效”“以文化推进经济增长”的策略。

英特尔公司创立于1968年。20世纪70年代，英特尔开发出世界上第一块用于个人电脑的4004型微处理器。80年代，英特尔把普通的芯片制造工艺改造成为世界上最高效、最尖端的工艺。90年代，英特尔在创新理念的指引下不断改进芯片的设计，使它的年销售额增长了7倍，超过250亿美元，资产回报增长了1倍，资本投资达183亿美元。在被《财富》杂志评为在全美最受推崇的10家企业中名列第4，在该杂志1999年公布的全球最大500家企业排行中，英特尔排名第121，营业收入达262.66亿美元，利润60.68亿美元，资产额314.71亿美元。

组织文化的成长是分阶段的，一般分诞生期、青春期和成熟期。要克服组织文化在每个阶段的危机，都需要一个文化的转型。这个文化转型可能来自内部机制的要求，即使是社会形态和工作固定在某一个阶段上，在组织从诞生向青春期到成熟期的成长过程中，组织文化也会经历一系列变革。

人们认为，对取得的成功而言，其流行的文化是比经济、技术因素更重要的关键原因。

这种文化的主要内容是：

包容失败——对待破产就像对待一场过去战争的创伤。

追求风险——把技术问题视为一个机会。

对公司再投资——在硅谷挣的钱绝大部分都用于那里的投资。

对变化充满热情——“不是我们让自己过时，就是参与竞争”。

论功行赏——年龄和经验无足轻重。

沉迷于产品的改进——对新思想和新产品的迷恋。

合作——职员是借来的；思想是共享的；偏爱是互换的。

任何人都可参与——每个人都有挣大钱的平等机会。

处于前沿的科学技术，有效个人需求层次和滞后的组织设计、工作配置及社会准则之间的不协调，会引发内部改革的张力。企业管理层在发展一种合适文化的过程中起着关键作用，发展出来的这种文化应能和组织发展阶段、工作及员工的专业化程度及占主流的社会形态等相一致。当社会形态、组织设计、工作配置、首席执行官的取向、人们的需求从传统向大规模生产和以后的阶段迈进的时候，组织的文化也必然要变革，但文化变革不是轻而易举的，组织在一段时间内会蒙上一层“外壳”而不易改变，人们的观念也会穿上“铠甲”而不愿改变，所以，组织文化的变革会经历阵痛。跨越了这个阶段之后，企业就会形成与新业务和新发展规划相适应的组织文化。企业要重新制订组织的战略，以新的组织文化推进产业的发展，弄清楚这个产业将给企业带来什么样的商机。

组织变革的步骤

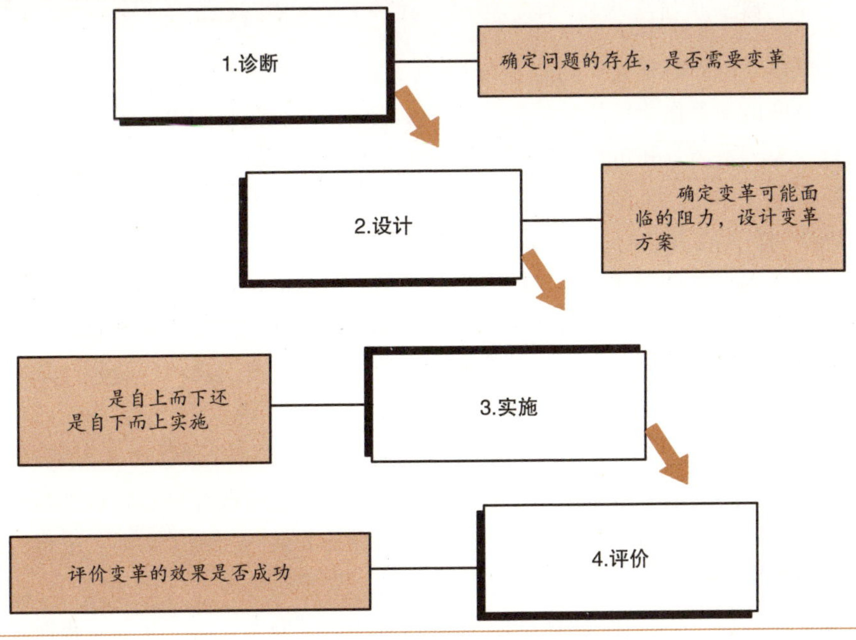

领导力与企业创新

与其他任何由上至下的措施一样，领导的行为对员工有很大影响。创新从本质上和变革紧密相连，需要从实现短期业绩目标的工作中抽出精力和资源与其他目的的措施相比，创新工作可能需要管理层鼓励员工，赢得他们的信任和认同。据相关调查显示，鼓励创新行为的前两大促进因素是鼓励和保护创新的强有力的领导，以及愿意花时间积极管埋和推动创新的高管。事实上，高管认为，对创新工作敷衍了事、只说不做是最常见的创新杀手。排在第二位的原因是，高管不能以身作则，例如，不敢冒险，不乐于接受新创意仅鼓励短期业绩，始终害怕失败也是受访者列举的最大的创新杀手之一。

虽然很多高管口头表示创新是重要的增长因素，但是他们很少明确领导和管理创新工作。大约1／3的高管表示，他们只有在需要时才不定期地管理创新工作。1／3的高管将创新工作作为管理层议程的一部分加以管理。如果一项工作不属于公司核心流程，不属于领导的战略议程，不能成为领导行为的一部分，它怎么可能成为公司的首要任务？

如同牛顿从苹果落地悟出万有引力一样，苹果已被誉为创新的代名词，影响和改变着商业世界。

2007年推出iPhone之后，苹果再次让世界震撼，推出了世界上最薄的笔记本MacBook Air。有意思的是，每年几乎所有关注IT产业的媒体和消费者都会煞费苦心地猜测MacWorld 的主打产品，他们坚信苹果总是能给人以惊喜。

从偏执创新到有目的的创新，从无效创新到高效创新，苹果高效的创新机制从何而来？——魔鬼领导力。

苹果高效创新时代是伴随着乔布斯的回归而来临的，就像比尔·盖茨代表了微软，乔布斯也被看作苹果的品牌象征。乔布斯的任务就是找到答案，将苹果的创新精神转变为消费需求和市场占有率。与大多数具有创新基因的数字公司不同的是，乔布斯拒绝了创新产生的民主来源，他坚信自己对消费需求的预判能力，并要求公司的产品创新要在自己的主导意识内。

乔布斯用另一种方式主导了创新，是类似于集权的纪律意识，他的团队所要做的就是将他的想法实现。事实证明，这同样取得了成功，在美国《商业周刊》评选的2007年度最具创新能力企业排名中，苹果力压谷歌，排名第一。曾经在苹果高级技术部任职的一位高管认为，苹果公司设计方面成功的关键就在于，乔布斯在团队中引入了凝聚力和纪律观念。

其实，从乔布斯重返苹果的那一天开始，他就在努力改变公司盲目创新的现状和涣散的企业精神。乔布斯对于苹果的努力是卓有成效的，而苹果随后进行的种种战略转型和管理变革，都带有浓重的个人色彩。

强大的领导力是企业最根本的创新动力。离开了乔布斯的苹果和乔布斯主持下的苹果，两相对比，就能很好地说明这个问题。当公司CEO无法把创新意识和消费意识叠加，公司的创新前景就会让人担忧，因此，有管理学家认为领导力创新是企业创新要素中首当其冲的。

领导人的领导力创新不仅表现在本人的高效创新思维上，还在于他能够亲身参与到创新实践的各个环节中去，甘愿做一个看门人，使员工亲眼看到公司领导层对创新目标和措施的投入和决心，这些都是激活创新文化的关键。每当有重要产品即将完成时，企业都会从这个产品的设计模式中摆脱出来，才能成就企业更高层次的发展。

无边界行为

无边界行为是企业组织结构的创新。无边界原理认为，企业组织就像生物有机体一样，存在各种隔膜使之具有外形或界定。虽然生物体的这些隔膜有足够的结构强度，但是并不妨碍食物、血液、氧气、化学物质畅通无阻地穿过。得益于这一现象的启发，企业各部门、上下级之间虽然存在边界“隔膜”，但信息、资源，构想及能量也应该能够快捷便利地穿过企业的“隔膜”，像没有边界一样。

无边界行为是通用电气公司第八任总裁杰克·韦尔奇提出的。韦尔奇反对通用旧有的“不是土生土长的”观念，提倡员工之间、部门之间、地域之间广泛地相互学习，汲取新思想，他说“你从越多的人中获取智慧，那么你得到的智慧就越多，水准被提升得越高”。这种“无边界”的推广，使得通用公司将注意力集中在发现更好的方法和思想上，促使公司发展不断升级。

“无边界”成为通向学习型文化和自我实现的关键一步。为了真正达到“无边界”的理想状态，韦尔奇坚决执行减少管理层次的决定，加强公司硬件建设；大力提倡全球化思维；创立“听证会”制度。“听证会”制度不仅使普通员工参与公司的管理，而且成为领导者和员工相互沟通、学习的场所，大大提高了工作效率。

因此，在这一理念的影响下，虽然企业各部分的职能和界定仍旧存在，仍旧有权高任重的领导、有特殊职能技术的员工、有承上启下的中层管理者，但组织作为一个整体的功能，可能已远远超过各个组成部分的功能。可以看出，无边界原理其实是以有边界为基础，并非对所有边界的否定，其目标在于讨论让各种边界更易于渗透扩散，更利于各项工作在组织中顺利开展和完成。

根据以上原理，企业必须对现有的一些组织结构边界进行重新定义。

（1）垂直边界。旧的垂直边界主要表现为由传统的垂直式组织结构引起的内部等级制度，组织设置为层层机构，各层都界定了不同的地位、权威及权力的上下限，其中的各个职位都有明确定义，位高则权重、位低则权轻是理所当然的事。无边界组织突破了这种僵化的定义，撇开所拥有的权威与地位，职位让位于能力，以谁提出的建议更有价值为标准，只要利于企业发展的建议都会受到重视和采纳。显然，新的垂直边界（实际上任何时候都不可以完全抛弃边界）提高了企业各级间的可渗透性，使企业能聚集所有职工的智慧，从中得到上佳的决策。

（2）水平边界。旧的水平边界正如房间的隔墙存在于企业内不同的职能部门、不同产品系列或经营小组之间。由于各职能部门都依据自身的进度表行事，往往与其他部门发生矛盾和冲突，各个部门都不顾企业的整体目标而片面夸大自己的目标，从自身专业或部门的立场来评价公司的政策。因此，水平边界的突破就需要设计能够穿越部门边界的工作流程和结构，使信息和资源工作进程在部门之间顺畅流动和快速交接，把被分割的职能重新融为一体。

传统管理模式向无边界管理模式的演变

在传统意义上企业靠严格的边界制胜，但随着企业的发展，严格刻板的组织结构就会成为阻碍企业发展的影响因素。无边界管理是一种有效的创新，它打破边界、重构企业的思路，顺应了企业管理从严格刻板型向渗透扩散型转变这一潮流趋势。

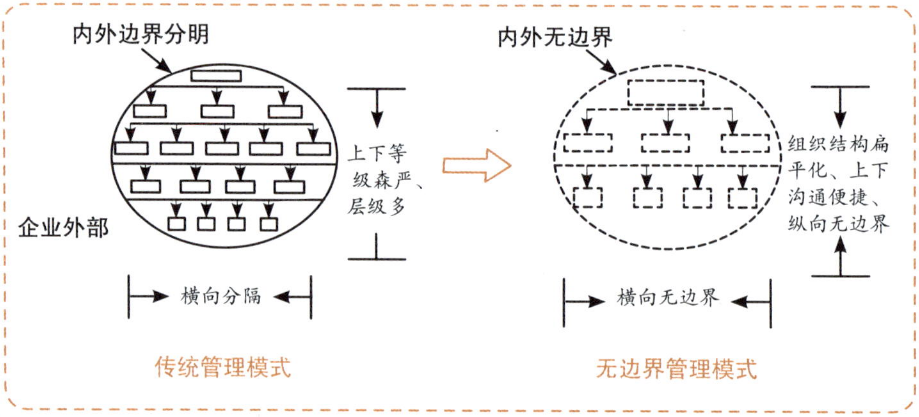

营造鼓励尝试的氛围

创新环境的理想状态是一个使普通人也可以成为活力四射、热情洋溢的实践家，使这些人变成斗士的环境。

谷歌利用失败和混乱快速地推出大量创新产品，这些产品可能并不完美，但谷歌会让市场来选择。这种百花齐放的战略虽然意味着许多产品注定要失败，但是公司高管并没有因此而止步，而是鼓励员工尝试失败。谷歌创始人佩奇甚至表扬了一名犯下大错、给公司造成数百万美元损失的高管："我很高兴你犯了这个错误。因为我希望公司能够行动迅速、做很多很多的事情，而不是谨小慎微、什么也不敢做。"

人们普遍认为，创意的构思过程是混乱无序的，谷歌却以一套非常严谨的以数据为驱动的创意评估流程，很好地平衡了这种无序性。谷歌对于分析和数据的重视远远超过其他绝大多数公司。

谷歌在行动上真正做到把员工当作最重要的资产，它为员工提供了很多激发智能的机会，并营造了很好的知识工作环境，以独特的公司文化吸引了最聪明的人才。

3M公司在美国有一项特别的政策，允许员工每天有15%的工作时间可以做本职工作之外的事情，以此来鼓励员工创新。另外3M还有一个很著名的做法，就是对于员工创新中的失败非常宽容，允许他们犯错误。主管会和员工一起坐下来，检讨问题出在哪里、怎样改进、下一次如何制订更完整的计划。3M从来没有出现过员工因为希望多做点事情结果没有做好而被惩罚的例子。

鼓励员工不断创新，是从营造公司的创新氛围开始的。比如说负责胶带产品的员工，如果他对电子产品有兴趣，他完全可以去做这方面的尝试，也可以利用公司相关的资源和信息。现在这种做法已经扩展到了整个公司的各个部门，因为创新其实并不局限在产品上，很多时候一个新的工作流程、新的管理措施都是创新。比如在人力资源部门里的员工，每个人虽然各有分工，但是并没有一个固定的框框去限制他。相反，在判断一名员工是否具有发展潜力的时候，我们会看他是不是能够去打破这个框架，有创造力地做一些职责之外的、对公司有利的事情。在这种宽松氛围下，大大鼓励了员工创新的积极性，给企业创新也注入了新鲜血液。

在当今时代，增强自主创新能力，增强企业核心竞争力，已成为企业发展的关键。而在企业范围内大力宣传提倡自主创新意识、促成企业创新氛围的形成，无疑是企业生存发展的基础条件。

学习型企业文化

在时代变革迅速的当今时代，成为一个学习型企业是必然的选择。学习型企业文化包括以下3个方面：

1. 激情文化

我们要抱着批判、继承、发展、创新的态度来对待企业文化。由市场的追随者一跃成为市场的挑战者，进而成为行业领导者，在这背后所蕴藏着的就是激情文化和创新精神。这一点在市场培育和成长期至关重要。

2. 人本文化

以人为本的管理，是指在企业管理创新过程中以人为出发点和中心，围绕着激发和调动人的主动性、积极性、创造性展开的，以实现人与企业共同发展的一系列管理活动。以人为本的管理思想兴起是历史发展的必然选择，“人企合一”是我们追求的一种最高境界。

松下电器就认为：“松下电器公司是制造人才的地方，兼而制造电器产品。”而通用电气也表达了同样的观点：我们造就了不起的人，然后他们就造就了不起的产品和服务。

3. 核心价值观

（1）“开放进取”。控制论创始人维纳指出，封闭系统有朝着静态均衡和熵增状态发展的固有趋势，熵越大表明系统越无序越混乱。传统观点认为组织是一个封闭的系统，而现实中企业组织与其环境之间存在着大量的相互作用，组织不可能是一个封闭系统。

市场经济的发展阶段，开放是我们首要的观念。对于创业，持有开放的心态，彻底转换观念显得尤为关键。

开放表现在观念方面，就是要有包容力，能吐故纳新，能够容忍犯错误，为了怕犯错而谨小慎微、抱残守缺，就会丧失创新精神、进取意识；同时能够兼容外来文化，与时俱进，不断改造企业文化。

建立学习型组织

学习型组织是一个为完成共同目标，共享信息和其他资源，并按一定的规则和程序通过充分的沟通和协商开展工作的群体。

建立学习型组织的操作方法

1.掌握所在的组织的基本情况。

2.认清建立学习型组织的目的

3.设立一个指导组织学习的机构。

4.在组织内营造学习的氛围。

5.学习和运用修炼方法。

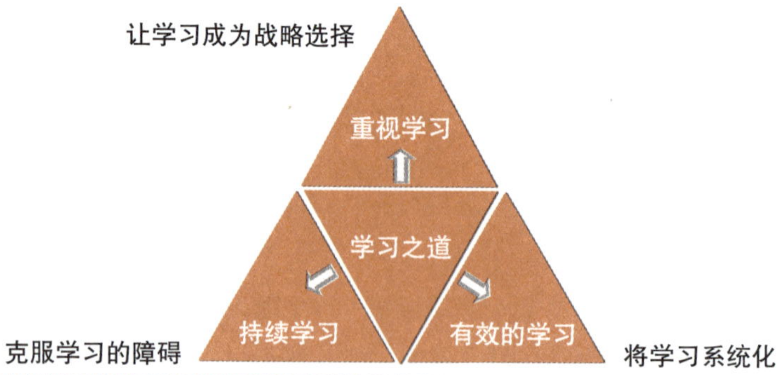

学习型组织不存在单一的模型，是用一种新的思维方式对组织的思考。在学习型组织中，每个人都要参与学习和解决问题，使组织不断地尝试，改善和提高它的能力。

开放表现在管理方面，就是为了共同目标，可以真诚坦率地沟通，不过分强调资历、经验。

开放表现在战略方面，就是进行合作、联盟，共同发展。

开放表现在顾客方面，就是结成伙伴关系，寻求双赢。

开放表现在吸引人才方面，就是不拘一格降人才，要看重人的潜能和可塑性。

开放表现在用人方面，就是不带偏见，不以个人喜恶为标准，评价一个人还要多听听他的同事、下级的意见。

（2）诚信服务。市场经济是信用经济，这不独对企业，对个人也是一样。但还应该有更深一层的意义，追求可持续发展，回馈社会，服务社会，这也是企业存在的价值。

诚信对于股东，就是为广大股东利益着想，为股东获取最大价值，实现最大投资回报。

诚信对于客户，就是以客户为中心，树立顾客至上的服务理念，不承诺做不到的事。

诚信对于员工，诚实有信、正直坦率是员工的重要品质。管理人员首先应该是有品质的人。诚信也包含了员工对企业的责任和忠诚。

（3）“尊重个性”。一方面讲的是人人受尊重、人人都平等的思想；另一方面作为高科技公司，要提倡科技以人为本的理念，人不应该受制于科技，技术是为人类应用服务的。尊重员工的权利、个性，帮助员工树立自信。

尊重顾客的权利和尊严。

个性化是时代发展的要求。

（4）“认真专业”。体现了一种成熟的职业化精神，职业化是市场经济发展对于人的基本要求。认真，就是员工要有高度责任感和积极主动性，为满足顾客需求而全力投入。

专业，就是员工要具备职业化素养，通过学习、培训和开发提升专业知识、专业水平，为顾客提供专业化服务，塑造专业化企业形象。

职业化首先是一种态度，其次还是一种态度。

企业拓展训练

现代企业都面对精细化选材的问题，企业都希望员工具备良好的个人素质，都希望自己的员工都是能以一当十的勇者，同时企业也希望自己的员工能够具备较高的文化素质、良好的心理素质、强烈的团队合作意识、适应环境的能力等素质。

拓展训练是一种教育方式、一种学习方式、一种体验式的学习方式，企业拓展训练是指将拓展训练的理论、理念、方法和技术应用到企业管理和企业训练活动之中，以更好地解决员工的动机、心态、心智模式、情商、意志、潜能及心理素质等一系列心理问题，使员工心态得到调适、心态模式得到改善、意志品质得到提升、潜能得到开发等。

企业拓展训练和一般的技能与知识培训不同，是一种相对独立的培训，人力资源管理工作者认识拓展训练的独特性，有利于其更好地开展企业员工的拓展训练。

1. 培训活动的体验性

拓展训练不同于传统教学方法中的知识的传授，它更重视员工的心理素质的实际训练。企业拓展训练强调员工积极参与活动、主动创造体验。

2. 培训方式的行为强化性

人的心理素质的提升和优化，既有发展性又有阶段性，发展具有渐变的特点，而阶段含有跳跃的本质。在现实生活中，人的行为习惯、心理品质，会因经历某种事件而突然发生变化，或由潜在转变为现实。拓展训练的行为强化性，就是在企业员工拓展训练中，创设一定难度的活动，主要表现在心理考验上，促使受训者挑战自己的心理，直面真实的自我，激发出潜伏在受训者身上而未被其真正了解的力量。

3. 培训现场的反馈互动性

企业员工拓展训练的过程是在培训师和受训者、特别是受训者与受训者之间信息的交流共享，活动的互帮互助互补中完成的。反馈互动性表现在培训中有如下要求：①训练目标的确定引导受训者参与，使受训者感觉到训练目标是在他们的参与下而制订的，确信是为自己所需；②训练进程中特别是起初含有互动释放的活动，提升受训者释放自己和积极投入的情绪；③不做好、坏、对、错的评价，让活动结果来评判；④受训者活动、探索后的体验必须进行交流分享，从而产生深层次的感受；⑤受训者活动、体验的结果、现实意义与深层意义在受训者的交流讨论中体会到、得出，培训师仅作引导，点到为止。

4. 拓展训练效果的间接性

传统的知识、技能的培训可以通过培训前后的考试来考察及训练效果，也可以根据对照组和培训组的差异来评价培训效果。拓展训练和其他知识、技能的培训不同，其效果难以测量，拓展训练的内容如自信心、态度、团队精神、情商等心理素质本身就是难以测量的，另外，即使是拓展训练后员工出现了可喜的变化，也很难说就是拓展训练的结果。

拓展训练是一种现代员工和现代组织全新的体验式学习方法和训练方式。它以体能活动为导引，以心理挑战为重点，以拓展心胸、拓展品格、拓展意志品质为宗旨，以人格完善为目的。参加拓展训练不仅可以磨炼员工克服困难的毅力和勇气、挖掘自身的潜能、挑战自身的极限，而且可以引导其在实际的生活和工作中完全与团队融为一体，成为完全适应企业的需要的合格甚至是优秀的员工。

第三篇

决 策

第一章

决策：既要识别问题，也要解决问题

程序化决策与非程序化决策

管理者的工作中常常要面对各种各样的问题，为了解决这些问题，需要管理者作出正确的决策，所以决策常常被定义为识别和解决问题的过程。因为每个问题都有其特殊性，管理者要从该问题所提供的信息中诊断出问题的根源，然后才能考虑多种可行方案并挑选和实施其一。也就是说，决策要随着问题的变化而变化，根据问题的性质可以把决策分为程序化决策和非程序化决策。

（1）程序化决策。程序化决策是指该问题重复出现，定义清楚，并且存在着解决问题的程序。因为业绩衡量标准通常很清晰，关于目前业绩又有充足的信息，能够在备选方案中区分出来，并且选定方案成功的概率较大，所以程序化决策往往有着清晰的结构。在程序化决策的实例中也包括了决策规则。比如，什么时候更换办公室电脑，什么时候报销管理者的差旅费，或者申请人是否有从事某项技能的专业

程序化决策流程

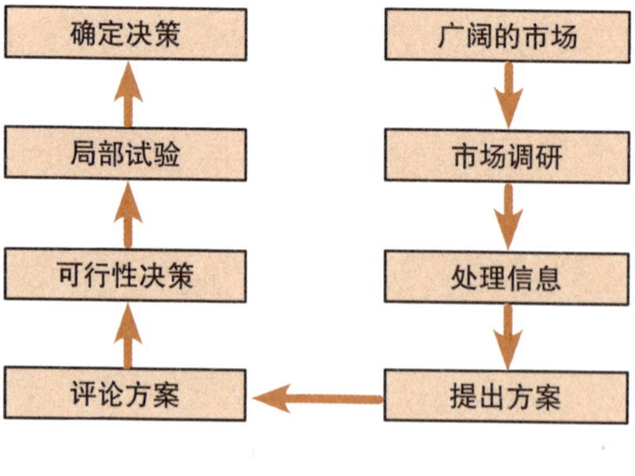

程序化决策流程图

程序化决策也叫常规性决策，是指对决策者所要决策的问题有法可依、有章可循，其特点就是按部就班，具有严谨的决策流程。

资格。

（2）非程序化决策。和程序化决策相反的是，非程序化决策是指问题新奇，难以定义，并且不存在解决问题的既有程序。一个组织在没有认清问题之前或者不知道应如何应付的时候，一般情况下使用非程序化决策。明白清楚的决策标准并不存在，而且可供选择的方案混乱，是否能找到理想的解决方案并不确定。一般为非程序化决策找到备选的解决方案并不容易，所以解决方案也就因问题而异。

英特尔公司从来没遇到过对有缺陷奔腾芯片的指控的问题，由于不确定性强而且决策复杂，公司没有对这个问题的处理经验。对于英特尔公司来说，没有这方面的经验，在复杂的非程序化决策中作出选择是不易的。但许多非程序化决策牵扯到战略计划，这无疑就又加大了难度。

美国西北航空公司的新任首席执行官汤姆森决定以停飞41架飞机，削减4200个工作岗位，废止机票折扣作为使经营不佳的公司重新赢利的战略措施。汤姆森和其他高层管理者分析复杂的问题，评价可行的方案，对如何使公司重新赢利作出选择。

改变战略计划从而使公司赢利是美国西北航空公司在面对危机时所作出的非程序化决策。对于一些特别复杂的非程序化决策，可以称为“乖戾”。在解决乖戾的问题上，仅仅是关于如何定义的问题就可能转变成一项主要任务。乖戾的问题与管理者在目标和可行性方案上的冲突、快速变化的环境、决策因素之间模糊的联系相关联。或许处理某一乖戾决策的管理者解决了问题，但这只能说明他从一开始就错误地定义了问题。

每一秒钟都是新的，每一秒钟出现的问题也都是新的。在日新月异的今天，商业环境也在迅速变化着。管理者们不能再固执地认为每个决策都有现成的程序可循，因为如今管理者和组织所面临的非程序化决策比例越来越高，这个时代需要的不仅仅是按程序做事的管理者，更需要能认识到问题的特殊性并作出有针对性决策的英明决策者。现在的环境提高了所需决策的数量和复杂性，同时也创造了对新的决策过程的要求。提高决策能力，尤其是非程序决策能力，对于当今的管理者来说是刻不容缓的必做之事。

在不确定性下作决策

管理者必须获得所有必要信息，才能保证决策是在确定性的条件下作出的。就像汽车制造商只有在完全知道员工的准确工资数据后才能制订年度人工成本计划一样。但这种情况少之又少，即便该管理者可以从合同中了解所有员工的工资数据，但也不能确保这个数值是完全不变的，任何人事变动都会导致该数据的变化，如此一来，其实汽车制造商还是在不确定的条件下作决策。

大部分的管理决策都是在一定程度的不确定性下作出的。不确定性意味着只能获得不完整的管理决策信息。决策者不知道所有的备选方案以及每个方案的风险，也不知道这些方案的后果。很多重要的管理决策都必须在高度不确定性的条件下完成。当一家公司推出新产品时，顾客是否会购买它就是不确定的。

虽然决策前的市场调研显示，大多数消费者更喜欢比传统可乐更甜的新可乐的味道，但是消费者仍然拒绝购买新可乐。

在网络电视行业，一个新的黄金时段电视剧大约有1/10的机会能带来足以产生利润的收视率。由于得不到什么信息，所以电视公司的高层管理者往往只能靠直觉判断。情景喜剧《宋飞正传》前两季的收视率很低，但有几个高层管理者支持这个节目，最终它成了美国全国广播公司最赢利的节目之一。

在情况不明的情况下，明智的办法就是作出递进决策或者试探投入，在一系列的反馈中使对未来的判断逐渐明朗，所谓“打草惊蛇”。

信息不是自动出现的，有价值的信息是通过反馈透露出来的“逻辑关系”，因此有效设计、尝试行动是这一智慧的关键。“黔驴技穷”的典故中就包含这个道理。决断之前进行的一系列决策相关活动显示的才是老练的艺术。

在不确定性下作决策要注意以下三点：

（1）有些老练的领导者貌似赌博的决断，实际来自深思熟虑和丰富经验积累起来的直觉。

不确定性下的决策过程

不确定性下的决策并非等于靠拍脑袋获得灵感和知觉来决策，而是要通过建立决策联合团队，并借助科学的决策分析方法来进行决策，而这也是保证决策质量的关键。

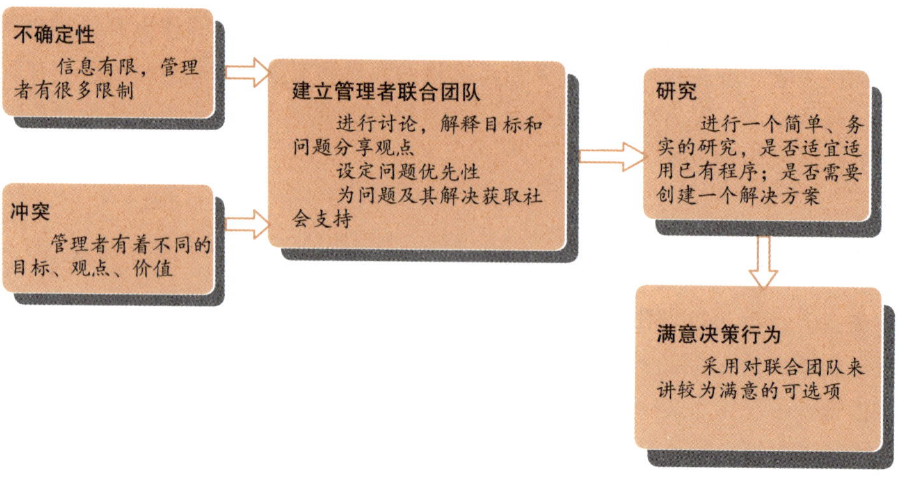

（2）优柔寡断是致命的错误！绝不是“稳健”！迟疑行动、缺乏积极的尝试、守株待兔，最终会导致坐以待毙。稳健的作风乃是积极地进取，努力获取有价值的信息，缩小模糊范围，一旦时机成熟便以高山滚石之势，作出最后决断。

（3）有时候确需“冒死一拼”。有些情况的结局与主观努力有关，没有必然的胜局，那就只有一拼。只是此时你需要考量，到底值不值，你是否愿下决心，胜算是否过半？

不怕一万，只怕万一，很多事情就是如此，即便做好十足的准备，也会被临时的突发事件打乱阵脚。管理者要知道你高于他人的价值就在于你能在他人没有准备完善的情况下作出最正确的决策——这其中所有没有准备到的“小漏洞”都需要你用高明的决策手段来填满。优秀的管理者是从不会抱怨事情发生得太突然的，因为，这正是最需要你的时候！

风险下的决策环境

管理者在不确定的条件下作出决策，当然其结果也是不确定的，决策结果的不确定程度就是决策风险的程度。当决策环境存在风险时，每种备选方案和结果的可行性都是有预计的概率的。例如，医学研究估计出了在医学上确诊为肺癌后，患者在5年之内生存的概率或者死亡率。所以风险总是具有积极和消极两个方面。

风险下的决策环境取决于企业的文化和规模。在创业型公司工作的人肯定比在有确定程序的大公司工作的人更容易作出风险决策。一家必须提供尖端产品的高科技公司很可能提倡勇于承担风险的文化；而政府机构可以根据人口统计因素的预测值规划未来25年的现金流，就很可能支持规避风险的文化。倡导承担风险文化的公司会鼓励决策者承担适度的风险。这样的公司甚至能容忍一些失败，以积累经验。倡导风险规避文化的组织则不太能够容忍会导致失败的决策结果。

哈默在58岁时购买了两家石油公司，当时石油行业最赚钱，竞争非常激烈，初涉石油领域的哈默碰到最大的也是最棘手的问题，就是石油资源问题。

当时石油产量占美国38%的得克萨斯州已被几家大公司所垄断，他无法插手。沙特阿拉伯是美国埃克森石油公司的天下，他也难以沾上边。

哈默在这种境况下，花费了1000万美元四处勘探，仍然没有结果。随后一位青年地质学家向他建议，旧金山以东的一片废弃的地区，可能蕴藏着丰富的天然气。哈默在对情况作了多方面了解后，决定筹措一大笔资金把它租下来，很多人都对他这种决策捏了一把汗。当钻到860英尺时，终于钻出了加利福尼亚州的第二大天然气油田，在当时价值估计达2亿美元以上。

冒风险决策并不是不作防范，对决策后会产生的不良后果要有所估计，不能做最坏的打算，就没有资格谈冒险。除了采取一些预防措施，以减少风险发生的可能性外，还必须准备一定的应急措施，以备万一问题发生时，能消除或减少其影响，有了预防和应急措施，就可以使决策的风险性降至最小，以提高决策的合理性和有效性。

冒风险决策并不是铤而走险，进行风险决策是建立在平时学习积累上、对客观环境充分分析基础上、对整个局势的正确把握之上的。

敢于作一些风险性的决策，既是管理者胆识和魄力的体现，也是管理者创新能力、开拓进取精神的体现，更是管理者责任心和事业心的体现。在市场经济竞争日益激烈的情况下，这种敢于进行风险决策的精神和能力更显得特别重要。成功的管理者，不一定是他比别人"会"做，更重要的是他比别人"敢"做。

决策树——风险型决策方法

决策树即风险决策问题的直观表示方法的图示法，因为图的形状像树，所以称为决策树。它是在已知各种情况发生概率的基础上，通过构成决策树来求取净现值的期望值大于等于零的概率，评价决策风险，判断其可行性的决策分析方法。

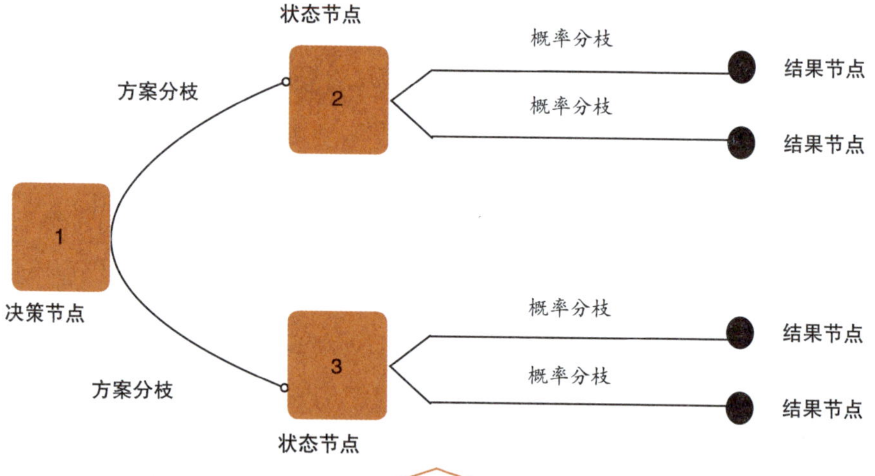

决策树结构图

面对冲突，解决冲突

一个企业中，每个人都是特殊的，让他们都对管理者的决策持一致的意见总是很困难的。管理决策的特点就是经常要面对对立的目标、稀缺资源的利用和优先顺序的确定等方面的冲突。为了确保决策的顺利实施，有效的管理者会考虑到针对不同的利益相关者采取不同的措施。否则，那些被迫接受他们反对的选择方案的个体或群体即便勉强妥协，也不会对该决策之后的行为负责，甚至可能试图破坏它。选择决策方案的一个重要标准就是它能被高层管理者、管理者和一线员工等重要员工群体接受的程度。

在作出有关研发投资决策时，首席财务官可能倾向于减少投资，因为基础研究在6～8年内很难为公司带来利润。同时，这位高级管理者可能更愿意为能在两三年内带来回报的应用研究投资。负责研究的首席技术官可能强烈反对这种“短期”投资观，竭力为基础研究争取资金，以便新产品的研发渠道不会干涸。这个决策中的冲突是短期利润与长期利润的冲突。

过度的冲突与冲突不足都不利于决策和管理绩效，决策群体的冲突程度与决策过程的组织密切相关。在集体决策的组织过程中可以通过以下几个方面对冲突程度进行调控。

（1）控制团队规模。一般而言，冲突程度与群体规模是正相关的。个体决策中不存在人际冲突，在人数较少的群体中，个体讨论较多，成员参与水平较高，此时冲突只是因为大家的意见不同，不会对人际关系产生太大影响；而在人数较多的群体中，成员参与机会减少，受少数人支配的可能性增加，群体更容易分裂成小群体，情绪冲突增加。随着群体增大，更多不同意见的碰撞可能会促进决策和管理绩效。然而随着人员数量增加而导致的情绪冲突的增加又会抑制决策与管理绩效。所以管理者必须把参与决策的人数控制在一个既有足够多的好点子能碰撞出火花，又不至于产生人际纠纷的适当人数。

（2）调整团队结构。决策团队的结构对于决策效果有重要影响，因此，决策成员的有机组合和匹配，构成方式的合理，是优化集体决策过程的重要方面。决策团队里的成员可以志同道合，也可以百花齐放，这要取决于不同的决策任务。百花齐放的决策团队较之志同道合的团队更能作出创新的、高质量的决策，但也更容易产生冲突。决策团队成员能力等方面的互补性是构成集体决策优势的一个重要因素。决策团队成员在不断交换意见的过程中必然伴随着冲突的形成，随着冲突的解决，必然增加冲突双方的相互理解，使群体成员获得更多的决策信息，并产生更多、更新的思想。这些都需要管理者针对自己需要决策的问题适当把握、作出取舍。

冲突并不可怕，如果一个群体中从没有表面上的冲突那才可怕，暗涌的湍流不息往往是最危险的。面对冲突、解决冲突，这是身为一个管理者的必修课。如果不在作决策的过程中认真地解决冲突问题，在之后的执行决策过程中会遇到更深层次的阻挠，所以，不如在一开始就坦然面对这些问题，通过控制团队规模、调整团队结构的问题，从根本上解决决策冲突的隐患，为今后的执行铺一条坦荡大道。

决策冲突协调机制

群体意见的不一致性形成了决策冲突。协调决策冲突，通常的做法是与冲突较大的意见子类中的成员进行沟通，希望这些成员根据组织者提供的信息修正其决策意见或者调整决策群体结构，形成新的决策意见集。

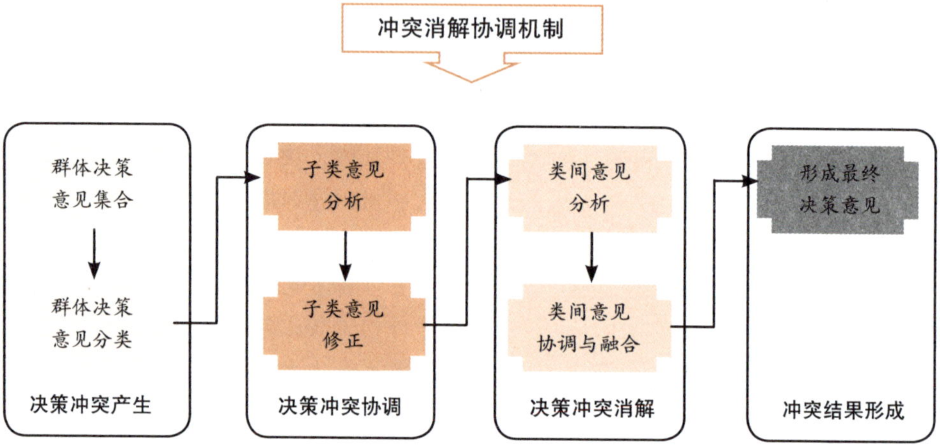

从危机局面中突围

如果把管理者需要掌握的各个技能都比喻成运动项目，那决策无疑被归入极限运动的范畴，在一般条件下作出的决策都如此缺乏“安全感”，何况在危机期间的决策——它比在一般情况下更具有挑战性、更困难。

通常决策会遇到的危机局面包括：①原因和效果都不得而知的非常模糊的情况；②可能威胁组织生存的罕见事件和极端事件；③几乎没有时间做出反应的事件；④让组织成员感到非常震惊的事件；⑤必须要作出将会导致或好或坏变化的决策的两难局面。

危机期间的决策很可能具有风险性、不确定性和非程序化的特点，危机决策的目的是避免和减少危机的危害，将危机转化为机会。危机决策系统中含有决策观念、决策者的素质、决策技术、决策组织结构、决策支持技术等多个方面。要想提高和改进危机决策的能力，针对目前危机决策中存在的主要问题，下面一些对策值得管理者们参考。

1. 转变危机决策观念

危机决策包括事前决策和事中决策两种模式，这也就是要求不仅要重视危机事件发生后的事中决策，也要注重组织日常运作中的常规决策。因此，要想提高危机决策能力和决策效率，首先要转变危机决策观念。目前，随着人们对危机决策的深入研究，形成了一些基本的危机决策观念，概括起来主要有：事前决策观念、效率至上观念、沟通交流观念以及技术创新观念。

危机决策是危机管理的核心

危机决策是危机管理的核心，是典型的非程序化决策，没有固定的决策模式，没有规律可循。因此，在进行危机决策时应该尽量简化决策步骤，抓住关键步骤和步骤中的关键环节，因势而定，靠自己的经验、洞察力和直觉，果断地作出决定。

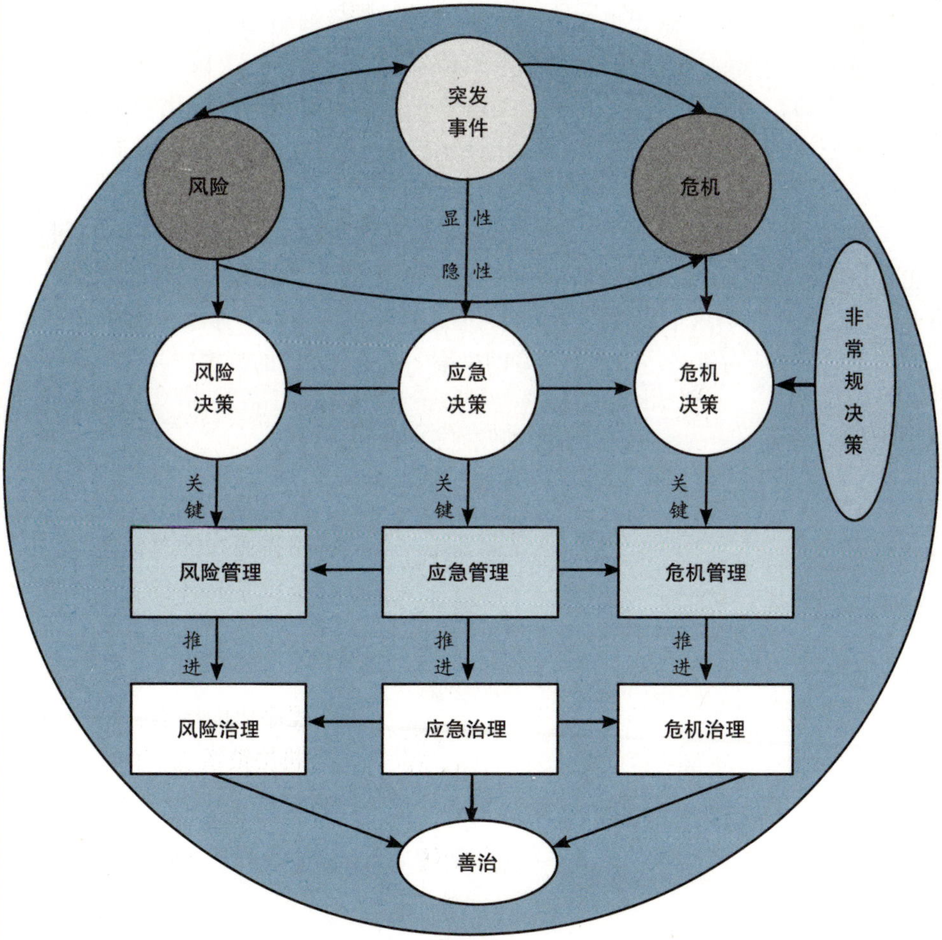

2. 优化危机决策组织结构

优化和规范科研咨询机构管理。具体内容包括：整合机构功能、改善危机决策团队结构。

3. 提高决策系统的创新能力

在危机决策和管理的过程中，应以现代决策理论和方法为指导，综合运用行政、经济和法律等手段，不断提高决策系统的创新能力和驾驭危机管理的能力。主要内容包括：充分利用基础设施和信息技术、创新决策方法、建立危机事件案例库。

4. 编制危机应急预案

危机应急预案是为了应对危机的发生而事先制订的处置方案，它是危机决策的重要组成部分。危机决策过程主要包括两部分：一是在危机出现之前，针对可能出现的各种危机情景，事先应用专家知识和经验编制危机应急预案和应对计划。二是根据出现的异常问题，判别危机情景，然后借助于决策支持系统技术得到处理危机的初步可行方案。预案是实现危机决策智能化、科学化和规范化的基础，很多公司的预案的灵活性和可操作性比较低，因此，应当进一步加强和规范危机应急预案管理。

美国航天局中流传着一句话：“英雄是指从太空活着回来的人。”这句话对于正在作危机决策这项“极限运动”的管理者同样适用，在如此危险的情况下，你事业的成功与否是与这个决策的成功与否直接挂钩的，所以，你没有选择，危机当头，必须掌握好应对策略，作一个最好的决策，做一个凯旋的英雄！

第二章

做好决策前期准备

要有一个清晰的目标

决策要达到一个什么目的，这在科学界被称为边界条件。对于一项有效的决策而言，边界条件越清晰越明确，选择就会有依据，行动就会有针对性，实现预期目标的概率也就越高；决策目标不明确，选择就会发生偏移，甚至也会出现目标转换、南辕北辙的惨痛后果。在第二次世界大战中，就曾发生过这样的例子。

第二次世界大战的时候，美国是盟国的军火生产基地。美国为了把武器尽量多、尽量快地运往西欧前线，便让商船加入了运载军火的行列。但是商船常常遭到德军的袭击。为了使这些商船免受德军飞机的封锁和攻击，美国海军指挥部决定在商船上安装高射炮。但是过了一段时间发现，这些高射炮的战绩很令人失望，竟然没有击毁一架敌机。

于是海军指挥部有人提出没有必要在商船上安装高射炮，进而产生了是否还有必要进一步在其他商船上继续安装高射炮的问题。针对这一问题，盟军海军运筹小组研究后发现，把在商船上安装高射炮这一决策的目标定为击毁敌机是不妥当的。这一决策的正确目标，应是尽量减少被击沉的商船数，从而保证军火供给。虽然安装在商船上的高射炮没有击毁一架敌机，但实践证明，它在减少商船损失，保证军火供给方面是卓有成效的。

美国海军指挥部最终否决了“不在商船上继续安装高射炮”的错误意见，而实施了在商船上继续安装高射炮的正确决策，从而保证了盟军的军火运输。试想，如果盟军海军运筹小组不进行深入研究，而在错误的决策目标指引下采用“不在商船上继续安装高射炮”的错误决策，那么盟军的军火供给肯定会遭到德军的严重破坏。由此我们可以看出，正确的决策目标具有重要意义；而决策目标的不明确或失误有时会造成难以弥补的损失。

确定目标是决策的前提，这是科学决策的重要一步。德鲁克提出的4个问题：这个决策要实现什么，这个决策的最低目标是什么，要达到什么目标，执行这个决策需要什么条件？为决策目标的制订提供了4个考量维度：目标是否清晰、目标的层次、目标的主次、目标的实现条件。

这就要求决策目标应当有确定的内涵，切忌笼统，要求决策目标、概念必须明确，表达应当是单义的，并使执行者能够明确地领会含义。企业管理决策中的目标基本上都是有条件的，因此，在确定目标时还要求管理者必须明确地规定约束条件。另外，管理者要对目标的主次进行区分，并确立衡量目标实现程度的具体标准。只有这样，决策目标才能对控制和实施决策起到指导和依据的作用。

管理者确定决策目标，要遵循两条重要原则：

（1）决策目标的现实性原则。决策目标的现实性原则包含两层意思：一是决策目标要有实现的必要性，是现实中和长远中迫切需要解决的问题。二是决策目标要有实现的可能性，它必须是经过努力可以实现的目标，而不是可望而不可即的目标。目标定得太高，没有条件去实现，会使人们对实现目标丧失信心；目标定得太低，轻而易举可以实现，也就没有进行决策的必要。

目标清晰是有效决策的前提

决策目标是指在一定外部环境和内部环境条件下，在市场调查和研究的基础上所预测达到的结果。决策目标是根据所要解决的问题来确定的，因此，只有明确了决策目标，才能避免决策的失误。

企业决策目标的主要特征

层次性——自上而下可以分为多个层次

多样性——为适应内外部环境，决策目标多种多样

网络性——各种目标之间构成比较复杂的网络系统

挑战性——需要企业员工付出相应的努力和代价才能实现

时间性——必须明确其时间跨度

公司决策体系表

层次/项目	决策权	决策目标
股东大会	最终决策权	股东财富最大化
董事会	公司章程规定的重大决策权	（1）公司价值最大化 （2）董事会成员利益
经理	公司经营全面的、较短期的事项决策权	（1）公司价值最大化 （2）个人利益目标（现时和未来收益）
职能部门	与部门职能相关事务的决策权	（1）完成部门职责 （2）部门成员利益

没有目标，何谈路径、方法、手段和战略？有了目标，才能有的放矢、方向明确。知道目前自身所处的位置，明白企业要怎么发展，这是形成凝聚力和团队合作精神的关键因素。

（2）决策目标的价值性原则。管理者之所以把某一个目标确定为自己的决策目标，关键在于这一目标具有实现的价值。无价值的目标或价值量小的目标对于管理者来说是无意义的。任何一个追求卓越成就的管理者，都不可能对无价值的目标去决策。

确定决策目标的可能性，重要的是把握实现目标的可控条件和不可控条件。可控条件既包括已有的物质手段、有利因素，也包括对整个大的环境的可控程度。不可控条件主要是指各种随机应变的客观现象，以及人们的心理因素。可控条件是实现决策矛盾的主要方面，是起主导作用的，应该准确把握。只有把握了可控条件，才有可能实现决策目标。不可控条件是矛盾的次要方面，但它受可控条件的制约和影响，因此在把握可控条件时，要注意影响不可控条件，使其转化为可控条件。切记在可控条件把握不准时，不可草率确定决策目标。

能成为管理者的人，必然对自己的人生目标有着合理的规划，并一直在向着那个目标奋斗。同理，作决策时如果没有一个明确的目标，那这个决策就会成为迷途的羔羊，谁也无法把握它的走向。所以，要从一开始就明白，一项不符合边界条件的决策肯定是无效的决策。不要为舍弃这项决策而觉得惋惜，要知道不符合边界条件的决策，有时比一项符合“错误边界条件”的决策更加误事，这不是前功尽弃，而是尽早地阻止了一场大灾难。

把决策具体化

管理者的每个决策都是为了收到实际的效果，所以作决策时一定要追求真实。如何验证这个决策的可实施性？不妨先把决策从抽象的想法变成具体的现实。很多决策因为时间紧迫和先期准备条件的不足，以致都处在抽象的思考阶段。所以，以更具体化的方式检验决策的实际操作性，说不定会改变你的最终决策。

这一点可以在慈善捐助中看到。

相对于权威机构准确的统计数字，人们更愿意将钱捐给一位有名有姓的灾民。由德博拉·斯莫尔、乔治·洛温斯坦和保罗·斯洛维奇主持的一项研究发现：给受试者5美元，然后要求他们作出捐助一位灾民的决策，这时给他们看一位贫苦的 7 岁非洲女孩的具体形象，会比让他们看到一组关于食物短缺的统计数字更有帮助。这同样可以解释，为什么在1987年年轻的杰西卡·麦克卢尔跌落在得克萨斯的一口枯井之后，人们捐助了70万美元给她；或者为什么人们捐助了大约 5 万美元去挽救一只名叫佛吉的狗，只因为它被困在一艘在太平洋上搁浅的船上。研究人员发现，单纯提供统计数字希望引起人们对分析报告的兴趣，实际上会减少对灾民的救助行为。

将这种具体化运用到商业行为中，沃顿商学院的保罗·格林开发了一种市场营销的方法。

现在从连锁酒店到汽车行业，都已经采用这种方法来设计新产品了。不要抽象地询问消费者他们是否希望酒店拥有某些设施——比方说游泳池或互联网，不妨采取行动来促使消费者在具体的选择中进行取舍。比如，消费者必须在两种房间中作一个选择，一种房间配备了某些设施，另一种房间配备了其他一系列不同的设施，两种房间都明码标价。那么根据消费者的选择就可以推断他们的偏好。

因为比较具体，所以这种分析方法在理解消费者方面比直白地询问消费者更有效。例如，当你问一群斯坦福大学的MBA学生："工作中对你来说什么才是最重要的？"你将发现在他们列的清单中，工资这一项的排名很靠后，而工作同事和地理位置这样的因素被认为更加重要。你会觉得奇怪吗？尤其是那些还有一大笔贷款需要偿还的MBA学生，从理论上来说，他们对薪水的关注应该更高。实际上，他们对薪水确实非常关注，只是他们不愿意表现出来。使用组合分析法对同一组学生进行调查时，薪水肯定是最重要的因素。这些回答问题的学生并没有刻意撒谎，可是他们撒谎了。以抽象的方式给目标排序很容易，但是考虑具体的选择时会难得多。

调查为决策具体化提供依据

调查就是指运用科学的方法，有目的地、有系统地搜集、记录、整理有关信息和资料，进行汇总分析，为战略预测和经营决策提供客观的、正确的资料。

调查的主要方法

典型调查——从调查对象的总体中选取一个或几个具有代表性的单位，进行全面、深入的调查。

重点调查——通过对重点样本的调查来大致地掌握总体的基本数量情况。

抽样调查——从调查对象的总体中抽取一些个人或单位作为样本，通过对样本的调查研究来推论总体的状况。

个案调查——调查的对象只有一个个体，主要目的就是认识所选调查对象的现状和历史，而不要求借此推论同类事物的有关属性。

调查研究是掌握实际情况、获得正确认识的重要前提，是作出正确决策的前提。只有进行了正确的调查研究才能获得发言权。

你可能不会在每次决策的时候都采用这种方式，但你可以确定自己考虑了一些具体的选择。首先，当你自己面对一项决策时，试着不要太在意统计数字。设想一个故事情节，然后检验一下决策对于具体个人的影响，最后给这项决策标注上具体的价格。这个决策会让你花费多少呢？你愿意支付吗？很多决策在抽象的思考阶段看起来非常不错，但后来被证明是极其糟糕的。在决策变成真正的具体决策之前，把你的决策具象化。通过“保持真实”这种方式，你会更认真严肃地对待决策，你更不会对自己撒谎。你会更谨慎地考虑后果，并作出更好的决策。

决策因其特性很容易让人感到过分抽象而无从下手，如果把具象化的理念应用到决策里，那实施起来肯定更有效。所以在作决策的前期准备时就要把决策具象化，只有这样，在之后的执行中才不会遇到理念与实际相冲突的状况。

要知道你以及周围人的决策风格

很多人在作决策时都是跟随内心的感觉。但这也并非不可取的，这种间接的理性分析是标准决策过程中非常基本非常本质的一部分。这种做法也是一种理性，如果一个决策让你觉得充满激情，那么你将会以自己的情感和灵魂作为支持。有时候，尽管会鼓励大家采取一种更理性的方法，但是管理者仍然要重视内心情感引领我们所感受到的一切。

尽管有的人没有谨慎和正式的分析就不会考虑作决策，但确实存在那种采取一种直觉的方式来作决策的人。这些是非常不同的决策风格，为果断型、顽强型和稳健型。

1. 果断型

果断是领导者自身的一种优秀的意志品质。一个领导者如果具有这种心理品质，就会使决策行为表现得当机立断，毫不犹豫。人们常称赞有些领导人有“魄力”，在关键和危难时刻敢迎难而上，当机立断，毫不畏惧。这就是对果断型领导决策心理特征的基本概括。

2. 顽强型

领导者在决策过程中能够坚持不懈，勇往直前，自始至终保持韧性，就是顽强型领导决策心理的主要特征。这种类型的领导者在决策的制订和实施的整个过程中，能始终保持永久的耐力和坚韧的毅力于自己的行动上，并为实现预定的目标表现出持久而坚定的意志品质。

3. 稳健型

稳健型领导者在进行决策时，能够思考周密，深思熟虑，表现出深谋远虑的特点和沉着稳健的风格。他们在决策过程中，力求稳扎稳打，步步为营，对影响决策的各种因素随时进行综合性分析，慎重地权衡各种决策方案及其实施后果的利弊得失，进而科学地最终确定决策方案或逐步实现决策的预期目标，因此失误率较低。

你必须清楚自己喜欢的决策风格。要认识到你可能并不是只用一种方式来作决策。对于不同类型的决策你可能采用不同的风格。一些在工作中会贯彻理性方式的经理，在作私人决策的时候可能选择一种更直觉的方式。

除了清楚自己的风格，你还必须了解周围人的决策风格。如果你周围都是理性的逻辑决策者，即使你是以直觉的方式作决策，你也要为计划提出理性逻辑的观点。这看起来可能有点欺骗性，但这是让那些期望决策都出自理性分析的人同意并接受你的决策的唯一方法。另外，如果你需要给一些更富于直觉或者经常根据感性作决策的人解释一项理性决策，那么你可能需要找到一种能够打动他们心灵的方法。

正确认识自己和其他人的决策风格会让管理者更加知己知彼，更有利于扬长避短，会在观察其他人的过程中尝试使用其他决策方式。管理者必须要有自己的决策风格，都不能固执己见，试一试用一种别人的决策风格，然后就会了解别人的风格是如何发挥作用并作出决策的。今后你还会面临更多的决策局面，别人的今天也许就是你的明天，不远的将来，你的“演习”说不定会派上大用场。

第三章

制订决策的6个步骤

识别和诊断问题

正确认识决策的内涵所在并作好决策的准备工作后，我们要开始真正地制订决策了。制订决策的第一个步骤是识别和诊断问题或机会。机会也可以说是一种特殊的问题，这种问题会要求公司为了改善绩效而投入资源。大多数问题会发生在当绩效低于期望或理想的水平的时候，比如下类情况：

（1）员工流失率高。

（2）公司利润下降。

（3）不可接受的库存“损耗”率（员工盗窃）。

（4）产品质量低。

（5）工伤数量增加。

（6）发明出了能提高劳动生产率的新技术。

汽车制造商比亚迪公司就曾面临过这些问题。

“2005 年推出 F3 以后，连续 5 年的高速成长，特别是 2010 年达到了 100 万台，在网络扩张上犯了一些错误，过多地关注了网络的数量，忽略了网络的质量。其次，在一些小问题上，例如产品的小问题上，做得不够细。”比亚迪董事长王传福说，“我们准备从 2011 年到 2013年花 3 年时间进行调整。”

近一年来，比亚迪似乎坏消息不断——经销商退网、销售高管离职、裁员风波、中报利润骤降 88.6% 以及“气囊门”事件……但王传福依然信心满满。“2010 年、2011年的放缓，在比亚迪的历史上，不完全是一件坏事，我们解决问题后，更能实现我们的目标。”王传福说，“2013 年将重新进入腾飞。”

话语平静，但掷地有声。

比亚迪的领导者王传福在认识到问题后便开始了 3 年的调整，先是调整网络，其次提升品质，同时在动力总成上做到与国际同步并巩固了自身在电子化上的领先。比亚迪的这次决策就十分正确地走好了第一步——先认清问题，再开始寻找问题的原因。这个过程需要搜集信息，深入研究可能涉及的原因，排除掉其中一部分可能性小的，然后把重点放在可能性最大的几个原因上。在解决问题之前，进行彻底的诊断是非常重要的。如果判断错了企业绩效下降的原因并作出了错误的决策，企业的这项决策是完全不可能达到目的的，反而造成资源的浪费。

制定决策的步骤和顺序

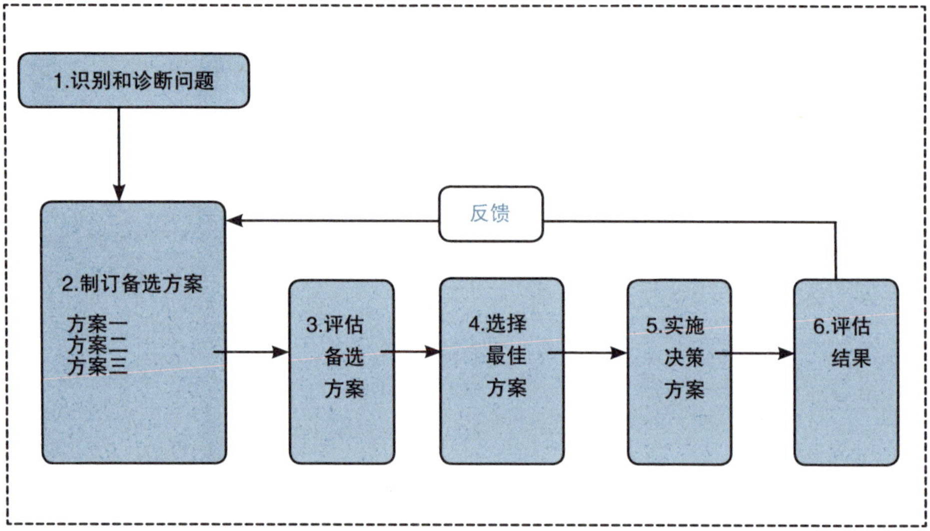

制订备选的解决方案

决策的第二步是根据第一步认识到的原因来制订备选的解决方案。这就涉及之前所讲到的“程序化决策与非程序化决策”的概念——有些问题有现成的答案，可以用程序化的解决方案解决而新情况则需要非程序化的决策，因为没有可以借鉴的政策或程序能提供解决问题的方向。

很多管理者常常强调，决策团队成员们应该积极反馈意见，开诚布公地沟通。其实，管理者可以要求成员就每种方案都谈谈正反两方面意见。

一家著名网络游戏开发商就是这样做的。决策小组成员经常需要研究讨论公司投资的方向。“我们是升级现有服务器，还是采用新技术来开发更特别的网络娱乐项目？”决策小组将每种投资方案作为一个议题，每个成员就方案进行个人陈述，然后小组讨论分析正反两方面因素。

后来，他们发现这种评估程序会导致各种方案相互孤立，于是改进了方案评估系统。将所有可供选择的方案设计成一个组合，用一套模板对每个方案的各方面评分，这样更便于比较和调整方案的细节。

有时候无论决策团队付出了多少努力，但仍然躲不过投票悖论的僵局。这时可以尝试重新设计方案，在保留初始战略目标不变的情况下，设法提高净资产回报率，或者取得收入更大幅度的增长。当决策陷入了“非 A 即 B”的两难处境时，就应该考虑制订出更广泛的选择方案。

做非程序化决策重要的是要提出有创造性的备选方案，并尽可能地列出所有的备选方案，不管该方案的价值如何，都不要急于去判断它。如果在这一步急于评估解决方案，可能会抑制决策团队的创造性，提出的方案数量不够多、质量不够多样化，就无法从中选出最好的方案，从而直接导致解决方案质量不高。许多公司都采取以集体的方式提出非程序化决策的解决方案，因为这样一定会比个人独立工作提出更多样化的意见和更有创新性的解决方案。管理者可以在进行客服管理时采用这种群里决策的方式，很多你想不到的点子都会从团队的头脑风暴中产生，多样性的方案会满足各种各样客户的需求。

决策方案要有创新意识

决策是在不断变化的内、外部环境条件下，为变革现状和开创未来，树立新目标和采用新方法与措施的活动，其实质是一种创新性的活动。

决策的方法与特点

- 项目决策法——系统性强
- 直觉决策法——主观性强
- 现场决策法——时效性强
- 创新思维决策法——灵活性强

创新：方式一变，效果立现。

评估备选方案

解决问题的过程到了这个阶段是不是你最害怕的？可能对大多数人来说是。不过好消息还是有的：研究解决问题的专家发现，如果——这个“如果”很重要——前几个阶段做得很好的话，那么选择最佳决策方案通常是比较容易的。

决策的第三步要求决策者使用一系列决策标准来考查备选方案。决策标准应该与组织及其子单位的绩效目标相关，可能包括成本、利润、及时性、决策是否起作用和公平等。应用决策标准的一个实用方法是考虑决策质量和可接受性。决策质量以成本、收益和产品设计规格等事实为基础。例如，一个工程技术问题可以通过收集数据使用数学方法解决。决策的可接受性以人的感受为基础。当受决策影响的人同意要做的事情时，决策就是可以接受的。

可以根据质量和可接受性对决策效果的重要性对决策进行分类。有些技术方面的决策需要很高的质量，但是不要求很高的可接受性。因为人们对决策结果的态度可能是中立的。以最优惠的价格购买原料的决策，就是一个质量很重要而可接受程度不重要的决策的例子。原料采购专家就可以作出这个决策。还有些决策非常强调可接受性，而质量并不重要。需要可接受性很高，但是不要求质量很高的决策往往涉及公平问题。例如：由谁来加班？谁坐有窗子的办公室？这些决策的重点不在于让谁加班，而在于人们对决策结果的感受以及他们是否愿意接受这种结果。

让我们举一个简单的例子：

你需要选择一位下属加班。乔治和克里丝汀都有时间，也都具备加班工作所需要的技能。乔治说他不太想加班，而克里丝汀说她可以。如果你首要的决策目标是要把加班的工作做好，而次要目标是让下属们满意于各自的工作时间安排，那么你就应该选择克里丝汀。她能和乔治一样满足你的首要目标，但她可以比乔治更好地满足你的第二个目标。

最困难的决策是要求质量和可接受性都很高的决策。关闭一家汽车组装厂、解雇员工的决策就是这样的例子。决策的质量要求决策能够降低劳动力成本，但是可接受性要求决策要能得到工会的支持，这样才不会引起因抗议解雇员工造成罢工而给公司带来更大损失的事件。在这类问题中，决策者必须找到一种方法来平衡相互冲突的目标。

管理者可以用3个必须满足的标准来评价一个决策，这3个标准是：可行性、质量和可接受性。决策的可行性关注的是：作出这样的决策是否切实可行，所有的决策都必须首先通过可行性测验。例如，在汽车工厂的例子里，有一个决策方案是解雇首席执行官，用另一个人来代替他。这个决策方案能够满足另外两个决策标准，但是不可行。一旦确定了可行性之后，就要确定决策方案是否满足质量和可接受性的要求。

选择最好的解决方案

在决策团队罗列出足够多的备选方案后，决策过程的下一步就是利用最优化标准或满意标准选择最好的方案。

最优化标准涉及根据多个标准选择最好的解决方案，但许多重要的决策必须在有风险的情况下作出，这会使决策者无法进行最优化决策。

满意标准则是选择满足最低标准的第一个备选方案。当得不到完全的信息或收集完全信息的代价太大时，决策者会以满意为标准选择备选方案。满意意味着决策者已经发现了一种可接受的，虽然可能不是最佳的解决方案。例如，在选择一个新员工填补岗位空缺时，许多组织会录用第一个符合基本选择标准的人，而不是花更多时间和资金去广泛搜寻可能找到的最好的候选人。

在选择最佳决策方案之前，让我们先来考虑一下阻碍最佳方案选择的一些常见的障碍。

（1）过分自信。看看过分自信如何降低我们解决问题的质量：我们认为自己知道其实并不知道的事情。因为我们“知道”这些事情，我们从不置疑或研究它们。当这些“我们知道的事情”中的任何一件作为一个重要部分出现在问题解决的过程中时，很可能我们就无法作出最佳决策。

（2）认知性偏见。作决策的时候，在收集和整理信息的过程中我们经常利用无意识的捷径，我们把它称为“试探性判断”。

人类之所以会试探性地判断是因为这种方法似乎行得通，起码在大部分时间内是这样。认知性偏见就是错误运用试探性判断的一个具体例子。

（3）存在性偏见。我们以事物的可回忆性和生动程度而不是其准确性、相关性或可能性为基础将记忆中的事情与当前所面临的问题联系起来。

（4）确认性偏见。我们寻找支持性的证据，但对那些反驳或怀疑这些证据的信息往往视而不见。

（5）固定性偏见。我们下意识地接受这样一些信息和证据，它们可以引导我们走向最初设想的解决方案。我们往往固定在这一最初的设想上，哪怕它其实离目标很遥远。

（6）定式性偏见。我们利用关于一个人、物或事件的有限的信息将他或它们划分归结到一个大的类别中，然后把这一类别的所有特点都强加到该人、物或事件的身上。换句话说，我们用头脑中固有的定式与现有事件的相似处来判断此事发生的可能性。

（7）框架性偏见。我们倾向于按照既定的框架模式来作决定，也就是用你考虑问题的方式，想当然地作决定。比如说，一件新产品上市估计有 1/10 的成功机会，或者可以说有 90% 的失败可能，意思是完全一样的，却代表了两种不同的思维模式，对这两种模式的不同选择则可能导致我们作出不同的决定。

（8）主观愿望性偏见。大多数人倾向于乐观的愿望，相信好结果总是比坏结果更可能发生。而实际上，考虑负面后果对于选择解决问题的最佳方案来说是相当重要的。

任何人在决策过程中都不可能彻底消除所有的偏见，但是，清醒地意识到人类自身存在的这样一些倾向可以帮助我们在解决问题的过程中尽力避免负面影响，或将其降到最低。

（9）逐步升级的责任心。如果我们非理性地坚持一个方案、选择或行动，对它的责任心就会逐步升级。

组织和个人一样，也特别容易有这种倾向。我们希望我们选择的解决方案很有效，所以我们应该尽一切努力证明它是正确的。

这种责任心逐渐升级的例子常常发生在拍卖会上，当两名竞价者都下定决心得到一件特定的拍卖品时，就相互不停地加价，以至叫价远远超过该物品的实际价值。

如何进行最佳决策

最佳决策是指决策者在决策的过程中考虑各种可能的备选方案，并选择最佳的解决方案。

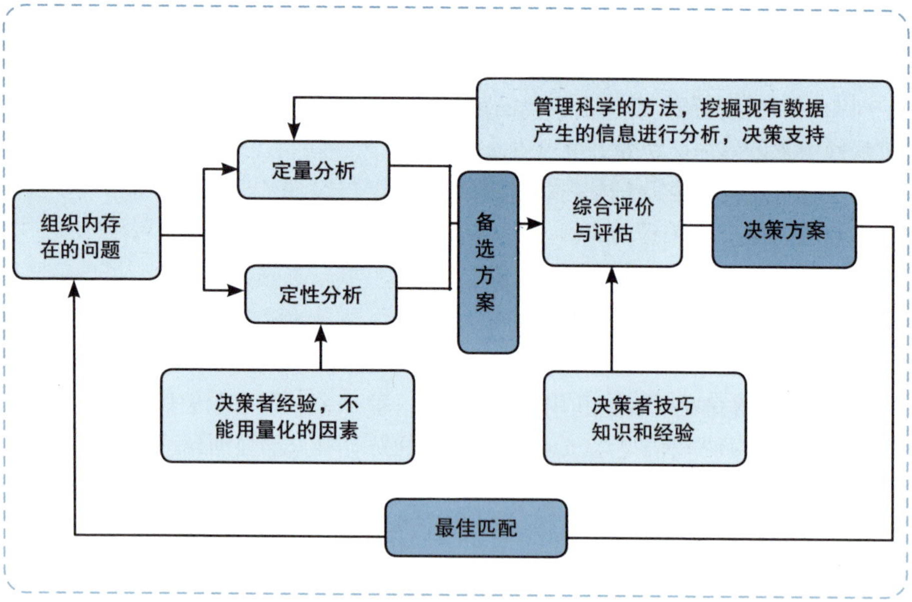

想要选择一个最好的解决方案，必须避免以上 9 个选择障碍，要知道管理者作决策时可绝对不能像在超市买东西一样犯选择障碍症，犹豫或是选错，都会导致严重的结果。

实施决策

如果不付诸实施，多么正确的决策都是没有意义的，组织决策实施是科学决策全过程的一个重要组成部分，因此，领导者一定要重视决策的实施。

人们常常把企业的失败归咎于决策失误，但在某些情况下，决策本身并没有错。那么，究竟是什么原因导致企业失败的呢？其实，管理的关键不在于知而在于行。经过众谋、详虑之后的决策能否达到预期的效果和目标，关键在于实施。组织决策实施是科学决策全过程的一个重要组成部分。决策一旦作出，就要坚决执行。如果在决策实施过程中，管理者出现任何犹豫和动摇，都会产生严重的后果，甚至导致全局的失败。

某大型企业因为经营不善导致破产，后来被另一家企业收购。员工们都在期盼新领导能带来什么先进的管理方法，带领企业走出困境。出乎意料的是，他们只派了几个人来，除了财务、管理、技术等要害部门的高级管理人员换了人外，其他机构和人员根本没动。制度没变，人没变，机器设备没变。新领导只有一个要求：把先前制定的制度坚定不移地、无条件地实施下去。结果，不到一年，企业就扭亏为盈了。

从这个案例中我们可以看到，再好的决策也要落到实处；否则，一切都是空谈。因此，一些管理者应该改变认识上的误区，不要以为作出了正确的决策，就一定能收到预想的效果。决策目标只是企业的行动方向，是一种主观愿望，而如何采取一些恰当的方式来落实决策才是策略规划。

实施决策是一个关键的步骤，因为它需要可能有不同的目标和利益的高层管理者、中层管理者和员工的支持与合作。

下面几个因素有助于成功实施决策，包括：

（1）提供资源，如人员、预算和办公空间，这些都是成功实施决策所必需的。

（2）提高领导说服其他员工朝实施方向努力的能力。

（3）建立沟通和信息系统，使管理者能够知道决策方案是否达到了计划的目标。

（4）找到一种方法，识别和奖励那些能够把决策付诸实践的个体和团队。

其实可以把实施决策这一步比喻成足球的临门一脚，不是前锋一个人的功劳，还需要整个团队的配合、掩护，才能把球成功地送进对方球门。很多管理者习惯于把实施决策这一步完全交给下面的执行人员，这种行为很可能会使之前的努力前功尽弃。在最后关头，作为中场发动机的管理者不能弃“前锋”而不顾，而是要做好坚实的后盾，保证整个团队的努力能变成记分牌上清清楚楚的“得分”！

决策实施重在随机应变

俗话说“计划赶不上变化快”，如果决策在实施过程中出现了影响决策达成的意外情况，在具体执行环节就要进行及时调整，随机应变，以期尽量达成决策的既定目标。

《易经》有云：“穷则变，变则通，通则久。”市场不断变化，需求和规则不断演变，企业在参与经营的过程中，倘若不能把握应变的精髓，必定输在措手不及和无知无畏上。

评估结果

和所有的流程一样，决策过程的最后一步也是评估结果。决策者要收集信息并调查实施的决策是否达到了它的目标。准确及时的信息和反馈可以使决策者作出一个全面的评估，并判断该决策是否需要进行修正。

决策者需要确立合理的目标和基准，明智地判断决策的有效性。有充足的时间让决策发生效力也是很重要的。当一高级管理者要收集关于新生产车间生产效率的数据时，如果他没有给工厂的管理层足够的时间去消除新生产车间常常会出现的瓶颈，就马上去评估新生产车间的生产效率，那将是愚蠢的。等到车间的工人掌握了操作设备的最好方法，并确定了一起工作的例行程序后，再去评估车间的生产效率会更合适。

决策结果评估的途径选择，取决于决策问题的性质和评估方法的可行性。一般而言，有下列几种途径：

（1）听证法。这是最为普通的评估方法，是管理者或管理机关的成员就有关决策完成的情况质询行政人员。通常是由决策执行者写出并提供有关报告。但是，这个报告可能是非客观的，可能出现夸大成绩、少报失误和损失的情况。

（2）与专门的标准相比较。专门的标准是指由专门机构研究制订的专门用以衡量绩效的指标，这些标准通常表现了较为理想的产出水平。但这样的比较只是着眼于决策的产出，而未能涉及决策对目标群体或非目标群体的影响程度。另外，这些标准往往也是理想化的，与现实有些距离。

（3）民意调查与测验。这是为了了解客户对企业决策执行情况的态度、意见而进行的调查和测验。民意调查与测验一般是选择一定数量的调查对象，征求他们对企业决策执行效果的意见，作出统计与说明。民意调查与测验一般采用“信访法”和“面询法”。其基本程序是：设计方案、抽样、拟定意见征询表、发信、打电话或派员面询意见、整理、统计、分析、综合调查结果。

（4）前后比较。这是评估决策影响最普通的方法之一。企业决策的影响程度，就是决策对象接受决策前后的变化值之差。但是，这仅是粗略估计，因为很难分清楚变化的结果是由决策本身引起的，还是由其他因素引起的。

（5）理想与实际比较法。在规划决策时，人们都希望决策达到什么样的目标和效果，因而有一定的意向。在决策执行之后，可以将实际发生的效果与理想状态相比较，实际效果减去理想效果便得出决策的影响和效果。这里，关键的问题是理想中的标准一定要客观，否则无法得出准确的结论。

（6）影响和不受影响对象比较法。这个方法是把参与到决策中的人与未参与决策的人，或将受决策影响的业绩与未受决策影响的业绩相比较。

（7）类似方案比较法。就数个类似方案的实施结果进行比较，以观其差异。

对于决策者而言，制订决策、付诸实施与获得成效是领导绩效和领导才能的表现。对于企业而言，任何一项决策都影响着企业的利益与发展，企业里的其他成员也应该被告知一项决策和最终实施状况及结果，以及对他们利益的影响，这一切都能通过决策评估来解决。

评估决策结果的重要性无须赘言，管理者必须谨记的是，决策评估的主要目的是为了向领导决策者、执行者和其他有关人员提供有关决策的客观信息和资料，以这些结果作为科学决策的依据，从而有效地完善决策方案。

第四章

启动集体智慧

讨论会对群体决策至关重要

群体决策很多时候都要用到讨论会这种方式。任何决定只要涉及的人一多，都会变得十分棘手，让人望而生畏。这时候，聪明的管理者会想到要征集群体智慧，但有些决定又感觉最好还是自己把握。那么管理者在作决策时，应该在什么时候征求大家的意见呢？遇到以下 5 种情况时，管理者应该召开讨论会。

1. 当你觉得讨论会能激发出更多备选方案时

有时候，虽然你已经想尽一切办法搜集了所有信息，但你仍然觉得自己掌握的信息不充分，这时候讨论会就可以帮助你跨过这一障碍。因为跟其他人沟通可以给你带来很多灵感，帮助你扩大视野，产生更多富有创造性的想法。当你无法推动事情发展时，讨论会可以帮助你走出困境。

2. 当你需要外部专家的专业支持时

当你需要一些其他领域的专业人士，比如，公司的外部董事、物流专家、国际法专家，等等。你的公司里平常可能根本没有这些领域的专业人士，所以一定要善于利用跟他们交流的机会。

3. 当你想让该决定更符合道德标准时

你是否想过为什么很多医院的最高决策机构都是医务委员会而不是只设一个最高管理者？这是因为从理论上来说，委员会能让人们更诚实。一两个人大权独握时，他们很可能出现违规行为，一个大的群体却能始终保持较高的道德标准。

政府部门之所以需要设立各种各样的分支机构，原因也在于此。讨论会有时候会作出一些明显错误的决定，这是因为很多人都太容易受到其他人意见的左右。虽然一群人通常要比一个人更容易遵守道德准则，但有时也会出现“讨论会陷阱”，也就是少数人主导多数人的情形。

4. 当你需要群体支持时

通常来说，当人们参与决定时，他们就会更加积极地支持自己作出的决定。但在召开讨论会时，有时你可能不自觉地操纵了大家的意见。在组织群体讨论的时候，你可以试图说服大家接受你的建议，但千万不要操纵会议，一定要学会认真倾听别人的意见。

5. 当你担心可能有人会反对你的决定时

当你担心有人会反对你的提议时，应该召开讨论会。这听起来似乎自相矛盾，但其实并非如此。如果你担心他人会拒绝你的提议，那么说明你的直觉告诉你，提议可能是有问题的。当你对一件事情很热衷时，你很容易对它的缺陷视若无睹。讨论会对群体决策的重要性是显而易见的。但问题是很多时候，太多不必要的会议使讨论会的优势反而变成了弊端，这就需要管理者正确地掌握召开讨论会的时机。

群体决策

这种为充分发挥集体的智慧，由多人共同参与决策分析并制定决策的整体过程称为群体决策。群体决策具有明显的优势和缺点，在决策过程中应辨证使用。

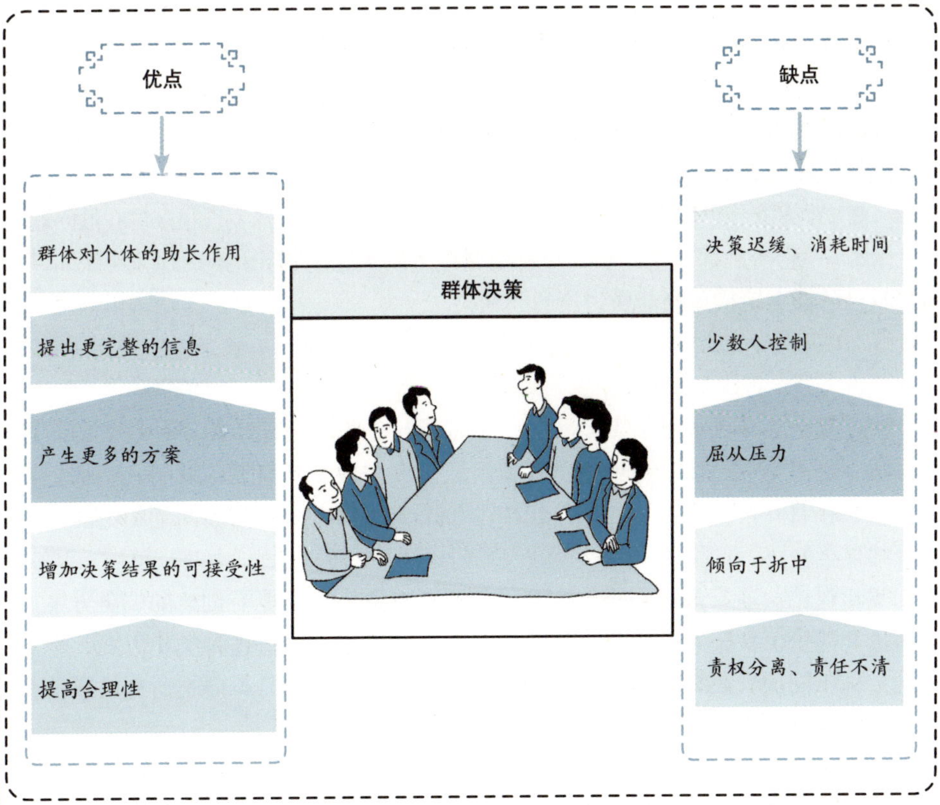

运用“形形色色”的讨论会

形形色色的讨论会需要投入更多的精力，但当你面临一个相对复杂的决策时，相信这些方法一定会给你带来很大的帮助。

1. 单人讨论会

首先，抽出 1 分钟时间，写下你能想到的所有备选方案。阈值理论告诉我们：拥有的选择越多，你最终的决策质量就会越高。写完所有备选方案之后，先把它放到一边，等到下午或者第二天早晨再看。在这段时间里，你的潜意识会自动启动，开始寻找最完美的解决方案。

接下来把这张清单分为清单A和清单B，划分时并不需要特别仔细。你可以把所有可能行得通的方案列到清单A上，把所有你确信行不通的方案列到清单B上。然后按照1 ~ 10给清单A上的方案打分。找出最有效的3个方案，将其与清单A上的其他方案配对。然后按照同样的方式从清单 B 上找出3个方案，将其与清单B上的其他方案配对。就这样，通过开放所有的可能性和组合性，你会发现这种随机的组合会帮你找到很多新的解决方案。

2. 类比讨论会

类比决策法的步骤相对复杂一些，但前 3 个步骤和所有的决策过程是一样的。

（1）在讨论会上清晰地阐述你的问题。你可以用归类和规划蓝图的方式让自己所面临的问题变得更清晰。

（2）跟大家分享你所搜集到的所有信息。这可以帮助大家发现很多潜在的问题。

（3）一定要确保每个与会人员都清楚地了解大家所讨论的问题。你可以请每个人用自己的话重新描述当前所讨论的问题。

（4）进行类比，它可以让大家更好地了解一件事情。一般来说，类比主要有 4 种方式：

直接类比、个人类比、梦幻类比、象征类比。类比之所以是一种有效的问题解决方法，是因为它可以让你的思维变得跳跃。大多数受梦启发的发明其实都是类比的产物。在召开讨论会时，要求小组中的每个人想出一个跟当前问题相关的类比，看看结果会怎样。

类比讨论会通常规模很小，参与者们也更有资格提出更有创意的解决方案。类比讨论会的价值在于它会让本来熟悉的事情变得陌生。通过这种类比方式，你能学会用一种不同的方式来看待自己所遇到的问题。当然，千万不要把所有的事情都用类比来解决。

3. 网络讨论会

这种方法可以让你从参与者那里征集尽可能多的信息，帮助你对各种建议进行客观的评估，修改前面陈述的观点，而且可以让所有的参与者以匿名的方式参与讨论。

网络讨论会的参与者们可能永远都不会聚到一起，它只是通过计算机对大家进行问卷调查。一般来说，这种讨论会主要包括 5 个阶段：

第一阶段是搜集阶段。在这一阶段，你要求所有的参与者给你反馈信息。

第二阶段是剖析阶段。你邀请公司总部的数据处理专家剖析大家对这一问题的看法：他们赞成什么、反对什么。在这一阶段，你可能会发现绝大部分人都支持某个建议，所以你很想立刻采纳这个建议。也可能你会发现所有人都非常反对这个建议，于是你决定立刻放弃这个想法。但如果你发现两种思想势均力敌时，不妨进入下一个阶段。

第三阶段即“中和”阶段，公司总部的团队首先会剔除那些比较极端的意见，然后从那些比较温和的意见中找到共识点。

第四阶段是评估阶段。在这一阶段，你首先分析所有的信息，然后列出所有可供选择的方案。

最后一个阶段是总结阶段。此时你用总结表格的形式把搜集到的信息反馈给参与者。

这样可以让他们了解管理层是如何达成最后的决定的，而且可以帮你争取到那些反对者或者持不同观点者的支持。

4. 头脑风暴

通常来说，头脑风暴的最佳参与人数是 12 人。在进行头脑风暴的时候，有 4 条规则需要谨记。

（1）不要带有任何判断、评估或者是批评的语气，也不要流露任何正面的赞许。因为你的态度会影响其他参与者的态度，一旦你对某个建议作出正面鼓励，其他人就会相应地调整自己的发言；或者如果你对某个人的发言保持沉默，对方就会将其理解为一种批评。

另外，不要用类似于“这可能行不通”之类的开头语。

（2）不要批评任何一条建议“太狂野”或“太荒谬”。

（3）重点在于建议的数量，而不是质量。头脑风暴的目的是在尽可能短的时间里激发出尽可能多的创意，成功的头脑风暴会让大家都兴奋起来。当一个人高度兴奋时，他的左脑就会关闭，右脑发挥主导作用。一般来说，这时人们就会变得更有创造性。

（4）鼓励参与者们把自己的创意跟别人的创意结合起来，或者改进别人的创意。参与头脑风暴的每个人都可以去改进别人的创意，当然，千万不可批评别人的创意。也可以把别人的创意进行综合。

有些管理者什么都不怕，就是怕麻烦，千万不要一看到这些讨论会方式就因为怕麻烦而放弃，就像“有多少个读者就有多少个哈姆雷特”一样，有多少种决策就需要多少种讨论会，掌握这些讨论会的形式，总会有用到的时候。

头脑风暴法模型、内容及注意事项

在群体决策中，为了保证群体决策的创造性，提高决策质量，管理上发展了一系列改善群体决策的方法，头脑风暴法是较为典型的一个。

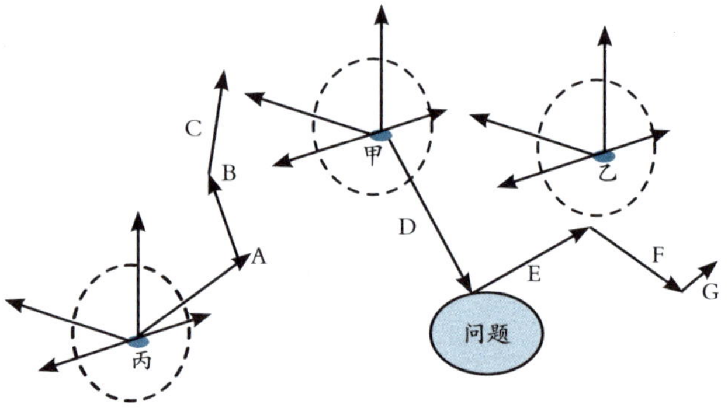

头脑风暴模型

头脑风暴法实施流程和注意事项

阶段	工作内容	注意点
头脑风暴前	明确主题	要解决什么问题
	明确头脑风暴的方式（轮流发言、随意发言、先写在纸上后发言……）	根据组织氛围选择一个方式
	选择参与者	什么人要参与这个问题的解决
	给与会者相关资料，留足够时间思考	资料要充分，否则会跑题或者脱离实际
头脑风暴中	宣布规则	宣布不准批评、方式等规则
	主持人的启发	主持人要事先做好准备
	进行主持，杜绝批评	保障规则的遵守
	调动气氛	不要冷场
头脑风暴后	整理方案	系统、逻辑、缜密地找出可行的方案
	分析方案	

讨论会的弊端

讨论会并不一定就是最好的决策方式。因为，讨论会很浪费时间。一般来说，一位主管平均每天要参加8场会议，中层经理们每天有80%的时间用来参加各种各样的会议。所以毫不奇怪，人们都不喜欢开会，甚至鄙视开会。

一般来说，讨论会比独立思考更能找到好的解决方案，但并不总是如此。通过讨论会所找到的解决方案往往会受到参与者平均水平的影响。而且会议也很可能因为群体压力而变成一场“讨论会陷阱”。当大家都告诉你某件事情时，我们就很容易相信这件事情，哪怕我们明知道这不是真的。

1985年，可口可乐公司决定放弃那份已经为公司带来几十亿美元利润的传统配方。公司的研究人员找来了20万名参与者，投入了3年时间对新的可乐配方进行测试。在这项研究上，公司投入了巨额资金，这成了可口可乐公司历史上耗时最多、最为昂贵的研究项目。

但尽管如此，这项研究还是出现了3个非常明显的错误。更为要命的是，由于公司管理层亲自批准了这项试验，虽然它有很明显的致命缺陷，但是在整个研究过程中没有一个人提出任何反对意见！

第一，可口可乐公司没有在测试对象的家里放置大量的可乐，来测试试用对象对新式可乐的热情是否持久。第二，他们没有做任何营销测试，没有选取一座城市，用新可乐代替旧可乐。这是一种非常标准的市场研究技巧。第三，在进行盲测的时候，他们并没有告诉试验对象，如果他们选择了新配方就意味着永远否定了老配方。结果新产品的寿命只维持了90天。面对这场灾难，可口可乐公司只能大胆地承认自己在决策上的失误。

讨论会的另一个问题是参与者们会盲目追随主持者的意见，尤其当会议的主持者是自己的上司时。最典型的例子就是埃德塞尔汽车。

大家知道，现在埃德塞尔几乎已经成了“失败者”的同义词。在为该车型命名的过程中，一家广告公司用了一年的时间，想出了1.8万个名字，但公司董事会始终无法达成共识。

最后，董事会主席E.R.布里奇说道：“为什么不干脆叫它埃德塞尔，以此来纪念公司创始人的儿子呢？”

一方面是厌倦了这种讨论；另一方面也是为了取悦上司，董事会一致表示同意这个提议。

当一位主管将此事告知埃德塞尔·福特的遗孀时，老太太非常愤怒，她简直不敢相信这帮人居然要用如此丑陋的车型来纪念自己的丈夫。她的三个儿子也同意她的看法。当调查员问人们对埃德塞尔这个名字有什么想法时，大多数人都觉得它听起来有点像椒盐脆饼或黄鼠狼，但董事会仍然坚持自己的决定。

一旦董事会给某个决定贴上了标签，讨论会的意义就会荡然无存。

当你想要在讨论会过程中排除某个总是唱反调的家伙时，也并不是一件容易的事情，但这往往需要你付出巨大的代价。

罗斯·佩罗是电子数据系统公司的创始人，后来他把公司以20亿美元的价格卖给了通用汽车公司，并在该公司董事会得到了一个席位。后来公司遇到了危机，罗斯·佩罗极力想要说服董事会接受自己的建议，想借此将公司带出低谷。当时通用电气的市场份额一落千丈，在日本公司和福特汽车面前节节败退。不幸的是，罗斯·佩罗的提议激怒了董事会主席罗杰·史密斯。最后通用汽车公司以高出市场价的价格买走了佩罗手中的通用汽车股票，仅仅是因为罗斯·佩罗不愿听从史密斯的决定。

在讨论会中唱反调的人通常会面临两种结果。如果大家的决定是对的，唱反调者的决定是错的，前者就会对后者不屑一顾。而如果大家的决定是错的，唱反调者是对的，则后者就只能服从前者，否则就会被踢出局。无论哪种情况，最终都会让公司遭受损失。

任何事物都有两面性，讨论会也不例外，扬长避短，正是管理者的职能所在。

第四篇

战略管理

第一章

分析外部环境：公司战略选择的依据

宏观环境分析

虽然宏观环境对企业生存和发展所产生的影响是间接的，但是它是最不可控的环境因素。因此，企业宏观环境分析的任务主要有两个：一是通过分析，考察预测与所在行业及所经营企业有重大关系的宏观环境因素将发生哪些变化；二是评价这些变化会给所在行业及所经营的企业带来哪些影响，以便为所经营企业的战略决策奠定基础和提供依据。

企业宏观环境分析的主要内容如下：

1. 人口环境分析

它是指企业对某一地区、国家乃至世界的人口数量、人口地理分布和密度、家庭、人口年龄结构等人口环境因素的现状及其变动趋势的分析，以及对这一现状及其变动趋势将对企业及企业所在市场或行业产生何种影响的分析。

（1）人口数量。

人口数量决定了市场潜力。中国这个大市场现在已被世界上许多有识之士看中，其潜力无法估量。谁抓住了中国市场，谁就抓住了一个大金矿。

这就是 NBA 要做中文版的官方网站，曼联也这么做的原因。

（2）地理分布密度。

亚洲是人口分布密度最高的地区，而中国又是一个人口大国。随着城市化节奏的不断加快，消费结构和水平也在发生变化，从而导致市场消费结构甚至市场结构的巨变。

（3）家庭状况。

这里主要是指家庭结构和特征。我国上海的家庭结构已经向发达国家靠拢，出现了丁克族，而且家庭越来越小型化，单身贵族增多。与这些特征相匹配的市场就会得到较好的发展。另外还有一个现代社会非常突出的问题不得不提：人口老龄化。生活水平的提高使人们越来越长寿，出生率越来越低，造成社会人口结构的巨大悬殊。这种情况必须引起企业的注意，适时地开发出适合于老年人用的产品，取得市场占有率。

2. 政治环境分析

政治环境分析是指企业对某一地区、国家乃至世界的法律法规、政治行为、政治形势等政治环境因素的现状及其变动趋势的分析。

3. 经济环境分析

经济环境分析是指企业对某一地区、国家乃至世界的经济形势、经济发展水平、经济基础设施水平等经济环境因素的现状及其变动趋势的分析。

（1）经济形势。

主要指处于经济周期的那些个阶段：萧条、停滞、复苏、高涨。

（2）经济发展水平。

一般可以用购买力、经济增长率两个指标来综合反映。

购买力反映了现实的消费能力；经济增长率反映了消费能力增长的潜力。

宏观环境 PEST 分析模型

PEST分析是指宏观环境的分析，宏观环境又称一般环境，是指一切影响行业和企业的宏观因素。这些因素一般为政治（Political）、经济（Economic）、社会（Social）和技术（Technological）四大类，称之为PEST分析法。

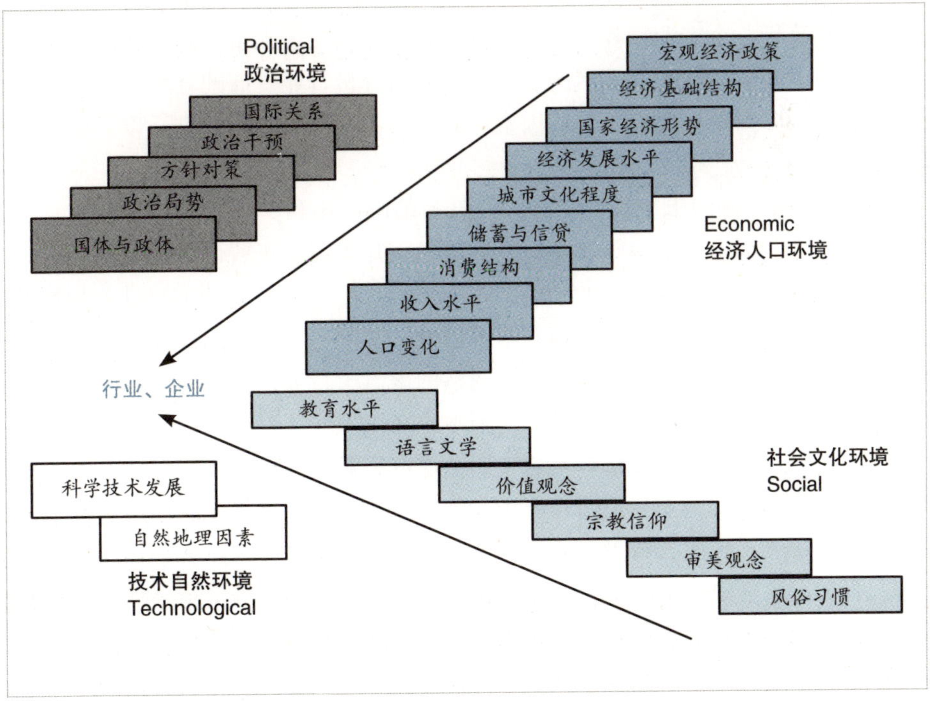

（3）经济基础设施水平。

主要指交通设施、水电设施、能源供应设施、通信设施和各种商业基础设施的可靠性及其效率的水平。

4. 文化环境分析

文化环境分析是指企业对某一地区、国家乃至世界的人们的价值观、社会习俗、宗教信仰、教育水平等文化环境因素的现状及其变动趋势的分析。

5. 科技环境分析

科技环境分析是指企业对某一地区、国家乃至世界的自然科学技术、社会科学技术特别是经营科学技术的现状及其变动趋势的分析。

6. 自然环境分析

自然环境分析是指企业对某一地区、国家乃至世界的自然资源的种类、数量、可用性，能源成本，自然环境污染，政治组织对自然资源的干预的现状及其变动趋势的分析。

宏观环境分析能够体现出管理者的战略大局意识，万物之间藕断丝连，蝴蝶效应无处不在，管理者不可把目光局限在方寸之地，要看得更远、更开阔。

产业环境分析

研究和分析一个产业，我们首先要看影响产业的发展因素。在此我们采用纵向对比的分析方法，切开行业发展的历史来研究和分析行业发展的环境。由于产业的发展前景与很多因素有关，不同的因素侧面反映了不同的划分标准，以下是几种常见的划分方法。

（1）根据产业的未来预期划分，可分为朝阳产业和夕阳产业。如目前的生物技术和信息产业都是属于朝阳产业，发展前景一片光明，正所谓“道路是曲折的，前途是光明的”，几十年后或许就成了夕阳产业。诞生于 19 世纪的钢铁业和纺织业就是明显的夕阳产业，未来发展前景不容乐观。朝阳产业和夕阳产业具有一定的相对性，如在发达资本主义国家已经日臻成熟的微电子行业在某些发展中国家才刚刚起步，处于朝阳行业的位置。所以发达资本主义国家往往以跨国公司投资的名义，把国内的生产技术和设备转移到发展中国家谋取利益。因此我国的企业也要适时地“引进来，走出去”，去开拓国外市场。我国经济地区和城乡发展的不平衡也可能造成产业的发展不平衡，新兴产业由东部向西部、由城市向乡村转移已经成为一种趋势。再加上政府政策上的支持，给予企业良性且健康的发展环境。如果企业的发展实力比较弱，竞争力不强，为何不把企业的发展战略转移到西部或者走“农村包围城市”道路，以寻求企业的长远发展呢？

（2）按照产业所采用的技术的先进程度，可分为新兴产业和传统产业。一般来说，传统产业多为夕阳产业，新兴产业多为朝阳产业。因为产业的发展周期存在着一定的限制，从诞生、发展、繁荣、衰落，按照传统的行业估算一个产业的发展周期值一般为120年。按照产业对资源和技术的依赖程度，产业的周期起伏不定，或长或短。一般来说对资源的依赖程度越大，行业周期就会越短，例如钢铁、纺织行业；对技术的依赖程度越大，行业周期越长，例如生物技术、太空技术等。

一般而言，一个新兴行业的诞生，并不预示着巨额的利润，因为这时候市场反应较为迟钝，产品并不一定为消费者所接受，市场容量极小，例如20世纪50年代的计算机行业，基本上没有人会去购买电脑。行业的发展初期，进入门槛比较低，特别是一些劳动和资源密集型的行业，例如纺织业，市场的竞争压力比较小，企业利润空间较大，且没有形成规范的市场秩序，处于群雄并起的时期。等到企业发展到一定阶段，市场逐渐趋于饱和，行业也走向成熟。行业内几经整合，形成了各企

产业环境在环境分析中的位置

环境分析主要包括宏观环境分析、中观环境分析、微观环境分析、企业内部环境分析等四个层次，其中中观环境分析即产业环境分析，属于企业外部环境中第二层。

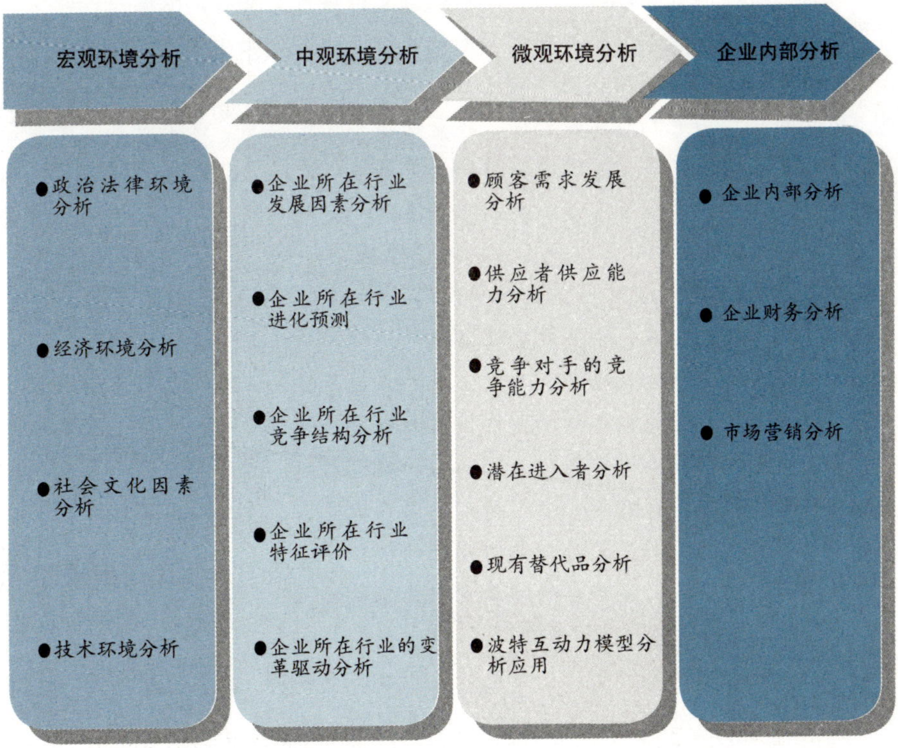

业间和平共处的状态，产品差异化战略成为一种新的发展趋势，产品开始细化和个性化分工，以满足不同年龄、族群、阶层消费群体的需求。这事实上节约了社会成本，减少了因为产品剩余而造成的资源浪费。价格战已经不再成为一种主要的竞争手段，后差异化战略是行业市场成熟的标志。此时，由于利润空间的减少，成本的限制因素，供应商系统和销售网络也趋于稳定，不会产生太大的变化，行业产品与替代品之间也会形成稳定的量比价关系，不会造成过多消费者的流失，转向其他消费品。这种平衡状况在行业内是相对稳定的，在企业间却是不稳定的，一般大企业是新技术的研发者，新技术的引入会打破这种均衡。事实上，如果某一行业发展速度明显高于其他行业，就会使替代品的量比价关系发生变化，就会吸引替代品的消费人群向这一行业转移，包括国家间的转移，自然利润也会随之转移，产生整个社会甚至全球的连锁反应，例如，计算机行业改变了全球的经济结构。视情况而定，提升或者迟滞其他行业的发展。产业的发展周期（又称生命周期）具有伸缩性，为了简明起见，我们以我国家电行业的发展为例。

20世纪80年代初期，中国家电市场才刚刚起步，随着改革开放的步伐加快，中国家电企业风起云涌，首先要做的就是建立一个完全的企业，抢先占领市场，即所谓的“抢占地盘”。

这时候，市场的开拓比较容易，政府政策支持该行业发展，限制条件较少。行业划分还不成熟，形成不了行业内部正面的竞争，只有企业发展速度和营销网络的潜在优势竞争这一暗流涌动。因为搜寻和开拓新市场比行业内部竞争机会成本要小得多，建立的新市场也相对比较稳固，投资回报率也就较高。这个时期的著名企业有康佳、TCL、创维、海信、乐华、厦华、熊猫等。此时企业的主要特点就是无限地扩大生产规模，创造市场容量。然而市场具有一定的空间，即有限性。当市场被瓜分完毕。这无形中就阻止了其他企业进入该行业。

当行业的发展日渐成熟，企业对利润的追求扩大，开始寻求用不同的方式和自己的优势对外扩张，其他企业也会有类似的战略倾向，更不会坐以待毙。于是行业内部的竞争不可避免地发生了，各大企业的兼并开始了，或许只有少数赢家，或许没有一个赢家，20世纪90年代的彩电价格大战就是一个很好的案例。这就涉及企业的战略、战术，行业内部不同企业的实力和规模不同，造成了不同的企业战略目标和生存理念。例如，1998年，海尔稳定了国内市场，就适时提出了国际化战略。而面对同行业激烈的竞争，同时期格力空调的初期目标就是立足国内发展，直至最后出现繁荣的局面。这时消费者的质量意识开始觉醒，此时的企业切忌盲目扩张规模，而应注重产品的质量和品牌效应。

进入21世纪特别是2007年后，家电行业已经趋于成熟，其表现特点是：①市场增长放慢，竞争更趋激烈。②企业间的竞争更多的是技术和成本的竞争，更加强调成本优势和服务质量。③市场分割不再是简单的区域划分，市场划分更加趋于扁平化、层次化，产品更加精细。④行业生产能力开始过剩。⑤由于技术更加成熟，变革主要是生产与经营管理模式的变革。⑥企业开始寻求国外市场，国际竞争压力增大，受国际贸易壁垒和价格影响较大。⑦利润率逐渐下降，是一种长久趋势还是暂时现象无法确定。⑧中间商的利润下降——价格谈判能力提高。所以这一时期的行业进入门槛格外得高，其他企业基本上没有涉足该行业的余地，家电行业的竞争基本上就是海尔、海信、TCL、康佳、创维以及两大销售网络国美和苏宁的竞争。

所以说，企业的发展离不开行业市场的变幻，但是无论怎么变化，终究逃脱不了行业的发展周期这一规律。企业在重视微观环境分析即自身分析的同时，也要重视宏观环境以及中观环境分析（行业环境分析），这样才能做到一举兼得，才不会

SCP环境分析模型

SCP分析是一种产业环境分析的基本方法，主要用于对企业所处的产业、行业环境中影响战略的因素进行静态和动态分析。S、C、P分别代表结构、行为和绩效。

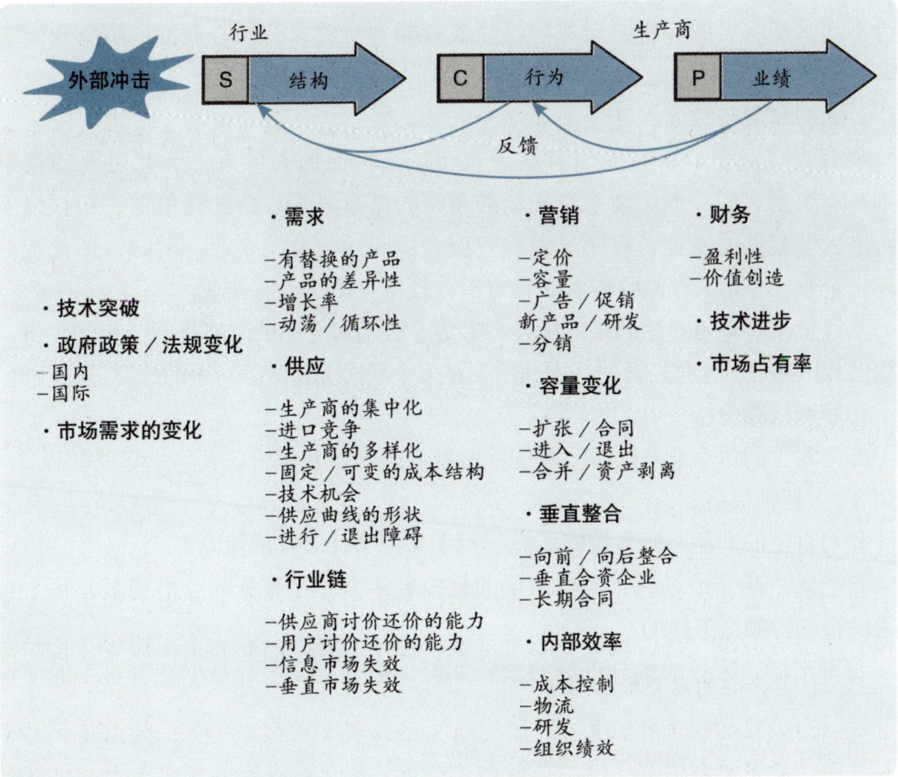

导致企业犯常规的错误，以至战略失误。不同的企业都可以根据实际状况和不同阶段行业发展特点制订不同的战略目标，以清楚地看到自己的位置，乃至所处行业的位置。

竞争对手分析

竞争对手分析的主要目的在于估计竞争对手对本公司的竞争性行动可能采取的战略和反应，从而有效地制订客户自己的战略方向及战略措施。

在进行竞争对手分析时，需要对那些现在或将来对客户的战略可能产生重大影响的主要竞争对手进行认真分析。这里的竞争对手通常意味着一个比现有直接竞争对手更广的组织群体。在很多情况下是因为管理者未能正确识别将来可能出现的竞争对手，才导致了盲点出现。需要评价的竞争对手包括：

1. 现有直接竞争对手

管理者应该密切关注主要的直接竞争对手，尤其是那些与自己同速增长或比自己增长快的竞争对手，必须注意发现任何竞争优势的来源。一些竞争对手可能不是在每个细分市场都出现，而是出现在某个特定的市场中。因此对不同竞争对手需要进行不同深度水平的分析，对那些已经或有能力对公司的核心业务产生重要影响的竞争对手尤其要密切注意。

2. 新的和潜在的进入者

现有直接竞争对手可能因打破现有市场结构而损失惨重，因此主要的竞争威胁不一定来自它们，而可能来自于新的潜在的竞争对手。新的竞争对手包括以下几种：进入壁垒低的企业、有明显经验效应或协同性收益的企业、前向一体化或后向一体化企业、非相关产品收购者、具有潜在技术竞争优势的企业。

要评价主要竞争对手的相对优势和劣势，必须对它们的战略进行分析和评价。大多数大客户都是多元化经营的，因此需要在多个层次上对竞争对手的战略进行评价。

1. 职能战略分析

竞争对手的每个业务的主要职能战略都必须确认和评价。

（1）营销战略。

相对自己的产品/服务策略，竞争对手采用了什么样的策略？

自己的产品/市场顾客细分市场的规模有多大？在服务的分市场上，每个竞争对手的市场份额是怎样的？

每种产品/服务的细分市场的增长如何，细分市场上的每个竞争对手的增长是怎样的？

市场细分的集中程度和趋势是怎样的？

每个竞争对手的产品/服务战略是什么，是全线战略还是独辟蹊径市场战略？

竞争对手分析的内容

分析竞争对手的目的是为了了解对手，洞悉对手的市场策略等，一般而言，分析竞争对手的内容主要包括以下六个方面。

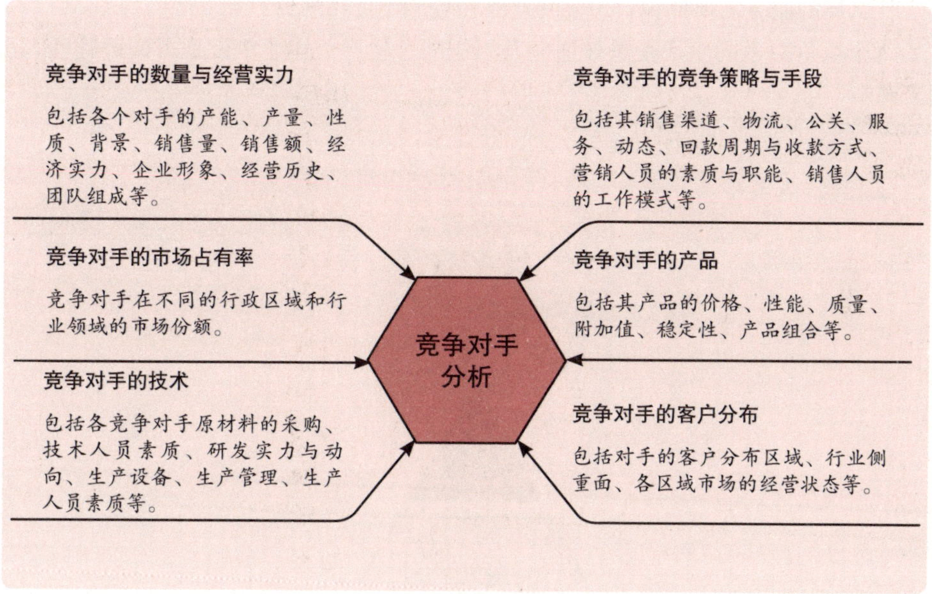

每个竞争对手对新型服务采取什么态度？

每个竞争对手的相对服务产品质量怎样？

每个竞争对手在产品／服务线上或顾客细分市场上的定价策略是什么？

每个竞争对手的相对广告促销战略是什么？

竞争对手是如何服务于每个产品细分市场的？

每个竞争对手的明显营销目标是什么？

竞争对手对市场变化的反应速度如何？

竞争对手的营销策略是如何适应其客户文化的？在过去，职能部门是否是关键管理人员的来源？

（2）生产作业战略。

每个竞争对手的生产／作业单位的数量、规模和位置是怎样的，它们之间是如何比较的？每个单位生产的产品范围是怎样的，它们的估计生产能力是多少，生产能力利用率如何？

债务人、债权人和股市上的营运资本各有多少？

每个单位有多少人，工资水平如何，相对生产力是怎样的？

向客户内其他业务单位的销售有多少，接受了多少来自客户内其他业务单位的供应？

采用了什么样的激励制度／报酬制度？

什么样的服务需要外包，外包的业务在增加还是在减少？

每个竞争对手的生产是怎样适应其组织的，生产／作业单位是否关键管理人员的来源？

竞争对手分析的层次

竞争对手分析的层次共五层，能准确地确定竞争对手，这是分析的最低层次，能分析出对手状况则是第二层次，最高层次是通过竞争分析制定策略后能够引导对手的市场行为。

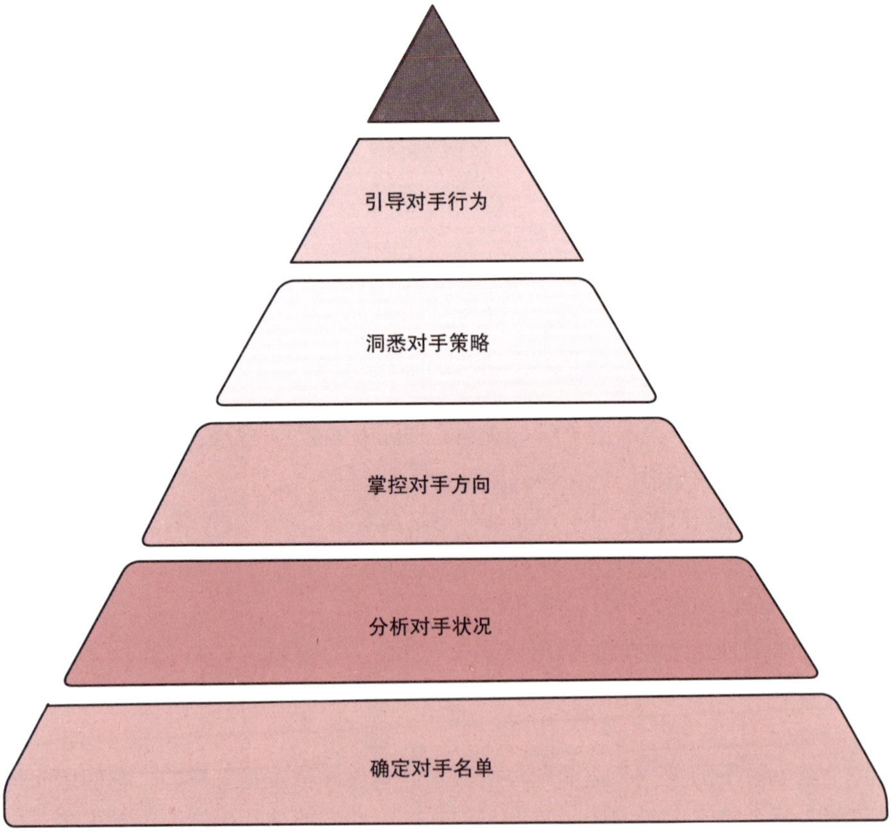

每个竞争对手应变市场变化的灵活性如何？每个竞争对手对市场变化作出反应的速度有多快？

（3）研究和开发战略。

新的服务在何处开发？

预计的研发经费是多少？这是怎样比较的，又是如何变化的？

研究部门有多少人，开发部门有多少人？

每个竞争对手近期新产品引进和专利的记录如何？

每个竞争对手对革新作出反应的速度如何，作出的反应一般有哪些？

与行业平均水平相比竞争对手的增长率怎样？

是否有足够的现金可用于维持业务的发展和扩张？

现金和营运资本的管理如何？

2. 业务单位战略分析

对每个竞争对手，都需要在业务单位的水平上对其进行分析和评价，以便看清在竞争对手的整体战略中每个业务适合哪一个部分。要回答这一问题，就必须分析业务单位的作用、目标、组织结构、控制和激励系统、战略地位、环境限制和机遇、领导的地位，以及业务单位的业绩表现等。

每个业务在竞争对手整体投资组合中的地位也需要分析。可能影响业务单位行为的问题有：整个集团财务目标的评价、增长能力和股东期望增长率、关键优势和劣势、变革的能力和总体组合投资的特点、战略关键决策者尤其是客户领导的价值观和期望、历史上对竞争性行为的反应、对竞争对手的信心和期望。

第二章

解读资源与能力：公司战略的支撑

资源的定义与分类

在不同的社会经济阶段，对企业资源的理解不尽相同。现代一些学者认为，企业资源是指企业在向社会提供产品或服务的过程中所拥有、控制或可以利用的、能够帮助实现企业经营目标的各种生产要素的集合。我们应从更加广泛的角度来理解企业资源——凡是能转化为支持、帮助和优势的一切物质和非物质都是企业资源。企业的资源可以分为有形资源和无形资源。

1. 有形资源

主要是指财务资源和实物资源，它们是企业经营管理活动的基础，一般都可以通过目前的会计方式来计算其价值。

（1）财务资源。

是企业物质要素和非物质要素的货币体现，具体表现为已经发生的能用会计方式记录在账的、能以货币计量的各种经济资源，包括资金、债权和其他权利。既包括静态规模的大小，也包括动态周转状况，在一定程度上还包括企业获取和驾驭这些资源要素的能力和水平。反映企业财务资源状况的工具就是企业的一系列财务报表。在企业财务资源系统中，最主要的资源是资金。财务资源是企业业务能力的经济基础，也是其他资源形成和发展的基础条件。

（2）实物资源。

主要是指在使用过程中具有物质形态的固定资产，包括工厂车间、机器设备、工具器具、生产资料、土地、房屋等各种企业财产。由于大多数固定资产的单位价值较大、使用年限较长、物质形态较强、流动能力较差，其价值大多显示出边际收益递减规律的一般特性（当然也有一些固定资产即使在折旧完毕之后仍然具有使用价值和价值，甚至会增值，如繁华地段的商业店铺等）。在传统工业中，固定资产是企业资源系统的重要组成部分，它是衡量一个企业实力大小的重要标志。

2. 无形资源

主要包括时空资源、技术资源、信息资源、品牌资源、文化资源和管理资源等。相对于有形资源来说，无形资源似乎因为没有明显的物质载体而看似无形，但它们成为支撑企业发展的基础，能够为企业带来无可比拟的优势。

（1）时空资源。

是指企业在市场上可以利用的，作为公共资源的经济时间和经济空间。时间资源（经济时间）是指人类劳动直接或间接开发和利用的自然时间或日历时间。空间资源（经济空间）是指人类劳动直接改造和利用的、承接现实经济要素运行的自然空间。“时间就是金钱”“天时不如地利”等格言，分别说明了时间资源和空间资源的重要性。

（2）技术资源。

广义的技术资源包括形成产品的直接技术和间接技术以及生产工艺技术、设备维修技术、财务管理技术、生产经营的管理技能。此外，技术资源还应包括市场活动的技能、信息收集和分析技术、市场营销方法、策划技能以及谈判推销技能等市场发展的技术。技术资源是决定企业业务成果的重要因素，其效力发挥依托于一定水平的财力和物力资源。

（3）信息资源。

信息资源是指客观世界和主观世界的一切事物的运动状态和变化方式及其内在含义和效用价值。企业的信息资源由企业内部和外部各种与企业经营有关的情报资料构成。信息资源在企业的资源结构中起着支持和参照作用，具有普遍性、共享性、增值性、可处理性和多效用性等特征，“知己知彼，百战不殆”就是运用信息资源使整体资源增值的最好诠释。

（4）品牌资源。

就是由一系列表明企业或企业产品身份的无形因素所组成的资源。品牌资源又可细分为产品品牌、服务品牌和企业品牌 3 类。品牌资源尤其是成为驰名商标的品牌（又称名牌）对企业经营成败至关重要，名牌对企业维系顾客忠诚、开拓新市场、推广新的产品等方面具有无可比拟的优势。

（5）文化资源。

是由企业形象、企业声誉、企业凝聚力、组织士气、管理风格等一系列具有文化特征的无形因素构成的一项重要资源。与有形资源比较，其缺乏直接的数量化特征，没有一个客观数据基础，是由一系列社会形象或文化形象的形式存在于评价者心中，与其载体密不可分，文化资源的形成与发展是其他资源效力发挥的累积结果，可以迁移到被兼并或被控股的公司和新成立的企业中，企业形象、品牌信誉等还可以从原来产品转移到新产品中。

（6）管理资源。

管理是对企业资源进行有效整合以达到企业既定目标与责任的动态创造性活动，它是企业众多资源效力发挥的整合剂，其本身也是企业一项非常重要的资源要素。直接影响乃至决定着企业资源整体效力发挥的水平。管理资源应包括企业管理制度、组织机构、企业管理策略。

（7）人力资源。

是指存在于企业组织系统内部和可利用的外部人员的总和，包括这些人的体力、智力、人际关系、心理特征以及其知识经验的总汇。一方面，人力资源表现为一定的物质存在——人员的数量，另一方面，更重要的是表现为这些员工内在的体力、智力、人际关系、知识经验和心理特征等无形物质。所以，人力资源是有形与无形的统一资源。它是企业资源结构中最重要的关键资源，是企业技术资源和信息资源的载体，是其他资源的操作者，决定着所有资源效力的发挥水平。

（8）市场资源。

是指那些不为企业拥有或控制的，但是在市场中存在，而且因为是企业强大的竞争实力、独特的经营策略技巧和广泛的关系网络而可以为自己所用的资源。在现代经济中，凡是具有经济效益和功能的市场交易都有价值，一般来说，市场资源主要有下列几种：

①关系资源。是指企业因为与顾客、政府、社区、金融机构等个人或组织之间良好的关系而获得了可以利用的存在于企业外部的资源，这其中特别应该受到重视

企业资源是企业竞争优势的重要来源

企业资源理论认为，企业的竞争优势建立在企业有价值的、稀缺的、难以模仿和不可替代的资源基础之上。因此，企业资源是企业竞争优势的重要来源。

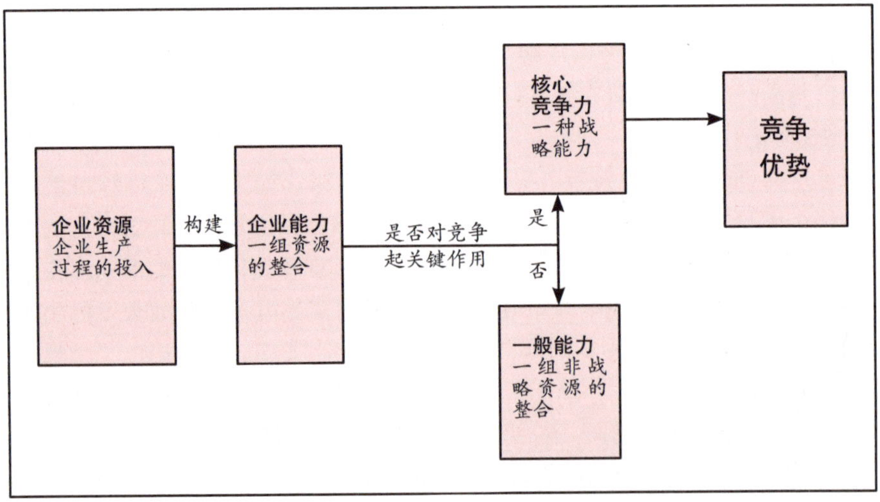

的是客户关系资源。企业与客户长期良好的合作而建立起的顾客忠诚，这样客户就成了企业经营中获取强大竞争优势的一项重要资源。

②杠杆资源。指虽然不属于企业所有，但是企业可以通过协作生产、特许经营、加盟连锁、虚拟经营等方式为我所用的资源。协作生产、特许经营、加盟连锁等方式往往可以以较少的投入撬动较多资源为自己的经营服务，这种资源的利用方式与物理学上的杠杆原理非常相似。

③社会资源。主要指社会中可供自己利用的、能为企业自身带来优势或经营帮助的事件或人物，特别是现实社会中的名人、名物和各种有影响的事件。现实经营中，许多企业不惜重金聘请各种名人为自己题字或者做宣传活动，就是利用社会资源的典型例子。

④历史文化资源。是指各种历史名人、历史故事和文化传说等广泛存在于社会之中的文化资源。这其中的关键是要先人一步发掘和加以运用。有时候，历史文化资源就是由企业自身所杜撰出来的一些具有一定正面影响的神话文学故事等。

⑤其他市场资源。是除了以上所涉及的可以为企业利用，并形成一定竞争优势或者为企业带来支持、帮助和利益的各种物质或精神形态的东西。

所谓机会无所不在，关键是要看经营者眼界的宽窄和策略的高低了。企业经营也是一样，只要善于开动脑筋，那么许多看上去原本毫无价值的东西也可以为我所用，比如垃圾在废品收购公司也可以变废为宝。只要企业充分利用好自身的资源，就能让资源变成企业独特的竞争力。

管理资源的开发

管理也是一种资源，可以从生产、流通过程来看，在不增加人、财、物有形资源的情况下，通过加强管理，合理充分有效地利用人、财、物，可以多增加产值、产量和利润，取得较大的经济效益。

对于落后的管理方式进行鼎新革故的改造，是行业企业自身发展的主观需要，也是整个社会进步的客观必然。要想加速实现管理的现代化，应积极创造如下前提条件：

（1）管理者要提高对开发管理资源重要性的认识，把加速管理现代化的工作，真正摆在经济建设的核心部位，并投入主要精力进行精简组织和实践。在经济运行中，领导决策权威的导向作用，依然是事情成败的关键。

（2）创造现代管理科学知识普及与提高的条件，开发全方位的管理现代化再教育。各级管理人员要加速管理科学知识的更新，变自发地学习先进管理经验为自觉地掌握管理技术，这样才能形成管理现代化的合力。

（3）管理者要有市场经济意识及现代管理思想，提高素质，积极推行现代科学管理技术。根据行业经济结构和管理体制的特点，建立以行业主管部门牵头的团队，或以软科学研究机构、协会组织聚敛专业人才，采取有分有合、广泛协作的形式，组成从主管部门到生产现场的专管网络和工作体系，以有偿服务的原则促进知识商品化和知识市场的发育，推动企业经营机制转换和管理进步。

（4）制订开发管理资源的规划，制定推行现代管理科学的激励政策，作为管理档次上新台阶的重要保障条件。企业管理现代化，是一个庞大的系统工程，不可能一蹴而就。因此，要遵循有很强操作性的开发管理资源规划，分期、分批、有步骤地落实。在规划的实施过程中，应有配套的方法和激励政策保证，以法律效力保护和开发管理资源。

（5）要处理好开发管理资源、推进管理现代化和改革乃至建立现代企业制度的关系。它们之间不是彼此分离或对立的工作。管理现代化，是管理方式由低级向高级进化的过程；转换企业经营机制，建立现代企业制度所实施的各项变革，是开发管理资源、促进管理进步的内容和需要。就管理方法、手段的现代化而言，改革是开发管理资源的动力，建立现代企业制度是新的管理资源，管理现代化是改革和“转机建制”成功的保证。

进入新业务领域的决策与资源、能力

全球金融危机爆发后，很多行业都受到严重的冲击，生产经营遇到了前所未有的艰难挑战。近年，世界经济基本结束衰退，缓慢复苏，各行业的处境也开始有所改善，但形势依然严峻，企业的生存发展仍然在接受考验。很多企业都需要实现战略上的突破，用全新的视角重新审视市场，创新思维模式，跳出激烈竞争的“红海”，进入暂时无人竞争或竞争微弱的“蓝海”，开辟新业务，建立新的竞争优势。

国内外企业的实践表明，决策的失误是企业最大的失误，可导致企业遭受灭顶之灾。在进入新业务领域时，决策犹如一把双刃剑，如果决策正确，企业就能进入一个既能充分发挥竞争优势又能反哺主业的新业务领域。反之，如果企业盲目放弃自身优势，进入完全不熟悉的新领域，不仅不能形成新的竞争优势，而且会导致已有的竞争优势逐渐消失。因此，企业应该慎重决策。为了确保科学决策，企业应该针对新业务在政策符合、战略协同、市场定位、资源获取、投资回报等关键问题上确立评价标准，作为决策依据，以确保实现进入新业务领域的预期目标。

企业进入新业务领域的决策要合理地利用管理企业的资源与能力。

1. 新领域要符合国家政策

在经济危机爆发之前，很多产业都出现了产能过剩的情况，国家针对钢铁、水泥等产业产能严重过剩的状况出台了很多政策，从严格市场准入、强化环境监管、依法依规供地用地、实行有保有控的金融政策、严格项目审批管理、做好企业兼并重组工作、建立信息发布制度、实行问责制、深化体制改革9个方面进行了控制。所以企业在进入新业务领域前要参考国家政策要求，这是企业决策的最基本准则。

2. 战略一致，产生1+1＞2的协同优势

进入新业务领域要服从企业总体发展战略，新业务和企业主业应具有协同效应，既是主业的竞争优势的延伸，同时通过新业务开展，能够进一步提升主业的竞争优势。凡是能够成功开辟新业务领域的企业，共同之处在于首先有明确的主业发展战略，在主业战略的指导下，向非主业拓展。这样做既避免了进入新业务领域的盲目性，培育了新的竞争优势，又提升了现有的竞争优势。

3. 具有稳定的市场需求，业务成长性好

稳定和不断扩大的市场需求是企业进入新业务领域的动力，因此，判断进入新业务领域是否可行，需要进行充分的市场调研和市场分析，研究市场的供求状况、竞争状况等，对新业务所在市场前景有比较准确的判断。只有新业务所在市场成长性好，吸引力大，市场前景比较广阔，才能成为企业新的经济增长点。

4. 有稳定的原料供应渠道，经营风险好

企业进入新业务领域的前提和基础是能够获得稳定的原料供应，否则就会受制于人，加大企业的经营风险。

新业务是保证企业发展后劲的种子

在充分剖析自身优势劣势的基础上，探索既能够充分发挥主业竞争优势，又能拓展企业发展空间的新业务领域，已成为现代企业提升核心竞争力，促进企业持续健康发展的必要路径。

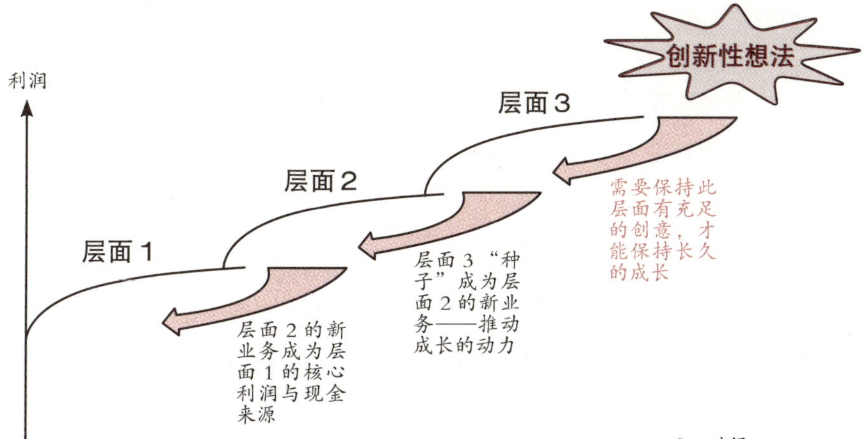

第三章

战略制订：发挥与建立竞争优势

5 种竞争力量

竞争是现代市场经济条件下任何企业都不可避免的。一个企业要在竞争中获得优势就必须思考这些问题：在该行业中竞争到底是什么样的？各种竞争的力量有多大？每个企业在竞争中将采取什么策略？任何一个企业要在激烈的市场竞争中获得成功，必须有一个好的竞争战略。这个战略必须以此为目标，即：为购买者提供他们认为最有价值的产品和服务。这就意味着企业要从不同于竞争对手的角度，以不同于竞争对手的方法，展开价值链（设计、开发、生产、营销、销售和服务的一系列作业）上的活动，以建立起竞争对手不能轻易与之匹配的竞争能力和资源能力。简单地说，制订竞争战略的目的，就是要通过建立自己的优势，提供比竞争对手更好的产品和服务，最大限度实现顾客利益，降低顾客损失，最终增加顾客价值以击败对手的优势。

任何产业，无论是生产一种产品或是提供一种服务，竞争的起源、过程、结果都源于以下5种竞争力量。

1. 同行业厂商的争夺

同行业厂商之间的竞争作为一种内部力量，是5种竞争力量中最强大的力量。在同行业中，只有那些实施了比竞争对手更具优势战略的厂商才能获得成功。为了赢得市场地位和购买者的青睐，各厂商们不惜任何代价，利用各种手段和方法进行竞争。在行业中，最常采用的是通过价格、广告、性能、特色、质量、售后服务、品牌形象等全方位的竞争来确保击败对手，确保自己的优势地位。

在现实中，一个企业的竞争行为，必然对其他企业产生巨大的影响，激起竞争对手们采取措施。实际的过程是：当一个或几个厂商看到能够更好地满足顾客需求的方法，从而有可能扩大其市场份额获得新的增长机会的时候或者是感到有外部或内部环境的压力，要求改变其产品性能、质量的时候，必然率先挑起竞争，而其他竞争对手必然对这种行为采取反击。最终的结果可能导致整个行业的格局发生变化。这种变化可能对挑起竞争的企业和整个行业都有好处，使其产品的质量和性能以及服务都有提高。但是，如果这种进攻行为和反击行为进一步升级的话，则行业内的所有企业都可能深受其害，整个行业的赢利能力和生存环境将会恶化。

2. 潜在进入者的威胁

潜在的新进入者是引起市场竞争的又一因素。从一种角度讲，新进入者能为行业带来新的技术、新的资金以及新的其他生产要素；但从另一种角度讲，新进入者一旦加入，就必然要求对市场份额进行重新分配，进而引起原有市场份额、原有成本、原有产品价格以及原有利润水平的变化。因此，在这个行业中，有眼光的厂商们应随时对新进入者保持高度的警惕。潜在新进入者的存在不能不使行业内的厂商作出相应反应，这种反应就是原有厂商们不得不动用相应的资源随时准备进行防御或进攻。而这种准备一旦变为行动就会引起竞争。

3. 来自替代品的压力

行业内的竞争还可能来自另一种威胁——替代品，也就是说，具有威胁的竞争者可能来自另一个不同的行业。如果另一个行业中的竞争厂商能生产很好的替代品，那么，这个行业中竞争厂商们将面临很强的竞争，也来自替代品的威胁。如：眼镜生产厂商会受到隐形眼镜厂商的竞争，玻璃容器厂商会受到塑料容器厂商的竞争。如果某种产品没有替代品，那么，消费者对产品的价格是不敏感的，或者是需求对价格缺乏弹性；而当某行业存在着替代品时，消费者就有更多的选择，而这种选择对于原有生产厂商来说，的确是种很大的威胁，因此形成竞争压力。

4. 来自供应商（供方）的压力

供应商可以通过提高价格或降低所购产品以及服务质量来威胁行业中的买方厂商，强有力的供应商的压力可能迫使各行业内的厂商因无法使价格跟上成本的增长而降低其获利能力。供应商对下游厂商是一种弱势竞争力量还是种强势竞争力量，取决于供应商所在的行业市场条件和所提供产品的重要性。

5. 来自购买者（买方）的压力

购买者与供应商不同的是，购买者更拥有谈判优势（除了在垄断行业可能出现例外的情况）。作为购买者，总是要求价格低、产品质量高、服务全面的产品或服务。他们总是以此为目标，与企业讨价还价。而企业为了赢得顾客的满意，就不得不在这几方面展开竞争。这些竞争都是以牺牲行业利润作为代价的，但购买者从中获得了利益。

综上所述，如果5种竞争力量出现这样的局面：现有厂商竞争激烈，进入壁垒很低，替代品的竞争激烈，供应商和顾客有相当的谈判权力，那么该行业的竞争就非常激烈；如果5种竞争力量出现这样的局面：供应商和顾客处于谈判劣势，没有很好的替代品，进入壁垒较高，现有厂商的竞争较温和，那么该行业的竞争也就比较温和。

波特五力分析模型

波特五力分析模型是美国著名的管理学家迈克尔·波特提出，主要用于竞争战略的分析和创业能力分析，以揭示本企业在本产业或行业中具有何种盈利空间。

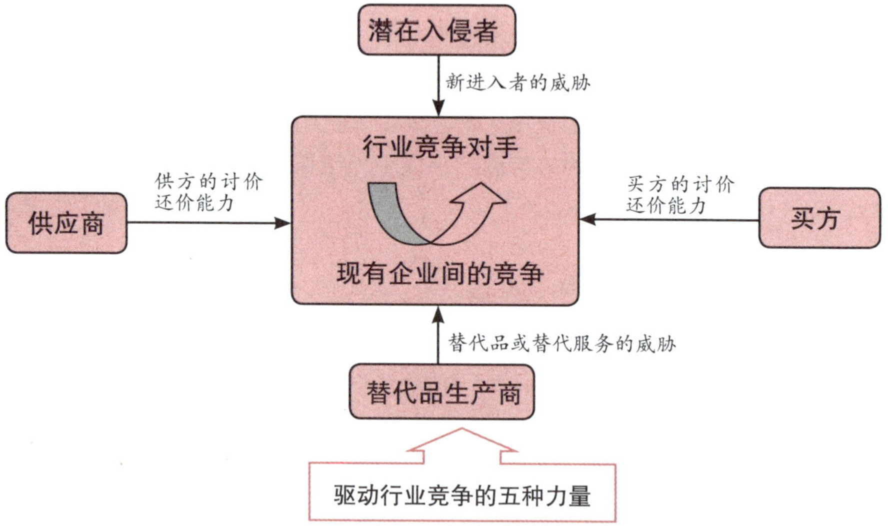

对于一个行业来说，5种竞争力量的影响越大，行业中竞争厂商的联合利润水平就越低，最坏的结果是：5种竞争力量所营造的市场环境异常紧张，以致所有厂商的利润水平长期低于平均水平甚至亏损。因此，面对5种竞争力量的影响，企业管理者的基本策略应该是：尽可能摆脱5种竞争力量的制约，引导竞争压力使其向有利于企业的方向改变，建立强大的安全优势。

外包战略

外包实际上是一种商业战略，即企业把自己拥有的业务的一部分交给外部专家或专业机构管理运作，实质上是将企业的各种资源进行重新配置，将有限的资源集中于企业相对优势较强的业务领域，构筑自己的核心竞争优势，使企业始终把握持续发展的能力。业务外包战略的兴起有其深刻的社会经济原因。

（1）由于经济全球化浪潮的不断迭起，跨国企业为了赢得时间和空间上的优势，会向外部进行寻源：寻找更好的海外制造基地、全球采购区域，或者寻找外部的供应商伙伴。这样做的目的只有一个，就是更快地向市场推出新产品，占领市场份额，缩短产品的生命周期。

（2）按照比较优势和交易成本经济学理论，通过市场交易方式的交易成本若比自行内部运作成本低，那么采用业务外包，缩小企业边界的做法会使整个供应链中资源配置效率得以提高。

业务外包作为企业的一种竞争和发展策略，很早就已经出现并为发达国家的企业尤其是跨国公司采用。以前，跨国公司往往将非核心业务外包给本国企业。20世纪90年代以后，在经济全球化和企业之间竞争愈演愈烈的形势下，跨国公司开始越来越多地在全球范围内寻找承接外包业务的合作伙伴，跨国公司的外包业务出现了全球化趋势，越来越多的国家和企业被纳入跨国公司的全球网络中。

外包战略并不是千篇一律的。一个公司的核心功能也许是另一个公司提供的商品服务。一个IT部门在内部高效运用的某遗留应用程序对另外一个部门来说可能除了卸载别无他用。但是，通常情况下，公司这种“通过外包减轻自身负担”的旧策略仍然只是一厢情愿的想法而已。

下面这6个核心问题可以帮助你建立有效的外包战略。

外包战略的价值与风险

外包的价值

聚集核心竞争力
- 将有限的资源集中用于发展主业
- 更有柔性和适应性

降低和控制成本
- 外部寻找低价质优的产品与服务
- 避免在设备、技术、研究开发上的大额投资

提高管理效率
- 享受专业管理带来的效率和效益
- 内部管理活动变为外部合同关系

外包的风险

- 如何界定非核心业务
- 公司商业机密外泄
- 难以管理或失控
- 员工的担忧

IBM在1980年把操作系统和芯片处理外包给了Microsoft和Intel，造就了IT的两个巨人，而自己遭受了10年业绩下滑的痛苦。

（1）IT 功能遵守一套规则和程序吗？

IT 功能中，区分需要外包和最好内部保留这两部分功能的“明线”是外包战略的一个方面。然而，这个界限可能非常模糊。TPI（是一家国际顶尖的服务外包公司）公司通过从事务性的简单程度到概念性的复杂程度为每个有待外包的领域绘图，帮助客户找出这条线。

那些遵守一套规则和程序的常规功能，适用于第三方外包。概念性模糊的流程并不适用于第三方外包。例如，第三方可以有效地管理安全功能，但是公司应该保留制定安全政策的责任。同样，公司技术架构方面的政策也应内部制定。否则，就会给自己招来利益冲突。

（2）这个应用程序是将停止使用还是转交给“软件即服务”供应商？

经营型服务供应商通过优化或者提前接手应用程序并从发包业务的期限中获利这些途径赚钱。对那些即将停止使用的遗留应用程序，首席信息官应该支付更优惠的价格，这是因为供应商无法再从前期工作中获利。

对公司来说，收回已经外包出去的应用程序并不常见。例外情况是将停止使用传统的经营型托管供应商支持的应用程序，并由“软件即服务”这一应用程序取代。

（3）这个应用程序或 IT 基础架构不稳定吗？

通常情况下，公司自身的应用程序或基础架构不稳定，因此想要通过外包给专家来解决这一问题。如果问题能在公司内部解决的话，就应该先由内部处理。

事实上，有些采用外包减轻自身负担的公司在支付了外包费用以后，却落得个还要自己重新处理这些问题的下场，这种情况是很常见的。

（4）有没有记录下来这个应用程序的变更控制和变更管理过程？

如果没有记录下来一个应用程序的流程，而你基本上仅把程序代码移交给外包商，那么外包商为了弄清楚如何管理这个应用程序，就不得不逆向开发它。这个应用程序可能非常稳定，但是它仍然有可能让你付出代价。

（5）如果决策是为了把某个团队的职能外包出去，那么这个团队在评估这个应用程序时会受到影响吗？

由于外包，或是一个团队在评估某个应用程序或功能之后将失去工作，经理失去了对属下员工的控制权。有时候，这些情况是无法避免的。外包某一应用程序之前，你要多做尽职调查——如果这一功能留在公司内部，会有一些既得利益者，你必须了解这些既得利益者的信息。如果情况属实，首席信息官必须解决这些问题。

（6）你的公司善于管理供应商吗？

管理外包供应商是外包战略中不应该分包出去的功能。有些公司缺乏管理外包供应商的经验。对这些公司来说，从管理应用程序的日常生命周期转变为管理经营型服务模式有本质上的变化——而且后者更有挑战性。你要么迅速学会掌握服务等级协议和绩效的技能，要么雇用拥有这一能力的人。

进攻与防御战略——进攻就是最好的防守

随着技术和资金实力的增长，企业都在朝着做大做强的方向努力，企业扩大了，产能提升了，本土市场容量却跟不上了。虽然说有些市场有着较高的自然增长率，但自然增长的速度远远跟不上企业产能的发展速度。因此，相当多的企业在条件允许的情况下率先走出了家门，去开拓新的市场。即便是那些没有能力参与更广大范围的市场竞争，而不得不采取守势的企业，在防御其他品牌的同时，也都梦想着有一天去别的市场上分一杯羹。

在市场上，“己所不欲，勿施于人”是最为陈旧腐朽的道德观，在竞争对手面前束手束脚的结果只有一个——死亡。市场经济时代，是自由竞争的时代，也只有这样，才能将一些效益不好、没有发展潜力、没有竞争意识、不能适应市场变化的企业淘汰出局，从而分割出新的市场空间，让实力较强的企业去培育，去拓展，使大的更大、强的更强。

市场竞争其实又是一场攻击战。率先挑起战火的企业，一定是准备最为充分的企业。战略准确、战术明确、人员得力、武器精良、粮草充足是古时候很多军事家破敌制胜的不二法门。在现今的市场竞争中，企业要想立于不败之地，同样要重视上述因素，并且把工作做到极致。

1. 战略清晰准确

现代的市场竞争则只有一个目的——财富，拥有了市场，就拥有了销量，有了销量，就能为企业带来效益。

为了达到这一目标，基本上所有企业的战略规划，都包括了市场战略这一方面的内容。有可能是一句话，也有可能是主要板块，但不论其内容的多少，涵盖的无非就是6个字：市场、销量、效益。

从战略层面到执行层面，还有着很大的距离，没有一个企业能够完整地把战略意图100%地应用到实际的工作中去，但这并不是说，企业在实际的市场运作中，可以不考虑战略规划，而随意修改既定的执行计划。

现代企业的触角，已经延伸到市场的各个角落，只要有人的地方就会有竞争。在没有任何空白点的情况下，企业要想拥有更大的市场和效益，就必须面对竞争，并严格地按照市场战略、按部就班、有始有终地开展工作。

但是，有一点要注意，战略千万不能错。执行层面的失误，可以采取各种办法来弥补，可战略错了，就会直接导致市场竞争的自始偏离，从而为企业带来灭顶之灾。

2. 战术明确

做到所谓的战术明确，就要做到 4 个充分：一是充分了解目标市场，二是充分了解竞争对手，三是充分了解消费者，四是充分了解市场潜力。

3. 人员得力

真正运作市场的高手，往往不会因为领导的意图而改变自己的行事规则，可几乎所有企业的管理者都不会允许他这样做。要进攻一个区域市场，特别是那些具有战略意义的区域市场，市场风云际会，需要企业应时而变。

一个团队的战斗力，与团队成员的团结、目标一致是分不开的，没有这些东西，团队就成了一盘散沙，根本就形不成战斗力，更谈不上胜利。此外团队的执行力也是取胜的关键所在，任何好的策划、计划，如果得不到良好的执行，不如不执行。而执行了却因为执行力的问题导致执行不到位，其结果只能是徒劳无功，企业得面对更多的善后问题。

4. 武器精良

市场进攻靠什么？不是像战争一样靠枪炮弹药，而是要靠产品。产品的好与坏不仅会决定竞争的过程，同时也决定竞争的最终效果。

在产品同质化日趋严重的情况下，如果没有独特卖点的产品，就难以拥有无往而不胜的竞争力。一个没有竞争力的产品去应对市场竞争，其竞争的方式只能是价格、促销等“资本投入”式的运作，其结果肯定是两败俱伤。而稍有竞争力的产品就可以利用产品的差异化，在竞争中另辟蹊径，为消费者提供更多关注自己的理由。关注才有可能使用，使用才有可能形成销量，有了销量才会有竞争的胜利。

5. 粮草充足

对于企业来讲，参与市场竞争就是一场“耗资”运动，无论是攻还是守，都必须保证必要的、足够的市场投入。但是这种“耗资”不是无谓的浪费，“耗资”是为了拥有市场、产品、渠道、品牌等诸多方面的优势，是为了保证销量和效益。

没有准备的战争不能打，也打不赢。费用预算的多少，决定市场竞争的规模，而预算能否实现，则决定竞争的结果。

企业开拓市场，主动攻击，不是为了争夺土地，更不是为了仇恨，而是为了效益。企业有了效益，才会有生命，才会有发展的空间。一件事情，既然做了，不管遇到多大的困难，就一定要坚持不懈地做下去，绝不能半途而废。不然的话，本来准备砸向对手的石头，就可能会落到自己的脚上。

职能战略的选择

职能战略又称职能支持战略，是按照总体战略或业务战略对企业内各方面职能活动进行的谋划。职能战略一般可分为生产运营型战略、资源保障型职能战略和战略支持型职能战略。

（1）生产运营型职能战略是企业或业务单元的基础性职能战略。从企业或业务运营的基本职能上为总体战略或业务战略提供支持，包括研发战略、筹供战略、生产战略、质量战略、营销战略、物流战略等。

（2）资源保障型职能战略是为总体战略或业务战略提供资源保障和支持的职能

战略。包括财务战略、人力资源战略、信息化战略、知识管理战略等。

（3）战略支持型职能战略是从企业全局上为总体战略和业务战略提供支持的战略。包括组织结构战略、企业文化战略、公共关系战略等。

企业职能战略一般可分为营销战略、人力资源战略、财务战略、生产战略、研究与开发战略等。职能战略是在实施竞争战略过程中，公司各部门或各种职能应该发挥什么作用，如何发挥这些作用。职能战略决定于竞争战略，每个竞争战略都要转变为职能层次上的战略才能具体实施，如市场营销、研究与开发、财务、人事、生产等。

职能战略的内容非常具体和丰富，下面针对格兰仕集团的情况，选择其中最有特点的内容进行说明。

（1）营销战略。格兰仕集团在微波炉市场上的营销战略主要包括以下内容：第一，培育市场，通过赠送微波炉食谱等图书、在报刊上开辟专栏等方式，培育中国的微波炉市场。第二，启动市场，通过建立全国性的营销网络，主要是与各地代理商合作，共同启动微波炉市场。第三，占领市场，在微波炉市场上主要通过价格战方式，而在电饭煲市场上，主要通过多年的赠送活动来占领市场。第四，巩固市场，通过不断推出新产品，针对不同的市场区隔推出合适的产品来实现。此外，通过提高产品服务质量和水平来巩固市场。例如，格兰仕推出“四心级”服务（为顾客诚心、精心，让顾客安心、放心）和“三大纪律、八项注意”的规范服务，一地购物、全国维修的跨区域服务等，都是格兰仕巩固市场的重要策略。

（2）研究与开发战略。格兰仕的技术战略经历了引进、消化吸收、合作开发、自主职能战略开发这些阶段。在1997年以前，格兰仕集团主要是以引进、消化吸收为重点，从1992年引进东芝公司的生产线和技术，到1996年引进全球范围内最先进的微波炉生产设备和技术，并在消化吸收的基础上进行集成。1997年，格兰仕集团设立研究与开发部门，1998年又在美国设立技术开发机构，开始走向合作和自主开发的新阶段。

（3）财务战略。为适应国际化经营的战略需要，格兰仕集团自1998年开始聘请全世界著名的咨询公司——安与恩公司为财务顾问，具体制订和实施格兰仕的财务战略。这在中国企业，尤其是乡镇企业中是罕见的。以安与恩公司的实力和经验，可以推断，格兰仕集团的财务战略对其竞争战略、总体战略的实现将会起到巨大的作用。

（4）人才战略。引进人才并大胆使用是格兰仕集团的传统性策略。早在1991年，格兰仕集团就聘请了5名来自上海的中国微波炉专家，正是这5名高级工程师组成了格兰仕微波炉技术队伍的核心，奠定了其后与外国技术合作的基础。

从上述实例中可以看出，只有提炼出切合实际的职能战略，企业战略和竞争战略才有实际的操作价值，否则，企业战略就难以奏效。

职能战略在公司战略中的层次与作用

公司总体战略、业务竞争战略与职能战略一起构成了企业战略体系，它们之间是相互联系、相互配合的。企业每一层次的战略都为下一层次战略提供方向，并构成下一层次的战略环境；每层战略又为上一级战略目标的实现提供保障和支持。

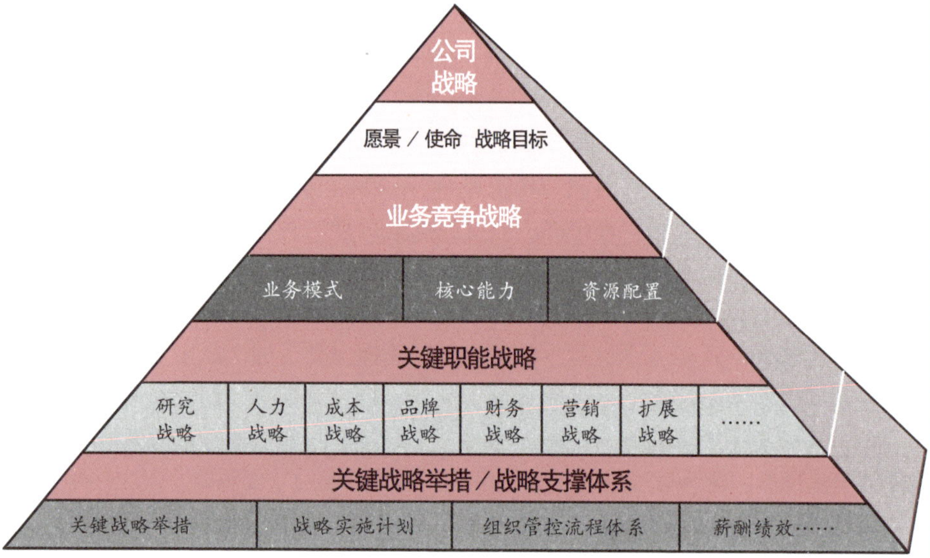

第四章

战略的推进方式

战略推进方式的分类

战略推进方式按表现形式，可以分为拓展型、稳健型、收缩型3种形态。

1. 拓展型战略

拓展型战略是指采用积极进攻态度的战略形态，主要适合行业龙头企业、有发展后劲的企业及新兴行业中的企业选择。具体的战略形式包括：市场渗透战略、多元化经营战略、联合经营战略。

（1）市场渗透战略。

市场渗透战略是指实现市场逐步扩张的拓展战略，该战略可以通过扩大生产规模、提高生产能力、增加产品功能、改进产品用途、拓宽销售渠道、开发新市场、降低产品成本、集中资源优势等单一策略或组合策略来开展，其战略核心体现在两个方面：利用现有产品开辟新市场实现渗透、向现有市场提供新产品实现渗透。

市场渗透战略是比较典型的竞争战略，主要包括：成本领先战略、差异化战略、集中化战略3种最有竞争力的战略形式。成本领先战略是通过加强成本控制，使企业总体经营成本处于行业最低水平的战略；差异化战略是企业采取的有别于竞争对手经营特色（从产品、品牌、服务方式、发展策略等方面）的战略；集中化战略是企业通过集中资源形成专业化优势（服务专业市场或立足某一区域市场等）的战略。

（2）多元化经营战略。

多元化经营战略是指一个企业同时经营两个或两个以上行业的拓展战略，又可称“多行业经营”，主要包括3种形式：同心多元化、水平多元化、综合多元化。同心多元化是利用原有技术及优势资源，面对新市场、新顾客增加新业务实现的多元化经营；水平多元化是针对现有市场和顾客，采用新技术增加新业务实现的多元化经营；综合多元化是直接利用新技术进入新市场实现的多元化经营。

多元化经营战略适合大中型企业选择，该战略能充分利用企业的经营资源，提高闲置资产的利用率，通过扩大经营范围，缓解竞争压力，降低经营成本，分散经营风险，增强综合竞争优势，加快集团化进程。但实施多元化战略应考虑选择行业的关联性、企业控制力及跨行业投资风险。

（3）联合经营战略。

联合经营战略是指两个或两个以上独立的经营实体横向联合成立一个经营实体或企业集团的拓展战略，是社会经济发展到一定阶段的必然形式。实施该战略有利于实现企业资源的有效组合与合理调配，增加经营资本规模，实现优势互补，增强集合竞争力，加快拓展速度，促进规模化经济的发展。在工业发达的西方国家，联合经营主要是采取控股的形式组建企业集团，各集团的共同特点是：由控股公司（母公司）以资本为纽带建立对子公司的控制关系，集团成员之间采用环行持股（相互持股）和单向持股两种持股方式，且分为以大银行为核心对集团进行互控和以大生产企业为核心对子公司进行垂直控制两种控制方式。在我国，联合经营主要是采用兼并、合并、控股、参股等形式，通过横向联合组建企业联盟体，其联合经营战略主要可以分为：一体化战略、企业集团战略、企业合并战略、企业兼并战略 4 种类型。

企业合并战略是指参与企业通过所有权与经营权同时有偿转移，实现资产、公共关系、经营活动的统一，共同建立一个新法人资格的联合形式。采取合并战略，能优化资源结构，扩大经营规模，但同时也容易吸纳不良资产，增加合并风险。

企业兼并战略是企业通过现金购买或股票调换等方式获得另一个企业全部资产或控制权的联合形式。其特点是：被兼并企业放弃法人资格并转让产权，但保留原企业名称成为存续企业。兼并企业获得产权，并承担被兼并企业债权、债务的责任和义务。通过兼并可以整合社会资源，扩大生产规模，快速提高企业产量，但也容易分散企业资源，导致管理失控。

2. 稳健型战略

稳健型战略是采取稳定发展态度的战略形态，主要适合中等及以下规模的企业或经营不景气的大型企业选择，可分为：无增长战略（维持产量、品牌、形象、地位等水平不变）、微增长战略（竞争水平在原基础上略有增长）两种战略形式。该战略强调保存实力，能有效控制经营风险，但发展速度缓慢，竞争力量弱小。

3. 收缩型战略

收缩型战略是采取保守经营态度的战略形态，主要适合处于市场疲软、通货膨胀、产品进入衰退期、管理失控、经营亏损、资金不足、资源匮乏、发展方向模糊的危机企业选择。可分为：转移战略、撤退战略、清算战略 3 种战略形式。转移战略是通过改变经营计划、调整经营部署，转移市场区域（主要是从大市场转移到小市场）或行业领域（从高技术含量向低技术含量的领域转移）的战略；撤退战略是通过削减支出、降低产量，退出或放弃部分地域或市场渠道的战略；清算战略是通过出售或转让企业部分或全部资产以偿还债务或停止经营活动的战略。收缩型战略的优点是通过整合有效资源，优化产业结构，保存有生力量，能减少企业亏损，延续企业生命，并能通过集中资源优势，加强内部改制，以图新的发展。其缺点是容易荒废企业部分有效资源，影响企业声誉，导致士气低落，造成人才流失，威胁企业生存。调整经营思路、推行系统管理、精简组织机构、优化产业结构、盘活积压资金、压缩不必要开支是该战略需要把握的重点。

战略联盟与合作

战略联盟是两个或两个以上的企业或跨国公司为了达到共同的战略目标而采取的相互合作、共担风险、共享利益的联合行动。有的观点认为战略联盟为巨型跨国公司采用，但这决不仅限于跨国公司，作为一种企业经营战略，它同样适用于小规模经营的企业。当然，由于产品的特点、行业的性质、竞争的程度、企业的目标和自身优势等因素的差异，企业间采取的战略联盟形式自然也呈现出多样性。

战略联盟成功的四大关键在于：订立联盟策略；选择合适对象；建立联盟结构与管理制度；订立终止联盟计划。任何企业都有各自的长处和短处，不同的阶段，不同的时间，不同的地点，都应有自己的发展重点，不同的策略。

为此，有必要通过开展合作，来达到优势互补的目的，尤其是当自己有着明显劣势，同时又暂时没有能力或精力来顾及且不能“熟视无睹”的时候，就非常有必要通过寻找合作伙伴来弥补自身的不足，化劣势为优势。中国的许多企业家或多或少有“多元化”情结，以为企业发展到了一定阶段就必须走多元化的发展道路，他们最喜欢举的例子就是“通用电气”，而事实上，非多元化的企业远比多元化的企业要多，即使在美国也是如此，比如：通用汽车、摩托罗拉、微软，等等。我们的企业家似乎看不到这一点，总喜欢什么都自己做，结果是我们听到了一个又一个的失败故事，却很少听到多元化成功的案例。

战略联盟具有非常显著的优势，比如：快速性、互补性、低成本、成效大，等等，是一个相对比较容易实施的策略。当然，也是有几点需要把握的：

（1）订立联盟策略。在合适的时候发现自己的企业在哪些方面缺乏竞争优势，在哪些方面有竞争优势，从而制订策略。

（2）选择合作伙伴。合作伙伴的选择要适合本公司的情况，有时候并不是越大的伙伴越好，而是适合自己的伙伴越好。

（3）建立联盟结构与管理制度。同自己的策略联盟伙伴制订一个相互之间权利和义务的协定以及出现问题的协商制度，这对于战略联盟合约的履行是至关重要的。

（4）订立终止联盟计划。在开始的时候就应该考虑善始善终。

战略联盟主要有以下几种形式：

（1）合资。由两家或两家以上的企业共同出资、共担风险、共享收益而形成企业，是目前发展中国家尤其是亚非等地普遍的形式。合作各方将各自的优势资源投入合资企业中，从而使其发挥单独一家企业所不能发挥的效益。

（2）研发协议。为了某种新产品或新技术，合作各方签订一个联发协议；汇集各方的优势，大大提高了成功的可能性，加快了开发速度，各方共担开发费用，降低了各方开发费用与风险。

（3）定牌生产。如果一方有知名品牌但生产力不足，另一方则有剩余生产能力，则后者可以为前者定牌生产，并可充分利用闲置生产能力，获取一定利益；对于拥有品牌的一方，还可以降低投资或并购所生产的风险。

（4）特许经营。通过特许的方式组成战略联盟，其中一方具有重要的无形资产，可以与其他各方签署特许协议，允许其使用自身品牌、专利或专用技术，从而形成一种战略联盟。

选择联盟伙伴的 3C 原则

挑选战略联盟伙伴，一般遵循3C原则，即合作伙伴要具备：兼容（Compatibility）、能力（Capability）、投入（Commitment），具体如图所示。

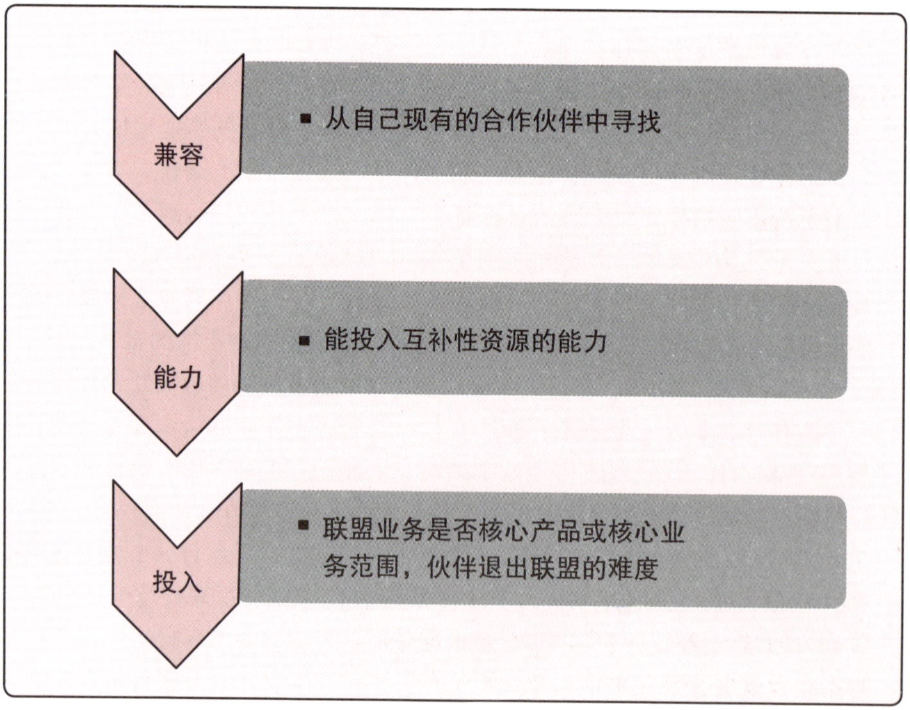

拥有方不仅可获取收益，并可利用规模优势加强对无形资产的维护，受许可方当然利于扩大销售、谋取收益。

（5）相互持股。合作各方为加强相互联系而持有对方一定数量的股份；这种战略联盟中各方的关系相对更加紧密，而双方的人员、资产无须全部合并。

当然，组建战略联盟一定要慎重选择合作伙伴，并建立合理的组织关系；加强合作各方的沟通。

兼并与收购战略

企业并购是指一个企业购买另一个企业的全部或部分资产或产权，从而影响、控制被收购的企业，以增强企业的竞争优势，实现企业经营目标的行为。

并购对企业发展具有重大的意义，但是从实际情况来看，有许多并购案都是失败的。

为保证企业并购的成功，应该注意以下几个问题：

1. 在企业战略的指导下选择目标公司

在并购一个企业之前，必须明确本企业的发展战略，在此基础上对目标企业所从事的业务、资源状况进行调查，如果通过对目标企业的收购，能够很好地与本企业的战略相配合，增强本企业的实力，提高整个系统的运作效率，最终增强竞争优势，这样才可以考虑对目标企业进行收购。反之，如果目标企业与本企业的发展战略不能很好地吻合的话，那么即使目标企业十分便宜，也应该慎重行事，因为对其收购后，不但不会通过企业间的协作、资源的共享获得竞争优势，反而会分散购买方的力量，降低其竞争能力，最终导致并购失败。

2. 并购前应对目标企业进行详细的审查

许多并购的失败是由于事先没有能够很好地对目标企业进行详细的审查，在并购过程中，由于信息不对称，买方很难像卖方一样对目标企业有着充分的了解，但是许多收购方在事前都想当然地以为自己已经很了解目标企业，并通过对目标企业的良好运营发挥出很大的价值。但是，许多企业在收购程序结束后，才发现事实并非想象中的那样，目标企业可能存在着没有注意到的重大问题，以前所设想的机会可能根本就不存在，或者双方的企业文化、管理制度、管理风格很难相融合，因此很难将目标企业融合到本企业的运作体系中，从而导致并购的失败。

3. 合理估计自身实力

在并购过程中，并购方的实力对于并购能否成功有着很大的影响，因为在并购中收购方通常要向外支付大量的现金，这必须以企业的实力和良好的现金流为支撑，否则企业就要大规模举债，造成本身财务状况的恶化，企业很容易因为沉重的利息负担或者到期不能归还本金而导致破产，这种情况在并购中经常出现。

4. 并购后对目标企业进行迅速有效的整合

目标公司被收购以后，很容易形成经营混乱的局面，尤其是在敌意收购的情况下，这使许多管理人员纷纷离去、客户流失、生产混乱，因此需要对目标企业进行迅速有效的整合。

通过向目标企业派驻高级管理人员稳定目标企业的经营，然后对各个方面进行整合。其中企业文化整合尤其应该受到重视，因为许多研究发现：很多并购的失败都是由双方企业文化不能很好地融合所造成的。通过对目标公司的整合，使其经营重新步入正轨并与整个企业的运作系统的各个部分有效配合。

最后再介绍一下著名管理学家杜拉克关于企业并购决策的 5 项基本原则：

（1）并购企业必须能为被并购企业作贡献。并购企业只有彻底考虑了能够为被并购的企业作出什么贡献，而不是被并购企业能为并购企业作出什么贡献时，并购才可能成功。对并购企业的贡献可以是多种多样的，包括技术、管理和销售能力，而不仅仅是资金。

一般企业并购流程图

一般情况下，企业的并购行为从仅有一个模糊的并购意向到成功地完成并购需要经历下面几个阶段：

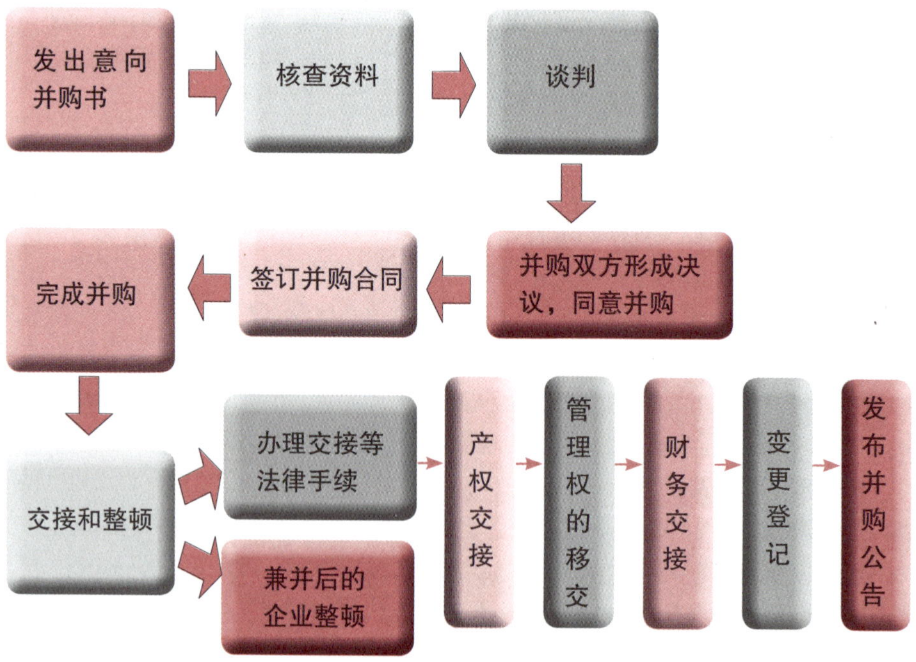

（2）企业要想通过并购来成功地开展多种经营，需要有一个团结的核心，有共同的语言，从而将他们合成一个整体。也就是说，并购与被并购企业之间在文化上要能够整合，要有共同的文化基础，至少要有一定的联系。

（3）并购必须“情投意合”。并购企业必须尊重被并购企业的员工、产品、市场和消费者。

（4）并购企业必须能够为被并购企业提供高层管理人员，帮助被并购企业改善管理。

（5）在并购的第一年之内，要让双方的管理人员大部分都得到晋升，使得双方的管理人员都相信，并购给公司带来了机会。

业务重组

业务重组就是重新设计和安排企业的整个生产、服务和经营过程，使之合理化。企业通过对原来生产经营过程的各个方面、每个环节进行全面的调查研究和细致分析，然后对其中不合理、不必要的环节进行彻底的变革。在具体实施过程中，可以按以下程序进行：

1. 对原有流程进行全面的功能和效率分析，发现其存在的问题

根据企业现行的作业程序，绘制细致、明了的作业流程图。一般来说，原来的作业程序是与过去的市场需求、技术条件相适应的，并由一定的组织结构、作业规范作为其保证。当市场需求、技术条件发生的变化使现有作业程序难以适应时，作业效率或组织结构的效能就会降低。因此，必须从以下方面分析现行作业流程的问题。

（1）功能障碍。随着技术的发展，技术上具有不可分性的团队工作、个人可完成的工作额度就会发生变化，这就会使原来的作业流程或者支离破碎增加管理成本，或者核算单位太大造成权、责、利脱节，并会造成组织机构设计得不合理，形成企业发展的瓶颈。

（2）重要性。不同的作业流程环节对企业的影响是不同的。随着市场的发展，顾客对产品、服务需求的变化，作业流程中的关键环节以及各环节的重要性也在变化。

（3）可行性。根据市场、技术变化的特点及企业的现实情况，分清问题的轻重缓急，找出流程再造的切入点。为了对上述问题的认识更具有针对性，还必须深入现场，具体观测，分析现存作业流程的功能、制约因素以及表现的关键问题。

2. 设计新的流程改进方案，并进行评估

为了设计更加科学、合理的作业流程，必须群策群力、集思广益、鼓励创新。在设计新的流程改进方案时，可以考虑：

（1）将现在的数项业务或工作组合，合并为一。

（2）工作流程的各个步骤按其自然顺序进行。

（3）给予职工参与决策的权力。

（4）为同一种工作流程设置若干种进行方式。

（5）工作应当超越组织的界限，在最适当的场所进行。

（6）尽量减少检查、控制、调整等管理工作。

（7）设置项目负责人。

对于提出的多个流程改进方案，还要从成本、效益、技术条件和风险程度等方面进行评估，选取可行性强的方案。

3. 制订与流程改进方案相配套的组织结构、人力资源配置和业务规范等方面的改进规划，形成系统的企业再造方案

企业业务流程的实施，是以相应组织结构、人力资源配置方式、业务规范、沟通渠道甚至企业文化作为保证的，所以，只有以流程改进为核心形成系统的企业再造方案，才能达到预期的目的。

4. 组织实施与持续改善

实施企业再造方案，必然触及原有的利益格局。因此，必须精心组织，谨慎推进。既要态度坚定，克服阻力，又要积极宣传、达成共识，以保证企业再造的顺利进行。

企业再造方案的实施并不意味着企业再造的终结。在社会发展日益加快的时代，企业总是不断面临新的挑战，这就需要对企业再造方案不断地进行改进，以适应新形势的需要。

第五篇

人力资源管理

第一章

做好人力资源规划

人力资源规划的作用

人力资源是指一定时期内组织中的人所拥有的能够被企业所用，且对价值创造起贡献作用的教育、能力、技能、经验、体力等的总称。

所谓的人力资源规划，从狭义上讲，即企业从战略规划和发展目标出发，根据其内外部环境的变化，预测企业未来发展对人力资源的需求，以及为满足这种需要所提供人力资源的活动过程。从广义方面来看，是企业所有各类人力资源规划的总称。人力资源规划又称人力资源计划，是指根据组织的发展战略、目标及组织内外环境的变化，运用科学的方法对组织人力资源的需求和供给进行预测，制定相宜的政策和措施，从而使组织人力资源供给和需求达到平衡，实现人力资源合理配置，有效激励员工的过程。

人力资源规划的作用主要有以下几个方面：

1. 有利于组织制订战略目标和发展规划

人力资源规划是组织发展战略的重要组成部分，同时也是实现组织战略目标的重要保证。

2. 确保组织生存发展过程中对人力资源的需求

人力资源部门必须分析组织人力资源的需求和供给之间的差距，制订各种规划来满足对人力资源的需求。

3. 有利于人力资源管理活动的有序化

人力资源规划是企业人力资源管理的基础，它由总体规划和各种业务计划构成，为管理活动（如确定人员的需求量、供给量、调整职务和任务、培训等）提供可靠的信息和依据，进而保证管理活动的有序化。

4. 有利于调动员工的积极性和创造性

人力资源管理要求在实现组织目标的同时，也要满足员工的个人需要（包括物质需要和精神需要），这样才能激发员工持久的积极性，只有在人力资源规划的条件下，员工对自己可满足的东西和满足的水平才是可知的。

5. 有利于控制人力资源成本

人力资源规划有助于检查和测算出人力资源规划方案的实施成本及其带来的效益。要通过人力资源规划预测组织人员的变化，调整组织人员的结构，把人工成本控制在合理的水平，这是组织持续发展不可缺少的环节。

所以，人力资源规划的类别，按期限可以分为长期（5年以上）、短期（1年及以内），以及介于两者的中期计划；按内容可以分为战略发展规划、组织人事规划、制度建设规划、员工开发规划。

人力资源规划的内容及基本程序

首先，要搞清楚人力资源规划的内容，了解人力资源规划都有哪些方面。人力资源规划包括5个方面：

1. 战略规划

根据企业总体发展战略的目标，对企业人力资源开发利用的方针，政策和策略的规定，是各种人力资源具体计划的核心，是事关全局的关键性计划。

2. 组织规划

该规划是对企业整体框架的设计，主要包括组织信息的采集、处理和应用，组织结构图的绘制，组织调查、诊断和评价，组织设计与调整，以及组织机构的设置，等等。

3. 制度规划

制度规划是人力资源总规划目标实现的重要保证，包括人力资源管理制度体系建设的程序、制度化管理等内容。

4. 人员规划

人员规划是对企业人员总量、构成、流动的整体规划，包括人力资源现状分析、企业安定、人员需求和供给预测以及人员供需平衡，等等。

5. 费用规划

费用规划是对企业人工成本、人力资源管理费用的整体规划，包括人力资源费用的预算、核算、结算以及人力资源费用控制。

人力资源规划又可分为战略性的长期规划，策略性的中期规划和具体作业性的短期计划，这些规划与组织的其他规划相互协调联系，既受制于其他规划，又为其他规划服务。

人力资源规划是预测未来的组织任务和环境对组织的要求以及为了完成这些任务和满足这些要求而设计的提供人力资源的过程。通过收集和利用现有的信息对人力资源管理中的资源使用情况进行评估预测。

在进行人力资源规划时，要遵循以下步骤：

1. 准备阶段：内外部环境信息收集

调查、收集和整理涉及企业战略决策和经营环境的各种信息。主要包括外部环境信息和内部环境信息。根据企业或部门实际确定人力资源规划的期限、范围和性质，建立企业人力资源信息系统，为预测工作准备精确而翔实的资料。

2. 预测阶段：预测人力资源的需求和供给

在分析人力资源供给和需求影响因素的基础上采用以定量为主的方法，结合定性分析的各种科学预测方法对企业未来人力资源供求进行预测。

3. 制订规划阶段：确定企业人员的净需求

制订人力资源供求平衡的总计划和各项业务计划，通过具体的业务计划使未来

人力资源规划流程

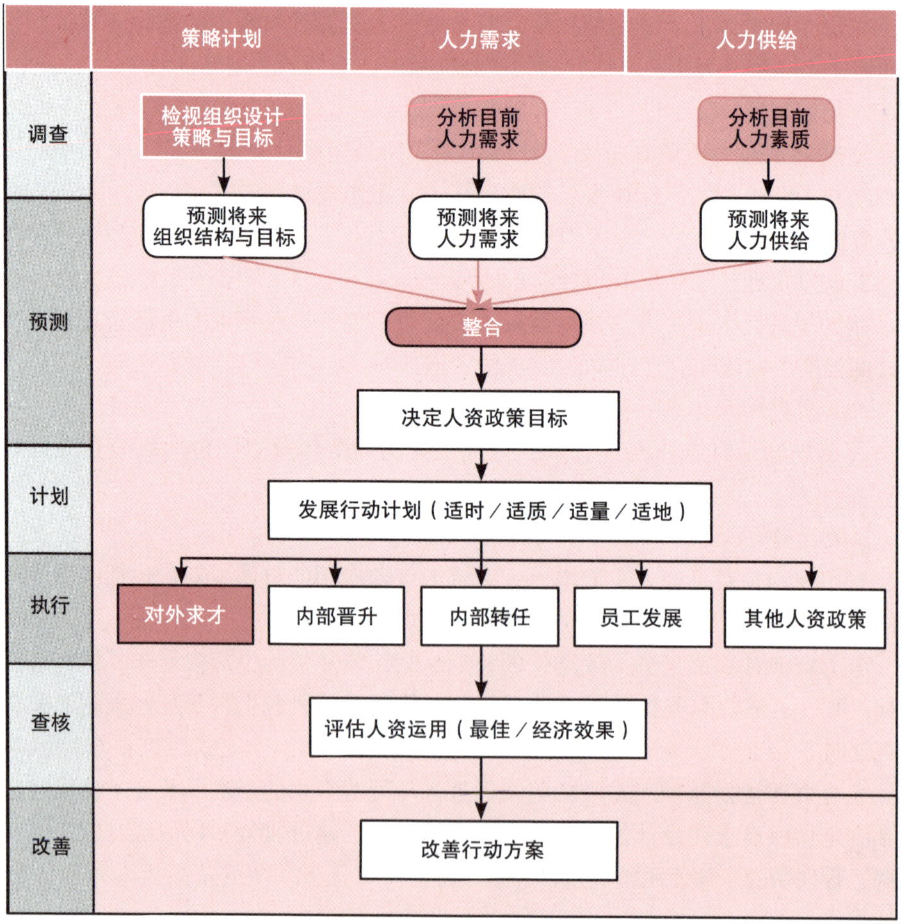

组织对人力资源的需求得到满足。

4. 实施和控制阶段：积极反馈、正确评估

（1）编制具体实施计划。

（2）明确相关部门应承担的责任及必要的职权。

（3）建立有效的监控体系。

（4）有效可行的应急（整改）方案。

管理者在人力资源规划中的角色

人力资源管理的主要功能在于吸引、保留、激励以及开发企业所能够获得的人力资源，从而为企业的战略和整体经营目标的实现提供强大的人力资源保障和支持。而市场竞争也就是人才竞争的现实使得我们的许多企业确实是将人力资源管理与开发工作当成企业的一项重要工作来做。然而，遗憾的是，许多企业对于人力资源管理的理解过于狭隘，不少企业中的非人力资源管理经理人员往往把与人力资源管理有关的一切责任及其相关工作完全推给人力资源管理部门：手下员工不努力工作，埋怨人力资源管理部门没有给自己招来好员工；手下员工的工作能力不够、完不成上级交给的任务，埋怨人力资源管理部门不给自己增加人手；手下骨干员工辞职、流失，埋怨人力资源管理部门不让自己给这些人增加工资……真正意义上的现代人力资源管理并不是一个人力资源管理部门的事情，它是企业中的全体管理人员都应当承担的责任，而企业的最高管理者更是应当首当其冲。事实上，一家企业的人力资源管理工作开展得是否有效，对于企业的经营是否产生了积极的支撑作用，在很大程度上取决于企业最高经营管理者本人对于人力资源管理的理解，以及在其本人的日常工作活动中是否切实履行了自己作为企业中的“人力资源管理第一人”的角色。一个企业的最高层领导人在本企业人力资源管理方面需要扮演好4个方面的重要角色：

1. 战略制订者和外部资源获取者

首先，作为一个企业最高领导的一项不可推卸的责任，就是为企业的未来发展和经营提供明确的战略方向和方针指导，并尽可能利用自己的身份、地位、社会关系等为企业战略目标的实现争取尽可能多的外部资源。任何一个在市场中竞争的企业，度过了最初的成长期之后，都不可避免地会遇到企业的下一步往哪里去的问题。这时，企业家必须认真思考企业的发展战略问题。企业家应该根据自己的经验、直觉和一定的科学分析手段来为企业制订明确的战略，然后将眼光转移到企业外部，去利用自己独特的身份、地位等帮助企业争取更多的外部资源（包括企业关系、政府关系、社区关系、关键客户关系甚至管理理念以及高级人才等各种外部资源）。

2. 中层管理人员的导师和教练

我们都知道，在体育比赛中，很多时候教练本人可能并不一定是某个领域的冠军或是运动员出身，他们却可以指导出世界冠军来。这种事实说明企业家或企业的高层经营管理人员与企业的中层管理人员所扮演的角色是有差异的。一个企业的发展和强大一定是靠一个凝聚力强、各有所长且通力合作的核心管理群体来支撑，而不是仅仅靠老板个人的能量。老板并不一定在市场营销、财务、人力资源、生产等方面都比自己的下属强（事实上这是一种不正常的现象），但是如果他管理得当，这种群体的力量通常都会比他一个人去拼命工作的效果和结果要好得多。此外，从战略的层次上来说，企业家虽然要做一个好的战略制订者，但是他们并不是战略的执行者，承担战略执行重要责任的主要还是企业的中层管理者们。企业家只有通过选拔、培养、评价、激励等手段培养起一支认同公司的文化和战略以及具有战斗力的中层管理人员团队，企业的战略目标才有希望得到实现。因此，作为一个企业的高层经营管理者，他的另外一个重要工作内容就是做好中层管理人员的选拔、培养、评价以及激励工作。

3. 企业的精神领袖

企业文化尽管有企业家本人的许多烙印，但一种真正有生命力的能够为员工所接受的文化不能完全是老板本人性格或者风格的一种简单复制。企业家所扮演的应当是一种精神领袖的角色，而精神领袖并不是一种非常具体、非常个人化或者说是可以看得见摸得着的东西，它实际上仅仅是一种象征，是一种组织中的人所公认的价值观和信仰的集中体现。

企业家是企业文化的一个重要载体，是企业文化的一个重要倡导者，是领导大家去维护和强化这种文化的人，他们本人并不是企业文化的全部。企业文化是散落在企业的每个角落，体现在企业中的每个人身上，有时却无法具体说出来的东西。

4. 自我开发者

一位企业家尤其是成功的企业家，必须时刻警醒自己，在推动下属以及普通员工不断学习和进取的同时，也要加强自身的学习和开发。一个自己不学习和进步的企业家很难创造出一种真正的学习型企业文化。企业家必须时刻保持一个清醒的头脑，不断地进行自我开发，永远保持一个开放的心态。只有这样，企业的事业和企业家的事业才能越做越大。

综上所述，要做一位成功的企业家并且持续性地保持这种成功，企业家本人必须同时扮演好以上4个方面的角色。当然，企业家在上述4种不同角色上所花费的时间比例是随企业的发展阶段而有所分别的。总的来说，在企业发展和成熟的过程中，企业家在日常事务处理方面所占用的时间比例越来越小，而在4种人力资源管理战略角色扮演方面所占用的时间比例则会越来越高。

各级管理者在人力资源管理中的角色与责任

管理者层次	角色定位	相应职责
高级管理者	战略制订者和外部资源获取者 中层管理人员的导师和教练 企业的精神领袖 自我开发者	从大局着眼人力资源管理 把握人力资源管理方向 承担人力资源管理责任
直线管理人员	人力资源政策和制度执行者 人力资源具体措施制定者 人力资源管理氛围营造者	参与人力资源管理措施的制定 执行人力资源政策、制度和措施 承担相应责任。
人力资源主管	人力资源开发与管理方案制定者 人力资源政策和制度执行的监督者	人力资源管理专业化 人力资源管理决策支持 人力资源和制度执行的监督

人力资源现状核查

在作人力资源规划时，管理者首先应采用现状核查法，全面了解现实内部人力资源供给情况。这是做好人力资源规划的第一步，也是必不可少的一步，许多企业的人力资源经理在没有摸清自身人力资源家底的情况下，就进行所谓的规划过程，其结果肯定是失败的，要么预测不准，要么造成资源的浪费。因此，年末企业可以采用人力资源调查的方式进行摸底，根据调查结果评价组织中现有的人才和技能。既要从个体员工的知识、能力和素质与岗位说明书的匹配程度方面进行分析，也要从企业内部人力资源状况进行总体分析，提出存在的问题，并进行诊断。

现状核查法是对企业现有人力资源的质量、数量、结构和在各职位上的分布状态进行的核查，以便掌握现有人力资源情况的方法。

其做法是通过对组织的工作职位进行分类，划分其级别，然后确定每一职位每一级别的人数，经数据统计后掌握组织现有人力资源情况，为人力资源决策提供依据。运用这种方法的前提条件是：假设一个组织目前各种人员的配置比例和人员的总数将完全能适应预测规划期内的人力资源的需要。人力资源规划人员所要做的事情，就是测算出在规划期内有哪些人员将晋升、降职、退休或调出本组织，再准备调动人员去替补。

涉及具体的人力资源现状核查内容，主要有以下6点：

（1）招聘工作总结。上年度人员增长、变动情况；组织结构变动情况；招聘工作难点及可能的解决方案；未来的招聘重点；人才储备情况；主要的招聘渠道；招聘成本分析；招聘效果分析。

（2）培训工作总结。上年度培训成本核算；人均培训成本；参加培训的人员统计；各种方式培训的成本分配，培训效果分析；培训工作中的难点、原因分析及解决方案；未来的培训重点；培训内容体系的完善。

（3）绩效管理工作总结。上年度绩效考核结果分析；目标完成情况；奖金发放额度；各部门绩效状况分析；绩效管理工作中的难点及可能的解决方案；未来绩效改进的重点。

（4）薪酬管理工作总结。上年度固定工资总额及变动；福利总成本；人均产值；薪酬管理中的难点及可能的解决方案。

（5）职业发展工作总结。上年度岗位任职资格评估结果总结分析；现有管理人员领导能力评估结果；后备干部的年度绩效考核结果和能力评估结果分析；现有职业通道的有效性和合理性；企业目前的人员分布状况，稀缺岗位群体的确定；职业发展工作中的难点及可能的解决方案；未来的工作重点。

（6）企业文化建设现状分析。员工离职率；员工满意度调查的结果；组织气氛调查结果；员工上诉率。

现状核查法是一种静态的人力资源供给预测技术，不反映企业未来人力资源的变化，它只适用于小型企业的人力资源供给预测，存在很大的局限性。

人力资源供需预测方法

人力资源战略规划的基础是收集、分析信息，对人力资源战略规划工作影响很大。由于影响企业人力资源供给和需求的因素很多，为了能够比较准确地作出预测，就需要收集和调查与之有关的各种信息。

首先，外部环境的信息。这些信息包括两类，一是经营环境的信息；二是直接影响人力资源供给和需求的信息。

其次，内部环境的信息。一是组织环境的信息；二是管理环境的信息。

最后，现有的人力资源信息。

收集完成信息以后，接下来就是预测阶段。预测阶段的主要任务是在充分掌握与人力资源有关信息的基础上，运用科学有效的预测方法对企业未来一个时期的人力资源供需作出预测。只有准确地预测出人力资源的供需状况，才能实现人力资源的供需平衡，它直接影响着人力资源战略规划的成败。

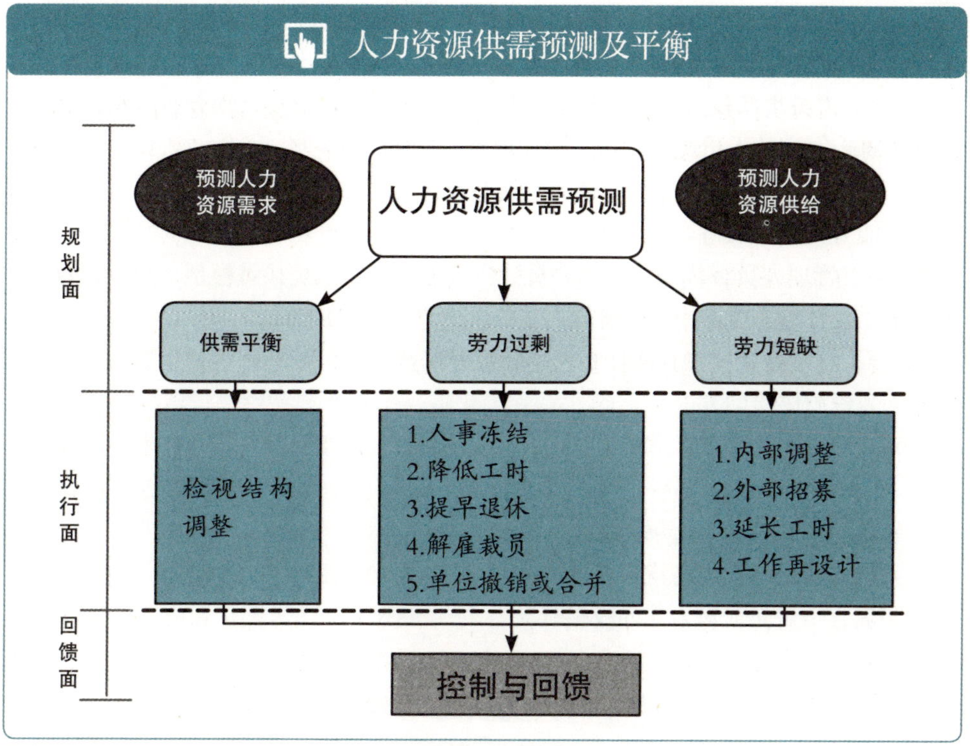

人力资源需求预测的方法有以下几个方面：

（1）管理人员判断法。先由企业各职能部门的基层领导根据自己部门在未来各时期的业务增减情况，提出本部门各类人员的需求量，再由上一层领导估算平衡，最后在最高领导层决策。

（2）转换比率分析法。该方法就是根据以往的经验对人力资源需求进行预测。

（3）德尔菲法。德尔菲法是一种专家们对影响某一组织某一领域的发展的看法达成一致意见的结构化方法，这里所说的专家，既可以是来自第一线的管理人员，也可以是高层经理；既可以是组织内部的，也可以是外请的。

（4）回归分析方法。该方法是根据数学中的回归原理对人力资源需求进行预测。最简单的方法就是趋势分析，即只根据整个企业或企业中的某个部门在过去员工数量的变动趋势来对未来的人力需求作出预测。

人力资源供给预测又称人员拥有量预测，是制订人力资源规划过程中的又一重要环节。

劳动力的供给分析和劳动力的需求分析的一个重要差别在于：需求分析是研究组织内部对于人力资源的需求，而供给分析则需要研究组织内部的供给和组织外部的供给两个方面。

企业内部供给预测是指对企业内部现有员工的情况进行分析，进而预测在未来一段时间里，企业内部现有员工对企业需求的满足度。具体方法有以下几种：

（1）人员现状核查法。对企业的现有工作岗位进行分类，划分其级别；核查每一岗位每一级别的人员配置状况；建立现有人员信息库。

（2）技能清单法。技能清单是企业人事部门制订的专门用于记录员工工作状况和工作能力特征的表格。

（3）管理人员替代法。管理人员替代法也称管理人员接替模型，职位置换卡，是一种主要针对企业的中高层管理人员的供给进行预测的方法。

（4）马尔科夫模型预测法。又称转换矩阵法，是一种运用统计学原理预测组织内部人力资源供给的方法。

对于企业外部人力资源供给的预测，应侧重于高级管理人员、技术人员等关键人员。

首先，清楚劳动力市场状况。

其次，明白预期经济增长状况。

最后，清楚企业对人才的吸引状况。

严峻的人力资源管理形势

在整个的人力资源市场有这样一个流动趋向，大企业不断地吸引优秀的人才，在某种程度上，中小企业又成为大企业的人才培训中心，企业内部具有一定能力的人才主动跳槽或者被挖角。这样看来在人力资源市场中，小企业处于严重的弱势地位，从发展的本身来看，中小企业面临各个方面的困难，比如资金、技术等方面，如果在人力方面再不占据优势，一些中小企业根本没有发展壮大的可能了，人才对于中小企业的发展至关重要。

这一现象是如此普遍，至于每个中小企业都不得不把自家的人才看得很紧，在每年年初的跳槽高发期更是让很多老板绷紧了神经。如何才能在人力资源方面占据优势，是中小企业关注的大事情。

目前中小企业在发展过程中的严峻形势包括：

（1）中小企业整个的人员素质普遍参差不齐。总体上来看，员工的平均学历不是很高，好不容易招到的优秀人才在最后还是离开了，流失的大多数为企业发展所需的关键性人才，知识型、年轻型员工成为流失主体，其中最不稳定的是刚接收的大中专院校毕业生，工作三年内流失率最高。人才好不容易在企业待到两年到三年，可是最后因为中小企业客观存在的很多劣势“逼”走了这些人，怎么样抓住这些人的心，是今后中小企业应该给予关注的问题。

（2）中小企业中人力资源的管理模式比较落后。小企业虽然数量众多，但规模都比较小，技术力量、资金实力相对较弱，不具有规模经济实力，采用的也多是传统行政性人事管理，这种管理模式有以下几个特点：①企业管理人员多采用自我投射式的方式，想象员工的思想行为表现，只想“控制人”，而不会想到尊重人；只求员工讲奉献，而没有相应的激励措施。②强调人的社会性，重视人的理性作用。它注重人的社会联系，强调组织团体、社会群体对于人的管理效能和制约作用。它完全依靠制度、依靠制裁来维持组织的存在和发展。③重视领导对人的管理的操作性层面。它所坚持的对于人的识别与管理原则是：人的思想必定要从人的行为中表现出来，因而，只要把人安排到某个比较合适的工作岗位上，管理好人的经济行为以及与生产劳动相关的社会行为，我们所说的“劳动人事”问题也就基本解决了。相反，在大型的企业中，早已经抛弃这些落后的人力资源管理方式，更加人性的管理思想占据了很重要的位置，并且在定性的基础上更加的定量，这是人力资源理性化的发展方向。

还有一点是应该关注到的，现在很多的中小企业根本没有一个长期的人力资源规划，对于员工也没有一个很好的职业提升规划，培训等福利更是不用提及，因

加强人力资源管理，提升企业竞争力

人力资源已经成为决定一个企业成败的关键因素，是一切资源中最重要的资源。有效发挥人力资源在核心竞争力中的重要作用，对于提高企业核心竞争力具有重要意义。

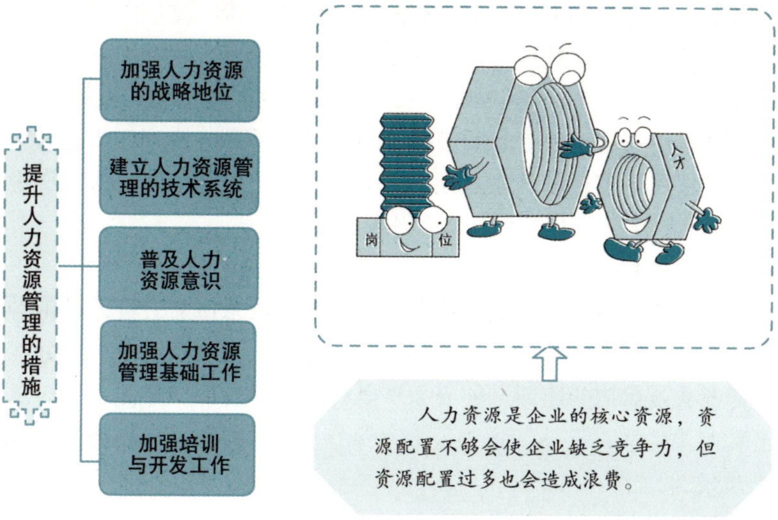

此在整体的战略上让员工根本没有一种“盼头”，导致很多的人因为这纷纷离开企业，直到人力资源成为企业发展的瓶颈时，才“临时抱佛脚”，进行人才招聘、员工培训等。这样简直是太被动了。

总之在中小型企业的人力资源发展过程中，完善培训制度，加强与员工的沟通，是提升员工向心力和归属感的重要方法，改变传统的人力资源管理方式，定性与定量相结合，制订战略性的人力资源管理目标，这是摆脱困境很重要的思想，更重要的是落实到实践中去。

人力资源规划的总体目标与步骤

人力资源规划的目的是使组织人力资源供需平衡，要完成这个总体目标就要先明晰以下4个目的：

1. 规划人力发展

人力发展包括人力预测、人力增补及人员培训，这三者紧密联系，不可分割。人力资源规划一方面对目前人力现状予以分析，以了解人事动态；另一方面，对未来人力需求作一些预测，以便对企业人力的增减进行通盘考虑，再据以制订人员增补和培训计划。所以，人力资源规划是人力发展的基础。

2. 促使人力资源的合理运用

只有少数企业其人力的配置完全符合理想的状况。在相当多的企业中，其中一些人的工作负荷过重，而另一些人则工作过于轻松；也许有一些人的能力有限，而另一些人则感到能力有余，未能充分利用。人力资源规划可改善人力分配的不平衡状况，进而谋求合理化，以使人力资源能配合组织的发展需要。

3. 配合组织发展的需要

任何组织的特性，都是不断地追求生存和发展，而生存和发展的主要因素是人力资源的获得与运用。也就是如何适时、适量及适质地使组织获得所需的各类人力资源。由于现代科学技术日新月异，社会环境变化多端，如何针对这些多变的因素，配合组织发展目标，对人力资源恰当规划甚为重要。

4. 降低用人成本

影响企业结构用人数目的因素很多，如业务、技术革新、机器设备、组织工作制度、工作人员的能力等。人力资源规划可对现有的人力结构作一些分析，并找出影响人力资源有效运用的瓶颈，使人力资源效能充分发挥，降低人力资源在成本中所占的比率。

人力资源规划与管理系统循环图

人力资源管理体系的各个模块形成一个闭环系统，人力资源规划是人力资源管理上的航标。

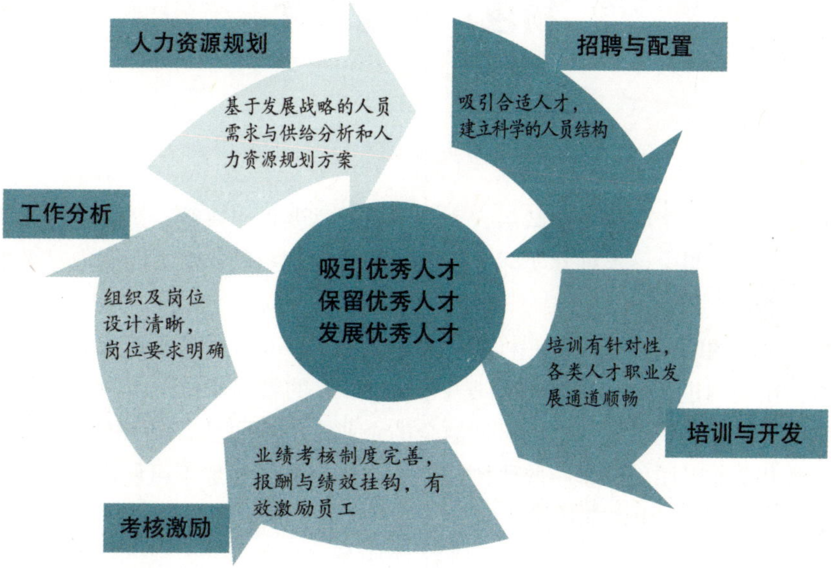

第二章

物色：招揽人才

从职业圈和人际圈中寻求推荐

企业中出现一个职位的空缺后，人力部门就需要作出决策，运用何种方式来寻觅人才？从职业圈中寻求推荐实际上也就是进行内部招聘，从人际圈中寻求推荐就是进行外部招聘。

两种不同的叫法，实质是一样的。内部招聘对于企业的管理职位而言是最重要的来源。在美国进行的一项抽样调查中，有 90% 的管理职位是由内部招聘来填补的。这种情况在规模较大、培训机制健全的企业中更为明显。像 IBM、英特尔及日本大多数大企业财团就除了招收刚刚毕业的学生以外，一般不再使用外部招聘的方式，职位的空缺全部由内部选拔产生。

如此多的企业青睐内部招聘不是没有原因的：

（1）内部招聘为组织内部员工提供了发展机会，增加了内部员工的信任感，这有利于激励员工，有利于员工职业生涯发展，有利于安定员工队伍，调动员工的积极性。

（2）现有的员工在企业已经工作了一段时间，他们应该更具有对企业效忠的意愿。

（3）内部招聘为企业节省了大量的费用。

（4）由于对内部员工有较为充分的了解，使得被选择的人员更加可靠，从而提高了招聘的质量和重要性。

当然，内部招聘的选择范围终归太小，特别是对于一些中小企业而言，更是如此。所以它也不可避免地存在一些缺点：

（1）那些申请了但却没有得到职位或者没有得到空缺信息的员工可能会感到不公平，失望甚至不满，从而影响其工作积极性。

（2）由于新主管一般是从同级的员工中产生，其他人可能不服气，这使新主管不容易建立领导威望。

（3）从内部晋升也会产生新的空缺，即被提升的人所空缺出来的职位。

内部招聘最大的问题是容易造成管理阶层缺乏创新意识。与内部招聘相比，外部招聘有它的独特之处：

（1）外部招聘有利于平息和缓和内部竞争者之间的紧张关系。

（2）外部招聘在内部员工还不能胜任时，可以减少组织职位缺乏所造成的损失。

（3）“外来优势”的存在。所谓“外来的和尚会念经”，外来人员可以带来新的管理方法和经验。

当然，外部招聘也有它的缺点，外聘人员可能对企业内部情况不了解，对企业文化不适应，企业对应聘者的情况缺乏深入的了解等。

由于内外招聘各有优点，所以大多数企业都会实行内外招聘并举的方针。具体来说，如果一个企业的外部环境和竞争情况变化非常迅速，而它的规模又比较小，它就既需要开发利用内部人力资源，又更要侧重外部人力资源。而对于那些外部环境变化缓慢，规模较大的企业来说，从内部进行提拔则更为有利。

企业不同发展阶段的招聘方式

企业选择招聘方式，要根据企业的不同发展时期以及要招聘的岗位情况综合来判定，具体可以参考下图。

发展阶段	专业技术人员	专业行政人员	中基层管理者	高层管理者
创业期	外部招聘	外部招聘	外部招聘	企业创始者
成长期	外主内辅	内外结合	内部招聘	外部招聘
成熟期	内主外辅	内外结合	内部招聘	内部招聘
衰退期	外主内辅	暂缓招聘	内外结合	外部招聘

员工推荐

根据一家管理咨询公司的调查，中国有 40% 的中小企业管理者说他们曾使用过某种类型的员工推荐制度，而且企业中有 15% 的员工都是通过已有的员工直接介绍而被企业雇用的。

这种制度得到广泛的应用，这是因为该制度具有以下优势：

（1）企业员工在推荐候选人时，他们对企业的要求和候选人的条件都有了一定的了解，会先在心目中进行一次筛选。当他们确信在被推荐者和空缺职位之间存在一种互相匹配性时，才会将此人推荐到空缺的岗位上去。

（2）企业员工能够将自己的亲戚朋友推荐到公司，本身就说明了他们对公司现有状况的满意和对公司的忠诚感。

（3）被推荐者通过推荐者的介绍可以对企业有一个比较现实的基本了解，从而在一定程度上减少了与企业环境和企业文化的磨合时间。

（4）作为推荐者的员工，通常会认为被推荐者素质与他们自己有关，只有在他们认为被推荐者不会给自身带来不好的影响时，才会主动推荐他人。

（5）根据心理学家的分析，这种制度对挽留企业员工，降低其离职率有很大的帮助。这是因为，个人可能很容易脱离自己的组织或企业，但很难脱离自己的社会关系网，在中国文化中更是如此。通过这种制度进入企业的员工总会在某种程度上碍于与推荐人的关系而对离职有所顾忌。同时，推荐人对他的说服和劝导也会起到相同的作用。

（6）这种制度由于有企业内部人员推荐保证，可以在一定程度上从推荐人的品质、能力上推算被推荐人的水平。因此可以省略过多的测试程序，从而更快地填补岗位的空缺，体现出更强的流动性和灵活性。它一般更适用于IT技术人员的招聘。

“通过推荐招聘的人我们通常能够知道员工的大概情况。例如我们现有的员工很有可能是从竞争对手那里过来的，所以推荐的人也有可能有这个行业的经历。或者一些从比较好的大学毕业的学生，他们在北电工作的同学可以给他们推荐，这样来的员工素质比较接近。”北电网络公司前总裁罗世杰非常认可这种内部推荐方式，并且建立了一种内部推荐奖金制度，员工推荐来的人如果被北电网络录用，北电将给这位员工一定金额的奖励。

员工内部的推荐流程是：先由需要用人的经理提出用人需求，人力资源部将信息进行内部张贴，企业内部的员工知道有这个用人名额，就可以将自己认为合适的人选推荐到公司里来，公司的用人部门经理和人力资源部门面试人员通过面试，觉得推荐人选合适，就可以录用。这种招聘制度的速度非常快。但是推荐进来的员工要经过试用期，经理觉得推荐来的员工合适，该员工的推荐人就可以拿到奖金。

另外，还应当对作过推荐的员工进行记录。如果其推荐人员非常出色，则应当予以奖励，并考虑职位再出现空缺时优先考虑他的推荐；如果某个员工的推荐总不理想，则自然不应再考虑他的推荐意见。

员工推荐制度也存在许多缺点。因为员工一般都是推荐自己的亲戚朋友，所以一旦被阻止拒绝，则有可能对组织产生不满；而一个人引荐的人过多，特别是管理类的员工过多，则容易形成帮派或小团体，影响组织的健康发展。所以在员工推荐的“度”上一定要把握好，而且尽量不要将同一个人推荐的员工安排在相同或联系密切的部门中。

委任招聘专员

招聘专员主要负责发布和管理招聘信息、聘前测试、简历甄别、组织招聘、员工人事手续办理、员工档案管理及更新等与招聘相关的工作。

被委任的招聘专员可以协助管理者完成以下工作：

（1）全面负责公司内部的人才招聘工作。

（2）根据现有编制及业务发展需求，协助上级确定招聘目标，汇总岗位需求数目和人员需求数目，制订并执行招聘计划。

（3）协助上级完成需求岗位的职务说明书。

（4）调查公司所需人才的外部人力资源存量与分布状况，并进行有效分析，对招聘渠道实施规划、开发、维护、拓展，保证人才信息量大、层次丰富、质量高，确保招聘渠道能有效满足公司的用人需求。

（5）发布职位需求信息，做好公司形象宣传。

（6）搜集简历，对简历进行分类、筛选，安排聘前测试，确定面试名单，通知应聘者前来面试（笔试），对应聘者进行初步面试（笔试）考核，出具综合评价意见。

（7）组织相关部门人员协助完成复试工作，确保面试工作的及时开展及考核结果符合岗位要求。

（8）对拟录用人员进行背景调查，与拟录用人员进行待遇沟通，完成录用通知。

（9）负责招聘广告的撰写、招聘网站的维护和更新以及招聘网站的信息沟通。

（10）招聘费用的申请、控制和报销。

（11）总结招聘工作中存在的问题，提出优化招聘制度和流程的合理化建议，完成招聘分析报告。

（12）与其他招聘人员进行招聘流程、招聘方法与技巧的沟通和交流，提高招聘活动效率。

（13）负责建立企业人才储备库，做好简历管理与信息保密工作。

（14）搜集各地区人才市场信息，并熟悉各地区人事法规。

（15）跟踪和搜集同行业人才动态，吸引优秀人才加盟公司。

（16）熟悉公司人力资源制度，对应聘人员提出的相关问题进行解答。

招聘专员是公司的第一形象窗口、第一对外宣传窗口。招聘专员的言行举止、个人修养直接反映了企业的价值观、人才观及企业的人才理念。要给应征者一个良好的印象，招聘专员的职业形象至关重要。所以管理者在选择招聘专员时也要注意以下 4 点基本要求：

（1）招聘专员首先要从外形上显得专业而有素养。

招聘专员的衣着打扮一定程度上应代表公司的穿着习惯。公司对员工的穿戴是前卫、保守、职业还是随意，首先招聘专员就承担着这些信息的传递。要让那些经过面试的人员在来复试时，给老板（或复试人员）一个专业而在妆容打扮上贴近公司要求的第一良好形象。招聘专员如果是一个女性，则妆容亦是公司对女性妆容的要求：时尚、典雅、贴近自然的淡妆还是浓妆艳抹。

（2）招聘专员要在语言功力上显得礼貌而有涵养。

招聘专员在与应征者面谈时，应注意对方的神态，并适时作出礼貌性或暗示对方继续说出来的神态。交谈过程中要及时提炼出对方表述的重点，并做好记录，中途尽量少打断对方的叙述，待对方完整叙述完一件事之后，及时对对方的重点进行沟通并深层次地问下去，尽量多地从对方的描述中了解对方。如果对方通过网上投简历，招聘专员应在审查简历后，最好在约对方面谈时先对对方在电话中作一些基本的了解，并主动介绍公司名称、公司地址、业务现状、现有规模、该职位要求并征询对方与本职务相匹配的经历。以免对方不了解就约来面谈，让对方空跑一趟，这样会无形中对企业起到一个负面影响。

（3）招聘专员要掌握一定的专业面谈技巧。

为了提高工作效率，招聘专员要应用相对的专业技术。在面谈过程中，首先要挖掘出应征者的心态、人品及对本岗位责任的了解、对本公司此职位的渴望度。其次要对应征者的过往经历进行一个相对全面的了解，此时招聘专员应该从一些开放性的问题中去探讨对方的思维。即招聘专员对每个来应征的人员都要事先仔细阅读其简历，并依简历及公司职位要求提出相应的问题。

（4）招聘专员要对公司业务熟悉，了解各岗位工作职责、能力要求。

在第一轮的面谈过程中，招聘专员要对应征者的业务能力有一个初步判断。对每位通过面谈并准备推荐给用人部门主管或上司面试前，都要从被应征者的人品、可信度、过往经历、专业知识等方面作出应有的专业建议。如一无所知，只是给张表格，其他的全由用人部门（或上司）来对应征者进行面谈，则会使招聘专员的工作陷入被动状态，也会使工作失去控制，而招聘专员最终也会沦为打印资料、接待填表、电话通知、收集资料等打杂的一类。

聘用外部猎头

顾名思义，猎头公司就是主要为企业搜寻高级人才的机构。企业员工的稀缺性和重要性决定了他们的招聘与一般员工有着极大的不同。“一般人才去招聘会，去做广告，高级人才要用猎头公司才放心”已经成为许多人力资源经理的共识。

“猎头”一词源于英文的“Head Hunting”，这是“二战”以后美国出现的新词语。当时的美国政府在占有战败国科技资源的同时，还不遗余力地网罗科技人才。其行动方式是先找到目标，然后再使用各种手段将其“捕获”，颇似丛林狩猎，由此就有了猎头的说法。时至今日，在国外猎头已经成为一个成熟的行业，历史上第一次赢利的奥运会——洛杉矶奥运会的组织承办人尤伯罗思就是由猎头机构推荐的。

猎头公司的运作程序由5个部分组成：

（1）客户提出要求。一般来说，客户的需求是指出企业空缺的职位及拟招聘人员的责任和待遇，要求猎头公司推荐。当然，也有客户直接提出希望何处何人担当该职务。

（2）分析需求。虽然企业在委托猎头公司时都会对职位作出较为具体详尽的描述，但是这种描述并不意味着猎头公司就可以按图索骥很快获得所需的人才。毕竟企业的需求描述和现实不可能完全吻合，所以在其中猎头公司对企业需求的分析就显得尤为重要。只有真正把握了企业的需求，才能找准人才。

（3）初步寻找。在寻找人才的初期，猎头公司一般都需要利用一切可以利用的渠道和关系进行搜寻和筛选。在这个程序中，猎头公司应当缩小候选范围至 10 人左右。

（4）定格考核。在这个程序中，猎头公司的工作人员将对上一阶段的人选分别进行面谈。更进一步的是对人才的“性向测试”，考察人才的性格和用人公司的文化是否适应，这是猎头公司为供需双方进行人力资源嫁接的重要一笔。

猎头　务的基本流程

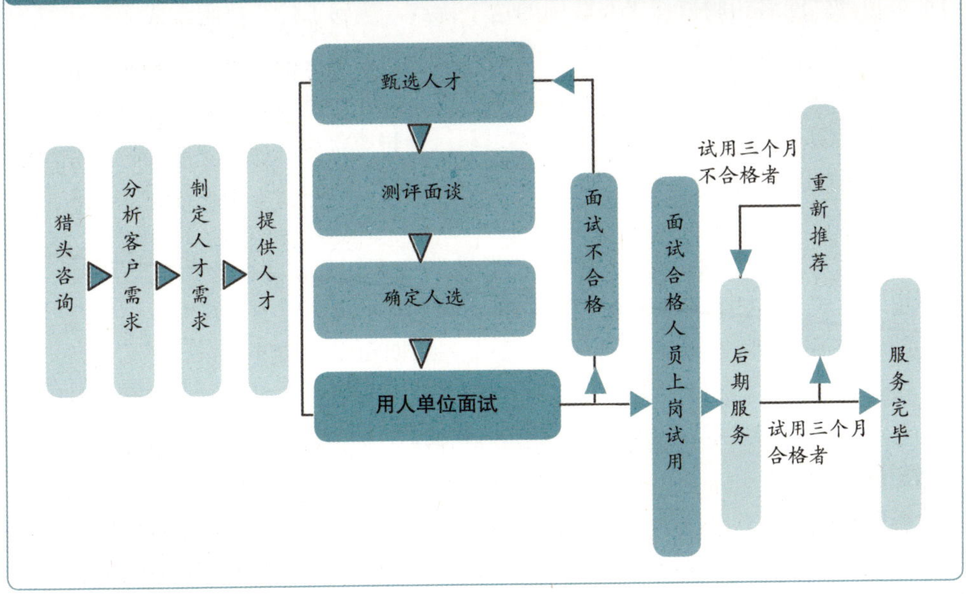

（5）最后取舍。猎头公司通常在4～6周内会开出一个初选名单。但在作最后取舍之前，还要充分考虑到候选人的雇主高薪留人的可能性。所以，猎头公司从一开始瞄准就要包含价位分析和多层筛选的工作，客户的最后取舍应当只在两三个人之间。在这个过程中，猎头公司要提供参考意见。

猎头公司在招聘企业中的作用有目共睹，但是在没有找到最合适的人才的时候，也会找到不太合适的人才并且说服用人公司。所以，在选择猎头公司的时候应注意以下几个问题：

（1）确信所找的这家机构有足够的实力。

（2）与猎头公司中直接负责业务的人进行接触。

（3）对整个招聘过程进行监督。

（4）关于猎头公司的收费情况要提前明确。

网络招聘

网络招聘有两种主要方式：一是注册成为人才网站的会员，在人才网站上发布招聘信息，收集求职者资料，查询合适人才；二是在企业的网站上发布招聘信息，吸引人才。

相比较传统的招聘方式，网络招聘有如下优势：

1. 覆盖面广

互联网的覆盖是以往任何媒介都无法比拟的，它的触角可以轻易地延伸到世界的每个角落。网络招聘依托于互联网的这个特点，达到了传统招聘方式无法获得的效果。2000年，IBM通过网络招聘的消息只在全国7个城市的14所学校张贴了海报，而且没有在校园里进行任何宣传活动，却收到了来自包括英、美、日、澳等国留学生在内的13000多份简历，学校数目也远远超过了14所，招聘活动的覆盖面是公司自己都始料未及的。

2. 方便、快捷、时效性强

网络招聘的双方通过交互式的网上登陆和查询完成信息的交流。这种方式与传统招聘方式不同，它不强求时间和空间上的绝对一致，方便了双方时间的选择。互联网本身不受时间、地域限制，也不受服务周期和发行渠道限制。它不仅可以迅速、快捷地传递信息，而且还可以瞬间更新信息。这种基于招聘双方主动性的网上交流，于无声无息之间完成了及时、迅捷的互动。

3. 成本低

网络招聘在节约费用上有很大的优势。对于毕业生来说，通过轻点鼠标即可完成个人简历的传递，原本一个月才能完成的信息整理、发布工作，现在可能只要半

我国目前的网络招聘格局

低成本，高效益的网络招聘，在企业尝试中不断成熟，如今已经越来越成为企业招聘的新宠，服务性网络招聘平台不断涌现，根据网络招聘平台的影响力，目前其格局基本形成了三大阵营。

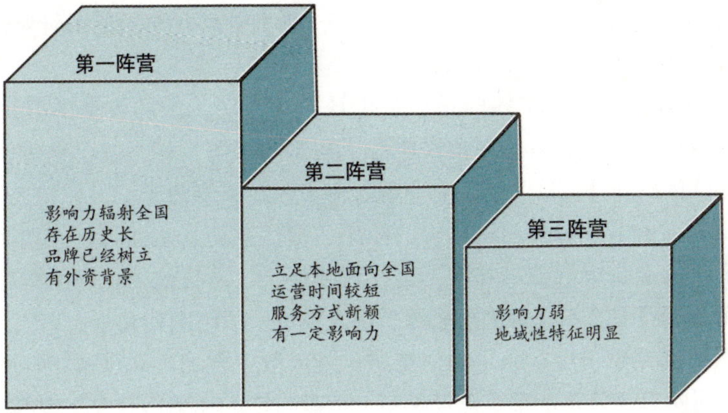

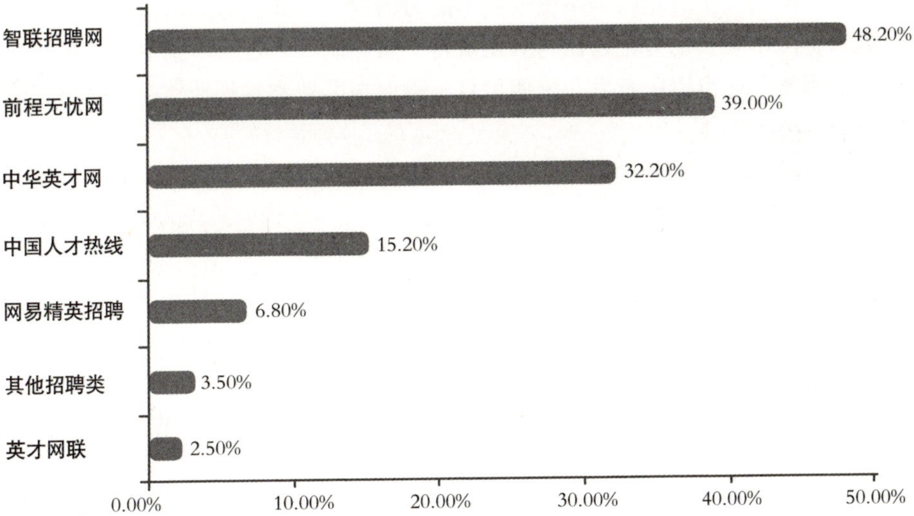

数据来源：新生代市场监测机构中国市场与媒体研究（CMMS）2011秋季，大学本科或以上人群，86000样本调查。

天就能够完成。这既节约了复印、打印费用，还省却了一番鞍马劳顿。对用人单位来讲，网络招聘的成本更低。

4. 针对性强

网络招聘是一个跨时空的互动过程，对供求双方而言都是主动行为，无论是用人单位还是个人都能根据自己的条件在网上进行选择。这种积极的互动，减少了招聘和应聘过程中的盲日行为。目前，一些大型的人才招聘网站都提供了个性化服务，如快捷搜索方式，条件搜索引擎等，这进一步加强了网络招聘的针对性。

5. 具有初步筛选功能

目前，构成“网民”主体的是一个年轻、高学历、向往未来的群体。通过上网，招聘者就已经对应聘者的基本素质有了初步的了解，相当于已经对他们进行了一次小型的计算机和英文的测试，对应聘者作了一次初步筛选。

网络招聘面临着和传统招聘同样的问题，即信息的真实性问题。如何进行网上身份的认证，以避免虚假信息和不严肃行为的侵入，是目前困扰网络招聘发展的最大难题。网络招聘中的不真实信息来源于用人单位、招聘网站和个人。

有些招聘网站由于没有充足的信息源，就采取“盗用”知名招聘网站信息的做法。这样，明明一个公司的招聘已经结束，但是过期的招聘信息和作废的 E-mai1 信箱依然挂在公司根本没有正式委托过的网站上，成为无效的垃圾信息，误导了应聘者。同时，国内大多数招聘网站由于技术能力的限制，无法做到对每条信息的真伪一一甄别，网站会员的登记还没有真正实行“实名制”，也没有强制性的核查和惩罚措施。因此企业可以随意发布虚假信息，骗取报名费和培训费，个人也可以随意填写虚假简历和信息。

网络招聘这样一个新生事物，有巨大的潜力也有明显的缺陷，我们不能摒弃不用，而应当加以改进完善。

系统化管理

企业招聘的基本法则应该是“人岗匹配”。企业所招聘的员工是“企业人”而非“自然人”，没有好坏之分，只有匹配不匹配、适合不适合。岗位是企业发展经营的基本单位，岗位的生产力直接决定企业的经营效益。因此在招聘的过程中，要采用三大措施，严格把握“人岗匹配”的基本法则，找到与岗位最匹配的候选者，真正做到人得其岗、岗得其人，是衡量企业招聘工作成果与成效的重要指标。

1. 着力构建完善的企业岗位体系，提升岗位管理能力

岗位是人力资源管理中的一个关键性概念，其定义包括 3 个方面：岗位内容，需要明确责任、任务、功能和义务等；岗位任职资格，需要明确任职者的技能、能力、经历和教育需求；岗位报酬和奖励，需要明确工资、晋升措施及相关激励办法。

一切企业都是由一系列特定的岗位所组成，经过科学设计和规范的所有岗位的总和，就构成了企业的岗位体系。构建企业岗位体系的基本方法是全面开展岗位分析，岗位分析是对企业各类岗位的性质、任务、职责、劳动条件和环境，以及员工承担本岗位任务应具备的资格条件所进行的系统分析与研究，并由此制订岗位规范、工作说明书等人力资源管理文件的过程。

2. 开展人才测评，有效掌握人才素质能力

人才测评是指通过一系列科学的手段和方法对人的基本素质及其绩效进行测量和评定的活动。人才测评的具体对象不是抽象的人，而是作为个体存在的人的内在素质及其表现出的绩效。

人才测评技术在许多场合广泛使用，也经常见诸报纸、杂志，可以说在人事工作领域到了言必称“测评”的程度。而当前的人事工作在很多管理环节都不同程度地借鉴、引用人才测评技术，小到小型公司录用新员工，大到机关录用干部、公务员竞争上岗，人员招聘考核等方面都在利用测评技术。

人岗要匹配

人岗匹配是指人和岗位的对应关系。每一个工作岗位都对任职者的素质有各方面的要求。只有当任职者具备多种这些要求的素质并达到规定的水平，才能最好地胜任这项工作，获得最大绩效。

“人岗匹配”三部曲

1.知岗：工作分析——只有了解了岗位，我们才能去选择适合岗位的人。

2.知人：胜任素质——胜任素质是帮助企业实现最佳“人岗匹配”的有效工具。

3.匹配：知人善任——让合适的人去干适合的事。

人岗匹配模型

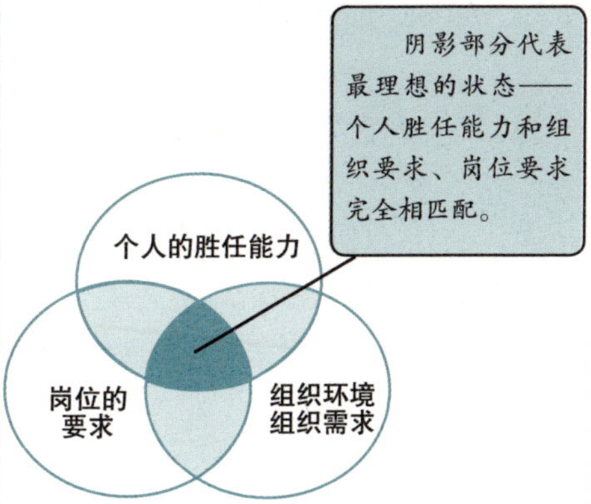

人才测评的方法包含人才测量和人才评价两类，人才测评的主要工作是通过各种方法对被试者加以了解，从而为企业组织的人力资源管理决策提供参考和依据。人才测评就是以现代心理学和行为科学为基础，通过心理测验、面试、情景模拟等技术手段对人员的素质状况、发展潜力和个性特点等特征进行客观的测量和科学的评价。

当今流行的人才测评方法很多，主要包括履历分析、纸笔考试、心理测验、笔迹分析法、迷宫游戏法、面试、情景模拟、评价中心技术等。

3. 做好人岗匹配

招聘管理的职责就是选择合适的人才，放到合适的岗位上去，简言之，也就是真正做到人岗匹配、人适其岗。当然，在工作中我们既要避免“人才浪费”，又要避免“无法胜任”，要依据企业实际，作综合考虑和评判，力争人才投入产出更加优化、合理。当今，一部分人才吸引力较强的单位存在着大量“人才高消费”误区，而人才吸引力弱的单位又出现人才紧缺的矛盾，这些都需要我们在具体招聘工作时加以避免。

总之，随着管理理论与管理技术的进步，岗位分析、人才测评、人岗匹配等工作越来越向专业方向发展，国内出现了越来越多的专业公司、专业人才，专门从事以人岗匹配为核心的人才招聘服务。许多优秀的专业软件及服务提供商，正逐步走向主流人才招聘市场，在人力资源服务领域扮演着越来越重要的角色。

第三章

选拔：考察应聘者的4次面试

筛选面试：剔除不合格者

筛选面试通常为简短的电话面试，筛选面试的目的在于：尽快剔除不当人选，为后面的面试节省时间。一般通过电话进行，在30分钟内搞定。

系统化地进行筛选面试意味着进行每次筛选时都问同样的问题。这样做既能保持一致性，又能训练人力资源部人员洞悉应聘者之间差别的能力。另外，每次进行电话面试时，有现成的问题可问，极为方便。

在筛选面试中，问出这四大核心问题，会让你获得足够的证据来清除 B 级和 C

电话筛选面试的前提——熟知简历关注点

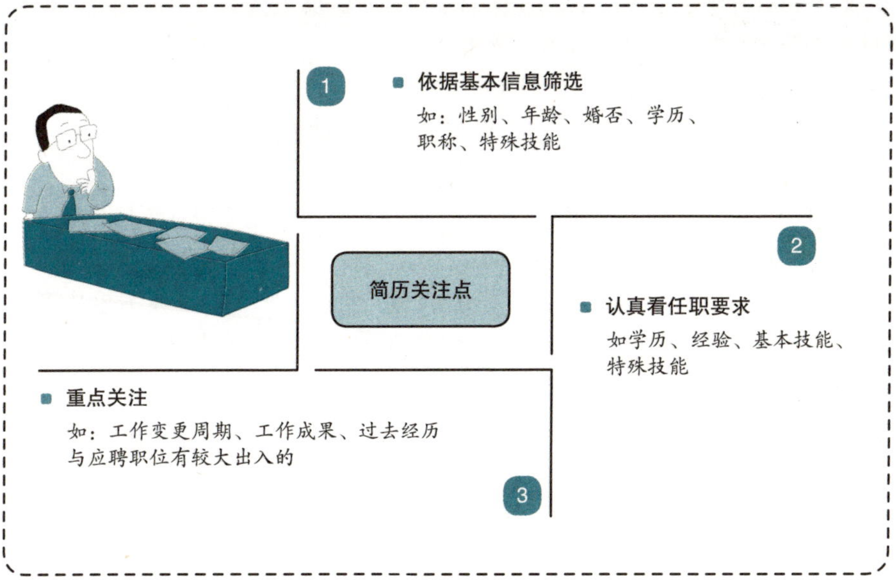

级应聘者。

1. 你的职业目标是什么

第一个问题威力无穷，因为你能先听到应聘者的目标和热情，而不是一上来就由你发表见解。

理想情况下，应聘者的职业目标会恰巧跟公司的需求吻合。如果他缺乏目标或者只是重复你网站上的招聘信息，那就将他剔除出备选名单。你在电话里就能分辨出英才和庸才。英才知道自己想做什么，并且无惧于告诉你他们的目标。

你想听到应聘者激情四射地谈论与岗位有关的话题。如果出现错位，就必须敲响警钟。不管此人多有才华、多有能力。你都不要再浪费任何时间考虑把他招进原先设定的岗位。

2. 你有何职业专长

此问题一出，应聘者都滔滔不绝。人们总乐意宣扬自己的强项。建议你要求应聘者讲述8～12点，这样你就可以看到其职业能力的全景。让他们举例说明自己的强项是如何发挥作用的。如果他们说自己果断，就要他们举出哪次果断让其获益匪浅。但是请记住：你听取的强项要跟现有的岗位要求有关。如果对方的强项跟你记分卡上的要求相距十万八千里，请毫不犹豫地将此人清除出名单。

3. 你在职业上不擅长什么，或对什么不感兴趣

第三个问题跟第二个恰恰相反。你可以直接询问对方的弱点，但经常会引致“模板式”或“自我贴金式”的回答，如“我工作时很心急”或“我工作太卖力了”。如果你对答案不满意，就敦促他们说出真正的弱点或需要提高之处。如果你听到模板式答案，只要说：“我怎么觉得这像优点呢。你真正不擅长什么，或者对什么不感兴趣？”聪明人就会领会，重新给出回答。

如果你难以套出实话，我们建议你拿证明人来威慑对方。你可以说：“如果你通过这轮面试，我们会要求提供一些证明人——你的老板、同事、下属等，可以吗？”对方会说：“可以。”然后你说：“我想知道，他们觉得你不擅长什么，或对什么缺乏兴趣？”现在，你就会得到诚实全面的答案了。

如果你没有了解应聘者的5～8项缺点，对什么缺乏兴趣，或不想从事的工作，那么你对此人的了解还远远不够。如果他不愿意多讲，或者缺点全是“明贬实褒”，或者与记分卡要求相左，请把此人剔除出备选名单。

4. 请说出你过去的5位老板。如果按1～10分来打分，当我们给你的老板打电话时，他们各会给你打多少分

请注意提问的语言：“当我们给你的老板打电话时，他们各会给你打多少分？”而不是“如果我们给你的老板打电话”，是“当……时”。选手会想：“唔，我最好还是说实话。如果老板只给我打4分，我没法把它说成10分。也许我可以说成5分，这差不多。”根据经验，雕琢问题对发掘真相至为关键。

要应聘者列出每位老板的打分，然后“逼”出问题细节，你为何觉得老板会给你打 7 分？应聘者会进一步阐释第二和第三个问题答案中的强项和弱点。

你要找的是得8分、9分，甚至10分者。7分是中等成绩，6分及以下就是差的了。我们发现，给自己打6分或更低的人实际上只能得到2分。如果选手的得分多是6分甚至更低，那么就剔除他。可是，要记住：要从应聘者的回答中获取真正有用的信息。如果猎头安德里亚·雷蒙德因为杰米·戴蒙说自己是被花旗集团“开除”的就从候选名单中剔除他，那么第一银行将永远失去这位精明强干的领导者。

打电话前，先看看计分卡，刷新自己的记忆。打电话时，先讲清安排，你可以这样说：“我一直盼望与你通话。我是这样打算的：先花20分钟了解一下你的情况，然后，你可以提问，我很高兴作答，这样你也可以了解我们。好吗？”应聘者都会同意你的安排。如果他们对工作真的很感兴趣，乐意与你交流，那么你想聊什么他们都会谈。现在，你就可以直接进行筛选式提问了。

招聘录用的金字　模型

企业招聘人员，一般遵循下面的金字塔模型，按照一定的比例来筛选、确定最终的人数，具体比例如下图所示.

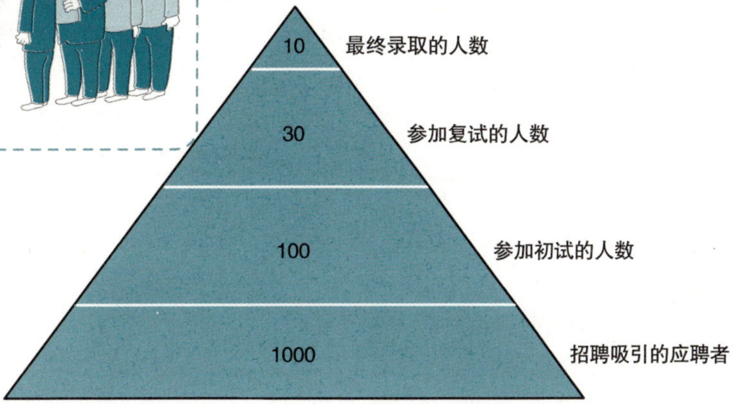

如果你对听到的不感兴趣，加速提问就能让通话快点结束。通常，如果一开始感觉不好，就应该在15～20分钟内结束谈话。反之，如果你听到某人很符合记分卡要求，可以问他有无更多时间或愿不愿意多谈谈。

结束电话前，要给对方提问的机会。根据前20分钟所了解的（假如回答令人满意），你可以更好地介绍公司，激发对方的兴趣。反之，你可以言简意赅，几句话把对方打发掉。

记住：你是过程掌控者——你可以把收集的信息和记分卡相对照，根据实际情况来决定延长还是压缩时间。

面试后问自己："此人的强项符合记分卡要求吗？他的弱点在可接受范围内吗？根据刚才的了解，我会迫不及待地让此人参与后续面试吗？"如果你觉得他符合要求，那他很有可能就是那个合适的人。如果你有任何犹豫，或你觉得还需要进一步考察，那么，毫不留情地将其剔除。只邀请那些自身情况跟记分卡要求强烈吻合的候选人。

筛选面试旨在快速清除"杂草"，这是唯一的目的。前面我们已经讲过，但值得再三提醒。

通过筛选面试，你可以快速地精简候选人数量，便于接下来细细了解。当名单上只剩下2～5个人时，就不会有成排的应聘者排队等候了。

升级面试：选准人才的模式

筛选面试能够分清良莠，但并不能保证达到90%的招聘成功率。为了让选拔更准确，你还需要进行升级面试。

升级面试提问指南：

1. 聘你去是做什么的？

2. 你最骄傲的成就是什么？

3. 做那份工作的低谷是什么？

4. 你跟谁一起共事？具体来说：

（1）你老板叫什么名字，怎么写？跟他一起工作感觉如何？他将告诉我你的最大强项是什么，又有哪些不足？

（2）如果按A、B、C三级来评判的话，你会给曾加入的团队评几级？你为团队带来何种变化？当你离开时，按A、B、C三级评判，你又会给该团队评几级？

5. 你为何终止那份工作？

这5个问题很直接，它们引发的交流更像谈话而不是面试。董事会和CEO们觉得这办法很妙，用它来面试高管一点也没有审问的压迫感。应聘者也轻松，因为这像是在讲自己的故事。只要有人愿意倾听，每个人都爱讲自己喜欢的话题（他们自身）。这就是收集大量的决策信息点的过程。

在实践升级面试时，可把一个人的职场故事划分为“章”。每一章是单独的一份工作，或三五年内做的几份工作。

通常，升级面试需要花费3个小时。为市值数十亿美元的大公司面试CEO需花费5个小时，面试初级职位则需要90分钟。最终时长将由两点来确定：选手职业生涯的长短；你划分的“章”数。这种面试安排会让你双重受益：首先，它鼓励你认真进行筛选面试，这样你就能把大部分时间留给升级面试，考察最佳选手；其次，你能详细了解选手的情况，降低招聘失败率。

以下5大经典策略，保证你面试时轻松高效。

1. 学会打断应聘者

你必须打断应聘者，这无可避免。否则他会一口气说上10个小时，还全是不相干的事。任其滔滔不绝下去才是最不能容忍的。这会让他没有时间去讲工作上最重要的事。所以，一旦话题脱轨，马上拉回来。每3～4分钟你就需要打断一次，对此要做好心理准备。

2. 运用“3P”法则

如何辨别对方所说成就的大小？运用“3P”法则吧。这3个“P”就是跟以前（Previous）比、跟计划（Plan）比、跟同事（Peers）比，可以帮你明确做出的成就到底有多大价值。你可以这样提问：

面试控制技巧——STAR原则

STAR面试控制原则的依据是“过去的行为是未来行为的最好预言”，就是多问过去，少问将来，从过去的行为中判断是否是真实的、有效的。

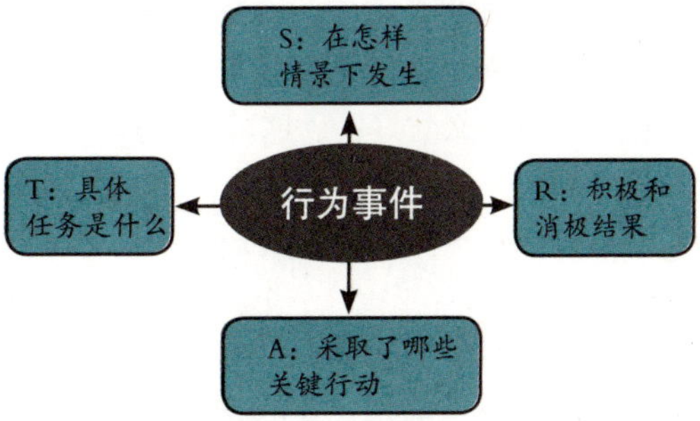

（1）你的业绩跟前（Previous）一年相比怎么样？（比如说，此人今年实现了200万元的销售额，而前一年才15万元）

（2）你的业绩跟计划（Plan）相比怎么样？（比如说，此人实现了200万元的销售额，而计划才120万元）

（3）你的业绩跟同事（Peers）相比怎么样？（比如说，此人实现了200万元的销售额，在30名同事中排第一；而第二名才实现了75万元）

3. 辨清“排斥力”和“吸引力”

业绩优秀的人经常被好机会吸引走，业绩差的人经常被公司排斥走。若一个人20%甚至更多时候都是被排斥离岗的，那么别雇他。根据我们的经验，这个人很有可能是B 级或C级选手。下面是鉴别方法。问出“你为何终止那份工作？”然后，你会听到两类答案：

（1）排斥力。“辞职既有我的原因也有老板的问题”“我该离开了”“我跟老板合不来”“提拔桀迪没提拔我”“我权力被剥夺了”“我没完成业绩，位置岌岌可危”。

（2）吸引力。“我最大的客户聘请我”“从前的老板找我回去担任更重要的工作”“那个CEO要给我连升两级”“以前的同事去了竞争对手那里，向他的老板推荐我”。

4. 描绘景象

若你脑海中能勾勒出景象，那么就理解了选手的话。泰德·比利里斯——斯玛特公司总经理称此能力为“移情想象”。“移情想象”可帮你跳过无实际意义的一般回答，追问具体细节，从而真正领会其中含义。

5. 适时而止

亲自主持升级面试有一大优势：你可以通过观察对方的肢体语言来发掘真相。人们撒谎时都会做出相应的肢体动作。事实证明，最大的玄机存在于你所见与所听的不一致中。如果某人说，“我们做得很好”，屁股却坐不安稳，目光下垂，嘴巴紧闭，这就是喊“停”的信号。如果发生这样的情况，请把握进程，保持好奇，看看他做得究竟怎么“好”。这可能揭露出他不愿你知道的真相。

专项面试：了解更多应聘者信息

专项面试能帮你获得更多有关应聘者的具体信息。实际上你是拿起放大镜进行考察，这样你就会看清“准人选者”是否合适。该面试还让团队其他成员有机会参与招聘过程。

你应该用这些问题引出交谈。得到回答后要充满好奇，用上“什么”“如何”“告诉我更多”等去追问，打破砂锅问到底。假设你在招聘销售副总裁，填制的记分卡上有4项成果要求：

（1）截至本年度12月31日，把国内销售额从500万美元提升到600万美元；在未来5年内，每年保持20%的增长率。

（2）每年产品组合的毛利率不低于45%。

（3）升级销售部门，确保至少90%的新雇员都是符合记分卡要求的A级应聘者。3年内，通过招聘和培训，要让团队内至少90% 的雇员都是A级应聘者。鉴别清

多维度识别人才

现代企业选拔人才所运用的各种工具模型都离不开一个共性，那就是从多个维度来衡量一个人的才能与素质！以下是识别人才的维度结构及内容。

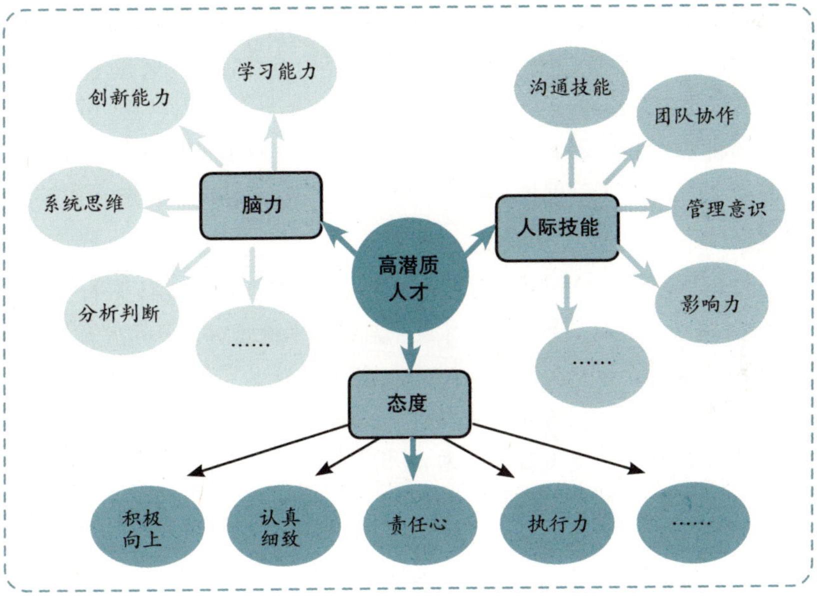

通过素质测评，考核候选人行业和专业知识、职业操守以及职业敏感度等。

楚之后，90天内清除所有C 级应聘者。

（4）制订销售计划，在年度计划周期内报经CEO批准。

除此之外，有6项才能对胜任岗位极为重要：

（1）积极进取。

（2）坚持不懈。

（3）聘用A级选手。

（4）让人尽其责。

（5）说到做到。

（6）坦诚接受批评和反馈。

尝试安排3名团队成员按此记分卡能力要求执行专项面试。第一位负责考察前两项成果和前两项能力，因为它们直接关系到提升销售额和控制管理成本，并促使负责人员作出相应行动；第二位负责考察应聘者能否实现团队升级，以及有无胜任此职位的两项能力；剩下的交由第三位负责。根据你分配给每位考官的成果和能力考察数目，每次面试应持续45分钟至1个小时。不要怕耗费时间，每位考官都能够帮你收集更多有助于决策的信息。

专项面试能够考察应聘者的文化适应性，许多CEO和商界领导人再三强调这在招聘中不容忽视。一定要确保他们的能力和成果不但满足岗位要求，还符合公司的整体价值观。

第一太阳能公司，一家快速发展的太阳能板制造商，发现成功带来了难题——需要引进大量A级员工，可招来的许多英才就位后，根本适应不了公司快节奏的文化！

迈克·阿赫尔恩，第一太阳能的CEO，向我们描述了此情况："我们是一家发展迅猛、开拓进取的公司，需要团队成员永不满足现状。我们要永远追求精益求精的领导者。'安全第一，深化客户关系，并以人为本'是我们所追求的价值观。如果人们不践行这些价值观，就没法适应我们的企业文化。"

卡罗尔·坎贝尔，第一太阳能的人力资源副总裁，又补充了细节："对每位候选人，我们要举行至少一次'文化适应性'面试。问题都围绕着公司的文化价值观。它跟升级面试互相配合，可确保聘进的人既能胜任工作又能融入文化。"

进行专项面试就能确保万无一失吗？当然不是。但很多企业诸如案例中的第一太阳能公司，都因为进行了专项面试而保证了他们团队的强大。

咨询证明人：检验信息真伪

许多经理人都省略掉了咨询证明人这个步骤，认为太浪费时间。如果不知道该怎么咨询，那确实是浪费时间，但学会正确地咨询是成功招聘的必要步骤。要想成功咨询证明人，你要做到以下3点：

（1）选好证明人。浏览你的升级面试记录，看看跟哪些老板、同事或下属交流。别把应聘者给你的名单拿过来就用。

（2）要应聘者联系证明人进行电话预约。一些公司明文规定：禁止员工充当证明人。如果你直接打过去，会吃闭门羹，但是，如果你要求应聘者替你联系安排，就可以成功对话（可在工作时间内进行，也可下班回家后通话）。

（3）咨询人数要够。如果总共有 7 人要咨询，建议你亲自打给4位，另外3位请同事代劳。7人可选3位老板，2位同事或客户，2位下属。

检验应聘者信息真伪的途径

招聘单位为了更全面了解应聘者的信息，检验应聘者提供的信息真伪，往往会对应聘者进行背景调查，尤其是对高级职位或者关键技术职位的人选，会进行多渠道、多途径的调查，一般有以下几种方式。

途径

1.网络上获取原工作单位负责人、同事、HR的联系方式，并作相关调查。

2.根据应聘者填写的应聘登记表上的证明人联系方式调查。

3.利用关系资源及第三方背景调查机构，对其进行侧面了解。

4.公安部、教育部等网站（核实学历、资质证书、身份证等）。

在企业招聘高级人才时，背景调查这步是必不可少的。调查的内容一般有证书的真实性和相关工作的真实性。

最大的难题不是找不到证明人。运用策略，你会清除绝大部分障碍。但说跟听是两码事。行业精英中超过一半的人都说：如果不擅长琢磨弦外之音，那打咨询电话基本无用。

埃济沃特基金公司的吉姆·戈登就有过亲身体验："有几次，我们打电话向证明人咨询，得到的全是不错的评价。可是当向与应聘者共事过的熟人打听时，听到的却是批评的声音。"人们为何要假意夸奖别人呢？归根结底是人性。人们不喜欢给予负面评论，他们想当老好人。

同样，他们也想保持良好的自我感觉，不愿做棘手的事。因此，罗伯特·赫斯特说："人们不想说别人坏话。"

最佳解决途径是关注证明人"说什么"和"怎么说"。当证明人觉得某人不好时，会自觉不自觉地泄露出来，只要稍加留意就能听出其中奥秘。鉴于很快就要作出聘用决定，此时，再机敏的人也可能会大意，忽略可疑的迹象。

听到"如果……那……"式回答，就可以确定证明人话里有话。此时，要带着好奇心追问到底。"唔""哦"是另一种话语隐藏。当你问"某某人做得怎么样"时，想立刻听到对方热情的夸赞，而不是"唔""哦"或吞吞吐吐的回答。证明人吞吞吐吐，显然是在隐藏真相，以免你对应聘者的印象大打折扣。这时要继续保持怀疑：证明人不愿说什么？他犹犹豫豫必定有原因（工作关系很复杂），你如果不问，就永远被蒙在鼓里。

冷漠和勉强称赞也表示应聘者能力欠佳。缺乏热情是个坏信号，勉强的夸奖并不代表证明人认可应聘者的表现。中立、不耐烦和勉强的夸奖都说明证明人并不真心推荐这名应聘者。相形之下，真正的夸赞应该是语气里充满热情并饱含钦佩。证明人回答时不会有任何犹豫吞吐。

不可忽视的选拔细节

领导代表公司选人究竟应注意哪些细节性问题呢？怎样才能把好选人关呢？

1. 忌语无伦次，语言表述要清晰、有逻辑

很多公司面试都会要求应聘者作自我介绍，都会问及一些问题，那么，表述清楚、条理分明，分析问题逻辑性很强就是考察的重点。这样的员工在实际的工作中会有目的、讲原则地去做事。同时工作中能分清轻重缓急，有较好的职业道德和自身修养。

2. 忌神情慌乱，做事要镇定自若

第一次见面，第一次下派任务，应聘者或员工都会有不一样的神情表现出来，其实也给我们领导和面试官透露了很多细节。神情慌乱，左顾右盼，说明能力不足，暂时不可委以重任。不慌不忙，沉着稳重是个人内涵的表现，自信才能镇定，也是潜在能力有待挖掘的表现。

3. 忌准备不充分，工作要有计划、有目标

比如开会，两手空空；参加面试，衣着不整、证件不齐；外出公干，丢三落四……很多员工都会出现这些工作失误，如果不加重视，必然形成工作坏习惯，这类型员工总希望在工作时有人提醒、有人帮助。而公司需要的是注重细节、有计划、有步骤、有目标的一步一步做事的员工。遇事充分准备，计划周详，安排妥当；有良好的工作习惯，才能形成优秀的职业素养，才能担当大任。

制定科学的人才选拔机制

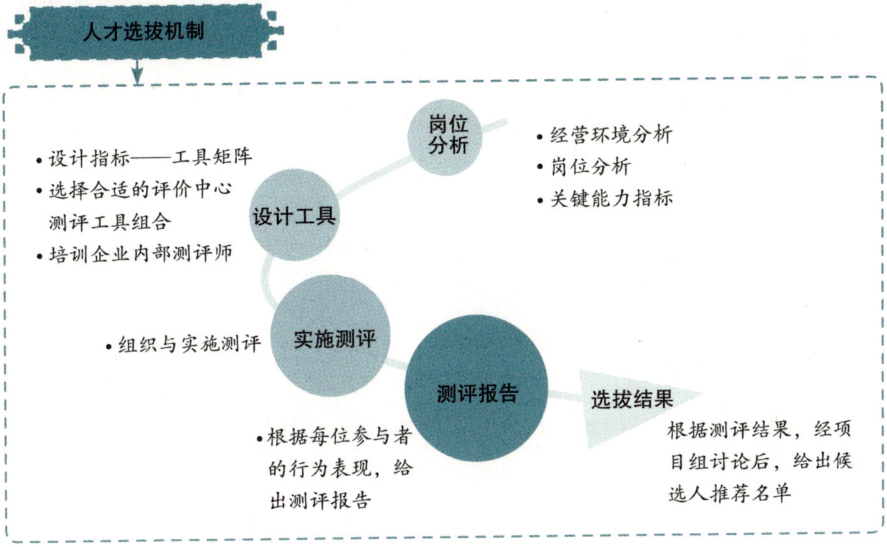

科学的人才选拔机制，是确保企业找到合适人才的前提，也是企业其他各项活动得以开展的基础。

4. 忌整天忙碌，时间要有所安排，会管理

工作不是短跑，是有战略规划的长跑。整天忙碌，只能一时可以，不可持久，公司也不提倡。太忙碌的人，思维一般比较呆滞，思想也较为保守，很难调整身心。工作尤其应重视个人时间管理，要有空余时间进行工作目标、计划的修订与执行。我们需要埋头苦干的员工，更需要劳逸结合、身心健康、和睦沟通的员工集体和良好的工作氛围。

5. 忌过于瘦弱，要有体魄，有精神

选人忌挑食、身体瘦弱者。挑食是一个人的生活习惯，也是一个人的认识习惯，比如，力气是用不完的，今天用了明天在，除开生病导致的过于瘦弱，一般都是缺少运动、饮食习惯不良引起的。这些可以反映出该人没有恒心，没有毅力，没有养成良好的个人行为。

有好的身体，才能工作好，才能承受工作的压力；有好的身体，才有工作热情和内在动力。

6. 忌情感起伏，要心情畅快，平易待人

情感起伏，就是这个员工自我控制能力太差，遇事就立刻表现出来。在重要的商务洽谈中，这样的举动会被对方轻易觉察。所以，这类员工不宜做机密性工作，不宜参加重大决策性会议和项目运作。不管急缓都应冷静处理，平静对待。情感起伏大的员工会迷失心智，更难有毅力。

7. 忌重利忘义，要有爱心，讲义气

在我们身边总有一些人，把利益看得特别重。利，不得不求，但是不可强求。有时候，需要让步，需要牺牲自己的利益；有时候，需要舍己为他，以求大家的和谐；有时候，需要乐于助人，乐善好施。人是家庭的一员，家庭是社会的一分子，人构成整个社会；故社会之功德在于己任，社会之发展在于人人。在一个企业，更需要这样的员工，成就平衡与大家和睦。看重小利之人，伤害的不仅是身边的人，更重要的是伤害公司的价值观。

8. 忌抢功夺好，要公正客观，成就他人

在职能部门或分管领导层级中，这些事情屡有发生，有的是下属办得很优秀，最后成了领导自己的；有的是员工的建议，却成了部门经理的。不仅严重打击员工及部属的积极性，更危险的是实施的时候会走样。最后就是费钱、费力，劳民伤财。

好员工是观察出来的，好员工是在观察中选出来的，多些参考依据，更能做到万无一失。选对人，做成事，做好事。选对一个人，成就一家企业；选对一个人，成就一个事业。

第四章 有效的培训

培训的原则

培训是一种有组织的管理训诫行为。

为了达到统一的科学技术规范、标准化作业，通过目标规划设定、知识和信息传递、技能熟练演练、作业达成评测、结果交流公告等现代信息化的流程，让员工通过一定的教育训练技术手段，达到预期的水平提高目标。

在培训的过程中，要注意受训者的学习曲线和信息的反馈，及时地听取受训者的信息，能够帮助组织提高今后的培训效果，减少不必要的支出。

培训要遵守以下四大原则：

1. 参与

在培训过程中，行动是基本的，如果受训者只保持一种静止的消极状态，就不可能达到培训的目的。为了调动员工接受培训的积极性，日本一些企业采用“自我申请”制度，定期填写申请表，主要反映员工过去5年内的能力提高、发挥情况和今后5年的发展方向及对个人能力发展的自我设计。然后由上级针对员工申请与员工面谈，互相沟通思想、统一看法，最后由上级在员工申请表上填写意见后，报人事部门存入人事信息库，作为以后制订员工培训计划的依据。同时，这种制度还有很重要的心理作用，它使员工意识到个人对工作的“自主性”和对于企业的主人翁地位，疏通了上下级之间思想交流的渠道，更有利于促进集体协作和配合。

2. 激励

真正要学习的人才会学习，这种学习愿望称之为动机。一般而言动机多来自于需要，所以在培训过程中，就可应用种种激励方法，使受训者因需要的满足而产生学习意愿。

3. 应用

企业员工培训与普通教育的根本区别在于员工培训特别强调针对性、实践性。企业发展需要什么、员工缺什么就培训什么，要努力克服脱离实际、向学历教育靠拢的倾向。不搞形式主义的培训，而要讲求实效，学以致用。

4. 因人施教

企业不仅岗位繁多，员工水平参差不齐，而且员工在人格、智力、兴趣、经验和技能方面，均存在个别差异。所以对担任工作所需具备的各种条件，各员工所具备的与未具备的也有不同，对这种已经具备与未具备的条件的差异，在实行训练时应该予以重视。显然，企业进行培训时应因人而异，不能采用普通教育“齐步走”的方式培训员工。也就是说要根据不同的对象选择不同的培训内容和培训方式，有的甚至要针对个人制订培训发展计划。

现代企业员工培训的思路

培训能够改变员工的某些不适当的工作表现及行为，满足企业和员工双方需求的行为，因此也是调动员工积极性的有效方法。为此，企业培训除了遵循培训原则之外，还应遵循一定的思路，才能达到良好的培训效用。

企业培训

- 帮助新进员工适应新的职业环境和岗位要求
- 帮助特定岗位职工提高技能
- 帮助被提拔员工在更高的层次发展
- 帮助解职员工提高素质，进行再就业
- 帮助轮岗职工扩大知识面，掌握新的技能

培训的三大保障

企业在分析培训中存在的一些问题时，要从“事前、事中、事后”三方面着手将培训工作系统化、规范化，形成确保培训质量的三大保障，即“事前注意培训的需求分析、事中注意强调培训的目的、事后注意培训效果评估”。

1. **做好培训需求分析，适应企业发展和员工成长要求**

培训需求分析，是整个培训管理活动的第一个环节，对培训的有效性起着至关重要的作用。培训需求分析的核心思想是：保证培训与企业战略发展目标一致，员工的培训需求与企业的培训需求一致，从而获得最佳培训效果。做好培训需求分析，首先要对公司的培训需求进行调研，主要内容有：企业的战略发展方向是什么，为实现这一战略需要进行哪些培训，需要培训到什么程度，满足什么要求。其次要对员工的培训需求进行调研，摸清员工希望得到什么培训，是否符合企业的战略发展方向。

2. **确立培训目标，建立培训机制**

培训目的的核心思想是：通过强调培训目的，明确培训带来的好处，提高培训当事人对培训重要性的认识。培训组织者必须向培训的相关方，如企业负责人、项目经理、员工阐述具体的效果。就企业负责人而言，需要了解培训投入能够获得多大的培训效果；就项目经理而言，培训对项目能够提供什么支持；而员工则关心参加培训带来的收益。只有明确了培训到底能够产生什么效果后，才能得到各方面的支持，并能够积极参与到其中。

3. **强化培训评估，培养实用人才**

培训效果的评估，是保证培训有效性的重要措施。但当前，培训效果评估的滞后现象相当严重，应引起重视。

员工培训系统模式

培训是一项系统的工程，只有做好充分的培训分析、明确培训目的、客观地评估培训效果才能做好培训工作，三者缺一不可。

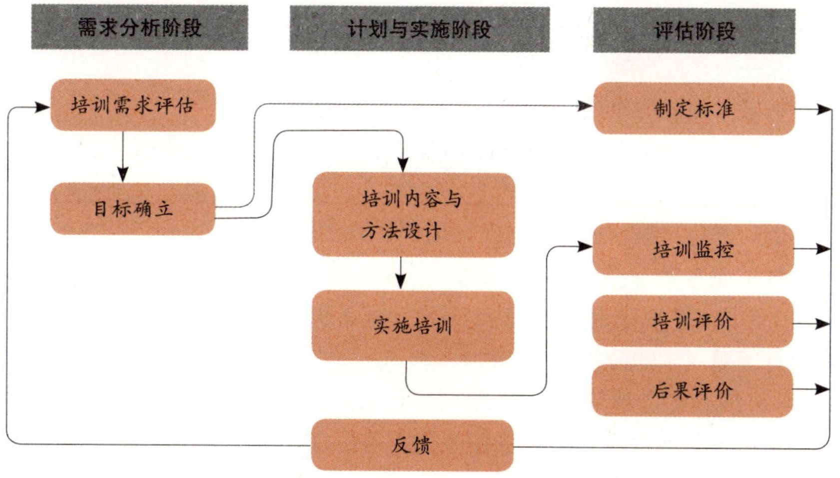

2009年3月，中国水电基础局公司对参加“中国水电集团国际业务管理指导”培训进行了学习评估，所有参加培训的人都写了个人培训总结。通过这种形式检查了学员所学的内容，获得了较好的结果。培训效果的评价是培训体系的最后一步，也是关键的一步。效果评价做得好，就会推动未来培训的进一步发展；效果评价做得不好、不到位，就会使得培训反馈受阻，导致管理层不愿组织培训。

培训是一项系统的工程，要提高培训质量应当尽可能地让培训利益相关方充分参与进来，单靠人力资源部一个部门是远远不够的，需要其他部门的大力配合。培训是一个长期的过程，必须保持持续的力度，以保证培训工作获得良好的效果。

培训需求分析

培训是一种投资，而投资收益的好坏在很大程度上将取决于投资前的投资分析，即培训需求分析。作为培训管理的关键环节，培训需求分析在很大程度上依赖于企业中高层的重视，特别是作为执行者的中层管理人员，要掌握一定的培训需求分析技术，并配合培训人员做好工作，培训才能成为企业收益最大的投资。

作培训需求调查时，各职能部门负责人敷衍了事是普遍存在的情况，结果培训需求分析不准确，他们常抱怨培训没有针对性，却很少从自身的角度去找原因。这其实是每位管理者必须具备的技能，因为一个成功的管理者，首先是一位优秀的导师。

培训需求分析技术一般是从组织分析、工作分析和人员分析入手，发现绩效差距，这种系统的方法较适合规模较大的企业进行年度或中长期的培训需求分析，而不适合规模小的企业进行短期或临时性的培训需求分析。其实用一些简单方法就可以做得很好：

1. 查找绩效差距

培训需求分析应从绩效差距入手，从绩效差距中找出员工素质能力短板或企业战略和企业文化需要的员工能力与员工实际能力之间的差距，从而确定能否通过培训手段消除差距，提高员工生产率。

2. 分析绩效差距的原因

发现了绩效差距并找出差距的原因，才能确定通过什么办法去消除它。若绩效差距属于环境、设备或激励制度的原因，培训不会起什么作用，若是由于员工个人个性或其所具备的知识、技术或态度不足，培训才是必要的。

3. 设计解决方案

找出差距原因后，确定是采取培训还是非培训方法去消除差距，并设计解决方案。

4. 设计简单科学的分析工具

（1）直线管理者最熟悉下属工作绩效的问题在哪里，只要提供一定的分析工具，就能帮助他们或通过他们获取绩效差距的信息，由此辨别是什么领域存在绩效问题。

全面分析员工的培训需求

员工培训需求分析要从多方面着手

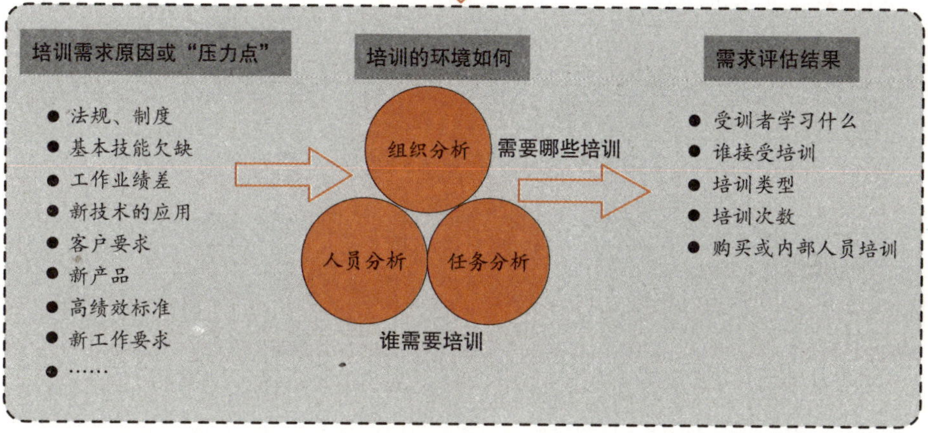

多渠道了解员工的培训需求

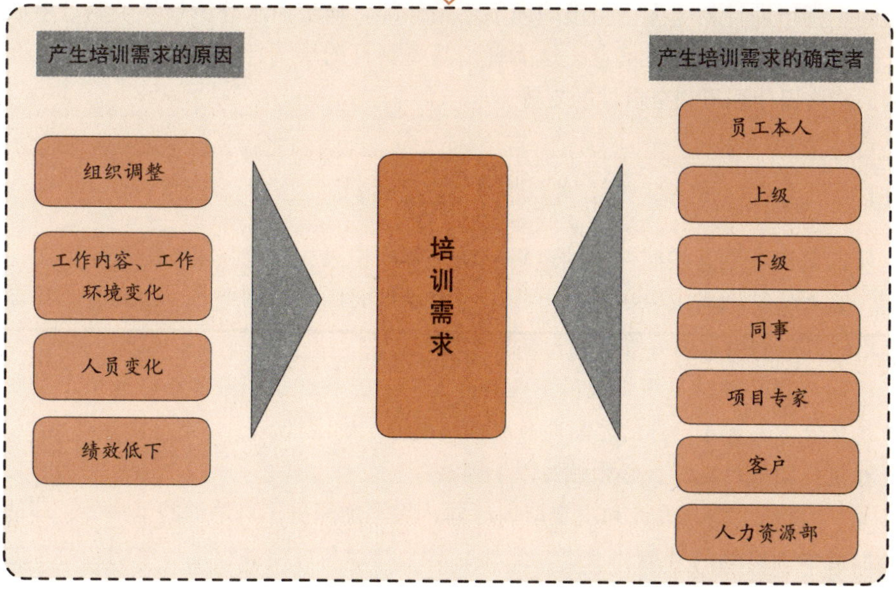

（2）由于员工对自己工作中的问题、障碍最了解，通过他们了解情况也能获取一定的重要信息。但他们不一定完全清楚自己在工作上缺少什么，这就需要通过直线管理者对员工填写上来的信息进行补充和审核，返回人力资源部作进一步分析，并对相关人员进行问题访谈。

5. 战略分析

培训最终是为企业战略与经营目标实现服务的，从企业经营战略到年度经营计划，从年度计划到人力资源开发计划，分析制订出一定时期的培训需求计划。但是，培训计划还要不断地随企业业务的变化而调整才能真正服务于企业发展的需要。

所以，系统的培训规划要根据基于企业战略的人力资源规划来制订，培训需求分析就是为实现企业战略目标对人才的要求应运而生的。

战略层面的分析，一般由公司培训委员会层级负责（由公司高层组成）、培训管理者主导、其他所有负责人参与。所以，公司高层应该经常给予培训部门战略方向的指导意见。

只有在准确定位培训需求后，才能进行培训方案的设计，编制培训计划，从而避免培训工作流于形式。特别是人力资源部门要了解企业的目标、面临的挑战以及迎接挑战中需要具备何种技能的人；随后，人力资源部与高层领导者共同进行现状分析，来探讨企业总体的培训需求、确定培训的方向与重点；然后，人力资源部再召集各部门负责人，了解其对部门员工的期望。同时，在员工岗位绩效评估的过程中设置自我开发的栏目，了解员工的培训需求，而后将两者结合起来设计部门、员工的年度培训计划。无论是组织内部还是外部，通过需求分析收集了制订培训计划、选择培训方式的大量信息，这无疑给将要制订的培训计划的实施营造了良好的氛围，使培训计划得到全员性的支持。

培训计划的制订

所谓培训计划是按照一定的逻辑顺序排列的记录，它是从组织的战略出发，在全面、客观的培训需求分析基础上作出的对培训时间、培训地点、培训者、培训对象、培训方式和培训内容等的预先系统设定。

培训计划必须满足组织及员工两方面的需求，兼顾组织资源条件及员工素质基础，并充分考虑人才培养的超前性及培训结果的不确定性。

在制订培训计划时，必须顾及以下因素：

（1）让员工参与设计和决定培训计划，除了加深员工对培训的了解外，还能增加他们对培训计划的兴趣和承诺。此外，员工的参与可使课程设计更切合员工的真实需要。

培训计划是一个系统过程

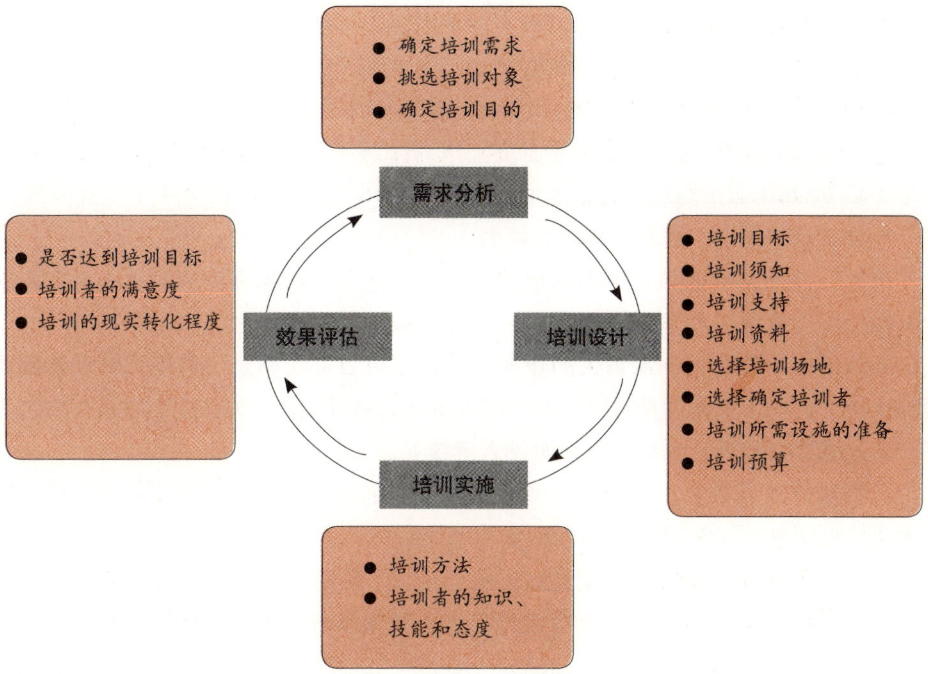

（2）各部门主管对于部门内员工的能力及所需的培训，通常较负责培训计划者或最高管理阶层更清楚，故他们的参与、支持及协助，对计划的成功有很大的帮助。

（3）在制订培训计划时，必须准确预测培训所需时间及该段时间内人手调动是否有可能影响组织的运作。编排课程及培训方法必须严格依照预先拟订的时间表执行。

（4）成本培训计划必须符合组织的资源限制。有些计划可能很理想，但如果需要庞大的培训经费，就不是每个组织都负担得起的。能否确保经费的来源和能否合理地分配和使用经费，不仅直接关系到培训的规模、水平及程度，而且关系到培训者与学员能否有很好的心态来对待培训。

就培训计划管理上，如何加强培训系统内培训计划管理的能力。主要有以下几个方面：

1. 加强组织建设，健全培训计划管理体系

对培训计划基本概念进行统一后，在培训流程制度中进行体现。如规划管理规定、培训实施管理办法等制度中必须明确计划制订的责任、流程、规则等。在大型公司的培训实践中，由于管理层级很多，计划管理更为重要。

（1）自下而上制订全公司年度培训计划。

（2）分支机构年度培训计划必须充分考虑公司年度培训计划。

（3）分支机构必须充分学习领会公司年度培训计划。

（4）分支机构的季度（月度）培训计划的制订。

（5）分支机构必须提交季度（月度）培训计划。

（6）总部可以进行项目计划书抽查。

2. 推行管理培训，提升计划制订能力

当然，总部培训部门对下属子机构培训工作进行督促检查控制时，也可能要求子机构提交季度或月度培训计划。这个计划应该是属于工作沟通、工作总结类。仅仅是有制度还不够，计划制订人的业务素质相当重要。尤其是一些培训管理基础薄弱的公司，更应该加强自身系统内的“关于培训的培训”。

3. 加强绩效管理，培训计划质量纳入考核

计划制订人有方法、有能力，此时态度就决定一切了。实践中，某些公司将其纳入考核指标里，就能取得较好的效果。

总之，培训计划制订的质量直接影响到培训工作绩效，所以培训计划自身的质量尤其重要。培训计划制订得成功，关键在于管理体系的完善、制订人有能力，还要重视计划质量考核。

培训计划的实施

企业员工培训的组织领导健全和培训计划制订以后，就是计划的实施和操作了。

从各国企业员工的培训经验来看，培训计划的具体落实和操作大体有以下几个步骤：

（1）选择好项目培训的具体负责人。在项目培训计划制订以后，一定要选择工作认真负责、有培训经验的项目负责人（项目负责人要参加项目计划的制订），政策决定以后，干部起着决定作用。因此，培训负责人（或领导）选择得好坏决定着培训项目的成功与否。另外，要选择好培训辅助人员，使领导人员和辅助人员各自的职责分工明确。

（2）选择好教师。要根据每个培训项目的具体目的、要求和内容，切实选择好德才兼备，既具有某方面对口的专业知识，又具有丰富实践经验的教师。教师是搞好培训的关键。教师既可从本企业内选择，也可以从学校或外单位选聘。选好教师后，要使他们明确培训的目的和要求，并要求教师制订出有关课程的教学大纲。对“师带徒”式的师傅亦同样要选择并落实好“带”的计划。

（3）要选择好受培训人员。要根据专项培训项目的要求和培训内容，选择好受训人员。例如，属于一般文化补课性的员工培训，就要根据一般的小学、初中、高中水平的要求选择，并根据不同文化档次接受不同档次的培训，这样便于因材施教，培训效果较好。又如对专项技术工艺或对管理人员的培训，更要注意挑选合适的人员参加培训，这样才能收到事半功倍的效果。

（4）要使培训和受训人员了解和明确培训的目的、要求、具体内容和进行的程序，只有这样，才能共同努力，实现培训的目的和要求。

（5）要切实做好有关部门的工作，以保证受训人员培训的时间。培训的形式是多种多样的，如在职培训、业余培训、半脱产培训和脱产培训等。不管是哪一种培训，都要得到有关单位的积极支持，特别是要使受训学员的培训时间有一定的保证。

（6）要对培训进行定期的总结评估，以便及时发现问题，改进培训工作，提高培训的效果。

培训学习金字　与参与度

培训的方式多种多样，但参与培训的学员对不同的培训方式有不同的学习效果和参与度，所以为了达到培训的综合效果，拓宽培训的方式，公司可以采取多种多样的培训方式。

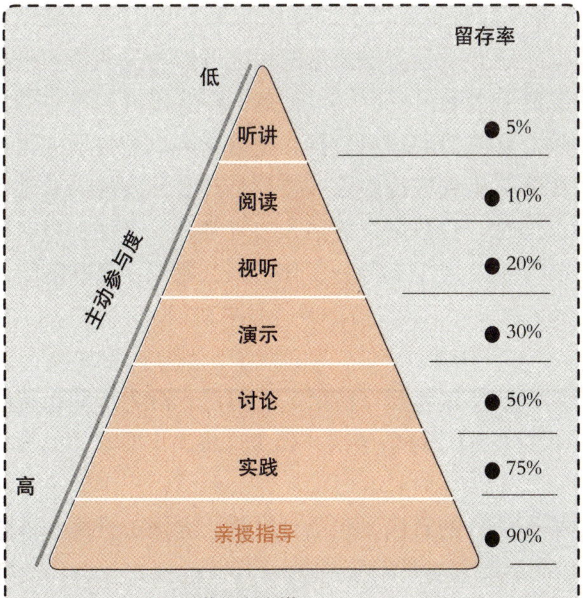

学习金字塔

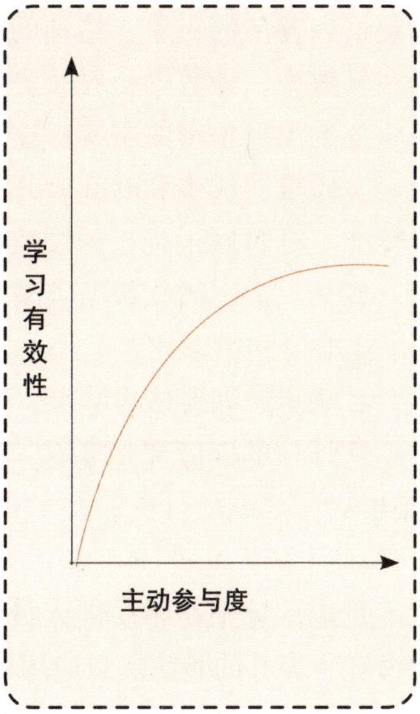

培训效果的评估

根据培训目标，确定预期的培训结果，然后采用适当的培训有效性评估设计收集信息和数据，并进行分析，最后实施评估并给予反馈。

一般说来，培训评估包括以下6个步骤：

1. 分析培训需求

进行培训需求分析是培训项目设计的第一步，也是培训评估的第一步。不管一个培训项目是由什么原因引起的，培训项目负责人都应该通过培训需求分析来确定具体的知识、技能、态度的缺陷。培训需求分析中所使用的最典型的方法有访谈法、调研法和问卷调查法。

访谈的对象主要集中针对受训人员和他们的上司，同时，还要对工作效率低的管理机构及员工所在的环境实施调查，从而确定环境是否也对工作效率有所影响。

2. 确定评估目的

在培训项目实施之前，人力资源部门就必须把培训评估的目的明确下来。多数情况下，培训评估的实施有助于对培训项目的前景作出决定，对培训系统的某些部分进行修订，或是对培训项目进行整体修改，以使其更加符合企业的需要。例如，培训材料是否体现公司的价值观念，培训师能否完整地将知识和信息传递给受训人员等。重要的是，培训评估的目的将影响数据收集的方法和所要收集的数据类型。

3. 建立培训评估数据库

进行培训评估之前，企业必须将培训前后发生的数据收集齐备，因为培训数据是培训评估的对象。培训的数据按照能否用数字衡量的标准可以分为两类：硬数据和软数据。硬数据是对改进情况的主要衡量标准，以比例的形式出现，是一些易于收集的无可争辩的事实。这是最需要收集的理想数据。硬数据可以分为四大类：产出、质量、成本和时间，几乎在所有组织机构中这四类都是具有代表性的业绩衡量标准。有时候很难找到硬数据，这时，软数据在评估人力资源开发培训项目时就很有意义。常用的软数据类型可以归纳为 6 个部分：工作习惯、氛围、新技能、发展、满意度和主动性。

4. 确定培训评估的层次

从评估的深度和难度看，培训评估层次包括反应层、学习层、行为层和结果层4个层次。培训项目负责人要确定最终的培训评估层次，因为这将决定要收集的数据种类。

反应层评估是指受训人员对培训项目的看法，包括对材料、老师、设施、方法和内容，等等的看法。反应层评估的主要方法是问卷调查。

学习层评估是目前最常见、也是最常用到的一种评价方式。它是测量受训人员对原理、事实、技术和技能的掌握程度。学习层评估的方法包括笔试、技能操练和工作模拟等。培训组织者可以通过笔试、绩效考核等方法来了解受训人员在培训前后，知识以及技能的掌握方面有多大程度的提高。

行为层的评估往往发生在培训结束后的一段时间，由上级、同事或客户观察受训人员的行为在培训前后是否有差别，他们是否在工作中运用了培训中学到的知识。这个层次的评估可以包括受训人员的主观感觉、下属和同事对其培训前后行为变化的对比，以及受训人员本人的自评。这种评价方法要求人力资源部门建立与职能部门的良好关系，以便不断获得员工的行为信息。

结果层的评估上升到组织的高度，即组织是否因为培训而经营得更好了。这可以通过一些指标来衡量，如事故率、生产率、员工流动率、质量、员工士气以及企业对客户的服务等。

培训效果评估层次与内容

评估层面	评估内容	评估方式	评估时间	实施条件
应用层面	● 受训者对培训的满意度； ● 受训者对培训的建议	问卷、面谈、学员参与配合情况	培训结束时	
学习层面	● 受训者的知识、技能、态度、习惯等方面有多大程度的提高与改善	考试、现场演示、讨论、角色扮演	培训结束时 培训结束后半个月	
行为层面	● 受训者是否应用培训所学于工作？ ● 受训者的行为有何改进	绩效考核	培训结束后下一个考核周期	★课程适用性； ★赢得主管的配合与支持
结果层面	● 培训为经济效益的提高产生多大贡献	质量、数量、利润、投资回报率等指标考核	半年／年度视数据采集周期定	★课程体系的完善； ★培训评估数据的建立与完善

通过对这样一些组织指标的分析，企业能够了解培训带来的收益。例如人力资源开发人员可以分析比较事故率，以及事故率的下降有多大程度归因于培训，从而确定培训对组织整体的贡献。

5. 调整培训项目

基于对收集到的信息进行认真分析，人力资源开发部门就可以有针对性地调整培训项目。如果培训项目没有什么效果或是存在问题，人力资源开发人员就要对该项目进行调整或考虑取消该项目。

6. 沟通培训项目结果

在培训评估过程中，人们往往忽视对培训评估结果的沟通。尽管经过分析和解释后的评估数据将转给某个人，但是，当应该得到这些信息的人没有得到时，就会出现问题。在沟通有关培训评估信息时，培训部门一定要做到不存偏见和有效率。

对于有志于做好人才培养的管理人员，踏踏实实地做好培训评估的 6 个步骤，就能向企业提交一份令人满意的人才培养的答卷。

第五章

管理员工的职业生涯

职业生涯管理的基础

雇主通过影响人力资源管理过程来影响员工的职业。招募、甄选、安排培训、考核、奖赏、晋升和分流员工都影响着个人的职业，继而影响员工对职业的满意度和成功。有的公司制订了一些相对正式的职业生涯管理程序，而有的公司则做得相对少一些。我们可以将职业生涯管理定义为一种程序，此程序可以让员工更好地理解和开发他们的职业技能和兴趣，并很有效地在公司内和离开公司后运用这些技能和兴趣。职业开发是终身连续性的活动，可以服务于一个人的职业开发、确立和成功。职业规划是深思熟虑的程序，在这个程序中，一些人意识到了个人技能、兴趣、知识、动机和其他的特征，获得了关于机会和选择的信息，确定了职业相关目标，确立了达到具体目标的行动计划。

从前人们的职业生涯看来是一种在一两家公司里向上的、直线的晋升，或是在某一职业稳定地就业。当今，一些人的职业更像受个人驱动的，而非组织驱动，并且随着人和环境的变化，个人也不时地对此进行调整和变动。

这对人力资源意味着什么呢？雇主和员工之间关系已经发生了变化。以前，员工用忠诚换取工作的稳定。现在，员工用工作绩效换取培训、学习和开发等这些可以帮助他们更适应市场的东西。这就意味着现在像培训和甄选这样的人力资源活动的目标会更宽泛一些，而且为了满足公司的需要，这些活动必须设计得可以服务于员工的长期兴趣。尤其是它们必须鼓励员工成长和实现他们的全部潜能。

约翰·马迪根，哈特福德保险公司的人力资源副总，负责有着 3500 名成员的 IT 组。他通过进行一项调查，发现了职业开发活动的重要性。对于离开组织的员工，他说："在自愿离开的人中，90% 提到了缺少职业和专业的开发以及他们的上级在此领域中提供给他们支持的水平不高。"

职业开发计划在当今转向一些新的关注点。公司的职业开发计划过去关注员工在某一特定公司的未来，换句话说，关注管理此员工在本公司的职业开发。今天，对于许多人来说，现实情况是他们在工作年限中会变换几个雇主（或许是职业）。

因此，当今的重点是促进自我分析、开发和管理。

为员工提供他们需要的职业规划工具有益于所有相关人士。它为员工提供一种理解他们职业选择的视角以及为了追求最有吸引力的职业他们所能采取的行动。并且，从一个人开发职业变动所需要的技能程度来看，职业开发可以使员工变得更加灵活，更可能取得职业的成功。

对于雇主来说，职业开发同样具有多项功能。雇主为员工提供了工具、环境和技能开发的机会，这样员工可以更好地服务公司，充分发挥公司的潜能。职业开发也可以培养员工的忠诚度。为了保持员工忠诚度，一个雇主所能做得最好的事情之一便是强调公司将与员工合作以持续地开发他们的技能和知识。

职业开发计划并不需要很复杂。员工们反映，得到绩效反馈、拥有个人职业开发计划和有权接受非技术的技能培训很可能减少他们跳槽的可能性。然而，在一项调查中仅仅有 1 / 4 的被调查者拥有个人职业开发计划。

职业开发中的角色

员工和管理者在计划、指导和开发员工的职业中都扮演着某种角色。

研究表明，拥有一个指导者——一个关注员工职业成长并能为员工释疑解惑的资深人士，使员工得到与职业相关的指导和帮助，可以极大地提高职业开发的满意度和成功率。这表明管理者对职业开发的重要作用。

一项调查表明了职业生涯管理实践的涵盖范围。为了确定17项职业生涯管理实践的使用频率，研究者调查了英国的524个组织。“公布职业空缺”是最常使用的管理手段。其他较常使用的管理手段，按排名先后分别是正式教育，职业导向的绩效考核，经理的建议，横向的、发展性变动，人力资源的建议，退休准备和继任计划。美国的太阳微系统公司有一套相对正式的、考虑成熟的计划。它有一个职业开发中心，在那儿有执业的指导者去帮助员工跨越发展的差距，选择在该公司的职业发展机会。公司相信，该项计划解释了为什么本公司普通员工的任职年限是其他硅谷公司的两倍多。

管理者的职业开发责任在一定程度上取决于员工在公司工作的时间长短。在雇佣前，实际工作预览可以帮助未来的员工更精确地确定工作是否真的适合他们，工作的需求是否很好地与工作候选人的技能和兴趣相吻合。

在一个人工作了一段时间后，管理者可以逐步地用一种积极的方式为员工的职业做点事情。职业倾向性评估是一个重要的步骤，通过这种方法，经理不仅要去考核员工，而且要将此员工的优势和劣势与切实可行的职业路径以及需要的开发工作相结合。同样，提供定期的、有计划的工作轮换可以帮助员工清晰地了解他们擅长做什么和未来哪种职业变动最合适。

公司也可以提供指导机会。指导可以是正式的或非正式的。非正式的指导，比如，中高层经理志愿帮助缺乏经验的员工，给予他们职业建议，帮助他们控制政策缺陷。其他的非正式方法，比如，增加各种员工间的互动、网络工作的机会等同样有效。公司也可以有正式的指导计划，比如，管理者可以将员工与潜在的指导者进行配对。许多管理者提供指导去帮助指导者和员工更好地理解他们各自的责任。

职业生涯规划逻辑图

职业生涯规划，分为公司和员工两个方面，两者共同促进职业生涯规划的健康发展，分别承担不同的角色。

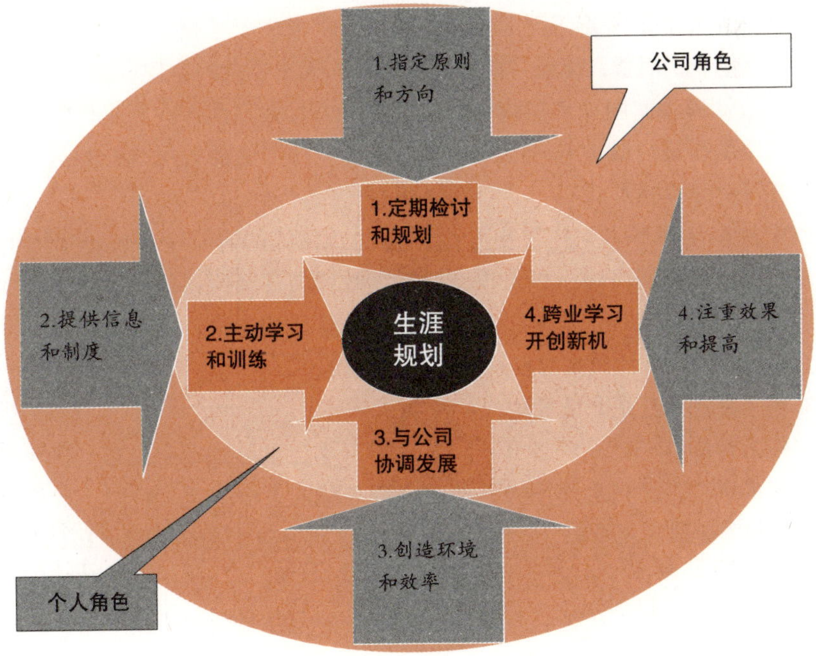

晋升和调任的管理

晋升和调任是大多数人的职业生涯中重要的组成部分。晋升传统上指前进到责任有所增加的职位上，调任指到公司的其他部门担任类似的职务。

大多数参加工作的人都期望晋升，这意味着更多的薪水、责任和通常情况下更高的工作满意度。对于管理者来说，晋升是对超常工作绩效的奖励，把经过考核的、忠诚的员工填充到空缺的职位上去。然而对于员工和老板而言，晋升过程并不总是一个正面的、积极的经历，不公平、独断专行和不公开会降低此过程的有效程度。因此，在任何公司的晋升过程中，一些决策显得举足轻重。

1. 衡量尺度是能力还是资历

这里最重要的决定可能是：晋升是基于能力还是资历，还是二者兼而有之。当今对竞争的关注形成了对能力的青睐，实际情况表明，基于能力的晋升是更优的推动因素。然而，在多大程度上使用能力作为晋升标准还取决于其他方面，比如，当员工的能力、优点和技能相同时，晋升会优先考虑资历最高者。

2. 我们如何评估能力

如果公司看重能力，那么应该如何定义和评估能力呢？定义和评估过去的绩效相对简单：定义工作任务，设定标准，使用一个或多个考核工具去记录绩效。但是晋升需要其他一些因素，你还需要能预测候选人未来绩效的合理步骤。

大多数管理者使用原来的绩效作为指导，并且假定此人在新工作上表现优秀，这是最简单的步骤。其他管理者使用测试或评价中心去评价可晋升的员工和确定那些有经营管理潜能的人。

越来越多的管理者采用了更全面的方法，传统的晋升考察包括书面的知识测试、评价中心、资历排序，以及根据近期绩效评估等级所得的分数。现在的考察方法增加了个人记录考察，这包括对与工作相关特征的评价，以及根据多方面的信息和对工作行为的系统评价来对候选人进行等级排序。

3. 程序是正式还是非正式的

许多公司都有非正式的晋升程序。它们可能会也可能不会公布空缺职位。对于重要的管理职位，公司会使用自己的“内部”标准去作决定。这时，员工可能认为人际关系因素比绩效更重要，而努力工作力争上游在这个公司是没有用的。

许多管理者建立了正式公开的晋升制度和程序。正式公开的晋升制度描述了公司奖励晋升的标准。职位公告制度则规定，公司要公示空缺职位和这些职位的要求，并将空缺信息发放到每个员工手中。

4. 纵向的、横向的还是其他

晋升并不像看上去那样简单。举个例子来说，当你的公司规模缩小时，你如何用晋升来激励员工呢？还有，你如何给诸如工程师等那些对行政头衔不感兴趣的员工提供晋升的机会呢？

一些选择还是可行的。一些公司，如英国石油勘探公司，创建了两条类似的职业路径，一条是提供给经理的，一条是提供给个人贡献者的，如高绩效的工程师。在该公司，个人贡献者可以晋升到非管理的高层职位，如高级工程师。这种职位的工作同样能获得相应的高薪酬。

另一个选择是横向地变动员工。比如，将生产线工人调到人力资源部门，这样可以开发他们的技能，测试和挑战他们的聪明才智。并且，在某种意义上，当某人停留在原来的工作中时，晋升也是可能的。

调任是指从一个工作变动到另一个工作，通常在薪酬和职级方面没有变化。员工寻求调任有诸多方面的原因，包括充实自己，寻求更有意义的工作、更多的便利——更好的工作时间、工作地点，等等——或者是可以提供更多晋升机会的工作。管理者可以将员工调离已经不再需要他们的岗位，而调去需要他们的岗位，或者是在公司的更大范围内为员工寻找更适合的职位。现在，许多公司通过巩固职位来提高生产力。调任对于那些寻求新任务或个人发展机会的员工而言是一种可行的办法。

许多公司已经制定了常规的员工调任政策，给员工提供更大范围内的工作或将训练有素的员工安排到空缺职位上。

为员工建立多元化晋升机制

员工晋升机制是员工由较低层级职位上升到较高层级职位的过程，多元化的员工晋升机制可以实现良好的资源配置，可为不同类型的员工提供不同的职业生涯规划，从而激励公司的各类型员工。

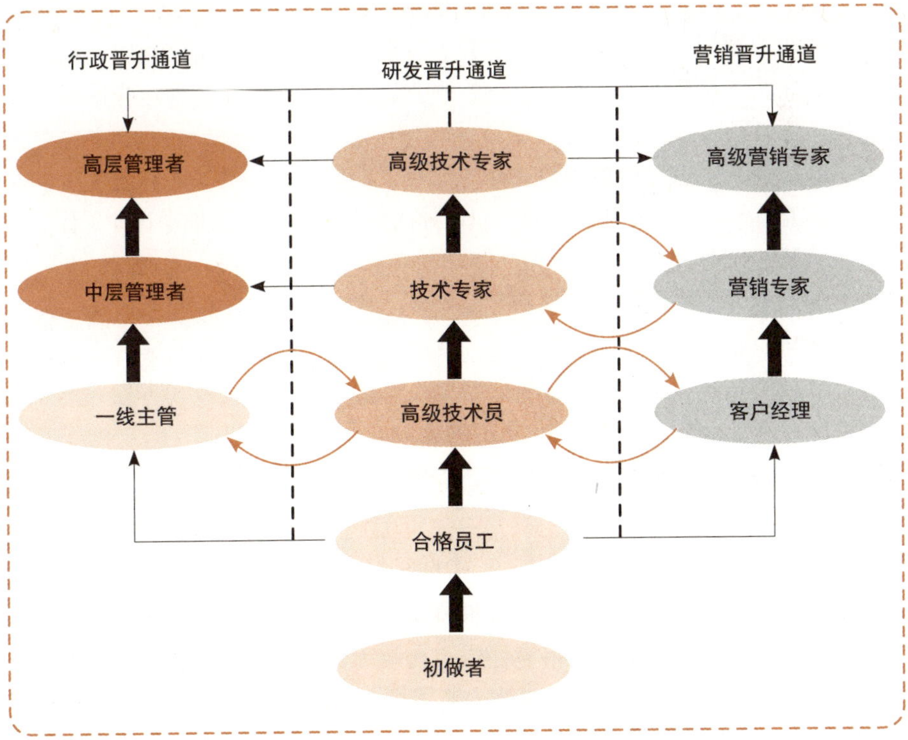

职业生涯管理和员工承诺

经济全球化带来了多方实惠。从汽车到电脑到空中旅行的产品和服务，经济全球化促进了更低的价格、更优的品质以及更高的生产力和生活标准。

但是这些进步肯定是要付出代价的。至少从短期来看，全球化带来的高效益、强制性节约和生产力改进同时也引起了大量的、正在发生的劳动力断层。对效益的追求驱使企业缩减规模，并且“使用更少的人去做更多的事”。这就推动了成千上万的公司合并，无论是大公司还是小企业，其中许多企业将目标具体指向“精兵简政”，换句话说，就是取消多余的分支和内勤业务。伴随着收购、合并和规模的缩减，越来越多的员工发现他们的岗位被取消了。

经济变化促使许多员工质疑雇主：为什么员工应该忠诚？他们可能会问：“当你再一次决定要削减成本时就会把我解雇，那我还应该对你保持忠诚吗？”

当今聪明的员工倾向于把自己想象成一个自由的代理人，既准备着好好工作，又准备着下一次跳向另一家单位的职业变动。原来存在于员工与雇主之间的“心理契约”有点像“尽你最大的努力对我们忠诚，这样我们就包管你的职业”。而现在已经变为“尽你最大的努力，只要你在这儿一天，就要对我们忠诚，并且我们会提供给你工作变动和拥有成功的职业所需要的发展机会”。在这种情形下，雇主会考虑怎样做才能维持对员工的承诺，从而最小化自愿离职率，最大化员工的努力程度。

雇主的职业规划和开发程序在此过程中可以也应该起到重要的作用。正是通过这个过程，雇主支持员工努力开发可行的职业目标，并开发为实现这些目标所需要的技能和经验。

雇主的职业开发过程应该传递这样的信号，即雇主关心员工的职业成功，因此应该得到员工的忠诚。职业开发计划和职业导向的考核可以帮助推动这项工作。

1. 职业开发计划

更多的雇主开始提供职业规划和开发服务。职业研讨会使用职业指导工具来帮助员工确定与职业相关的技能和他们的开发需求。这个研讨会帮助员工评价自己和开发员工自己的职业潜能。职业分析会帮助员工确定自己的优势和劣势——首先员工作自我评价，然后团队会再次评价员工的能力。

报销补助学费和其他的开发性措施，同样是辅助员工开发他们力争上游所需的技能的有效方法。

职业开发计划可以巩固员工的承诺。下面是一位员工所说的：

现在我是一名装配员，担任一个团队的领导已经两年半了。我的目标是进入我们的人事系统。我知道事情有些困难，但是我知道，公司会留意我们——他们想让人们充分发挥潜能。在这里，我知道我会尽我所能地表现。这就是我如此忠诚于公司的原因。

2. 职业导向的考核

每年或半年的考核提供了绝好的讨论与职业相关事项的机会。绩效考核不应该只是告诉员工做得怎么样，还要提供一个完美的时机将员工的绩效表现、职业兴趣和发展需求与连贯的职业规划联系起来。制订一个有效的绩效考核表格有助于推动此过程，帮助经理和员工将一年的基于绩效的经验转换成切实的职业开发规划和目标。

职业生涯开发的意义

职业生涯开发是指为了获得或改进个人与工作有关的知识、技能、动机、态度、行为等因素，以利于提高其工作绩效、实现其职业生涯目标的各种有目标、有计划、有系统的努力。职业生涯开发对个人和组织都具有特别重要的意义。

对员工的意义

1.提升个人工作满足感
2.获得个人潜能充分发挥的机会
3.工作更具有意义，提高个人工作生活质量
4.提早为职业生涯发展做准备
5.对未来更具有方向性

对组织的意义

1.提升企业的生产力
2.改善员工工作态度
3.员工具有忠诚度
4.发展与提升企业内部员工
5.降低员工离职率
6.增进组织绩效
7.拥有随时准备好的员工

第六章

绩效考核的五大运动

考核认知运动——总揽绩效考核

绩效考核通常也称为业绩考评或“考绩”，是针对企业中每个职工所承担的工作，应用各种科学的定性和定量的方法，对职工行为的实际效果及对企业的贡献或价值进行考核和评价。它是企业人事管理的重要内容，更是企业管理强有力的手段之一。业绩考评的目的是通过考核提高每个个体的效率，最终实现企业的目标。在企业中进行业绩考评工作，需要做大量的相关工作。首先必须对业绩考评的含义作出科学的解释，使得整个组织有一个统一的认识。

绩效考核是现代组织不可或缺的管理工具。它是一种周期性检讨与评估员工工作表现的管理系统，是指主管或相关人员对员工的工作作系统的评价。有效的绩效考核，不仅能确定每位员工对组织的贡献或不足，而且可在整体上对人力资源的管理提供决定性的评估资料，从而可以改善组织的反馈机能，提高员工的工作绩效，更可激励士气，也可作为公平合理地酬赏员工的依据。

绩效考核的种类：

1. 按时间划分

（1）定期考核。企业考核的时间可以是一个月、一个季度、半年、一年。考核时间的选择要根据企业文化和岗位特点绩效选择。

（2）不定期考核。不定期考核有两方面的含义，一方面是指组织中对人员的提升所进行的考评，另一方面是指主管对下属的日常行为表现进行记录，发现问题及时解决，同时也为定期考核提供依据。

2. 按考核的内容分

（1）特征导向型。考核的重点是员工的个人特质，如诚实度、合作性、沟通能力等，即考量员工是一个怎样的人。

（2）行为导向型。考核的重点是员工的工作方式和工作行为，如服务员的微笑和态度、待人接物的方法等，即对工作过程的考量。

（3）结果导向型。考核的重点是工作内容和工作质量，如产品的产量和质量、劳动效率等，侧重点是员工完成的工作任务和生产的产品。

3. 按主观和客观划分

（1）客观考核方法。客观考核方法是对可以直接量化的指标体系所进行的考核，如生产指标和个人工作指标。

（2）主观考核方法。主观考核方法是由考核者根据一定的标准设计的考核指标体系对被考核者进行主观评价，如工作行为和工作结果。

员工的绩效考评过程一般可以分成以下 4 个阶段：

第一阶段是建立绩效考评标准。建立绩效考评标准是企业的一项基础工作。绩效考评标准的确定也是以职务分析为基础，职务分析的结果决定了绩效考评的标准。

引进绩效管理，提升企业绩效

绩效管理是指管理者与员工之间就目标与如何实现目标达成共识的基础上，通过激励和帮助员工取得优异绩效从而实现组织目标的管理方法。其目的是持续提升个人、部门和组织的绩效。

绩效管理的过程

- 绩效计划 —— 制定绩效目标计划及衡量标准
- 绩效辅导 —— 会议式辅导；非正式辅导
- 绩效评价 —— 对员工工作绩效进行公平客观的综合评价，并找出需要改进的地方
- 以考核为基础的个人回报 —— 工资、奖金、股权、福利、机会、职权等

建立明确的切实可行的绩效指标体系是做好绩效管理的关键。因此，用于衡量工作人员工作绩效表现的指标应尽量量化。

第二、第三阶段分别为确定绩效考评的内容和实施绩效考评。一般来说，员工绩效考评的内容主要侧重于工作实绩和行为表现两个方面，由有关人员对被考评员工的实际成绩和表现作客观的记录，并确定在不同的指标上的成绩水平。

第四阶段是确定评语及改进措施。该阶段对被考评员工工作综合评定，确定最后的评价等级，并指出其优缺点和制订改进方案。

考核热身运动——构建绩效考核体系

绩效考核体系是由一组既独立又相互关联并能较完整地表达评价要求的考核指标组成的评价系统。绩效考核体系的建立，有利于评价员工工作状况，是进行员工考核工作的基础，也是保证考核结果准确、合理的重要因素。考核指标是能够反映业绩目标完成情况、工作态度、能力等级的数据，是绩效考核体系的基本单位。

绩效考核体系一般由四部分构成：

（1）业绩考核。通过设定关键业绩指标，定期衡量各岗位员工重要工作的完成情况。

此类考核主要在管理人员中进行，其中部门经理在季度考核和年度考核的指标是不同的。

经理以下其他管理人员只需在年度进行考核，分为硬指标（即定量指标）与软指标（即定性指标）两类。

（2）计划考核。即计划完成情况的考核，在每个月度和季度动态衡量岗位员工的努力程度和工作效果；在部门经理的考核中，季度和年度计划完成情况的考核又称为“部门业绩考核”。

（3）能力态度考核。衡量各岗位员工完成本职工作具备的各项能力，对待工作的态度、思想意识和工作作风，每年度进行一次。

（4）部门满意度考核。主要考核公司各部门在日常工作中的配合和协调情况与效果，每季度进行一次。

以上四部分内容，在不同的考核周期，针对不同的考核对象，分别进行不同的组合和不同的考核权重。

企业的绩效体系设计步骤（绩效体系设计八步法）：

第一步：工作分析。

工作分析是企业管理和人力资源管理的基础，通过工作分析，能得出各岗位的工作内容、.

工作内容量化要求、工作的重要性，这些都是绩效考核的重要依据文件。

第二步：列出绩效指标库。

第三步：设定目标值要求。

第四步：找出品行指标。

第五步：设计绩效考核表。

第六步：薪酬与绩效相结合。

第七步：形成绩效考核制度。

第八步：推行绩效考核。

通过构建绩效考核体系，要使企业达成以下目标：

（1）通过实施战略导向的目标管理，建立科学的目标分解系统，将考核指标与部门职责、岗位职责相关联，保证员工实际行动与核心价值取向和公司整体战略目标相一致。

（2）通过规范化的考评标准设定、全过程沟通反馈与多级绩效审查系统，管理和评估组织与个人的绩效结果以及关键影响因素。

优秀绩效考核体系应具备的特征

绩效管理体系对于企业发展非常重要，有效的绩效管理能激发员工的工作潜能、使组织运转通畅、促进组织长短期目标的完成；无效的绩效管理则会带来很多问题。一般来讲，优秀的绩效体系应具备以下特征：

1.恰当的激励机制

2.正激励和负激励要平衡使用

3.具有相对完善的管理体系

4.具备较强的执行力

5.结果考核和过程控制并重

6.注重管理者和员工的互动和责任共担

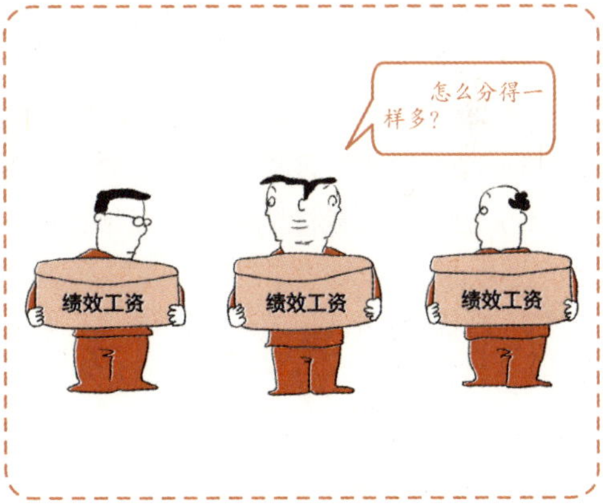

绩效管理的立足点在于激励，没有激励作用的考核机制一定是失败的。

（3）通过全面、系统的绩效反馈和考评结果应用，强化绩效改进、管理改进措施的贯彻与落实，帮助每个员工提升工作绩效与工作胜任力，进而提高组织整体工作效能。

（4）通过体系试运行和跟踪辅导，使各级管理者真正意识到绩效管理的作用，掌握绩效管理的方式方法，提高各级管理者的领导水平，促进管理者与员工之间的沟通与交流，提升企业基础管理能力。

（5）依靠制度性的规范与约束，建设以业绩为导向的企业文化，激励各级员工开发潜能，帮助员工提高绩效创造能力。

考核进行运动——实施考核

到目前为止，国内真正能够有效地让“绩效管理”发挥效果的企业，可以说凤毛麟角。原因何在呢？当然是在认知、目的与操作方式上，都存在严重的错误。

首先，管理者们要明白，绩效考核与绩效管理不是同一件事情。绩效考核只是绩效管理的一项重要工作，但不是全部的工作。许多企业往往认为绩效考核就是绩效管理。

其次，我们要对“绩效管理”的目的一清二楚。绩效管理的目的有下列几项：

（1）实现企业的战略发展目标，并且能随需而变。

（2）在实现企业目标的原则下，平衡各项业务发展。

（3）对于执行业务的员工，分别给予公平合理的执行力评价（绩效考核）。

（4）从绩效考核的结果，进行绩效分析，找出企业的弱点与优势。

（5）通过绩效沟通的手段，解决员工执行力的障碍，并加以排除。

（6）定期召开绩效管理会议，检讨制度上的缺陷、操作的缺点、相关事项的改进。

（7）采取 PDCA（Plan Do Check Act）的循环方式，不断完善绩效管理体系运作。

最后，就是绩效考核的“操作方法”了，这也是多数企业找不到头绪的问题。虽然都有一套“理论上”的考核制度，但是实施后的效果，不但达不到预期的目的，反而引来一大堆负面的问题，尤其是员工的抱怨与抗拒。

以“平衡计分卡”的考核模型来说，其实懂得原理的人已经不多，在这些自认为了解的少数人中，真正会操作的更是少之又少。即使是较为简单的“目标管理”式的考核制度，也只能针对特定的目标进行评价，无法达到整体的平衡管理，最后依然是无法达到企业绩效管理的目的。而且这世界上，没有单项的模型可以用来操作绩效考核，因为它们都有不足与缺陷，一定要采用“主要模型”+“配套模型”的“综合模型”才有可能达到取长补短的效果。

最正确的绩效考核操作方式，必须掌握下列法则：

（1）先判别自己的企业属于什么层次（管理制度与实践都很卓越，或不一致，或皆有明显缺陷）。

（2）判别企业目前的行政效率程度（完全自动化、局部自动化、基本手工化）。

（3）按照企业的现状，采用不同的绩效考核模型（平衡记分卡综合型、目标管理综合型、异常管理综合型）。

（4）一切的运作，必须采用自动化（电脑化操作）。

（5）不能忽略"定性"的考核，定性的原则也要合理。

360度绩效考核

360度绩效考核是绩效考核方法之一，最早由Intel公司提出并加以实施。360度绩效考核特点是评价维度多元化（通常是4或4个以上），适用于企业战略、组织结构和人员相对稳定的企业对中层以上的人员进行考核，对于创业型、成长型企业来说，需要谨慎使用。

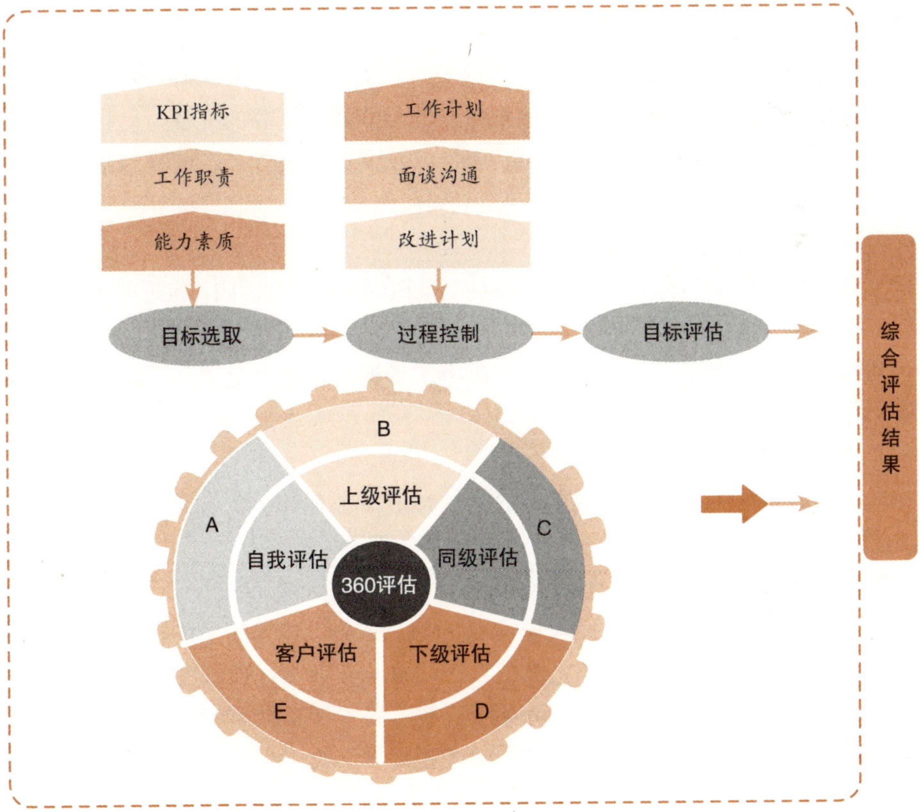

（6）考核的项目、评分方式、阶段性标准，都要符合“合理性”和“可操作性”。

（7）考核的结果，必须与员工利益结合，产生“棒子”与“胡萝卜”的效应。

（8）要经过试算、试运行、调整期几个阶段，最后进入常规的 PDCA 状态。

考核跟进运动——绩效反馈

绩效反馈是绩效管理过程中的一个重要环节。它主要通过考核者与被考核者之间的沟通，就被考核者在考核周期内的绩效情况进行面谈，在肯定成绩的同时，找出工作中的不足并加以改进。绩效反馈的目的是让员工了解自己在本绩效周期内的业绩是否达到所定的目标，行为态度是否合格，让管理者和员工双方达成对评估结果一致的看法。双方共同探讨绩效未合格的原因所在并制订绩效改进计划，同时，管理者要向员工传达组织的期望，双方对绩效周期的目标进行探讨，最终形成一个绩效合约。由于绩效反馈在绩效考核结束后实施，而且是考核者和被考核者之间的直接对话，因此，有效的绩效反馈对绩效管理起着至关重要的作用。

管理者在做绩效反馈时要谨记以下这几个必不可缺的步骤：

1. 反馈前做好充分的准备

“凡事预则立，不预则废”，如果在反馈前能做好充分的准备（包括了解员工的基本情况，安排好反馈面谈的时间、地点以及大致程序等），就可以很好地驾驭整个反馈面谈过程。

2. 与员工建立融洽的关系

不要让员工觉得有压力，比如可以谈谈与反馈内容无关的话题，拉近彼此的距离。

3. 以事实为依据

对事不对人非常关键，反馈尽量拿出事实依据来，就事论事。不要伤害员工的人格和尊严。

4. 肯定成绩

对员工表现好的地方一定要给予充分的肯定，这有利于增强员工的自信和消除员工的紧张心理。

5. 差别化对待

不同类型的员工反馈的重点应该不同，对工作业绩和态度都很好的员工，应该肯定其成绩，给予奖励，并提出更高的目标；对工作业绩好但态度不好的员工应该加强了解，找到态度不好的原因，并给予辅导；对工作业绩不好但态度很好的员工应该帮助分析绩效不好的原因，制订绩效改善计划；对工作业绩和工作态度都不好的员工则应该重申工作目标，把问题的严重性告知对方。

好的方法更需要有好的原则进行约束：

1. 经常性原则

绩效反馈应当是经常性的，而不应当是一年一次。这样做的原因有两点：首先，管理者一旦意识到员工在绩效中存在缺陷，就有责任立即去纠正它。如果员工的绩效在1月份时就低于标准要求，而管理人员却非要等到12月份再去对绩效进行评价，那么

应如何进行绩效反馈

绩效反馈主要是指组织者、考核者、被考核者之间的沟通。根据绩效管理循环，将绩效沟通分为三个沟通过程：绩效计划沟通、绩效实施沟通和绩效结果沟通。

绩效沟通的三个过程

一、绩效计划沟通

这个过程主要涉及组织者、考核者和被考核三者之间的沟通。

二、绩效实施沟通

这个过程主要是考核者与被考核者之间的沟通。

三、绩效结果沟通

这个过程主要是考核者或管理者与被考核者之间的沟通。

这样的人	怎么谈
◎ 优秀的下级	· 鼓励；制订发展计划；莫急于许愿
◎ 绩效差的下级	· 具体分析原因；不要认准是个人问题
◎ 年龄大、工龄长的下级	· 尊重；肯定贡献；耐心而关切；为其出主意
◎ 沉默内向的下级	· 耐心启发；提非训导性的问题
◎ 发火的下级	· 耐心听完；尽量不要马上争辩

不同的人要采用不同的绩效沟通方式

这就意味着企业要蒙受11个月的生产率损失。其次，绩效反馈过程有效性的一个重要决定因素是员工对于评价结果基本认同。因此，考核者应当向员工提供经常性的绩效反馈，使他们在正式的评价过程结束之前就基本知道自己的绩效评价结果。

2. 对事不对人原则

在绩效反馈面谈中双方应该讨论和评估的是工作行为和工作绩效，也就是工作中的一些事实表现，而不是讨论员工个性特点。员工的个性特点不能作为评估绩效的依据，比如个人气质的活泼或者沉静。但是，在谈到员工的主要优点和不足时，可以谈论员工的某些个性特征，但要注意这些个性特征必须是与工作绩效有关的。例如，一个员工个性特征中有不太喜欢与人沟通的特点，这个特点使他的工作绩效因此受到影响，这样关键性的影响绩效的个性特征还是应该指出来的。

3. 多问少讲原则

发号施令的经理很难实现从上司到“帮助者”“伙伴”的角色转换。我们建议管理者在与员工进行绩效沟通时遵循 20／80 法则：80%的时间留给员工，20%的时间留给自己。而自己在这 20%的时间内，可以将 80%的时间用来发问，20%的时间才用来“指导”“建议”“发号施令”。因为员工往往比经理更清楚本职工作中存在的问题。换言之，要多提好问题，引导员工自己思考和解决问题，自己评价工作进度，而不是发号施令，居高临下地告诉员工应该如何做。

4. 着眼未来的原则

绩效反馈面谈中很大一部分内容是对过去的工作绩效进行回顾和评估，但这并不等于说绩效反馈面谈集中于过去。谈论过去的目的并不是停留在过去，而是从过去的事实中总结出一些对未来发展有用的东西。因此，任何对过去绩效的讨论都应着眼于未来，核心目的是为了制订未来发展的计划。

5. 正面引导原则

不管员工的绩效考核结果是好是坏，一定要多给员工一些鼓励，至少让员工感觉到：

虽然我的绩效考核成绩不理想，但我得到了一个客观认识自己的机会，我找到了应该努力的方向，并且在我前进的过程中会得到主管人员的帮助。总之，要让员工把一种积极向上的态度带到工作中去。

6. 制度化原则

绩效反馈必须建立一套制度，只有将其制度化，才能保证它能够持久地发挥作用。

考核提升运动——考核结果应用

很多企业并未充分应用考核结果来改善工作，且形式上较为单一。考核作为一种激励手段，其结果主要被应用于发薪（奖金、股权）、调薪（工资、福利）、调职（晋升、降职、淘汰、轮岗），在一些做得更好的企业，则被应用于培训需求分析和员工工作改善反馈。

由此来看，现阶段，企业利用考核结果存在两大局限，一是脱离业务流程和管理流程；二是只被人力资源部应用于人力资源管理领域。那么，如何充分利用考核信息呢？我们试从以下 4 个方面完善。

1. 让非人力资源部门分享考核信息

企业偏好依据考核结果施行奖惩措施，如调薪调职、向员工施予动力和压力。为了保护考核施测者，人力资源部一般会对考核结果严加保密。因此，两者使得考核结果限于人力资源部应用于人力资源管理领域。作为企业管理最关键的监控反馈系统之一，考核获得的信息还有助于企业文化建设、经营绩效分析、业务流程管理等。如态度指标，通过纵向分析可以获得决策层、管理层、执行层不同的文化认同、行为表现、需求重点等信息，通过横向分析可以获得不同文化理念、意识的接受程度、贯彻力度等信息，从而有针对性地采取措施调整企业文化建设策略。人力资源部应将考核信息主动编辑或应要求整理成电子文本（起保密作用），发送相关部门支持其改善工作。

2. 选择淘汰员工还是淘汰职位

很多企业有淘汰员工的规定，但缺乏淘汰职位的规定。业绩不佳的原因是多方面的，其一如人才错位；其二如业务流程不合理，职位设计不当。传统管理理论认

绩效考核结果的一般应用

绩效考核作为有效的管理工作，是过程而不是目的，最终要将结果予以应用，要与人力资源管理决策挂钩。

提示

考核后需要在奖惩上跟上，没有实惠的东西员工是不会主动自觉去做的

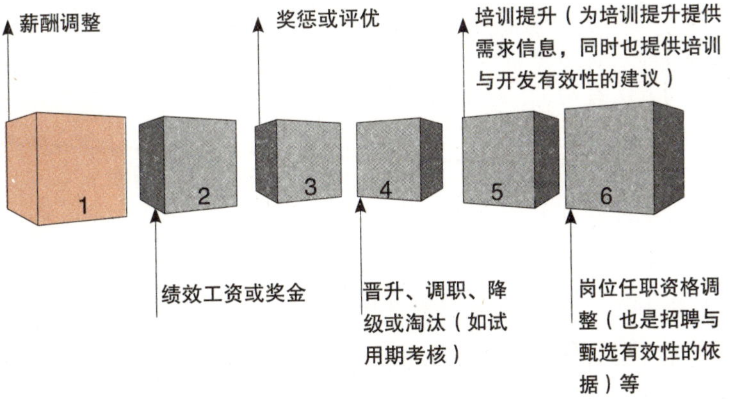

为不能因人设职，人性化管理思想则强调不仅工具、职场要符合人体机能和个人心理、习惯，职位设计也要有利于发挥个人的能力。原因很简单，职位不能脱离人而存在，无论是职位设置还是职位设计，都要符合人事匹配原理。所以，如果业绩不佳是因为职位设计不合理的原因，则应该淘汰职位，进行职位再设计。

3. 优化流程，改善制度

亚当·斯密分工理论促进社会大分工的产生，在经济领域和管理领域都具有深远的影响。对于考核，我们很直接地应用“部门观点”看待，分工思想严重，主要表现为一是员工考核结果只影响个人不影响流程；二是实施组织考核，关注部门和职能模块的运作情况，责任和改良工作往往也只落实到单一的某个部门或个人。所以，很多现有考核体系关注部门和个人，忽视流程和制度，造成所谓“耕自留地”现象、“踢皮球”现象。

利用“流程观点”看考核，符合价值链管理思想，亦能配合公司企业资源计划、供应链管理、客户关系管理、产品数据管理等管理系统的优化，不仅能提升个人能力，也能够提升流程能力。如何应用考核信息优化流程改善制度？建议业务部门重点分析业务流程，参谋部门重点分析管理制度（支持流程）。适当的方法是业务部门组成“业务组”负责本业务流程中各任职者考核结果分析，参谋部门共同组成“管理组”参与所有业务流程及其管理制度分析。业务组和管理组共同设计访谈纲要开展访谈调研，此时一般不必再设计流程考核量表，以减少管理成本。业务组着重分析流程的效率、信息、成本、质量等，重点关注流程内接口和流程操作性；管理组着重分析管理制度能否配合业务流程增长价值、积累经验、规避风险，整合不同业务流程，保证流程运行和管理的系统性，重点关注（业务）流程间接口和管理制度的支持作用。考核结果应用于流程优化与制度改善，使考核结果不仅有效提升个人能力，更有效提升流程运作能力。

4. 积累经验，开发培训教材

善于学习的企业更容易成功。考核通过筛选、整理、分析工作中的成功案例和失败案例，总结企业的经验教训，可以确定教材开发与能力培养的重点。开发培训教材的方法有两种：一是利用“业务组”和“管理组”分析总结的材料开发；二是组织考核成绩处在最优档、不合档、典型事件参与者分享成功经验，总结失败教训，在此过程中，须注意的是要采取保密措施保护不愿公开身份的员工。利用考核结果开发培训教材不仅是一种好的激励、鞭策方法，更是企业能力、态度培训最好的教材。考核结果是理清企业成功要素的主要依据，所以利用考核结果开发教材更重要的意义在于，它能够有针对性地培养企业核心竞争能力。

综上所述，有效应用考核结果，在方法上要求形式多样，内容整合，在操作上要求关联部门关注流程，通力合作，两者才可能改善工作。

第七章

最优化的薪酬设计

基于战略导向的薪酬体系

战略层面是薪酬管理体系设计的整体指导思想，企业战略驱动人力资源战略，进而影响薪酬战略；制度层面是薪酬管理体系设计的具体内容，包括薪酬结构、薪酬水平、奖金、福利等，确保薪酬的内部公平性、外部竞争性、激励性、管理的可行性，体现员工的贡献和价值；技术层面主要是薪酬管理体系设计所涉及的一些具体技术方法，如外部市场薪酬调查、职位分析、职位评价、薪酬水平的确定、薪酬构成的比重等。

一方面，从战略的视角来看，通常来说，企业战略对薪酬管理有如下影响：

（1）战略决定了组织内员工的结构类型、数量和素质，从而决定了薪酬的支付对象和支付规模。

当某个企业处于发展期，此时强调以营销为战略重点，那么这个阶段营销人员所占的比重相应较大，而营销人员也将成为企业激励的重点对象。又如当某企业实施纵向一体化战略时，那么新业务的扩张必然要求配备一定数量和素质的相对应的专业背景的人员，从而影响薪酬的支付对象和支付规模。

（2）战略决定企业薪酬水平与外部市场工资水平的关系，企业要根据战略需要对企业的薪酬支付水平进行定位。

企业薪酬水平的定位分为3类：一类是领先策略，就是企业支付的薪酬水平高于市场平均工资水平；二类是匹配策略，是指企业支付的薪酬水平等同于市场平均工资水平；三类是滞后策略，是指企业支付的薪酬低于市场平均工资水平。

一般来说，企业的支付能力、企业所处的发展阶段和企业所属的行业性质会在一定程度上决定企业支付薪酬的水平。

这里需要特别注意的是：企业采取何种战略也会影响企业薪酬水平定位。企业的战略类型包括：增长型战略、稳定型战略、紧缩型战略。当一个企业采取的战略为增长型战略时，则其薪酬水平势必采取领先型策略，以此来吸引更多的优秀人才，不断扩大企业的业务和规模，增强企业的核心竞争优势。所以，企业的战略会对企业的薪酬水平定位造成直接的影响。

（3）不同层级的员工承担的战略责任不同，因此支付的薪酬也存在着差异。

战略责任是一个重要的付酬因素。一般来说，组织中层级越高的员工，其承担的战略责任也越大，那么其薪酬中的与战略因素相关联的比重就越高。如高层管理人员的薪酬中，与战略责任相挂钩的比重就相对较高，可能其70%的收入要与企业的战略目标实现与否相挂钩，而中层管理人员则有50%的收入与企业的战略目标实现与否相挂钩。

（4）战略影响着组织薪酬结构的设计。

组织的战略影响和决定薪酬结构的设计，从而确保薪酬结构与组织战略保持一致，实现薪酬结构的内部公平性，推动战略有效实施。

薪酬结构的设计有两种：注重等级的薪资结构和注重平等的薪资结构。前者往往等级较多，级差较小；后者等级较少，相邻等级的最高薪酬和最低薪酬之间的差距较大。

注重等级的薪酬结构强调的是：职位的晋升能够对员工起到良好的激励作用。这种薪资结构承认员工之间技能、责任和对组织贡献的差别。一些以成本控制为重点、以顾客为中心、强调标准化流程作业和资历的传统企业里，很多都会用等级薪资结构。注重平等的薪资结构中，每个等级界定的工作任务和职责范围就更为宽泛，从而使得员工拥有更大的决策自主权。注重平等的薪资结构强调的是：所有的员工都应平等对待，越平等则越能提高员工的满意度，从而形成企业内的工作团队，提高组织绩效。

在强调创新和市场快速应对的今天，宽带薪酬作为一种与组织扁平化、流程再造、团队工作、能力导向等战略相匹配的新型的薪酬结构应运而生。宽带薪酬最大的特点就是压缩级别，强调用较少的工资等级、较大的工资级差来代替传统的工资等级，将传统的十几个等级甚至二三十个等级压缩成几个级别，并将每个级别的薪酬范围拉大，从而形成一个新的宽带化的薪酬结构，以适应当前激烈的市场竞争和业务发展的需要。宽带的薪酬结构多用于重视创新和实施差异化战略的高新技术企业与大型集团化公司。

（5）战略确定企业的核心能力和核心人力资源，而核心人力资源则是企业激励的重点。

根据企业战略和发展需要，可以对企业内部各层各类的人才进行价值排序，从而确定企业的核心人力资源。根据管理学的二八定律，企业中20%的人才创造了80%的价值。因此关注企业中20%的核心人才，通过对他们进行重点激励，最大限度地发挥他们的工作积极性和创造性，这是企业薪酬体系设计关注的重点。

（6）战略确定企业薪酬激励的方向和重点。

不同的战略目标和重点工作会导致不同的激励方向，从而决定着企业薪酬战略激励的重点。如某企业决定当前的战略目标和重点工作是提升产品品质，则企业会

基于战略的结构化薪酬体系设计模型

基于战略性导向的薪酬体系，是指能提高员工的工作积极性并促进其个人发展，同时使员工的努力与组织的目标、理念和文化相符的薪酬体系。它是将企业薪酬体系的构建与企业的发展战略有机结合起来，使企业薪酬体系成为实现企业发展战略的重要杠杆。

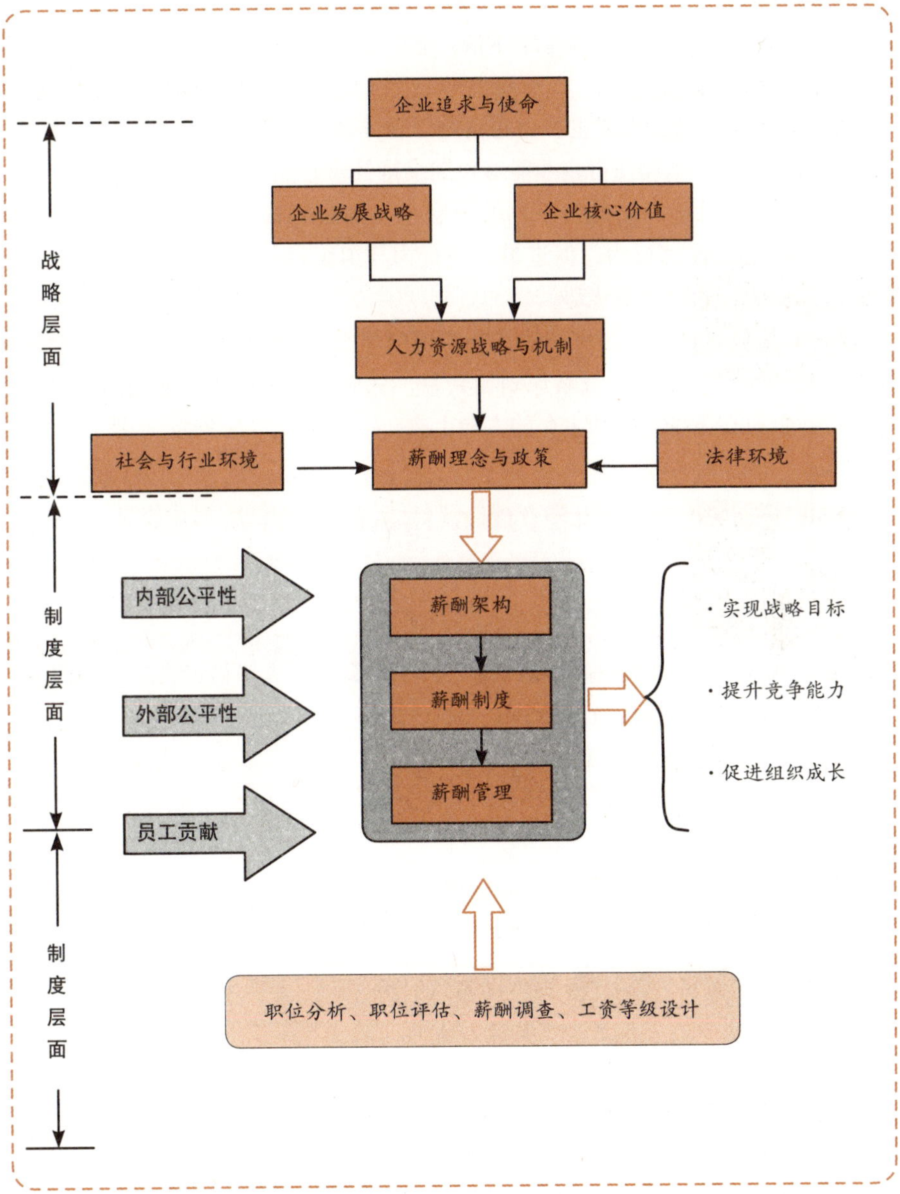

鼓励员工优化研发设计工作、加强品质管理人员对产品的检验工作、提高生产人员的操作技能，这些人员都是激励的重点对象。又如某企业决定当前的战略目标和重点工作是要提高某种产品的市场份额，则企业会鼓励销售人员去积极开拓市场，而此时对销售人员的激励是薪酬战略的重点。

另一方面，从薪酬管理体系的视角来看，一个优秀的薪酬战略和薪酬管理体系设计能够从以下几个方面来推动企业战略的有效实施：

（1）通过设计高效的薪酬管理体系，能够帮助企业有效地控制人力成本，从而保持企业的成本竞争优势。

（2）通过设计具有外部竞争力的薪酬管理体系，能够帮助企业吸引、保留和激励其核心人力资本，从而使得企业能够长期维持其核心能力的优势。

（3）通过设计确保内部公平性的分层分类的薪酬管理体系，能够有效激励员工，改变员工的态度和行为，促进员工的行为与组织目标保持一致，从而推动企业战略的有效实施，赢得竞争优势。

（4）薪酬管理体系向员工传达了在组织中什么是有价值的行为，一个设计良好的薪酬管理体系直接与企业战略规划相联系，从而使员工能够把他们的努力和行为集中到帮助企业在市场竞争和生存的方向上去。

基于职位的薪酬体系设计6步法

1. 工作分析

（1）工作分析定义。

核心是解决“某一职位应该做什么”和“什么样的人来做最合适”的问题。主要成果为职位说明书与任职资格。

（2）与工作分析相关的概念。

工作要素、任务、职责、权限、任职资格、业绩标准、职位、职级、职位序列。

（3）确定不同工作分析导向的信息收集侧重点。

事实上工作分析的目标不同，要求工作分析所要收集的信息的侧重点也不同。

（4）工作分析的方法。

①问卷调查法。

②现场工作日记 / 日志法。

③访谈法。

④观察法。

⑤典型事例法。

实践中，往往是将访谈法和问卷调查法结合起来使用效果更佳。

（5）职位说明书的编写。

通常职位说明书包含基本信息、职位工作目标、职责与工作任务、权限、工作协作关系、任职资格要求、工作环境与特征。

2. 职位评价

职位评价方法分为定性和定量两种。定性评估法又分为两种：一是排序法，二是简单分类法。排序法是根据职位对公司的价值贡献大小或根据它们的相对价值进行排列。简单分类法是通过界定的事先等级来进行分类的评估方法。定量评估法是首先寻找到一套等级评价的尺度，并以这个尺度来确定一个职位价值的高或者低。也分为两种：一是要素比较法，二是要素计点法。要素比较法首先要确定标准职位，然后将被评价职位根据一定的要素进行分析比较，评估出被评价对象在各个方面的货币价值，最后以货币为单位直接确定不同职位之间的相对价值顺序的评价方法。要素计点法是现在采用较为广泛的方法，这种方法要求首先确定评价的要素，然后将不同的要素划分为不同的等级，并赋予不同的点数。

根据职位进行各个要素的打分，并最终将这些要素分数汇总起来，得到职位的点数。

3. 薪酬调查

薪酬调查步骤1：明确薪酬调查的目的。

薪酬调查步骤2：界定劳动力市场。

薪酬调查步骤3：选择调查的职位。

薪酬调查的原则是比较组织内外相同职位的类似点，而非差异点。通常来说调查的对象是那些相似的领域或相对稳定的职位、企业。

薪酬调查步骤4：确定要调查的内容。

调查内容取决于调查的目的和调查中所包含的企业与职位。

薪酬调查步骤5：实施薪酬调查。

薪酬调查步骤6：分析调查结果。

在对调查数据进行纠正整理的基础上，得出被调查的劳动力市场的薪酬分布的情况。通常薪酬调查数据的统计分析方法有：数据排列法、频率分析法、居中趋势分析法、离散分析法、图表分析法、回归分析法。

薪酬调查步骤7：绘制市场薪酬曲线。

通过职位评价后得到企业的职位等级结构，通过薪资调查得到基准职位的市场薪资率。假如以职位评价后的等级结构的点数为横坐标，以市场薪资（货币价值）为纵坐标。两者形成市场薪酬曲线图。

4. 薪酬水平定位

实践中，优秀公司较之同行业的其他公司而言，通常会提供高于市场平均水平的薪酬总额。但是，优秀公司提供的基本工资大多数等同于市场平均工资水平，只

基于职能的宽带薪酬

宽带薪酬，是指在企业（组织）内用少数跨度较大的工资范围来代替原有数量较多的工资级别的跨度范围的一种薪酬结构。

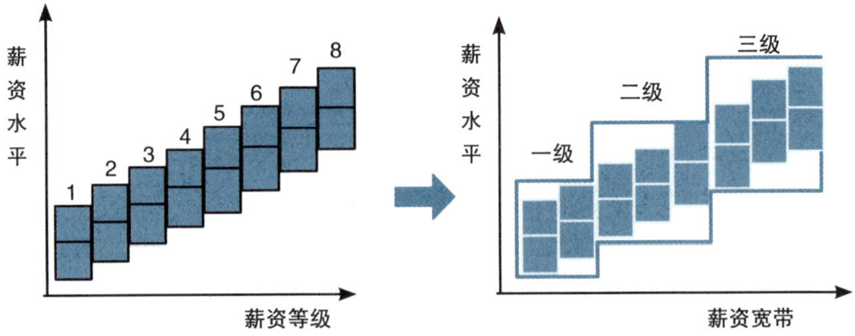

宽带化薪酬管理模式与传统薪酬管理模式的区别

栏目 \ 区别 \ 模式	宽带化薪酬管理	传统基于职级的薪酬管理
价值理念	基于职能 强调任职能力 更多关注动因	基于岗位 强调岗位价值 更多关注结果
相对优点	灵活方便的个人薪酬增长 引导员工提升任职能力 有利于职位轮换 淡化了等级观念	有明确标准 更易操作 反映对企业的直接贡献
相对弱点	缺乏明确标准 操作上更依赖操作者主观因素	比较僵化 忽略员工能力因素 限制了岗位之间的轮换 导致工作间的等级观念

不过这些优秀公司将公司的整体业绩跟员工个人的绩效紧密相关联，当这些优秀公司取得很好的业绩时，它同时也为员工提供相对高一些的奖金。即任何一家优秀企业，应该构建基于业绩与能力的薪酬分配系统。

5. 薪酬结构

实践中，我们在设计薪资结构时，一般不直接确定薪资的最小值和薪资的最大值，而是确定该薪资的浮动幅度（带宽），再根据浮动幅度（带宽）和中点值计算出每个薪资的最小值和最大值。

6. 薪酬结构的管理机制

薪酬结构的管理机制主要包括两个方面：

（1）入轨机制。就是现有人员和新进员工如何进入这样的薪酬框架，入轨机制中很重要的一个工作就是如何给员工核薪。

（2）调整机制。如何根据业绩、能力和资历的变化以及其他因素来对员工的薪酬进行调整，调整机制中很重要的一个工作就是如何给员工调薪。

奖励制度应避免8大误区

心理学认为，奖励比惩罚更有效。必要的奖励，能调动人的积极性，激发工作热情，所谓“重赏之下必有勇夫”，所以不少企业将奖励作为一项重要的激励措施来抓。然而，奖励不当，也会反受其乱。常言道：种瓜得瓜，种豆得豆。奖励得当，种瓜得瓜；奖励不当，则种瓜得豆。管理者实施奖励时，制定奖励制度时应避免 8 大误区。

1. 奖励表面勤奋的员工

在办公室和车间经常可以看到这样一些员工，他们早上班，晚下班，整天忙忙碌碌的，在领导面前尤为卖力，于是常因表现勤奋而得到奖励。而另一些员工，尽管较好地完成了任务，但总是按时上下班，显得不够勤奋，连领导的好感也难以得到。

效率是企业的生命。员工的勤奋应与效率相一致，如果奖励表面勤奋而实际效率低下的员工，势必会挫伤那些讲究效率的员工的积极性，他们也会有样学样，只做表面功夫、磨洋工，这样一来，企业的整体效率必然下降，企业丧失了效率，也必将失去生命。

2. 用奖励挽留跳槽者

一些企业对有跳槽倾向的员工以加奖金或晋升等方法挽留。然而，其他员工认为这些人“早晚还得走”，为何该奖的不奖，不该奖的却大大得奖呢！

企业应奖励忠诚的员工，给他们提供良好的工作环境和待遇，鼓励他们为企业多作贡献。对于打算跳槽的员工，应了解其跳槽的原因，看看有没有挽留的余地，如果确因待遇不好或无用武之地应予以改善；但若是真心要走，多高的奖金也没有用，即使留住人也留不住心。三国故事中的徐庶就是个例子。另外，用奖励挽留跳槽者，会伤了那些忠诚于企业、安心于岗位的员工的心，甚至形成不良错觉：要得到更好的待遇就要以跳槽相威胁。

3. 强调竞争，忽略团队精神

企业员工要讲究团队合作，但在制定奖励制度时，为了树典型往往只奖励团队中某一个成员，牺牲了其他人。

企业越是面临激烈竞争，越要强调团队精神。管理者绝不能奖励那些没有团队精神，只顾自己出风头、争成绩、抢奖金的人。这种人即使能暂时使企业获益，但从长远来说对企业是十分有害的。这种人往往会为了提高自己而打击别人，在同伴遇到困难时，也不会伸出援手，破坏团队协作关系。

4. 只顾全勤，不看效果

某个经营面临困境、人心浮动的公司，老板给那些坚守岗位的员工发了奖金，本以为有助安定人心，岂料却让另一些人受了伤害，一个偶然脱过岗而未得奖的骨干人员因此不辞而别。

对员工的评价，必须是全面的和系统的，不要草率地根据一两件事就对员工作出判断。管理者在处理员工问题时，一定要公平，不应有偏见和不公的言行。

5. 奖金与职务挂钩

“工作是大家的，功劳是领导的”，只要是团队中的领导，无论有无贡献、贡献如何，他的奖金都要比下属多，这严重挫伤了普通员工的积极性。

公平性是员工管理中一个很重要的原则，任何不公的待遇都会影响员工的工作效率和工作情绪，影响激励效果。取得同等成绩的员工，一定要获得同等层次的奖励，而不要简单地把奖金与职务挂钩。这样，可以鼓励员工在不晋升的情况下通过努力工作创造成绩来提高收入。

6. 将奖金当成工资的一部分

在一些公司，奖金已经成为一项固定收入，员工们把奖金当成另一种名目的工资，就像应得的权益一样，奖励失去了它应有的作用。

奖金的奖励作用在乎其浮动性，应与贡献挂钩，贡献大则奖金多，贡献小则奖金少，甚至不发奖金。否则会使员工养成“不求有功、但求无过”的墨守成规作风。

7. 奖励犹豫不决

事前说好了达成目标有奖，结果却以“研究研究”“考虑考虑”而拖延不发，从而失信于员工。

奖励要有时效性，否则会失去激励的作用。简化奖励程序，提高奖金发放效率，可让员工争取奖金的目的性更明确，工作起来更有干劲。

奖励需要讲究策略

奖励是提高管理效能不可或缺的手段，在使用奖励手段时，应当讲究技巧和策略。

1.奖励原则：用业绩说话

只有根据工作实绩发“成果奖”，才能使每个人都觉得公允合理。

2.奖励忠诚者

给忠诚的职员以更好的职位，这就等于告诉每一位职员：忠诚就会得到奖励。

3.授权奖励

有效授权可以开发下属的潜能，为他们提供个人成长、发展的机会，使他们在实践中受益。

4.提高员工精神待遇

赋予员工管理和控制自己工作自由的权力，也可以为提高员工精神待遇的满意度起到积极作用。

8. 奖励速度，忽略品质

有的公司特别欣赏工作速度快的员工，规定提前多少天完工有奖等，于是一些员工拼命加班加点，根本不关心产品质量，结果导致浪费严重。

效率是企业的生命，质量同样是企业的生命。生产力的提高并不能靠加快速度来完成。管理者应该训练员工养成品质重于速度的态度。

新进员工给付薪资的考虑因素

在进行薪酬管理时，应结合企业在册员工薪酬和各岗位特点平衡考虑，特别是新入职的员工。

1. 新员工起薪的标准

（1）考查以下几个因素：

①员工的生活费用，如果薪酬不能够让员工维持基本的正常生活，员工肯定会另谋出路。

②同地区同行业的市场行情，如果企业的起薪低于其他企业的同等水平，则会增大招聘的难度。

③新员工的实际工作能力也非常重要，在满足前两个条件的基础上，应该尽量地与公司同等能力的老员工持平，考虑到工作年限的差异，可以比老员工低一些。

（2）3 种员工的起薪确定：

①是普通的职能部门员工，比如行政文员、人事助理等。

②是企业非急需的专业技术人员，包括高级专业技术人员。

③应届大专或以上学历的毕业生。

这 3 种员工的起薪根据企业的薪酬政策就可以确定。对于能力较强的员工，可以参照当前与其能力相当员工的薪酬确定。许多企业会考虑以岗位技能作为必要的补充，同时对大专或以上学历的毕业生入职，也提供一个相应的“学历等级”工资补贴方式。

2. 对急需岗位的起薪标准问题

某企业由于需要实施一个项目，急需招聘两名技术人员。按照正常的起薪标准，该企业已经找到了一名适合的，而另一名迟迟不能招到。如果这时有一位应聘者与前面那名技术人员的各方面能力相近，但起薪却要求高出 50% 以上。该企业是否同意应聘者的起薪要求呢？

（1）相应分析：

①如果答应了起薪要求，势必让其他员工产生不满。虽然很多企业实行了薪酬保密制度，但纸里并不能永远包住火。如果这种作风形成一股势力，最终妥协的办法可能是提高相应员工的薪酬标准。

②如果不答应起薪要求，则会失去这名技术人员，给企业造成的损失会比这位员工的薪酬数额可能要多得多。

（2）有效思路和方法：

处理这类问题，可考虑采用工资加奖金的办法。企业可以许诺的方式为：如果按要求完成了项目，可以给这两名技术人员发放相应的奖金。不同的是，第二位技术人员的奖金可以提前支取，每月支取的奖金额度是他的起薪要求数额与第一位的起薪数额之差。如此方法，既可以满足第二位技术人员的薪酬要求，也不会因为起薪问题而对其他员工产生波动。但应从财务角度做好相应核算工作。

一般新员工薪酬起点，都会以当期企业薪酬管理体系所对应的级别或岗位“对号入座”，但某些特殊岗位或新增加的职位，应结合薪酬调查的评估采取中点以上的水平。

三类调薪方式

1. 绩效调薪

绩效调薪是指根据员工的绩效考核结果对其基本薪酬进行调整，调薪的周期一般按年来进行，而且调薪的比例根据绩效考核结果的不同也应当有所区别，绩效考核结果越高，调薪的比例也就越高。其建立的前提是企业必须建立起分层分类的、基于战略的关键业绩指标体系和绩效管理系统。

绩效调薪的确定涉及两个因素。

（1）员工的绩效水平的高低。绩效水平越高，调薪的量也就应该越高，绩效平平的员工不应该获得绩效提薪，应该对绩效水平差的员工的基础工资进行下调。

（2）该员工在其工资范围中所处的位置。如果该员工所获得的报酬已经处于工资范围的上端，那么为了降低企业的成本风险，其绩效调薪的量就应该比处于工资范围下端，而绩效结果与之相同的员工要低。

绩效调薪的设计可以只考虑前面一个因素，也可以两个因素同时考虑。

2. 特别调薪

特别调薪主要是指针对表现优异且对公司卓有贡献的员工进行的调薪。特别调薪应以考核为基本依据，结合员工实际工作情况进行确定。

为了使员工的薪资水平达到外部公平、内部公平及个别公平，可细分为 4 种：

（1）为达到业界薪资水平所做的调整。（外部公平）

（2）为了留住某个重要员工所做的调整。（外部公平）

（3）为符合同工同酬或最低工资的法令规定所做的调整。（内部 / 外部公平）

（4）为修正薪资低于薪资等幅下限现象时所做的调整。（个别公平）

此种调薪除了有紧急状况时可临时办理外，一般说来将跟着年度调薪一并进行调薪。

3. 晋升调薪

晋升是指企业员工由原来的岗位上升到另一个较高的岗位的过程。同样为了体现员工贡献度的增加，晋升时也会伴随着调薪，但其调幅通常依公司薪资政策而定。晋升调薪属特别预算范围，个案处理的情形较为常见，并不一定需要与年度调薪同时进行，可选择适当时机办理晋升与调薪。

晋升调薪主要适用于提升其职位或指派更加重要职责的人员，与员工的职位及管理职责挂钩。晋升调薪分为职位晋升调薪和职称晋升调薪两种形式。

第六篇

员工多样性管理

第一章

管理者与员工的5个博弈点

尖才是体制型人才，低才是改革型人才，中才是协作型人才

尖才、中才、低才，这中间，低才成为财富型的人可能性很大。因为改革需要打破常规，低才通常敢于打破规则，所以“坏学生”常常是改革型人才。

名校生会优先获得体制内的机会，如果你成绩不错、听话，则可以在体制内被优先安排。对于体制的机会，在你刚进入的时候算是好机会。但体制是刻板的、滞后于时代变化的。进入体制的好学生前进得可能没有“坏学生”快。

例如中学班上一个最顶尖的学生，十几年后，社会地位还可以，但财富水平只排中等。当年，他6门功课有5门是第一，总成绩比别人高100多分。那些没考上重点学校、重点院系的，或做公司总经理，或做政府高官，财富和地位都很突出。学校中特别顶尖的学生，最受老师喜欢的，十几年下来一比较，发现如果用财富和地位来评价，只能算中等。尖才是体制型人才，低才是改革型人才，中才是协作型人才。没什么名气的组织的老板说：我没巢，需要你来做巢。“坏学生”听了就去了，而名校学生都觉得去了受屈辱。名校生心想：咱是名校的，必须进名企。站在组织发展需要的角度来看，中才有一定能力，想法没那么过分，期望值没那么高，比较适合组织使用。中才到一个组织中，不会太个性化、太不合作。从他的心态来说，他也愿意合作。

一位管理者曾在招聘面试时遇到过这样的名校生。他问：“准备给我安排什么工作？”管理者问：“你能干什么工作？”他说：“我觉得我适合做总经理，最少副总经理吧！”名校生首先不是讲能做什么事情。他认为，有了他的学校，你就需要给他以相应的位置。皇帝的女儿不愁嫁，因为她是皇帝的女儿。而老板关心的是你能做什么事情，只要能把事情搞定，不管你是哪个学校毕业的都可以。

老板认为事情需要合适的人，人的资历要与事相匹配，名气并不重要，最重要的是适合！因为少花钱就能办成事。

人的才能各异，各有所长也各有所短。只有将人才放到最适合的职位上，才能扬长避短并充分发挥其潜能，做到“适岗适才适薪”。公司根据人才自身的素质与经验，结合企业内部的实际情况，依照企业的目标策略，给人才设置挑战性

的工作或职位，使其能够在工作中得到发展的空间，不但满足了人才自我满足、自我实现的需要，同时，也使得人才在工作中得到了锻炼，反过来也有利于企业的发展。

让合适的人做合适的事

不同的人适合不同的工作，最好的不一定是最合适的。让合适的人去做合适的事情，只有这样才能大大提高组织的效能，同时也使每个员工都能绽放出自身绚丽的光彩。

管理者应如何给员工安排合适的岗位

- 根据员工的气质类型安排工作岗位
- 根据员工的行为风格安排工作岗位
- 根据员工的兴趣爱好安排工作岗位
- 根据员工的特长安排工作岗位

每个专业人才都是顾问型人才

顾问分为名誉顾问和专业顾问。名誉顾问有3种：第一种是安排型顾问，比如，曾经是老领导、过去作出贡献的人，安排他做顾问是给点儿面子，是一种待遇。第二种是经验型顾问，比如，他在某个方面是专家，不见得经常用他，但偶尔可以听点儿意见。长期用，用不起，也用不着。主攻设计的专家在房地产公司中就是这种经验型顾问。第三种是引介型专家，他们是用来介绍人的，比如他的门生特别多，认识的人特别多。

专业顾问，分为领导所用的和为员工所用的。我们说的咨询顾问、财务顾问和法律顾问都为普通人所用。有些公司也为员工配有顾问，比如心理顾问。

有些名誉顾问是不切实际的。通常顾问等于名人，名人通常是非专业的。名人通常贡献社会联系，名人重复使用率非常高。

有些顾问只是列名的顾问，比如，一些杂志这么做为的是吸引读者和广告商，但读者并不会因为顾问班子而看你的杂志。还有些机关是用名义的顾问来发展新的顾问，让他们掏钱。有的顾问牌子卖10万元，甚至20万元。有些人想和真正的名人列名在一起，而杂志不会放弃这种白拿的钱。

糟糕的是名人好像在任何方面都想成为专家。研究表明，一个人的月薪在2万元以内的时候，靠的是自己的能力和老板的认同。要想超过2万，在很大程度上要靠社会认同和影响力。

名人被误认为是太多方面的专家，特别典型的例子是经济学家被误认为管理专家。经济学院的院长当管理学院院长就有很多是不合适的。特别有名的人，人们对他在社会心理上存在认同误差。人们认为有名的，就是美的。美的，就是好的。但其实“好”和“善”的意思是人们能够对愿望进行节制。从小被人夸的、长得美的，通常特别不节制。这些人很难成为好的、善的。人们讲的真正专家，是指非常专业，比如点菜师，专门帮助客人在一定额度内点菜，这是一种专业化，专业就是细分化。现代生活水平怎么提高呢？答案是：依靠专业协作。

首先，现代企业要使用专业顾问。在行业和业务中存在专业分工，公司内部的人过于强调人际关系，而顾问的立场相对独立和客观。

其次，顾问有专业性。这与纯粹基于习惯、经验、妥协和判断得到的结论不一样。专业顾问的特点是一定要说服你，他的影响力是依靠说服力形成的权威。

最后，顾问有互补性。实际做事的人每天要行动，无暇思考太多。决策者只能看到他眼前的行动范围。从系统上看，公司内部的意见不大可能匹敌外部专业顾问的意见。

在职业化、专业化的社会里，如果一个人的成就想要有独到的专业发展，他就需要能够提供专业意见。一个人有独特的经验、技能和知识，这就是专业精英，对其他人来说就是专业顾问。人才的特点是自我的专业成就感，每个专业人才都是顾问型人才。我们需要很多的专业顾问，你开车，汽车修理店就是你的顾问。你美容，就有形象顾问。你吃饭，就有健康顾问。每个人既是顾问，也是决策者。

老板用能力低的人可能性很大

老板用能力低的人可能性很大。第一个原因，老板喜欢他身上除能力之外的其他因素。比如，这个人能力虽低，但稳重，有的老板不喜欢爱冒险的员工。

柯达全球副总裁叶莺曾提出一个问题："如果你发现上司错了，你会不会死谏？"有人答："会，但我会策略地暗示老板。"有人说："不会，因为死谏没有作用，死谏的结果是我死了。"

下属表达出自己的能力比上级强时会有什么结果呢？有一个建材公司的部门经理是老板的亲信，他的主意都是员工出的。员工觉得这个部门经理不行，后来与经理发生直接冲突，还跑到老板那里去告状。结果是，这个员工辞职走人了。有这种不服心理的员工挺多的，站在老板的角度看，其实会觉得持这种想法的员工挺愚蠢的。在老板眼里，也许这种职位安排就是有意识的，老板就是要用那个中层经理来筛选资讯。他比较稳定，不会出歪主意就可以了。

第二个原因，这是一种历史格局。人家先来了，占了位置，已经当了主管、副总。如果你是后来的，再能干也要有考察过程。自我感觉有能力的被踢出去的可能性也很大。有能力的人态度不好，比没能力、但态度好的人机会还小。能力差可以培养，品德差难改。能力和实际做法不是一回事。老板一看态度，二看实际成绩。员工只有一方面成绩是不够的，要累积若干方面的成绩。累积一定业绩后要看两个东西：其一，员工的业绩是否有足够的透明度能够报告给老板。如果这个体系暗无天日，员工没有出头之日，那么就是这个体系有问题。其二，员工需要评估各种可能性。如果他有合理的意见和建议，先给主管。主管可能能力不足，但善于协调，会主动让位，或推荐员工到合适岗位上。但主管如果嫉贤妒能，员工可以打小报告。

任何人才都要接受现状，把能力和可能性转化为现实。首先寻求框架内的认可，如果不行可以使用突破框架的方式。突破不行，可以走路。

一个人在企业中扮演的角色，老板是明白的。在企业发展的过程中，这种角色错位是有可能发生的。如果员工能力很强，那么老板除了看能力，还要看他能不能成为团队合作伙伴。下一步，看员工能不能成为高效率的管理者、有魅力的管理者。再进一步，能不能成为推动变革的领导者。不同阶段，员工有不同任务和角色。员工觉得受压制或委屈时，也许大老板在看他的处理办法。这时候，员工能否清楚地认识到自己应该做什么很重要。受了委屈，如果能扛住，明天可能就会加薪。

一般产品市场分3种：投机市场、特权市场和完美市场。企业内部人才成长过程中也包含这3个市场。①投机市场。比如，由于某种原因，老板迷信"海龟"。老板说："只要是"海龟"，就让他当总裁。"当企业管理水平特差时，这种赌博可能就成功了，这就是一种投机市场。②特权市场。比如，员工是老板战友的孩子，老板用他，这是特权市场。③完美市场。它是按市场表现决定你的地位。比如，员工拿了3个大订单，占营业额的60%，老板会提拔他。员工要知道在什么样的场合营销自己，怎样包装自己、传播自己，要树立自己的口碑，用品牌化营销的方式包装自己。

员工做的事情应该比老板想要的多一点点，多做的部分，也有如何让人感觉到的问题。要努力建立个人的职业品牌。

如何识别人才胜任能力

传统的识才方式往往只重视人的知识结构、专业能力、经验、身高、形象等“硬能力”，而忽视了人深层次的价值观、工作驱动力等内在的 “软因素”是否与企业文化相一致。胜任力就是通过对冰山以下部分的认知选取高绩效人才，同时运用于人力资源各个模块。

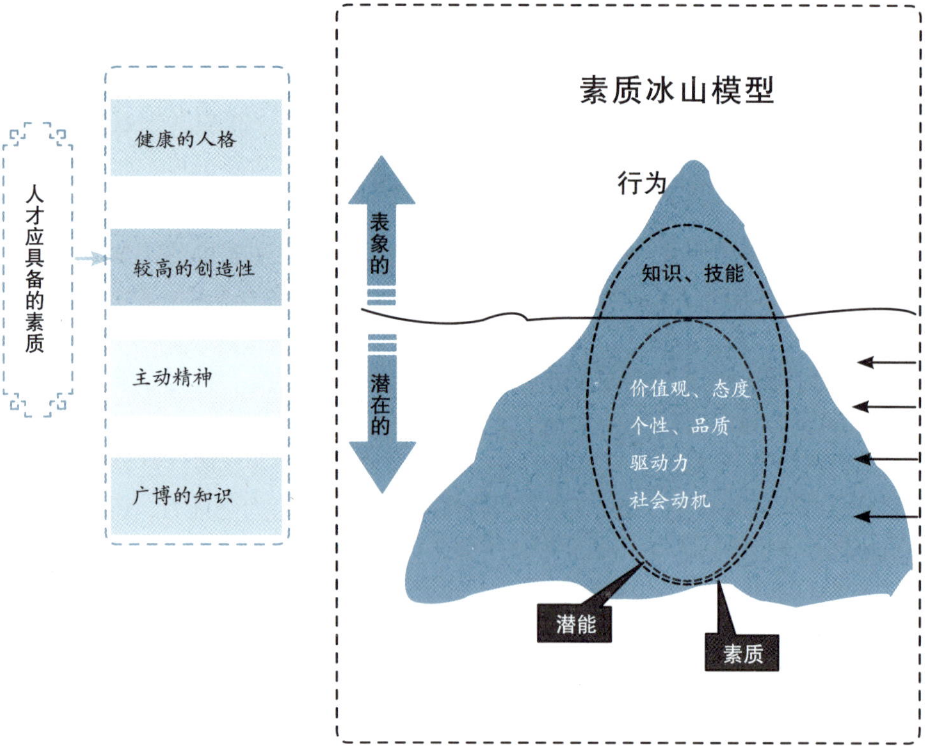

要把公司当成家，公司的事就会变成难断的家务事

公司是不是家与老板的理念有关。比如，老板是朴素的创业者，他会提倡公司是家。还有，老板会用军队的方式管理公司。企业文化的选择和领导的文化有很大关系。

联想裁员之后，有个员工写了一则网络日记：联想不是我的家。联想负责人力资源管理的副总裁乔健说："员工讲得有道理，我们能理解。这种感觉说明我们过去的工作有误导，员工的期望值应该调整。至于写这个日记的员工，得让他继续工作。如果把他裁掉，那就是犯了更大的错误。"

公司想倡导什么样的文化，员工就对公司有什么样的期望。公司想要刻意制造人性化的环境，这在创业期间可能是对的。但是随着企业的发展，管理会越来越理性化。联想裁员后，柳传志说："老员工没来找我，我很伤心。"到杨元庆时代，联想的气氛已经变了。公司要调整文化，员工还没感觉，还怀着以前的态度。当联想实行裁员，一小时走人时，有些员工当场就晕倒了。其实要记住，公司就是公司，老板就是老板。不要把老板当成亲人，不要把公司当成家，不要有不切实际的愿望。

公司不是完全不可以是家。如果是蓝领型的工作，那么表现家长式的管理或家长式的关心还是可以的。比如，包工头带着大家干活，可以是这种关系。另外，如果管理者想让员工觉得自己看重他，就可以用亲情因素作为附加因素。在其他因素同等的情况下，亲情因素、家庭因素有发挥空间。

总的来说，公司不是家，有几个方面需要注意。首先，职业合作关系是公司里的主要关系。比如，老板看重一个员工，是看重他的职业品质和职业能力，其他方面的特征只是参考。流言不应该成为老板关注的对象，其他方面的事情不应该成为判断员工的依据。其次，尽量减少家庭式的符号。

另外，在家庭中讲抚养与孝顺的规则，与公司等距管理不同。比如，夫妻吵架了，父母只能骂儿子，不能骂儿媳，否则就显得一碗水端不平了。但公司中是对事不对人，该骂谁就骂谁。还有一点，单位里的人因为分工不同，岗位要求也不同。职业的规则是很明确的，以技术要求和理性为核心。在低技术企业里，家庭中一些情谊规则有使用空间，但在高科技企业里就行不通。

企业管理有标准，全世界一致。家与家却不同，清官难断家务事。要把公司变成家，就没办法与国际管理规则接轨了。

家以情为原则，不讲利益。企业要讲利益，不能太讲情。企业要对员工清晰地表示公司不是家，对于员工的误解，更多需要检讨的是企业。当然，员工要知道老板就是老板，要明白层级。

实践证明"空降兵"很少有成功的

"空降兵"有4个定义：（1）空降下来之后，需要一段时间来提速，加速度比较慢，有一个系统兼容问题。（2）"空降兵"成本较高。通常需要用飞机运过来，还要有伞具等，可能是一次性消费——如同猎头费！（3）"空降兵"通常得不到本地团队的认可，认为你拿着再好的地图也没我们脑子里了解得多。（4）"空降兵"是来完成临时、阶段性任务的，任务完成后还是要走的。

在创业阶段，从外面请人难，主要是自己做。在形成自己的文化时，大家一起成长，不适于"空降兵"。当企业需要变革时，适合用"空降兵"。

如果"空降兵"只是用来完成任务，那么之后会是个麻烦。在军事上，空降兵的作用是战略性突击、战术性支援。在推动变革的关键时刻以及遇到特殊困难时，都可以空降些专门人才。公司的真正持续稳定发展需要形成稳定的中层，如果指望空降解决所有问题，恐怕空降的已不是"空降兵"，而可能是投资者。对于在根本上改头换面的工作，"空降兵"不行。要想让业务在规模上进行提升，"空降兵"作用较大，主要是"空降兵"有系统兼容的问题。把有想法的放入没有想法的体系中，被灭掉的可能是有想法的。空降过来的整个想法和原来的想法不兼容，很多时候，老板想要的是改良，而不是彻底革命。到革命的时候，老板原来的管理层和内部员工反弹都会很大。"空降兵"要把原来那一套完全改变成新的，老板担心会被控制，失去控制权。

"空降兵"不是绝对不会成功，但他要成功必须是系统整合高手、改良高手。他要让各方面的人都有安全感，至少使反对势力降到最低限度，要让大家都觉得是利益获得者。

"空降兵"与老板的关系很微妙。老板说："你是我请的人，空降到这里，你应该是公司的保姆角色。"如果"空降兵"说："放心吧！我会把这孩子当成自己的来照顾的！"那么，孩子爸妈就会担心孩子将来只认保姆、不认爸妈了。现实中确实有中层造反的情况。

"空降兵"与老板之间有驾驭之道的问题。如果老板驾驭得不好，那么外来的和尚可能把本地的方丈都替换掉。假设"空降兵"成功地置换了系统，他的知识专有化程度升高，则是老板的威胁。带团队来的"空降兵"，老板要特别警惕。大型企业中，领导艺术很重要，否则变革的结果是领导倒霉。专有化程度越高，具体经办人的控制力就越强。中层也有专有化的问题，在大客户销售中，如果销售员能力很强，客户就认这个人，他跳槽后就会将大客户带走。

在优秀的制度下，坏人干不了坏事；在不良的制度下，好人也干不了好事。用得好，好人坏人都是你的伙伴。但如果对方的方法不行，而你的方法行，你就可以超越他。拥有更优越的系统，就是后发优势。

企业与“空降兵”契合因素分析

空降兵之所以很少有成功的，取决于企业与空降兵之间的契合因素、契合类型，若是双方能在各个因素上达到契合的程度，那么就很容易成功，反之，就会导致一拍两散。

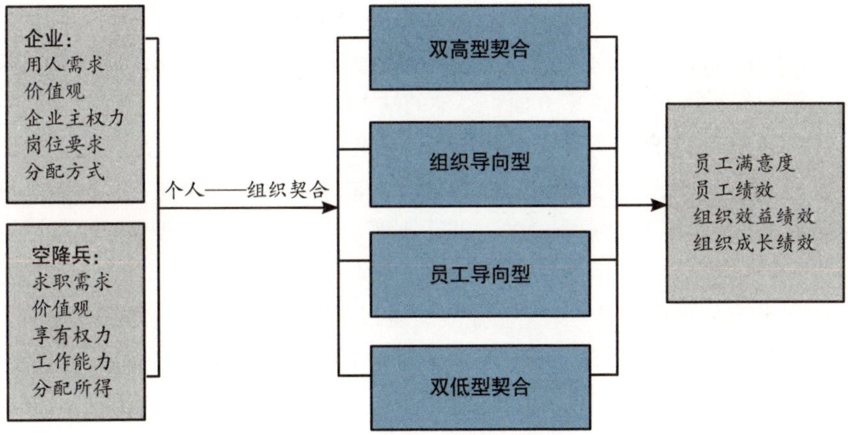

空降兵与企业契合因素、契合类型及对员工、组织的影响

第二章

量才适用，人人各有所宜

容才比求才更难

俗话说：“宰相肚里能撑船。”这指的是，求才不易，容才更难。领导者应当有容才的胸怀、气魄和度量，应当容下各种人才，做到大度能容难容之士，海量能纳难纳之言。领导者在容人方面应该做到以下几点：

（1）能容忍曾经反对过自己的人。大凡有作为的领导者，对于曾经反对过自己的人，都是不记小仇而重视其才能的。

（2）容有缺点的人。领导者要有容人之量，必须能容有缺点的人才。因为人才虽有其长也必有其短，而且常是优点越突出缺点也越明显。比如有的人恃才自傲，有的人不拘小节，有的人不注重人际关系，有的人有奇习怪癖，因此，领导者对人才要用其所长，就应该在许多方面容忍他的缺点。

（3）能容不同意见者。作为领导者，要善于分析自己的不足，善于接纳他人的智慧。因为一个人的智慧是有限的，而只有能容不同的意见者，才能做到认识全面、理解全面，也就是通常所说的“兼听则明，偏听则暗”，要善于倾听持不同意见者的声音。

（4）敢容超过自己者。一个企业要发展，就应该招到贤良之才，作为一个成功的领导者，就应敢容超过自己者。有的人对比自己弱的人还能奖掖，对和自己旗鼓相当，甚至可能超过自己的人就不敢奖掖，生怕动摇了自己的权威宝座。欧阳修明明知道苏轼将会超过自己，却大力奖掖，心甘情愿地“让他出人头地”，这种容才之量令人肃然起敬。

容人必须信人，容而不信，就成了“虚容”，是一种虚伪的权术，最终必为人们所识破。而一旦被识破，必然人心离散，甚至众叛亲离。而如果宽容而又信任，则情况就会大不一样。因为，信任可以产生一系列重要的心理效应。它可以增强人的安全感，增强自信心，产生期待感，满足人的心理需要，强化下属的主动性和创造性。

不管从事什么行业，想要成功，领导者必须创造一种使下属最有效的工作环境，如果你在管理中损害了他们的自由和自发感，只让他们关心细节，那是不够的，你必须彻底理解他们，给予他们自己需要的东西，才能使他们作出更大的贡献。

观察一下那些离开你的公司并在他自己的企业里获得成功的人，你会觉得很可能他们离开并不只是为了金钱，他们需要的是发扬自己风格的机会，他们需要认同、信任、尊重和赞赏，一个企业的领导人如果这样做了，十有八九他们就不会离开了。

用人之长，也要容人之短

中国谚语说：金无足赤，人无完人。作为一名智慧的管理者，要认识到人各有长短的事实，万不可要求众人趋同，或用同样的方式对待所有人。

管理者如何修炼自身的容人之量

1.每一个人都有优缺点，要正确看待，一分为二，科学认识问题。

2.用良好的心态去看人，多看别人的闪光点，少挑别人的不足之处。

3.若别人偶尔有语言、行为、处事不公，要做到“大人不记小人过”。

一个领导者在用人时若能有“容人之短”的度量和“用人之长”的胆识，就会找到帮助事业成功的满意之人。

老员工有价值

留住老员工、培养老员工有诸多的好处。从直观来说，公司无须浪费金钱来招聘和培训新员工，而且现有员工也可以保持较高的工作效率，不必为等新员工迎头赶上而浪费时间。

雇员保留服务公司的总裁赫克特说："当公司不用花费无尽的时间来重新安置和培训新员工时，就更容易集中精力来进行创新和发展，而不是一直原地踏步。如果我们经常把时间花在重新招聘、培训新员工，重新建立员工关系上，我们就没有

重视老员工

一个真正优秀的领导，不害怕自己的主张被任何人质疑，如果能够处理好与老员工的关系，那么任何事情都可以迎刃而解了。

留住老员工、培养老员工有诸多的好处

公司无须浪费金钱来招聘和培训新员工，而且现有员工也可以保持较高的工作效率。

老员工也可以指导和培训其他员工，这是对他们的经验的最好利用方式。

善待老员工也是对新人的一种激励——只要他们留下来长久地做，也会得到同样的待遇。

时间做那些重要的事情了。"

显而易见，保持各任职年限员工的稳定性有助于公司的成功。就像唐太宗保留了隋朝的很多将领、国家实行少数民族自治一样，有助于新政权的稳定发展。那些经验丰富的员工，无论是在专业技能上还是在人际关系资源上，都可以为公司创造很好的发展平台。

但是有人担心自己的老员工可能没有什么发展空间了，其实不然。让他们接受跨部门培训，给他们提供条件考察、学习，他们获取的信息会比新员工更多而且有效，因为以前在工作中的教训都在心里。

另外，老员工也可以指导和培训其他员工。这是对他们的经验的最好的利用方式。在指导的过程中，资深员工能够感受到别人的欣赏，并获得新的视角，公司也得以成长。善待老员工也是对新人的一种激励——只要他们留下来长久地做，也会得到同样的待遇。如果"只闻旧人哭"，新人也难保有很高的忠诚度。

那么如何防止老员工出现厌倦情绪，并愿意服从自己的领导呢?

一方面，要"区别对待"。如果一个工作了五年的人和一个工作了一年的人待遇相当，老员工自然感到不平衡。虽然现在是一个讲究绩效的时代，但是对老员工还是应该有不同程度的区别对待——这可以在各种福利方面做文章，并且直接将它与资历挂钩。

另一方面，要针对老员工的生活情况适当地提高工作时间的灵活度，弹性工作制也是当下经常提起的话题。有的人不想做全职了，可以退一步做兼职。在经济危机来临的时候，可以向那些处境困难的老员工伸出橄榄枝，邀请他们回来一起"过冬"，这都是非常有人情味的做法。

一个真正优秀的领导，不害怕自己的主张被任何人质疑，能够处理好与老员工的关系，那么任何事情都可以迎刃而解了。

你需要唱反调的人

一个企业只要扩大到一定规模，总会聚集形形色色的员工，其中不乏与领导者唱反调的人，尤其是领导刚上任的时候，往往要招架一两个有一点资历又难缠的员工。遇到这样唱反调的人，很多人自认倒霉。能够容忍的尽量容忍，吃了亏对方还不领情；忍无可忍的就发生冲突，但是也伤了团队的和气。难道唱反调的人就没有用处只有害处了吗？当然不是。

曾有人说，比尔·盖茨在开会的时候，常常等待大家发言，如果与会者中没有一个人唱反调，他就等到有人提出异议才罢休。因为"我是要听见不同的声音的，如果大家都同意就说明这个方案很片面"。但是如何与唱反调的人相处共事呢？如果每天像仇人见面分外眼红，或者是完全不交流，或者是无意义地纠缠，工作效率和心态都会大受干扰。学几招对付唱反调的人的方法“防身”，有备无患。

兵法讲究“先礼后兵”，讲理和软功自然是第一步，如果能够“兵不血刃”“不战而胜”，自然是成本最低的方法。领导者可以跟他谈心，询问目前的工作适不适合他。如果适合，请他评价一下自己的工作业绩；如果不适合，让他考虑公司内有什么适合的工作，可以提供帮助。根本不提起他与自己唱反调的事情，是借鉴一种家庭教育方法——当孩子胡搅蛮缠的时候，根本不去理会他，反而会让他平静下来。

讲理的另一个方面就是开门见山地说出自己的看法，双方都开诚布公地交流为什么出现唱对台戏的情况。是因为公事公办还是因为私人方面的误会。如果是误会，把它拿上桌面就会解决掉。双方这样各走各的，是一种内耗。如果他说的有道理，要及时地肯定，若有错误则要对他的看法作出一些实质性的回应。

对待胡搅蛮缠的员工，当然这种情况比较少见，就要学会公事公办，该调动的就要调动。因为一个人散布与自己命令相左的言论，足以动摇整个团队。领导者这时必须顾全大局，不能有妇人之仁。

一般情况下，员工在得到领导的重视和谈心之后，会对自己的行为有所反思；如果能够因为员工的建议避免重大损失，公司理当作出表扬奖励。不论选择哪种方法，都要比回避问题有价值、有意义。

削去员工的“刺”

许多单位都有个别颇难对付的“刺头”下属。对待这些下属，作为领导，应该因势利导，热情帮助，积极督促他们改掉坏毛病，向好的方向转化。

对于那些“刺头”型的员工，可以给他一些难题，使他有自知之明，再辅以教育，会彻底改变他自以为了不起的心态。

让平凡的人做出不平凡的事

德鲁克说：今天的组织需要的是由一群平凡的人，做出不平凡的事。德鲁克认为，企业管理者必须帮助员工获得工作成就感。员工只有不断获得工作成就感带来的激励，才能为促进企业的发展而竭尽全力。因此，管理者应该将注意力集中在解放员工的生产力上，使他们的能力水平发挥到一个极限。

阿姆科公司是一家从事钢铁行业的企业。在钢铁业逐渐成为“夕阳工业”以后，一开始它的日子很不好过，尤其在进入 20 世纪 90 年代以后，公司的资金不断流失。在这种情形下，吉姆·威尔走马上任，开始进行根本性的改革以挽救公司。他的一项最重要的举措就是：“非把每个人都拉来战斗不可。”这不是一句宣传性的战斗口号，而是威尔在整治企业的过程中切身体会到的最紧迫的问题。

有一次他把心理学家请进公司，派他们到业绩最好的工厂去，请他们找出工厂里实现成功的真正带头人，弄清成绩应归功于谁。结果令他惊奇的是，心理学家们回来竟说：“工厂里没有带头人。”威尔不信：“什么，在我们最赚钱的为顾客服务最出色的工厂里竟然没有带头人？”心理学家们说：“对。工厂里有我们前所未见的最佳团队。所有的人都在互相合作，每个人都把功劳归于别人，没有整个团队什么也干不成。”

自那以后，威尔对用人有了新的看法，他决定建立一套新的训练制度以鼓励团队行为。“以前我们发现了杰出人才马上把他提拔到公司的中心，使他离开了主流大众，这样做效果并不好。”于是，阿姆科公司设法造就一种新型的领导者，这种领导者不是在那里想方设法最大限度地展示个人的才能，而是尽可能地发挥团队的力量。他总是把成绩归功于他的部下，他能了解谁最需要帮助，对需要帮助的人说：“我来帮你得到你所需要的帮助。”

在这套新的领导方法实施以后，威尔发现他成功地达到了目的——把公司的每个人都拉来战斗。正如他自己所说的：“从全世界的角度来看，这是一场全面的战斗。每个人都在力图把我们的公司抢走。我们努力把公司赢回来，使之成为一个非常成功的公司。我必须使公司里的每个人，不分男女老少都同我一起投入这场战斗。”

而正是由于他果断地改变了过去的做法，靠团队而不是个人，他终于成功地把公司的每个人都拉进了与他并肩作战的行列中，而在他发现他做到这一点以后，他又有了另一个令人惊喜的发现——公司亏损的局面得到了遏制。不久公司的账面上开始有了新的盈利，且盈利的数额越来越大。

美国作家汤姆·彼得斯认为：“再了不起的人也比不上一个伟大的团队。”任何企业的成功都是团队的结果。管理者要在打造优秀团队上做足文章。

优势互补彰显团队功能

管理者要善于根据每个人的特长，巧妙搭配，各取其长，长短互补，充分实现员工团队的能力。这样做不仅能充分发挥每一个体的作用，还可使群体作用功能达到1＋1>2的状态。

在一个拥有众多人才的企业中，不仅需要有个体的优势，更需要有最佳的组合结构。

在企业中，人才结构决定着人才群体的功能。同样的人才数量和质量，搭配的结构不同，发挥的作用就有很大的差异。

第三章

管人有术，不同人用不同方法

与狂傲者和谐相处

有的下属仗着自己才高，就目空一切、恃才傲物，谁都看不起，包括自己的领导。但他又有一手好技术或绝活，团队离不开他。因此，领导者掌握这种下属的个性并学会与之和谐相处，是非常有必要的。

身为领导者必须拥有一颗宽容的心——宰相肚里能撑船。时刻保持冷静，以宽容的态度对待那名不把你放在眼里的下属，不仅仅是为了在他人眼中更进一步地树立成熟稳健的形象，实际上你的做法本身也是对他的一种教育。

在美国前总统富兰克林·罗斯福还是个心高气傲的年轻人的时候，曾在海军内的一个部门担任副官。而他的顶头上司是一位年长而和蔼的老人，他总是对罗斯福微笑着，尽管罗斯福常常对他显出傲慢无礼，甚至骂他“老古董”。上司几乎对罗斯福的每个意见都仔细地考虑和研究，对其略加改动后立即采纳。这令罗斯福越发自信，并且对工作投入了更大的热情。他们的合作渐入佳境，老人依旧和蔼如故，罗斯福却逐渐抛弃了激进傲慢的性格，他感到有种力量在改变他，但他不知道那是什么。许多年之后，当他已不再是个毛头小子的时候总是不自觉地回忆起那段时光，老人的无私豁达让他时常为自己过去的行为自责。同时，罗斯福也逐渐明白了老上司的良苦用心。

一个人狂傲未尝不可，但狂妄就不好了。自命不凡，以为自己是旷世之才，天下第一，前无古人后无来者，如果一个下属狂妄到了这种地步，那真是叫领导者头痛。如果领导者掌握了他们的心理，就可以有的放矢，采取有效的方法来和他们接触。

（1）用其所长，切忌压制打击或排挤。恃才狂傲之人，大都有一技之长，否则，就没人买他的账了。因此，领导者在看到他不好的一面时，一定要耐心地与他相处，要视其所长而给予任用，而绝不能因一时看不惯就采取压制的办法，把他搁在一边不予以重用。

这样只会让其产生一种越压越不服气的逆反心理，在需要用他的时候，他就可能故意拆你的台。因此，领导者每碰到这种人，就要想想刘备为求人才三顾茅庐的故事，毕竟你是在为整个集体的利益，而不是为你个人的利益在求他、和他接触。

（2）用其短挫其傲。狂傲之人虽然在某些方面某个领域内才能出众，但他仍有自己的不足和缺陷。因此，领导者也可利用这点来让他看到自己的不足，以自我反省，削减自己的傲气。譬如，领导安排一两件做起来比较吃力、估计完不成的工作让他做，并在事先故意鼓励他：好好做就行，失败也没关系的。如果他在限定的时间内做不出，领导仍然安慰他，那么，他就一定会意识到自己先前的狂妄是错误的，并会从此改正。

（3）要敢担担子，以大度容傲才。这种人干什么工作都掉以轻心，即使再重要、再紧迫的事情，他们也会表现得漫不经心。所以，常常因其疏忽大意而误事。作为上司切不可落井下石，一推了之，要勇敢地站出来替部下担担子，使他感到大

如何管理狂傲的员工

在企业中，都有一些比较狂傲的员工，他们或功勋卓著，或能力极强，但同时，他们的行为方式也往往特立独行。如何对该类员工进行管控，是管理者必须认真考虑的问题。

心理平衡	作为管理者，不妨在小节上宽容一些，要有大度能容天下之人的气魄。
弹性管理	管理者应尽量做到宽严相济，做到赏罚分明，激励和惩罚并用。
情感沟通	积极的情感管理，会拉近彼此的心灵距离，也是减少内耗、理顺人际关系的“润滑剂”。

对狂傲员工，管理者应该给予其更多的自我调整、自我管理的余地。

祸即将临头，领导一言解危。日后，他在你的面前再不会傲慢无礼，甚至对你言听计从。

巧妙与爱攻击者相处

在团队里有这样一种人，他们总是喜欢不遗余力地攻击指责别人，或散布流言蜚语，或造谣中伤，或出言不逊地辱骂等。如果他们出于不怀好意的目的对领导者或其他成员进行攻击，领导者除了要勇于面对恶意的攻击之外，还应注意与这种人的相处方法与技巧。

（1）给对方发泄的机会。当对方情绪激动、一时无法控制场面时，管理者可以先给对方一点时间，让对方把火发出来。

（2）适时打断。当对方说到一定程度时，管理者可以打断对方的话，随便用哪种方式都行，不必客气。

（3）站着比坐着更易失控。一般说来，站着不易控制情绪变化，如果可能，设法让其坐下来，使他不那么好斗。

（4）表明自己的观点。管理者应适时地以明确的语言阐述自己的看法，让对方明白其实是误解或者原本就是一场误会。

（5）避免正面冲突。管理者最好不要与对方发生针锋相对的正面争执，最好避免与对方抬杠或贬低对方。

（6）不在公开场合解决问题。越是在公开场合越不易解决问题，如果需要并且可能，休息一下，平息彼此的情绪，再和他私下解决问题。

（7）必要的友好。在强硬后作一点友好的表示是很有必要的，可以缓和紧张的氛围。

管理者要想正确对待攻击性的下属，就要具体情况具体对待，其中最关键的一条，就是弄明白你所遇到的是不是真正的攻击。然后再考虑和选择自己的行为方式，要不要针锋相对地予以回击。根据日常的表现，下面几种情况很容易被误认为攻击，管理者必须充分认识清楚这些情况。

第一种情况：由于对某种事物持不同的看法，对方提出了比较强硬的质疑或反对意见。此时，如果你能够给予必要的解释和说明，矛盾很可能很好地解决。

第二种情况：由于自己对某事处理不当，对方在利益受损的情况下表示不满，提出抗议。如果的确是自己处理不当，或虽然不是失误，但确有不完善之处，而对方又言之有理。那么，尽管对方在态度和方式上有出格的地方，也不能看成攻击。

第三种情况：由于某种误解，致使他人发脾气，或出言不逊。在这种情况下，只要耐心地、心平气和地把问题澄清，事情自然也会过去。如果领导忽视了判别与区分真假攻击的不同，往往会铸成大错。

以上3种情况都不是针对恶意攻击，即便管理者完全能够确定他人在对你进行恶意攻击，也不必统统地给予回击。在与下属的交往中，对付恶意攻击最好的方式莫过于不理睬他。如果你不理睬他，他也不放松，那也不必对着干，因为这样恰恰“正中下怀”。不难发现那些喜欢攻击他人的人，大多善于以缺德少才之功消耗大德大智之势。你对着干，他不仅喜欢奉陪，还会恋战，非把你拖垮不可。在这种时候，你应果断地甩袖而去。

中国古代哲学名著《老子》中，曾经有这样一句话：“天下莫柔弱于水，而坚强者莫之能先。”攻击者并不属于真正的强者，对他们采用对攻，是很不值得的。

让知识型员工自我管理

知识型员工具有以下特点：

（1）自主性。知识型员工不再是组织这个大机器的一颗螺丝钉，而是富有活力的细胞体。与流水线上的操作工人被动地适应设备运转相反，知识型员工更倾向于拥有一个自主的工作环境，不愿意受制于环境，甚至无法忍受上司的遥控指挥，而更强调工作中的自我引导。这种自主性也表现在工作场所、工作时间方面的灵活性要求以及宽松的组织气氛。

（2）劳动具有创造性。知识型员工从事的不是简单重复性的工作，而是在易变和不完全确定的环境中充分发挥个人的资历和灵感，应对各种可能发生的情况，推动着技术的进步，不断使产品和设备得以更新。

（3）劳动过程很难监控。知识型员工的工作主要是思维活动，依靠大脑而非肌肉，劳动过程往往是无形的，而且可能发生在每时每刻和任何场所。加之工作并没有确定的流程和步骤，其他人很难知道应该怎样做，固定的劳动规则并不存在。因此，对劳动过程的监控既没意义，也不可能。

（4）劳动成果难以衡量。在知识型企业，员工一般并不独立工作，他们往往组成工作团队。因此，劳动成果多是团队全体智慧和努力的结晶，这给衡量个人的绩效带来了困难，因为分割难以进行。除此之外，成果本身有时也是很难度量的。比如，一个市场营销人员的业绩就难以量化，原因不仅在于营销效果的滞后性，而且在于影响营销业绩因素的多样性。

（5）较强的成就动机。与一般员工相比，知识型员工更在意自身价值的实现，并强烈期望得到社会的认可。他们并不满足于被动地完成一般性事务，而是尽力追求完美的结果。因此，他们更热衷于具有挑战性的工作，把攻克难关看作一种乐趣、一种体现自我价值的方式。

（6）蔑视权威。专业技术的发展和信息传输渠道的多样化改变了组织的权力结构，职位并不是决定权力有无的唯一因素。知识型工作者由于具有某种特殊技能，往往可以对其上司、同事和下属产生影响。自己在某一方面的特长和知识本身的不完善使得知识型员工并不崇尚任何权威，如果有的话，那就是他自己。

（7）流动意愿强。知识经济对传统的雇佣关系提出了新的挑战，“资本雇佣劳动”这个定律开始受到质疑。因为在知识经济时代，资本不再是稀缺经济要素，知识取代了它的位置。长期保持雇佣关系的可能性降低了。

德鲁克认为，在当今的企业中，拥有某方面专长的知识型员工越来越多，因此对知识型员工的管理问题就越来越突出。知识型员工更加注重精神需求的满足。因此，管理者对知识型员工要有更多的理解和交流，没有什么比激励他们的斗志、满足他们的精神需要更重要。

重视知识型员工的成就激励

知识型员工管理的重点应是以成就和成长为主的考核与激励，金钱和晋升等传统激励手段则退居次要地位，只有满足知识型员工精神需求，才能让其发挥更大的效用。

基于心理契约的知识性员工激励模式

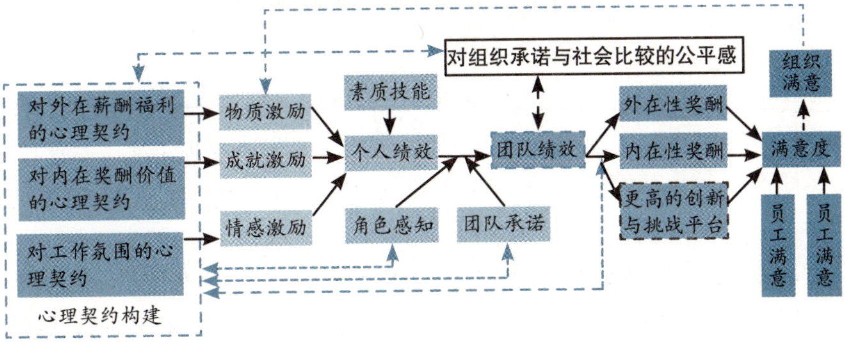

对知识型工作者的管理，必须建立在人本主义的基础上，他们更需要管理者关注，更需要管理者以一种平等的友善的态度去交流和沟通。对知识型工作者的管理，将引起一场管理革命。如果你注意微软公司或者谷歌，你就会发现，他们的管理模式逐渐变得更加生活化，更加贴近人性，更加符合人的需要，而这一切，在不久的将来，会成为大多数公司普遍的管理模式。

让被动沟通者说话

所谓被动沟通可以通过下面的例子加以理解：

你与员工在一起开会讨论怎样加快工作节奏，好几名员工提出了一些颇有帮助的建议。其中有一名员工苏珊的工作可能由于改变而受到影响，你很担心，因为她一言不发。

其实，苏珊就是一位被动的沟通者。在马克提出建议之后，你问苏珊："你觉得怎么样？""很好。"她回答道。当汤姆也提了意见后，你接着问苏珊："你是要执行各种建议的人，你觉得这样做可行吗？"苏珊还是边笑边点头表示同意，"当然。"你却不能肯定她说出来的话是否代表了她的想法。

会议结束之后，你单独找苏珊交谈。

你："你对今天的会议有什么感想？"

苏珊："很好啊。"

你："大家都提出了很多建议，但是我没听到你说什么。有什么问题吗？"

苏珊："没什么问题。"

你："那么你最喜欢哪种意见？"

苏珊："嗯，我也不知道。"

你："苏珊，关于这个问题你到底怎么想？"

苏珊："无论怎样都行。只要别人高兴，我做什么都行。"

这就是你等待的反应。被动的沟通者们不想制造事端，不想惹是生非，也不想去干涉别人，他们不愿意冒险去说一些话、做一些事，以免可能给其他人带来失望和不安。于是他们几乎沉默不语。

如果被动的沟通者们开口了，通常而言也是奉行一种很中庸的态度。一旦有人向他们提出问题或者对他们的发言进行攻击，他们立即就会退缩。

你怎样才能与被动的沟通者进行有效的沟通呢？首先要做的是理解他们的要求。

当你与被动的沟通者交流时，你的目的是要让他们发言，为此你可以按以下几个方面去做：

（1）流露亲善的态度。用一种适中的音调讲话，显得愉快而有耐心。如果情况允许，你可以面带微笑，投射出一种轻松自如的感觉，这样有助于让被动的沟通者也感到放松。

（2）寻求共同点。把你的兴趣与理解他们的难处和关心的事联系起来，可以像这样说：“如果我处在你的情况下……”和“如果我干的也是这样一项工作，我觉得……”这样，对方就会轻松许多。

（3）表达出确信。你不妨采用这样的语句“你一定……”，“我希望你知道你能……”和“我相信……”。听到你这样说，对方会感到被信任。

（4）问一些开放性的问题。当你等待答案时，要显示出你充满期待之情，身体稍稍靠前一点。如果需要的话，再问一遍问题，“你最喜欢哪种建议？”或者问：“你认为，哪种意见可能最有效？”

（5）表达出责任感。如果你仍不能让被动的沟通者开口说话，那么清楚地表达你的意思，“最终应该由你负责”。为了强调他们的责任感，说这样的话：“你不能求助于我”“如果你一言不发的话，我希望你能接受这个建议在执行中带给你工作的任何影响”。

通过上述努力后，被动的沟通者就很容易说出自己内心的想法，你们就可以达到有效的沟通。

沟通的冰山模式

美国最具影响力的首席心理治疗大师维琴尼亚·萨提亚提出了沟通的冰山模式。这种模式反映了两个人或者两组人在谈话时，谈的是同一个话题，但是大家说出的内容只是冰山露出水面的部分，而对方真正想表达的东西大部分隐藏在水面以下。

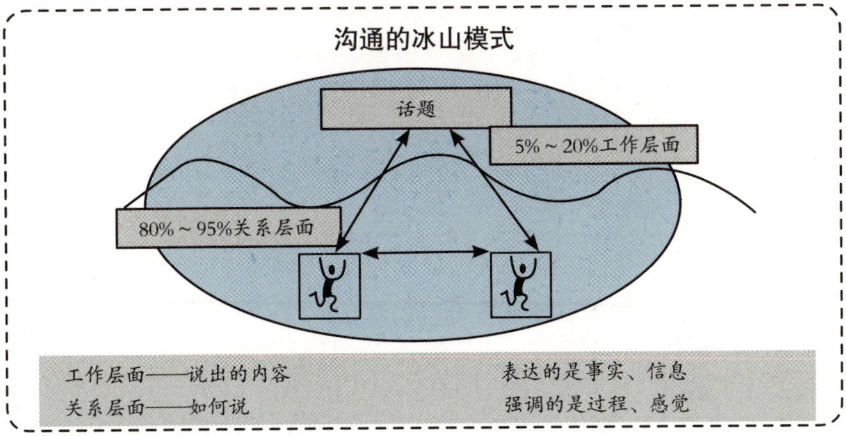

进行沟通时，员工在沟通时的回馈反应更多的是来源于他内心的思想：他在想如何说？怎么说、说完后的感觉与效果。所以，优秀的管理者应该在理解沟通模式的基础上与各类员工进行有效的沟通。

第四章

与时俱进，管理“80后”“90后”

“新新人类”为什么不好管

在当今职场中，有这么一句话：“60年代的员工是头抵头；70年代的员工是背靠背；80年代的员工则是脸贴脸。”生于20世纪60年代的员工，他们现在大多已成为商业领域的核心领导层，讲理想、讲责任、讲利润；70年代的员工是现在社会的主力军，他们面临的压力是养家、房贷和提升空间，有较强的职业焦虑感；而“80后”的一代则大多是受过高等教育的知识员工，有着独立的价值观，不喜欢受约束，强调自我实现，喜欢以自我为中心。他们以快乐为导向，做着他们喜欢做的新新人类，他们热爱的是旅游、聚会、消费以及自我实现。

很多企业对这样一个问题感到十分纳闷：为什么经过精挑细选招聘而来的大学生，短短两三年的时间竟然流失了近 90%？为此，这些企业不得不年年花大力气招聘应届毕业生，以应对“80 后”员工的频繁跳槽。

在许多人看来，第一代独生子女“80后”是带着浮躁、叛逆、眼高手低，怕吃苦、缺乏合作性、自尊心强的“标签”走进职场的。由于“80 后”员工大多未曾经历过物质艰辛的生活，在他们的职业字典中很难找到“将就”二字。他们要么热衷自己的工作，要么干脆辞职不干，由此造成了居高不下的跳槽率。

而很多“70后”的管理者认为“80后”在工作中的典型特征依次是责任感欠缺、遇到困难容易退缩、不喜欢受到规则的束缚、眼高手低、自我意识浓、情绪化、抱怨多甚至怨天尤人。

“80后”基本上进入了心智比较简单的一代，他们想问题不愿很复杂，做事比较凭感觉，对说服性与影响力权威的接受超越了法定权威与强制性权威，这个文化特征为比较公开化的阳光型管理、注重沟通的动员型管理模式提供了机会。在一定程度上来说，“80后”员工进入了一个注重交流的时代、一个追求相对民主与开放的管理文化的时代。

但一直以来，国内的企业，特别是国有企业，都比较重视榜样的力量，雷锋、焦裕禄、王进喜以及很多劳动模范都是榜样的代表。但是榜样是用少数人来影响多数人，并且，由于某些特殊性不具有普遍意义，其作用往往是有限的，特别是这种方式越来越不为“80后”的员工所接受。

“80后”“90后”员工特点分析

很多人说“80后”难管，“90后”更难管。有些管理者甚至患上了“80后”“90后”员工管理恐惧症。其实不是他们难管，是我们不了解他们。“知己知彼，百战不殆”，要想管理好“80后”“90后”，就要了解他们的想法和特点。

1.职业定位模糊

“80后”“90后”们不能充分考虑自身的优劣势，对目前工作状态不满意，但又不知所措。

2.敬业度低

调查显示，中国员工敬业度较低的“样本”集中在“80后”“90后”这一代际人群。

“80后”“90后”员工的多元价值观容易受到外界因素影响而频繁离职，造成公司招聘成本大幅上升，同时也会给原有业务骨干带来工作压力。

了解了“80后”“90后”的特点后，可根据他们的喜好，设置不同的管理方式，这样才能做到事半功倍，实现有效管理。

正确掌握“新新人类”心态

在大家心目中，“80后”“90后”是独生的一代，是在温室中长大的一代，是没有挨过饥饿的一代，是“没有责任的一代”。“80后”“90后”这两个词从出现起就被判下了“没有责任”的原罪。

客观地看待“80后”“90后”出生的这一代人，是对“80前”的考验。“80后”是中国改革开放后出生长大的，他们大部分是独生子女。他们的成长史好像就是中国的改革开放史，物质越来越丰富，媒体越来越发达，资讯越来越多，社会既有价值观被打破，社会价值越来越多元，新的主流价值观没有形成。他们成长的20多年是中国发展变化最快的。这种情况下，“80后”作为一个整体，自然会被打上时代的烙印。例如因为没有姐妹弟兄，“80后”作为个体会经常感到孤独，因此除了这种情感需要外，对团队配合意识就不强。

“80前”的人们在物质上大部分是贫乏的，但在精神上整体是比较“富裕”的。正因为如此，“80前”的人们看待“80后”觉得他们无比“幸福”，觉得他们是“身在福中不知福”。其实，反过来看，“80后”“90后”真的很苦：小时候没有玩伴，很孤单；很多人大学毕业就意味着失业，不像“80前”的大学毕业生还管分配；“80前”人们在价值观形成的阶段是“又红又专”的单一的主流价值，而“80后”从开始懂事起面对的都是多元的价值观，增加了选择的精神困苦。对于人来说，精神苦才是最苦的。

“80后”“90后”并不是“叛逆”的一代，恰恰相反，他们中的主流仍然是非常“传统”的，而且更具创造性。他们依然继承了中华民族的传统美德，如勤俭节约、助人为乐、见义勇为等精神。他们的责任感一点也不比他们的父辈们差。

内心的传统并不妨碍他们作为一代人应有的时代特色。他们更加注重人本，更加注重生活质量。“80后”把工作当成谋生或发展的必需手段，同时更注重个人今后长远的发展和事业。工作和生活是分开的。“80后”的选择是比较多的，因此“80 后”创业的也比较多。“80后”“90后”们对精神质量的追求远远高于“80前”们。“80后”喜欢“变化”，是因为他们生活的环境本身就在迅速变化着，只是他们“变”得更快。

“80后”“90后”比父辈们更自信，自信的结果是有点“自我意识”。他们以中国人为荣，以消费国货为荣。从这个意义上来说，他们更“中国”，也更“世界”。

“80后”“90后”的这么多特点给管理者提出了新的挑战，除了通用的管理理念之外，如何满足他们的需求并进而激发他们的工作激情呢?

（1）在工作上，要强行“规矩”他们。“80后”“90后”的自我意识必须“规矩”在一个既有的轨道上，如任其发展，则会“毁”了他们。企业要建立起强有力的纪律和规矩，让他们没有机会去“犯错”。

（2）强调核心价值观的确立和对个体的帮扶。价值的多元增加了他们精神上的迷茫风险。如果我们没有在价值上进行引导，组织就没有效率，最终也就没有前途，他们个人也会成为一个没有组织家园、没有事业归宿、看不到未来在哪里的游卒。因此，企业要形成互帮互助的组织文化。企业不是员工名利的竞技场，而是员工的心灵家园。

（3）真正地帮助他们做好职业规划。职业规划对单位的人力资源经理提出了更高的要求。它的基本逻辑是“现在的阶段性合作就是为了将来分手”，这是管理者的豁达和智慧。试想，哪个人不喜欢真心帮助自己进步成长和成功的单位？

（4）要试着在生活上适应他们。因为他们是未来和方向，要看社会今后的方向，一个最简单的方法，就是看年轻人是怎么样的。他们在工作之余的爱好，我们的管理者也不妨“掺和”一下，等他们认为你是“老家伙”的时候，你很难让他们真正地喜欢上。了解了他们的需要，你可以在单位也适当地增加一些娱乐措施，来满足他们的需要。

“80后”“90后”的职业心态分析

与“60后”“70后”的“工作是为了生存”不同，更多的“80后”“90后”员工认为“工作是为了生活”。因此，假期、发展平台、弹性的工作时间、公司的娱乐活动等因素成了他们选择公司和职业的关注点。

工作方面	在管理者心中的排名（“60后”“70后”）	在员工心中的排名（“80后”“90后”）
• 好工资	1	5
• 工作保障	2	4
• 晋升更高职位	3	7
• 良好的工作环境	4	9
• 有意思的工作	5	6
• 管理忠诚	6	8
• 公平的纪律	7	10
• 个人职业发展前途	8	1
• 评价	9	3
• 参与感	10	2

更多的鼓励和正面引导

在“80后”员工的管理中，最容易出现的问题是沟通不足或方式不对。

首先，沟通是关注的表现。沟通不足，就说明管理者对“80后”的关注不够。所以，定期地与“80后”员工进行沟通是非常必要的。而这个沟通的过程，管理者应该起一个激发器的作用，让员工打开心扉，说出他的感受和想法。一个管理者能否得到员工的信任，显然是至关重要的，这一点对于所有的员工都是适用的。

其次，沟通的地点和场合应该有所选择，可以增强沟通的效果。除了在办公室、会议室这样的工作场所外，可以创造一些非工作场所的沟通机会。一位非常有名且非常成功的CEO，每天的午餐都是他的“工作餐”，因为，每天他都会选择一位部属与之进餐，互相增进信任和了解。在此过程中也发现员工在这样一个相对轻松的场所更容易说出自己的想法。针对“80 后”的特点，进餐的地点可以是传统的餐厅，也可以是麦当劳、咖啡厅这样的地方。或者，有时候可以创造一些与关键下属单独共处的机会，比如一起出差、一起参加某个培训课程等，增进了解，充分沟通。

最后，在具体沟通的方式上，基本上应该采取“私下批评、公开表扬”的方式，因为，“80后”的自尊心很强，同时特别喜欢被大家所认可。

鼓励对方并认同对方，对于逆反心理特强的新生代更应该是如此。任何事物都有两面性，总有优点可以为我们认可，当我们认可优点时，无形之中在对方心中留下了记号，善于鼓励对方的优点，长期积累下来，你会发现原来的那些缺点也自行消失了。

除了言语的鼓励，管理者对待“新新员工”从职业生涯管理角度可以考虑以下几种激励方法。

（1）工作层次激励。可以参照“工作激励潜能分数”，对工作特性的5个核心维度（工作的技术含量、工作的完整性、工作的重要程度、员工工作的自主性、管理者对员工工作绩效的反馈性）进行重新设计。

（2）薪酬层次激励。“80后”员工特别在意薪酬的比较，因此企业应设法对核心员工提供高于行业平均水平的薪酬；对于工作绩效具有隐性特征（即具有长远影响或整体影响）的知识型员工要进行科学的计酬；薪酬的设计要做到内部公平、个人公平和程序公平。

（3）成就层次激励。“80后”员工的自尊心与成就感特别强，因此要使得有成就的员工能够感觉到领导的重视，要使所有员工为在一家具有良好社会声誉的企业工作而自豪，要全力打造雇主品牌。

（4）机会层次激励。一方面要用人所长、实行人岗匹配；另一方面要创造机会，为特殊人才创造发挥才能的条件。

（5）文化层次激励。要容忍员工多元化的价值观，企业需要超越物质利益至上的信仰，但不能追求一元化的企业文化，要做到“和而不同”。

营造平等的工作氛围

对于“80后”的管理就是自我管理。新生代的特点是乐于参与，重视当下，喜欢体验。于是，每位团队成员自己讨论制订计划，设立目标（有时是小目标），并自己挑选喜欢的合作者进行合作。每个人都可能是团队的领导者，每个人也会承担协调者与执行者的角色。大家因为角色的不同，也能学习每种角色所需要的能力，也会体会每种角色所必须承担的责任。这样，团队中每位成员的关系，不是上下级的关系，而是合作者的关系。

“80后”基本上进入了心智比较简单的一代，对于“80后”来说，开放民主的企业文化是最有力量的。文化是让多数人来影响少数人，更容易让“80后”员工认同和融合进企业里来。

那么，应该建立什么样的企业文化呢?

简而言之，就是要建立企业的正义。在这种正义中，应该让“小人不得志，好人不受气”，同时配备相应的制度，用制度培养雷锋，不让雷锋吃亏，在积极的企业文化上发挥榜样的影响力。

同时，这种文化中应该有对员工的信任和尊重，这一点对“80后”尤为重要。信任是激发“80后”工作热情的最重要的前提和基础。惠普之道中曾有这样的一段话：“惠普的所有政策和措施都是来自于一种信念，那就是我们相信每个员工都有把工作做好的愿望，只要公司能给他们提供一个合适的舞台和环境，员工必定全力以赴。”

另外，文化的建立不是说说而已的。一个企业是什么样的文化，不是看企业文化手册，不是看CIS系统，而是看在“这个企业里大家相信什么”。简而言之，什么样的人在企业里被重用，在企业里能成功，这些人所代表的就是企业的文化。

针对“80后”的员工，跨国企业推出了不少新鲜举措。

麦当劳公司利用企业内部的网络聊天室，鼓励员工说真话，或者干脆就在饭桌上围在一起聊，想说什么就说什么。

诺基亚公司采用了淡化等级观念的虚拟团队做法，每个人负责项目的一部分，大家一起成功一起失败。以前的架构被冲破了，个人价值与项目成功同时体现。

对刚刚熟悉西方职业化管理系统的中国管理者而言，应对“80后”员工带来的管理挑战，首要的不是思考如何做，而是必须敞开胸怀，重新审视企业与员工的关系，用自己的眼睛和心开始行动。

“80后”员工是乐于沟通的一代人，而企业管理者应当注意的是适应他们习惯的表达和沟通方式；“80后”不迷信权威，且有着浓厚的参与意识，公司管理者应该尽可能地为他们提供淡化层级观念的团队架构。与这种团队架构相适应的，是公司内部应着手建立尊重与平等的企业文化。拥有通畅、融洽的工作环境将大大鼓舞“80后”员工的士气，让他们快乐地奋斗。对于着眼“当下”的“80后”，应该做到立即奖励，绝不拖延。

为"80后"员工营造良好的文化氛围

企业运用各种方法和途径激励员工，为员工营造出一种良好的企业文化氛围，使员工的创造力处于一种活跃的状态，从而增强员工的主人翁意识，提升员工责任感。

1.给予员工充分的尊重和信任

让员工感觉到自身的重要性，是提高员工工作积极性和创造性的原动力。

2.领导者要充分融入团队中去

领导者融入团队中去，不仅仅是团队的领袖，更是团队中普通的一员。

3.奖罚分明，公平合理

该奖励就奖励，但要注意分配的公平性，把信任受损的可能性降到最低。

制度要硬，手段要软

“企”这个字，上面一个“人”，下面一个“止”，“止”在古文里就是制度的意思，令行禁止。如果从企业管理的角度，就是要在人性化的管理理念上建立起严格的管理制度，不然，一切就“止”了，不能前进。

从企业的角度，没有规矩不成方圆；从对员工负责的角度，企业提供给“80后”的往往是他们第一份工作，在这份工作中学习到的东西将在很大程度上影响他们在未来职业生涯的表现；从员工自己的角度，“80后”的员工其实也要求身处在一个有规矩、有条不紊的工作环境中，特别是对于优秀的“80后”员工。

所以，对于“80后”的约束是必要的，不能因为他们自由散漫的特点而为他们安排一种特殊的时间，比如弹性工作制、考勤豁免制。其中，考勤制度是“80 后”员工每天都面临的制度约定，对于他们形成良好的职位习惯显得尤为重要。

比如，有一家公司，在创业的阶段没有过于强调考勤，员工头天晚上加班到很晚（无论是在公司、在出差地还是在家里），转天晚点来是很正常的事。但随着企业规模的扩大，已经无法清楚地知道那个迟到的员工是不是头天晚上工作得比较晚。但在刚开始强调考勤的时候，效果并不好。于是，公司采用了一个在当时看来非常不人性的办法——罚钱，迟到一分钟多少钱，但同时，为了弥补“80后”员工的反感，决定每个月每人有15分钟的免罚迟到时间，并将一个月全部罚下来的钱作为奖励分给当月全勤的员工。结果，效果非常不错，特别是在次月全勤者拿到大家这个月罚下来的几百上千元的奖励的时候。后来，管理者将“15分钟免罚时间”这种潜意识里纵容“80后”的豁免机制也废除了，结果发现员工的考勤情况反而进一步改进了。

规矩是好的，如果没有执行也是没有意义的。在这里，有正反两方面的例子。

反面的例子：当管理者发现员工办公桌上的杂乱情况让人无法容忍时，专门利用中午大家出去吃饭的时间，把桌面的情况用数码相机拍下来，同时，到别的公司去照了几张整洁的桌面，然后，将这些照片制成专门的幻灯片在下午的会议上专门给员工们播放。虽然这种图文并茂的方式取得了非常好的沟通效果，但是由于后期没有日常性的执行和推动，员工的办公桌上依然是一片狼藉。

正面的例子：在严格管理考勤的过程中，发现存在未打卡的情况，经过调查，发现一种情况是，员工按时上下班，忘了打卡；另一种情况是，员工迟到或早退了，为让人不知，故意不打。经过管理层商量，为了严格考勤制度，决定只要是未打卡一次，没有任何理由，罚款50元。为了推行这个制度，管理层决定以身作则，从宣布的当月开始，部门经理以上管理者未打卡一次罚款50元，即使是因为工作原因没有打卡也不能豁免，比如，出去办事未来得及赶回公司打卡，普通员工在当月的未打卡次数记录在案，不进行罚款。之后，每月按制度执行，任何借口都无效。最终，不打卡的情况几乎没有了。

规章制度要切实可行

制度是被用来实际应用的，必须能有效执行才行。因此，管理者在制定制度时不能凭空想象，必须注意一些要点，方能让制度切合实际需要。

制定制度时的注意要点

1.广泛征求意见，让制度被更多人理解接受

2.制度制定必须以公平公正为原则

3.制度必须具有可执行性

4.制度必须有利于员工工作的开展

制定出的制度必须要有可执行性，没有可执行性的制度还不如没有制度。

第七篇

激 励

第一章

寻找激励的穴位

人力激发的关键因素

人力激发，即激发员工的行动力、执行力、工作能力。但是很多时候，我们都找不到一个正确的激励方法，不了解其方法和关键因素。而我们需要做的就是了解人力激发的重要性及其关键因素。人，作为企业最基本的单元，最重要的组成部分，发挥着最为核心的作用。每个人都有其不同的优势和作用，只有将其优势最大化，企业才能有更好的发展。因此，人力激发是每个管理者需要上的一堂很重要的课。

身为一名经理人，你身边处处存在着这些危机：生产进度缓慢、产品质量糟糕、工伤事故频发、服务态度恶劣、员工流失严重、下属消极怠工……然而，这一切仅仅是冰山的一角。无论你是大中型企事业单位的经理人，还是小企业的一名老板，在实际的企业运营工作中，都难免遇到以下几种糟糕的现象。

其一，形式主义。形式主义的做法在企业内部随处可见，很多员工上交给管理者的目标书、计划清单、总结、读书心得也许根本没有用心。开会讨论时，或许只是“一言堂”，只听到管理者自己的声音，其他员工都习惯于沉默和服从。绩效考核也许只是简简单单的一个分数和几句评语，根本没有标准和科学依据，无法体现出公平、透明的要素。像这样的情况不胜枚举。这些毫无用处的形式主义，完全是劳民伤财。

其二，等别人交代任务。工作积极性和主动性的缺失不仅表现在等待别人交代任务上，还表现为工作缺乏创新。员工们固守以往经验，即使这些经验已经不再适合于新的形势，他们也不会加以改善，更不可能创造性地开展自己的工作。

其三，把工作当成痛苦。某公司老板悲哀地发现，员工们总是期盼着周末的来临。他不止一次地听到员工们这样的谈话：“时间过得真慢，怎么还不到周六啊？”每周一的早晨，员工们都非常低沉，脸上很少露出笑容，似乎极不情愿地又要来上班了。工作对员工来说是一件无可奈何的事情，为了获取一份薪水，不得不勉强自己。为了尽可能地减少痛苦，他们甚至拒绝客户、拒绝订单、拒绝新的工作任务……目的只有一个：减少麻烦。

其四，不求上进。销售部高经理为了促使员工提升自身素质与能力，每月向他们推荐一本好书，并且自己出资建立了公司图书馆，所有图书都免费供员工借阅。高经理为了以身作则，他每个月都要召集员工开一次读书分享会。他规定，评选出来的优秀读书心得将被贴到宣传栏与所有人分享，优秀读书心得获奖者将得到奖赏。他还将自己写的读书心得用电子邮件发给每位成员。然而，令他大失所望的是，团队成员总是以敷衍了事的态度对待这件事，绝大多数人根本就没有阅读推荐的书，读书心得更是流于形式，大多都是从网上随便复制一段文字敷衍了事。

因此，我们要针对不同的员工采用不同的激励方式。当然，我们也能从不同中发现其共同点来整合解决问题，即人力激发的关键因素。

激励员工的主要措施

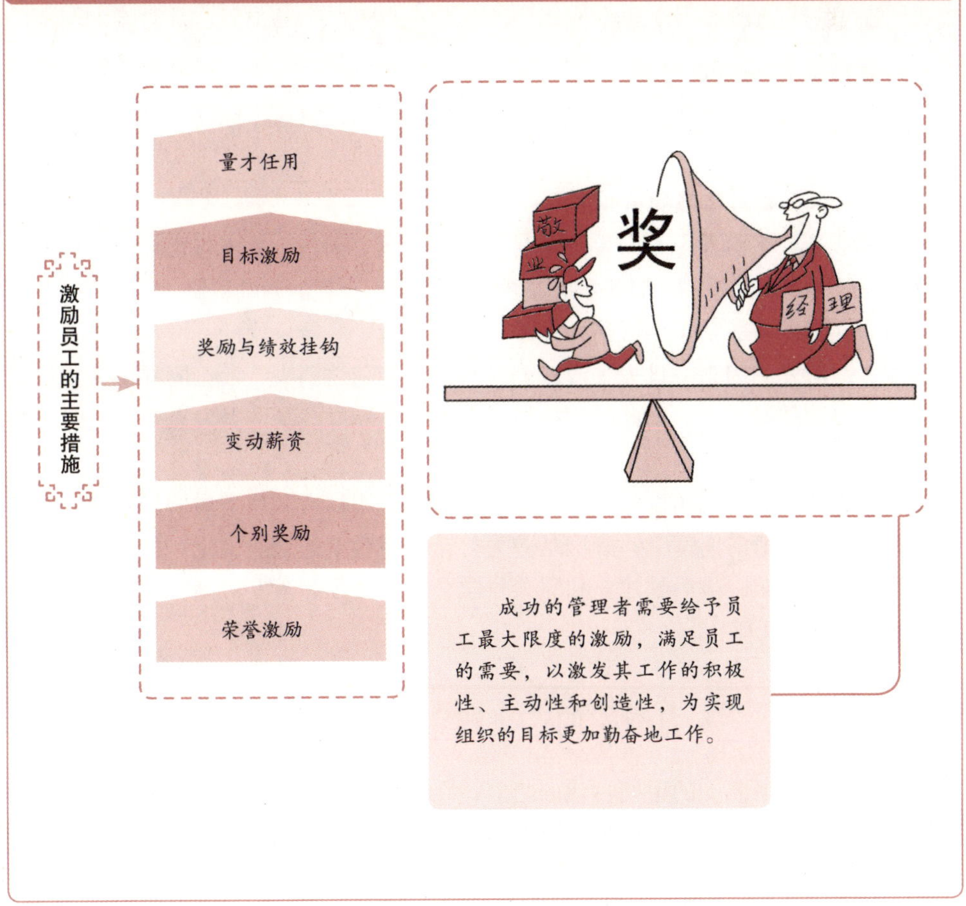

人力激发的关键因素为：

1. 领导者的激情和人格魅力

一个没有激情的领导者不可能带领出富有激情的员工，这是不言而喻的。这里要特别强调的是领导者的人格魅力。管理更多的是依靠物化的资源（如人、财、物、信息以及组织所赋予的奖惩权等），领导则主要依靠领导者自身的资源（我们暂且统称为人格魅力）。

在管理之下，员工更多的是服从，必须保证最低限度完成任务才能获得基本的保障，才能免除可能的惩罚；在领导之下，员工是出于对领导者的信服、敬佩、热爱等而自觉自愿地追随，渴望最大限度地达成目标，所谓“士为知己者死”应该是其中一种极端的表现。

2. 富有激情的企业文化

优秀的企业文化对员工有强烈的影响力和感召力，能提高员工的幸福指数、释放员工的情感、提升员工的情操，能增强员工的职业责任感和自豪感。

3. 富有激情的群体（团队）

一个充满激情的工作群体（团队）能够影响和感染群体（团队）中的每个成员（尤其是新进员工）。

4. 清晰的、奋斗可及的事业前景

能够成就一番事业也是激发员工激情的一个重要因素，这不仅需要明确的发展前景、通畅的发展通道，而且需要相应的扶持和科学合理的激励机制。

值得注意的是，员工的激情并不是一经激发就可一劳永逸的。激情被激发时非常高涨，但激发的因素一旦失去或改变，激情也会随之消失，而且同样的激发因素也很难有持续的激发力。因此，保持持续激发并不断寻找新的激发点是激发员工激情的关键。

从人力资源管理的角度来看，首先是选拔和录用富有激情潜质的员工并安排在能有效激发其激情的岗位上；其次是着力打造富有激情的企业文化；再次是组建培育富有激情的团队；最后是建立和完善科学合理的激励和激发机制，持续地激发员工的工作激情和旺盛斗志。

人力激发的“飞镖”与“银针”

飞镖，我们所熟知的中国古代的暗器，在现代来说，是从英国沿袭来的一种时尚运动。飞镖给人以精准且一招致命的感觉。因此，人力的激发一定要精准。

人力激发需要针灸式激励，所有员工激发的穴位是一样的，但症状是千差万别的。

一家公司推出公司禁止吸烟的规定，一位主管老工程师提出辞职，总经理提出加薪、升职、住房、车辆都没有打动，后来发现主管老工程师是因为烟瘾很大，但纪律性很强，又不肯违反公司规定，后来总经理将工程师的办公室加了排气扇与灭火器，工程师眼睛湿润了。

此时工程师的穴位只有一个，此穴一解，经络全通。

管理者习惯物质刺激，而点穴，很多时候是非物质的。因此，管理者需要打破惯性思维，找准其最致命的点再加以辅助的针对其症状进行“治疗”，那么就能达到最好的效果。

人力资本根据它的存量不同，可将其分为两类。一类是普通员工，另一类是高级技术人员和管理阶层。后者属于核心资源，技术阶层和经理阶层在企业里处于骨干和领导地位，在通常情况下有着不可替代的作用，可以称为企业的核心人力资本。他们是企业发展的核心动力。所以，建立有效的核心人力资本激励机制已经成为现代企业制度的核心问题之一。

企业核心人力资本激励应该遵循以下基本原则：首先，要以物质激励为基础。追求物质利益是经济人最本质的特征。其次，要遵循动态激励原则。要根据核心人力资本的时效性对其具体所有者进行及时调整。要建立竞争机制，使优者上、庸者下，保持企业核心人力资本的活力。最后，要遵循以人为本原则。

1. 物质报酬激励

尽管薪酬是一种外部激励因素，但在当前它仍然是一种十分有效的激励方式。因为薪酬提供的物质生活保障，不仅是生存和发展的前提，也是产生更高层次需求和追求的基础。一个能吸引和留住优秀的核心人力资本并激励他们不断开发自己潜能的薪酬系统，应具备以下几方面的特点：

（1）薪酬分配的公平性。人们的公平感与不公平感是通过投入（贡献）与产出（报酬）的比较而产生的。管理者为了保证薪酬系统的公平性应遵循 3 条原则：薪酬反映核心人才的价值；薪酬反映工作的价值；薪酬反映工作的绩效。

（2）薪酬水平的竞争性。要使薪酬具有竞争性，并不是薪酬越高越好，薪酬的竞争性是一个相对的概念。企业所处的地理环境、经济环境和文化环境的差别，决定了薪酬的竞争性对不同的企业有不同的内涵。企业一方面想通过较高的薪酬吸引足够的人才，另一方面则尽可能地减少人力资本成本。由于吸引优秀的人才还受企业文化、名气、员工发展机会等因素的影响，所以所谓有竞争性的薪酬水平应该是保证吸引足够优秀员工所需的最恰当的薪酬水平。

（3）薪酬设计的动态性。任何事物都处在变化发展中，科学的薪酬制度只是相对的，环境的变化和组织的发展要求对薪酬体系予以相应地调整，薪酬体系要具有动态性。

从上我们可以看出，薪酬激励依然是作为最重要、最核心的激励方式，但是核心人力资本被激励的程度不仅取决于报酬的价值，而且要受个人做出的努力和获得报酬的概率的影响。核心人力资本的业绩由个体被激励的程度、个体的情况（能力及对工作的认识）与外部环境、人力资源管理的各项职能所决定。工作业绩可以带来内在报酬（诸如成就感）和外在报酬（诸如工作条件），所以要达到激励目标就要对管理型人力资本业绩进行考核，考核结果作为报酬的依据。若管理型人力资本获得的报酬与他们想取得的公平报酬一致时，将会给员工带来满足感，由于需求得到满足，员工便会产生新的需求。若业绩和报酬不一致，就不能使员工得到满足，这时组织就要对企业的激励机制作相应的调整。由此可见企业必须将努力—业绩—报酬—满足这个连锁过程（波特—劳勒综合激励模型）贯彻到管理型人力资本的激励过程中去，以促进他们积极行为的良性循环。

善用薪酬激励

尽管薪酬不是激励员工的唯一手段，也不是最好的办法，却是一个非常重要、最易被人运用的方法。薪酬总额相同，支付方式不同，会取得不同的效果。

运用薪酬激励时应注意的技巧

- 将现金性薪酬和非现金性薪酬结合起来运用
- 适当缩短常规奖励的时间间隔、保持激励的及时性
- 重视对团队的奖励
- 厚待高层员工和骨干员工

薪酬激励是企业对员工的回报和答谢，以奖励员工对企业所付出的努力、时间、学识、技能、经验和创造，是企业对员工所做贡献的承认。

2. 企业文化环境激励

企业文化氛围是推行人力资本管理的“软”环境。这种“软”环境其实并不软，更不可或缺。没有它，其他激励方式都是无水之鱼。要在全社会营造一种尊重核心人力资本的社会文化氛围，使其所有者和投资者具有较大的精神期望效用。

3. 职业道德与精神激励

核心人力资本的道德建设主要包括以下两方面：

首先，建立企业与核心人力资本所有者的心理合约。德国经济伦理学家科斯洛夫斯基认为，由相互信赖所构成的心理合约，其作用在于能够“使合同双方很快达成一致意见并很少要求监督”，因而它能够大大减少合约的不可靠性和不确定性，从而降低交易支出费用和激励成本。由道德所支撑的心理合约意义还不止这些，它不仅能够涵盖正式报酬合约的内容，而且能对报酬合约起补充作用，有时还能起到超越正式报酬合约的作用。作为高级人力资本，除了追求经济利益外，更追求精神上的满足，他们不仅把企业当作赚取薪酬的经济场所，更愿意把其所从事的工作和企业当作价值实现、个性扩张、成就自我、发展潜能的合作伙伴。在企业对他们有工作和贡献需求的同时，他们对企业也有一个潜在的发展期望，并希望在这种企业的良好发展中实现自己的一种人生目标和精神追求。

其次，建立道德惩罚机制。维护职业道德规范既要有对“善”行为的鼓励，也要有对“恶”行为的惩处。现实中，对违背道德的经营者实行的惩罚一般有 3 种：一是法律的威胁。经营者的一切违法违规收入都应该被禁止和取消。二是市场的完善。经营者的行为必须受市场章程的制约，不合格的经营者应该被新的素质较好的经理人员所替代。三是制度的监督。

企业必须有健全的收入、费用等规章制度，即使是对难以观察的细节，也应力求有所规定和要求，一旦违反，就立即处罚。

总之，较为理想的企业制度是，监督机制要以货币资本为主，经营机制要以核心人力资本为主。有效的激励机制不但要使货币资本有动力去监督，还要使核心人力资本有动力去实现企业目标。在制订和实施激励模式时要调查清楚员工的真正需求。将这些需求加以整理、归类，然后采取相应的激励方式有针对性地帮助核心员工满足这些需求。从而使他们成为企业最稳定、最可靠的人才资本。

组织需要的是“合力”

从物理上来说，合力，即一个力的作用与另外几个力同时作用的效果一样时，这个力就是那几个力的合力。那么对于组织和企业来说，合力便是凝聚力、向心力，员工奔着一个目标、一个方向而做出的努力。

联想之所以有今天的成功，与它一直十分注重完善的管理体制的建设是密不可分的。

提到联想的管理，柳传志曾不无自豪地说：“尽管我和集团其他创始人是中关村研究人员出身，但在1984年下海以后，我们把最大的力量投入企业管理及规律的研究上，经过不懈的努力，实践证明我们的管理十分成功。”联想从创业至今确定的管理的核心理念便是：搭班子。

所谓“搭班子”是指联想确立以总裁为首的战略领导核心，最高层领导班子及各级领导班子。战略要靠班子来制订，队伍要靠班子来带，所以搭班子是三要素中的第一位，班子不和，什么事都做不成。

团队与群体之间的对比

懂合作的叫团队，不懂合作的只能叫群体。

对比

团队	群体
人们互相支持	个人感受不是工作的一部分
公开表达自己的感受	公开度是有限的
信息自由共享	在需要的时候提供信息
矛盾得到解决	人们调解存在的矛盾
大家有共同的目标	目标个人化或不明确

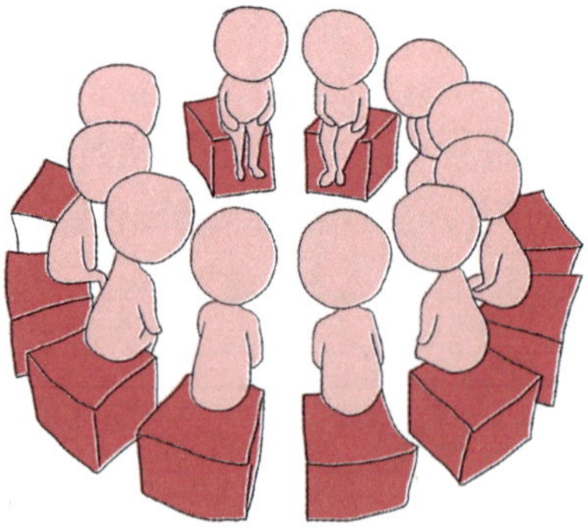

团队就是力量……

一盘散沙难成大业，握紧拳头出击才有力量。任何一支团队，成员之间必须团结一致，才能无往不胜。

搭班子事实上就是要建立一套集团领导的机制来克服由于个人领导可能带来的弊端。集团的智慧绝对是重要的。把班子看成“一种制约”，一把手要知道建这个班子就是为了制约自己的。重要的事情要人人都知道。小的民营公司一把手将财务控制在自己一个人手里，什么事都不对别人说，这很容易造成相互的猜忌和不团结。

由此我们可以看出，“合力”，对于一个企业来说是其成功的必要条件。

作用力是相互的，企业需要团结，而个人也需要企业这个平台来展示自己，实现自己的价值。那么，组织应该如何来激发其合力呢？即做好“传力、帮力、发力”工作，充分调动员工积极性，激发内力，聚集能量，形成发展合力，促进企业既快又好地发展。

一是做好传力工作，即鼓劲造势，传递压力，激发动力。把企业的发展目标和方向积极地告知员工。围绕着企业的终极目标，把压力再分解，任务再落实，责任再细化，营造加快发展的浓厚氛围。

二是做好帮力工作，即践行承诺，公平对待，促进发展。企业按照承诺满足员工要求。并且针对企业在发展、项目推进中遇到的难题，责任到人，加紧落实，加大破解难题的能力。

突出目标意识，更加注重大企业和成长型企业的做大做强。

三是做好发力工作，即创新举措，奋发作为，突破发展。让员工随时准备着向目标奋进，做到厚积薄发，一击即中。

总而言之，企业在激烈的市场竞争中要想占领一席之地，必须发扬团队精神。

第二章

激励的6个要素

设定明确的目标

对于员工的激励，我们需要设定一个明确的目标。让其有一个明确的方向与动力向前行进。要让其看到切实的希望与回报，这样才能更好地为组织服务。

沃尔玛的口号——“员工是合伙人”。

沃尔玛公司是由山姆·沃尔顿创立的。1945年，沃尔顿在美国小镇维尔顿开设了第一家杂货店。1962年正式启用“沃尔玛”作为企业名称。经过40多年艰苦奋斗，编织起了全球最大的零售王国，2001年、2002年，沃尔玛连续名列《财富》杂志500强榜首。巨大的成功离不开沃尔玛独特的激励机制——把员工视为合伙人。山姆非常重视人的作用，他说：“高技术的设备离开了高层的管理人员以及为了整个系统尽心竭力工作的员工是完全没有价值的。”山姆一直致力于建立与员工的合伙关系，并使沃尔玛40多万名员工团结起来，将整体利益置于个人利益之上，共同推动沃尔玛向前发展。山姆将“员工是合伙人”这一概念具体化的政策分为3个计划：利润分享计划、雇员持股计划和损耗奖励计划。1971年，山姆开始实施第一个计划，保证每个在沃尔玛工作31年以上及每年至少工作 1000个小时的员工都有资格分享公司利润。员工离开公司时可以现金或股票方式取走他应得的利润。沃尔玛让员工通过工资扣除的方式，以低于市价15%的价格购买公司股票。损耗奖励计划的目的就是通过与员工共享公司因减少损耗而获得的赢利来控制盗窃的发生。损耗是零售业的大敌，山姆对有效控制损耗的分店进行奖励，使得沃尔玛的损耗率降至零售业平均水平的一半。出色的组织、激励机制加上独特的发展战略，使得沃尔玛成为世界上顶级的明星企业。

因此，设定明确的目标，会让员工觉得更有希望和信心。不仅如此，我们还要帮助员工发挥其最大的潜能。

当然，这其中也要避免激励的5种错误观念：

1. 单纯的物质激励便可以

如果能付给员工足够多的薪酬，他们当然愿意从事任何工作；倘若在肯定其工作的同时，辅以一定的奖金刺激，员工们将非常开心（除非他们对奖金原本有更高的期待）。当薪酬提升时，员工们工作起来就会更加卖力。

但研究发现，物质激励只能带来短期的快乐。半年以后，这种动力将会逐步消失，员工们不但不像刚刚获得奖金时那么欢呼雀跃，甚至他们连奖金的具体数目都记不起来了。这是因为，金钱本身并不能对一个人产生持续的刺激作用。

2. 让员工保持快乐就能带来更高的生产力

管理者往往不遗余力地推行一些举措，让员工保持快乐的心情。比如，设立娱乐室或者允许员工免费拨打长途电话等。管理者一厢情愿地认为，工作间歇中员工的愉悦感很容易转化为一种工作动力。

员工们确实都很享受休息时间，并期待这一时刻的到来，有些甚至拖延上班时间。但是这些时刻的满足感并不一定就会转化为更高的生产力，也不意味着在工作中会有更好的表现。

设定目标前的五问

多数企业设定的目标往往是愿望而非具体计划，从而也导致看似很有目标，到最后却没有实现。因此企业在设定目标之初就应该有清醒的认识。

企业在设定目标前的五问

1.实现目标的最终目的是什么。

2. 实现目标的具体方法和措施是什么。

3. 实现目标所需的资源和条件是否具备。

4.实现目标需要付出多少人力、物力和财力。

5. 实现目标过程中会遇到多少阻力和困难。

目标不明确努力再多也是劳而无功

3. 忽略冲突便万事大吉

很少有人喜欢冲突，在职场上尤其如此。老板和员工几乎怀有这两种心态——“就这样算了吧”“睁一只眼闭一只眼吧”，大家都缺乏解决问题的态度。管理层关心的往往是自己是否受人欢迎，而非快速指出员工实际存在的问题。但如果忽视员工存在的一些缺陷，长远来看，对其成长反而是不利的。

4. 一些人简直无药可救

对某些员工存有偏见，对他们彻底失去信心——这是一个普遍的误区。其实，每个人都是可塑之才，只是点燃他们激情的火种有所差异。倘若管理者巡视整个办公室时，看到员工在玩电脑游戏或者发送私人邮件，他可能会在心里认定：“这个人对工作没有积极性，因为他根本就没有认真工作。”其实不然，这些看起来在“玩耍”的员工，一样有饱满的激情，甚至比那些正在埋头苦干的人更有积极性。只不过他们没有把精力直接投入工作中来而已。

如果这位员工有可取之处，那么，企业领导者应该找出激发他们工作热情的窍门，并尽可能地投其所好，让他们在工作中尽情释放自己的激情。

5. 响鼓无须重锤

每个企业都格外重视聪明人。几乎每个企业主都渴望吸引聪明人加入，因为这些人学得更快、上手也快。于是，老板们便想当然地认为这部分人不需要费心了，他们会自律。

然而，高智商与良好的自我管理能力之间并没有必然的联系。不仅如此，一部分聪明的员工往往不清楚自己保持工作热情的动力何在，他们反而更容易迷失自己或者厌倦工作，最终导致对工作兴致寥寥、效率低下。

那么，究竟该如何动员员工的积极性？聪明的老板应该了解怎样去营造良好的工作氛围，以让每个员工都活力十足；同时洞悉员工们的“动力阀门”，知道他们的优点及兴趣点，人尽其才，让每个人都在自己钟爱的岗位上发光发热。

期望最好的结果

盼望最好的结果，但要做好最坏的打算。乍一听好像有点儿矛盾，但是看完下面这个故事再回过头来品品这句话，就会在为故事情节所感动的同时，不但觉得这句话并不矛盾，而且非常有道理。因为其实无论做人还是做事，都应该在盼望最好的结果的同时，做好最坏的打算。

詹姆斯·伍兹曾经多次赢得“金球奖”和“艾美奖”，他父母的关系很好。在他的记忆中，他的父母只发生过一次争吵。那时，他父亲想买房屋贷款保险，但是母亲不同意，理由是每个月 14.25 美元的保险费太高。而仅仅半年后，伍兹的父亲就过世了，撇下了他的母亲独自为可能失去住所而担忧。但没过几周，一个保险员来到家里，带给母亲一张能够付清房屋贷款的支票。原来，他的父亲生前不知道从哪儿弄到钱支付了房屋贷款的保费。伍兹说："他是我认识的所有人中最了不起的，他爱他的家人超过一切。"

这个故事也许为"盼望最好的结果但做好最坏的打算"作了最好的注解。这句话可以分为两个层面，"盼望最好的结果"是最基本的层面，而"做好最坏的打算"才是最重要的层面，是对第一个层面的升华。自然，人人都希望做人做事有个最好的结果，但是，很多人都只是满足于或者固步于期望最好的结果这个层面。这样，"盼望最好的结果"便可能没有了支持，最好的结果可能也难以实现。

那么对于一个企业来说，给予员工最大的期待与对最好结果的期望就至关重要。要让员工看到自己的努力会有一个可观的收获。

1. 公平的报酬

报酬是一种有效的刺激物，无论管理者多么高明，都必须以物质力量为后盾，而稳定的工资收入，是员工工作动力的永久源泉。大多数员工都希望他们的工作能得到公平的报酬，即：同样的工作获得同样的报酬。员工不满的是别人干同类或同样的工作，却获得更多的报酬。偏离按劳分配原则是令人恼火的。如果人们认为唯唯诺诺、玩弄手腕和攀附上级就可以加薪的话，他们就会产生这样做的动机。在这样的体系中，员工不会进取，企业难有活力。

2. 升迁的机会

多数员工都希望在工作中有晋升的机会，没有前途的工作会使员工产生不满，最终可能导致辞职。如果企业不能为员工提供足够的升迁机会，多半是因为企业整体或某些部门停滞不前之故。这时企业就必须下定决心采取行动，腾出位子，为提拔优秀员工创造条件。

除了有提升机会外，员工还希望工作有保障，对于身为一家之主并有沉重家庭负担的员工来说，情况更是这样。

3. 有趣的工作

热爱一项工作是做好这项工作的前提，许多员工把这一点排在许多要素的前列。员工大多希望有一个安全、整洁和舒适的工作环境，但如果他们对工作不感兴趣，那么再舒适的工作环境也无济于事。当然，不同的工作对不同的员工有不同的吸引力，同样的东西对这个人来说是馅饼，对另一个人可能是糟糠。因此，管理者应把主要精力用在判断人的能力大小和兴趣方向上，认真负责地为你的员工选择和安排工作。

4. 公司的赏识

人与人之间如果维持冷漠的态度，不仅自己活得很累，也会在无意中伤害别人。员工谋求公司的承认和同事的认可，希望自己出色的工作被企业"大家庭"所接受。如果得不到这些，他们的士气就会低落，工作效率就会降低。所有的员工都希望得到公司的赏识，甚至需要与他们的上司一起研究工作，直接从领导那里了解企业的生产经营情况。这种做法有助于拉近管理者与员工之间的距离，使员工感到自己是公司的主人，而不是苦力。

期望激励理论

期望理论又称作“效价—手段—期望理论”，用公式表示为：激励力量=期望值×效价。人的积极性被调动的大小取决于期望值与效价的乘积。也就是说，一个人对目标的把握越大，估计达到目标的概率越高，激发起的动力越强烈，积极性也就越大。

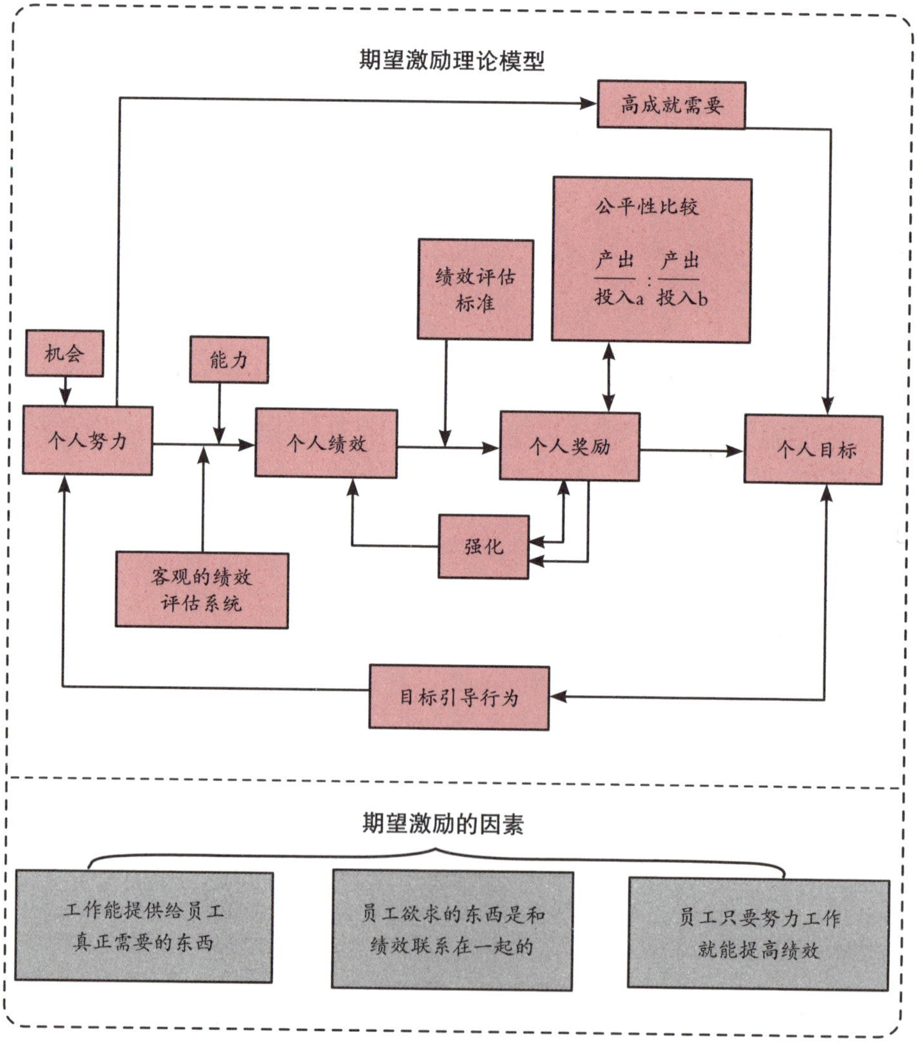

5. 开放的管理

让员工全面了解公司的发展计划及努力方向，才能激发他们的工作热情。一个公司要想快速发展，就必须将公司的经营理念和发展目标明确化，把企业的发展目标转化为员工的使命。员工越了解公司目标，使命感越强，公司的向心力就越大。员工非常希望管理者和他们所服务的公司都是开放的，能不断提供给他们与工作有关的公司重大信息。如能充分告知，员工不必浪费精力打听小道消息，从而更专心地投入工作；若未充分被告知，员工会对公司缺乏归属感，能混就混，混不下去就“跳槽”。

6. 更大的权力

企业的成长，要靠员工的努力，管理者要对员工充分信任，放权给他们，才能使员工养成独立工作的能力。授权不仅仅是任命，管理者在向员工分派工作时，也要授予他们权力，否则就不算授权。管理者要帮助被授权者消除心理障碍，让他们觉得自己是在“独挑大梁”，肩负着一项完整的职责。授权应注意把握好两点：一是让所有相关人士知道被授权者的权责；二是一旦授权就不再干涉。

7. 正面的回馈

企业管理千头万绪，其中最困难的是用人。认可员工的努力，不但可以提高工作效率和士气，同时还可以有效地增强其信心，提高员工的忠诚度，激励他们接受更大的挑战。有些员工总是抱怨说，领导只有在员工出错的时候，才注意到他们的存在。管理者有责任对员工的工作给予正面的回馈，以增强他们的自信。为了充分调动员工的积极性，必须使他们相信，他们的努力会使工作富有成效。

因此，当我们为员工提供了各种可观的可收获的结果之后，他们在内心就更有了一种好的期盼，做起事来便会更有动力。

关注所有的人和事

企业管理者在用人的时候应当尽量做到量才使用，事实却并非如此。有能力的人没有得到重用，能力不足的人反而被委以重任，这样的事情每天都在发生。为什么会出现这种现象呢？其中一个重要原因就在于：经理人对自己所任命的人并不十分了解。他们在选择人员的时候可能只是凭着自己的好恶，添加了过多的主观情绪，而根本不考虑工作岗位的具体要求和人员的特点。有些经理人可能缺乏足够的勇气来对表现优异者和表现不良者进行区分，更无法采取必要的行动。

所有这些都反映了管理者的一个缺点：对人才的培养缺乏足够的重视和深入的参与。管理者需要投入 40%的时间和精力来选拔、评估和培养人才。这是一项非常重要而耗时的工作，而且要求从事这项工作的人必须学会如何给予反馈、引导谈话，并把自己的判断透露给员工。

人才培养正是一家企业生存和发展的基础，所以经理人要学会为你的员工提

信任员工，大胆授权

每个人都有被重视、被信任的渴望，企业敢不敢于放手用人、给员工一个施展才华的舞台与机会，是影响核心员工忠诚的一个重要方面。

授权的好处

对员工而言，这是一种最好的激励，会大大提高员工的工作积极性和自主性。

对管理者而言，这代表一种能力。敢于授权的能力和包容他人的胸怀。

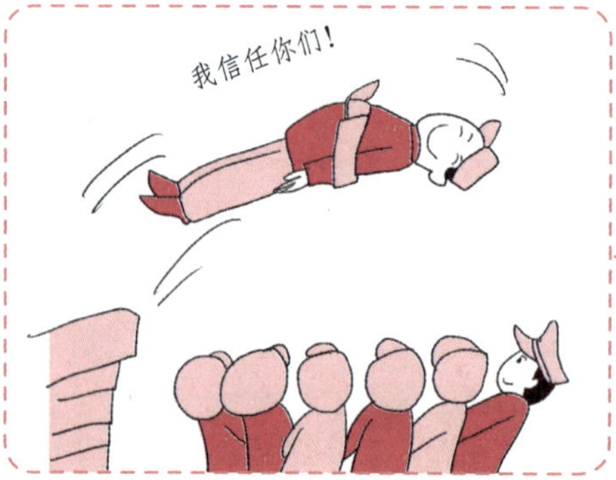

管理者信任员工，就相当于帮助员工作出了“我能够胜任，我可以做好”的承诺，因而员工会自动自发、不懈努力，以兑现这种基于上司信任的承诺。

供适当的机会、指导、教育和培训。如果你能够在人才培养上花费与你在财务预算、战略规划和财务监督上相同的时间，你的工作就一定能为企业带来可持续的竞争优势。

美国管理学会主席劳伦斯·艾帕雷曾讲过一句话：“管理不是管物，而是开发人才。”一个管理者的责任，就是按照员工不同的长处和特点，量才使用，为各类人才提供最能充分施展才能的机会和条件，使人尽其才、才尽其用。任何一个显赫的家庭，任何一个卓越的团体，都不会只是有一个优秀的管理者，在他的身后往往有一个优秀的团队在支持他。与其独木难支，不如为员工营造尽可能宽松的发展环境，给“英雄”以用武之地，让他们尽展才华，才更能相得益彰。

那么管理者应该如何尽量给“英雄”以用武之地呢？如何让他们尽展才华？

沃尔玛创始人山姆·沃尔顿说过：“一名优秀的经理，最重要的一点就是懂得授权和放权。”能否给予员工充分信任，鼓励他们自由发展是衡量优秀经理人的一个重要标准。优秀的经理人乐于并且善于将权力分配给自己的员工，他们需要做的只是为部下提供一个施展才华的舞台。

有一次，李嘉诚在去汕头大学出席学校董事会的路上，接到公司经理打来的电话，说有一笔价值10亿港元的生意需要李嘉诚签字。李嘉诚当时就拒绝签字，并说：“我不签字，你自己看着办吧，能做就做，不能做就算了。”说完就挂断了电话。这个经理当时还以为听错了，经过确认才知道原来没有听错。这种充分授权的胸襟，让所有的员工都对李嘉诚非常钦佩。在他们眼中，没有一家公司会如此信任员工。李嘉诚鼓励每个有才能的人充分释放自己的力量，只要你有能力，就不会得不到重用。

从上面的例子我们可以看出，管理者需要懂得“大胆放权”，有的管理者总是事事亲力亲为，没有让员工充分地发挥其才干。当然，对于很多管理者来说，要做到这一点很难，这需要强大的魄力和敏锐的判断力。

但是作为一个有认知力的管理者，就需要做到眼观六路耳听八方，对所有的人和事都给予充分的关注与关心，这样才能对员工作出合理的判断，将对的人放在对的位置，而不能让其感觉到自身被忽略和缺失关注。只有这样，企业才能有一个良性的发展。

认可个人化

每个人对事物的认知都是不同的，存在个性化、差异化。在企业中，我们时常都需要个性鲜明的员工来活跃气氛，不同的个性会擦出不同的火花与创意。每个人都需要被认可，而期望的方式却各不相同。

激励因人而异

企业员工形形色色，但是都可以按工作能力与工作热情的标准，分为四个类型，即：高热情高能力（A）、低热情高能力（B）、高热情低能力（C）、低热情低能力（D）。根据员工类型的不同，采取不同的激励方式，这样才能激发员工的干劲！

1.高热情高能力员工

给这些人才充分授权，赋予更多的责任。

2.低热情高能力员工

鼓励、鞭策，肯定其能力，同时提出要求。

3.高热情低能力员工

充分利用员工的热情，及时对他们进行系统、有效的培训。

4.低热情低能力员工

首先激发其工作热情，改变其工作态度，再安排到合适的岗位。必要时对其进行薪酬刺激。

那么如何让激励走向个性化？这里面涉及几个问题，第一个是激励的个性化问题。同样一个激励要素，对某个人是有激励作用的，但这可能不是另外一个人的需求。因此要把人才当客户，尤其知识型员工都有个性化的需求。任何一套激励方案，除了整体上要系统设计，对组织成员的激励具有统一性外，同时还要有个性化，根据不同员工的不同需求，提供个性化的人力资源解决方案。实际上，人力资源服务也是一种产品，一定要以客户价值为导向，从同质化走向差异化、个性化。

第二个问题是“钱是不是万能的”。对于员工激励，完全不谈钱，不谈利益是不现实的，但是一味地谈钱也不行，因为它确实不能从根本上解决员工的深层激励问题。

另外一个问题是“如何针对一个人的不同发展阶段采取差异化的激励措施”。员工的激励因素不仅包括工资、奖金，也包括机会、职权、信息分享、学习发展、沟通等多元要素。同时激励要素本身随着个人的发展提升，也是不断变化的。人的需求是在不断上升的，从生理的需要到安全的需要、社交的需要、尊重的需要，直至实现自我的价值，每个阶段的追求都会有所不同。比如年轻人为了买房成家，在高收入的前提下，他们可以忍受无休止的加班，可以忍受上司的严厉责骂，但等他发展到一定阶段，基本摆脱生理与安全的需要后，他更看重的就是有没有个人发展的机会、是不是能得到尊重、有没有自主权、内部能不能沟通融洽、整个人际氛围是否舒适，等等。加上前面讲的工资、奖金、福利，这也就是企业要从单一的薪酬设计走向全面薪酬系统设计，这就需要企业正确处理货币性报酬与非货币性报酬、物质报酬与非物质报酬、长期报酬与短期报酬之间的矛盾。

对于一个企业来讲，激励问题其实有两个系统，一个叫感性系统，一个叫理性系统。感性系统很重要，因为人毕竟是感情动物，工作需要有激情，需要用一种精神来牵引大家的工作热情。但是理性系统也很重要，企业的分配与激励机制必须让员工感到是建立在公平基础上的。

一起庆祝

一起庆祝，范围非常广泛。即企业领导可以与员工一起庆祝取得的成功或者员工的生日或者各种佳节，让员工真实地感受到自己的存在感、感受到自己是公司很重要的一部分。

杰克·韦尔奇从入主通用电气以来，在短短20年间，他将一个弥漫着官僚主义气息的公司，打造成一个充满朝气、富有生机的企业巨头。在他的领导下，通用电气的市值由他上任时的130亿美元上升到了4800亿美元，排名也从世界第十提升到第一。他所推行的“6西格玛”标准、全球化和电子商务，几乎重新定义了现代企业。他被誉为“最受尊敬的CEO”“全球第一CEO”“美国当代最成功最伟大的企业家”。如今，通用电气旗下已有12个事业部成为其各自的市场上的领先者，有9个事业部能入选《财富》500强。韦尔奇带领通用电气，从一家制造业巨头转变为以服务业和电子商务为导向的企业巨人，使百年历史的通用电气成为真正的业界领袖级企业。

在管理上，杰克·韦尔奇独创了许多办法，最为著名的莫过于“聚会”“突然视察”“手写便条”了。杰克懂得“突然”行动的价值。他每周都会突然视察工厂和办公室，匆匆安排与比他低好几级的经理共进午餐，无数次向公司员工突然发出手写的整洁醒目的便条。所有这一切都让人感受到他的领导并对公众的行为施加影响。尤其是这些小小的便条，更给人以无比的亲切和自然，形成了一种无名的鞭策和鼓励。

创建全员参与管理的文化

全员参与不是制度，它是文化，是最优秀的企业文化；全员参与不是活动，它是观念，尤其是领导的观念。

如何在企业内部开展全员参与管理活动

- 领导者全面放权
- 给予员工充分的信任
- 让员工树立主人翁意识
- 鼓励员工献计献策并给予奖励
- 对自愿参与管理的员工给予奖励

让员工参与管理会提高员工工作效率和工作满意度。在某种程度上满足了员工自我实现的需要。这是一个企业和员工“双赢”的过程。

公司经常会组织一些聚会，从而来达到聚拢人心的目的，也为员工们提供了轻松愉快的工作环境。

"领导者要常常与下属庆祝成功。"不要怕玩得太开心而使人们不再努力工作。相反，工作上的庆祝永远不够。20年来通用电气一直强调庆祝的重要性。但在杰克·韦尔奇最后一次以首席执行官的身份视察公司的培训中心时，问了班上100名左右的经理人："你们在工作单位里举行过足够的庆功活动吗？"回答"是"的人还不到一半。庆功的作用是制造认同的气氛及正面力量。

经常有人问杰克·韦尔奇，领导者是天生的还是后天努力而成的？他的回答是：二者皆有。有些特质，像智商和精力，看上去是结伴而行。另外，有些领导技巧是你在咿呀学语、在校读书、做学问和从事体育活动时学会的，如自信。你在工作时学到另一些东西——勇于尝试，从失败中汲取经验，从成功中获取信心而后再次尝试。只有这样，你才会越来越棒。

树立榜样

"榜样"的力量归根结底来说就是要达到"众志成城"的目的，有统一的目标、统一的步伐，这对企业发展至关重要。

企业如同一个微型社会，同样存在价值观的选择。企业管理者常常感叹，看不懂员工，不知道他们在想什么，对他们的行为感到匪夷所思。归根结底这是因为大家的价值观不同，对事物缺乏统一的认知。

我们可以认可员工不同价值观的存在，但在职场精神、工作态度上，我们又需要对员工有一致的要求。

那企业是否该为员工树立榜样，引导员工向榜样学习呢？企业一般都会在年终评选出一年的"先进""模范"，他们是否算是职场的榜样呢？

有时候企业的榜样不一定是某个人，而是企业作为一个整体所倡导和践行的一种精神。比如有的企业长期赞助某一项体育运动或者特定的运动员，除了品牌宣传的需要，在赞助对象的选择上也以其所代表的某种精神为根据。也有的企业长期默默进行公益活动，引导员工参与其中，那么，企业这种"热心公益、默默奉献"的精神也可以说是员工的榜样。

1. 企业应该树立什么样的榜样

从公司层面来说，企业应该树立有着正面的、积极向上的心态，有推动和引导部门或公司全员努力向前作用的，有着极强工作抗压能力，或有着极强的不可替代的工作技能，或有着极强的号召能力的，或贴合公司现阶段或未来一定时间职业道德或某方面发展需求的，有魅力的成员榜样。

我们应该树立符合自然准则的榜样。我们可以树立更多的在自己岗位上默默无闻、尽责尽力的人为榜样，这才是大多数人愿意接受并且可以实现的引导。

孔子的学生子路救了一个落水的人，而后欣然接受了别人的一头牛。孔子很高兴，评说：鲁国必好救人于患！可见孔子的眼界更远，他看到的是子路救人得牛的榜样作用。

孔子的另一个学生子贡为一位奴隶赎身后，拒绝了国家的奖励。孔子不仅不认为弟子的行为是好榜样，还为此忧虑道：鲁国不复赎人矣！

以上说明，我们应该树立榜样，但绝对不应该树立超道德榜样。我们应该树立子路这种合乎社会大多数人价值观的榜样，而不应该树立子贡这种超越大多数人价值观的榜样。

榜样激励的作用不可小觑

榜样的力量是十分强大的，在员工众多的公司中，更应该注重榜样的力量。那么，在一个企业中该如何使用“榜样”这一力量呢？

1.用员工影响员工

为员工设立一个效仿的标准，挑出一个优秀员工作为榜样，那么，其他员工在自尊心的驱使下就会不断向这一榜样看齐。

2.用领导影响员工

领导者严格要求自己，在关键时刻一定要做出好的榜样，成为员工学习的标准。

企业应该根据所处的不同阶段、不同时期来确定榜样的类型。如，企业正处于业绩突破期，有强劲的发展要求和压力的时候，就可以树立业绩冠军为榜样。在企业贪污腐化严重时，又可以树立廉洁奉公的员工为榜样。

2. 企业该如何树立一位榜样

企业树立一个榜样贵在"取信"于人。正如商鞅变法而城门移木的故事一样，贵在让大家从心里认可这个榜样，认为就应该这么做，相信是可以做到的。人力资源部门明确应该树立什么样的榜样后，应该告诉员工只要人人做好自己岗位的事情，则人人都是榜样。而后应该和员工一起，罗列并分析他的岗位职责要求以及可能性目标。

榜样要个性化。首先，比如业务冠军、节能标兵等，切不可用"优秀""全能"等宽泛的词汇表示。务必做到服众，看到榜样的称号就想到唯此人可以担当这份荣誉。其次，可以个人命名，加强"榜样"荣誉感。如员工王强连续 3年获销售冠军，就可以设一个"王强奖"。用宣传栏、广告牌等对榜样人物进行宣传。

榜样，在企业中起着一个潜移默化的作用。或许我们一开始并不能很快地看见成效，可久而久之，我们便会看到榜样给企业带来的改变。改变可大可小，其作用不能忽略。树立了榜样，企业的目标便更加明确，员工也有了一个看齐的方向。

第三章
实施激励的主要原则

实事求是的激励原则

激励既然是调动一切积极因素、约束一切不良行为的必要手段，那么坚持实事求是就是首要的原则。那究竟什么是实事求是的激励原则呢？

举一个很简单的例子，大家就能明白实事求是激励的重要性。

某一企业为了鼓励销售人员提高业绩，增加销售额，在销售人员中实施奖励以推动大家的竞争，从而扩大企业利润。某销售员小王和领导关系不错，但其销售业绩不怎么样，为了得到巨额的奖金，他虚报账目，利用领导的信任骗取奖金，领导没有调查研究，就给了他奖金。事后，业绩好的员工知道实情后，内心很不满，极大地影响了工作积极性。最后，公司不但没有实现激励的目的扩大销售收入，反而销售收入大减，领导颇为不解。

分析原因，就是领导激励没有做到实事求是。可见实事求是地激励对一个企业的生存与发展极为重要。

那么，作为领导者，又如何做到实事求是地激励呢？

激励要实事求是包含3个方面的含义：

（1）客观存在的事实。

（2）对事实必须进行全面的、系统的分析研究。

（3）在弄清事实、经过分析研究的基础上，确定事物的性质。

这三方面是辩证的统一体，忽视任何一方，都不可能正确地实施激励，甚至有悖于激励宗旨，发挥不了激励应有的作用。

公平公正的激励原则

公平公正的激励原则，一方面使人们在激励面前享有平等的权利和义务；另一方面实施激励的领导和机关必须去除私心，避免激励人为产生倾斜，畸轻畸重。

为了使员工激励真正做到公平公正，必须注意以下几点：

（1）激励的程度必须与被激励对象的功劳和过失相一致，即功大大奖、功小小奖，过大大罚、过小小罚。无论精神激励，还是物质激励都应如此。这是激励公平公正最起码的要求之一。激励本身和激励的社会功能都是对人们行为的一种估价和评判。亚当斯的公平公正理论认为，当一个人感到他所获得的激励与他投入的努力所作出的贡献或与他的不良行为造成的损害比值相等时，就有了公平感，从而产生积极作

如何做到公平公正地激励

在任何情况下，领导都必须做到对所有的员工公平公正，这样才能让员工信服，才能正确激励员工。

1.公平公正地对待每一位员工，任何时候都不给某一个员工搞特殊化。

2.向员工公布企业的各项规章制度并严格执行，不能因为任何人而破坏企业的规定。

3.对事不对人，建构公平的激励机制，不能因为某个员工犯过一次错误就不再信任此员工。

用或约束作用。否则，赏罚不公就必然滋生不满情绪，达不到激励的真正目的。

（2）激励的公平公正必须做到不分高低贵贱，一律平等；不分亲疏远近，一视同仁；不分好恶恩仇，一样对待；不分上下左右，一个标准。

相传唐高祖李渊曾率军攻占隋朝的霍邑，当时所率的军队中有一部分是应募的奴隶。战争打得十分激烈，双方均有较大的伤亡。

后来李渊又命人招募新兵，作为增援军赶赴战场，增援军中也有相当一部分奴隶，由于后续军队的及时赶到，大大改变了双方力量的差距，经过一夜的激战，李渊终于夺取了霍邑城。

占领城池之后，李渊决定召开庆功大会，赏赐那些立下战功的将士。这时，一位大臣奏道："随军之奴隶本为下贱之人，不宜论功行赏。"

李渊坚决地说："刀剑之间，不辨贵贱；论勋之际，何有等差？"

这个小故事中体现的就是奖赏之中的公平公正原则。虽然李渊对应募的奴隶同样论功行赏的做法是为了争取民心，但是，其行为本身很值得我们管理者学习。作为企业的管理者，应该同样懂得：公平地、公正地赏罚也是取得员工的心、争取员工支持并为企业的发展作出更多更大的奉献的基础和不竭源泉。

及时适度的激励原则

及时的激励原则就是让员工尽快看到成绩的利益与过失的结果；适度则是指功过与赏罚相适应。激励如果不及时适度，不仅会失信于人，挫伤积极性，而且可能产生怨恨，造成混乱。

激励的物质基础和思想基础是人们的利益取向和生理、心理特点。人们的一切行为都是为了追求某种有利或避免不利，由此在生理和心理上必然产生与之相适应的喜好和厌恶情绪。激励就是为了诱导人们共同的喜好和厌恶趋向，促进事业的发展，推动社会的前进。当然，这种趋向，不同的人各有不同；诱导这种趋向的方式和做法，不同的人也各不相同。但有一点是相同的，就是及时和适度。

现代企业提倡团队作战，因而，企业及时激励对于获取员工的信任和支持，提高绩效也是有益的。激励及时，还应适势。及时不仅是适应个人心理和调动大家积极性的需要，也是形势的需要。如打仗遇到障碍，敌人围困重重，士气不振，败象已露，如果对英勇杀敌者及时奖励，士气受到鼓舞，人人仿效，以一当十，以十当百，就有可能转败为胜。

及时激励并非单纯求快，主要是体现一种雷厉风行的作用和精神，而不能机械地当成不差时日的时限。及时的前提在于激励的正确、明确和准确。如果激励事实失误，性质不准，及时不仅毫无意义，而且可能带来不良后果。

企业是讲效益的，是追求效益最大化的，而人的业绩的最大化，本身就是企业效益最大化的基础，因而管理者必须把握激励的及时原则，以使员工业绩最大化。这就需要管理者熟悉时机所具有的几个特点，以便能随时随地识别并加以运用。一是时机具有隐蔽性。员工不可能把自己的全部欲求都暴露出来，往往加以隐蔽，通过曲折途径和复杂多变的心理活动，反映到语言、行为、表情上，并为人所觉察，所以要求管理者学会察言观色，洞察员工的心理；二是时机具有短暂性。人们的欲望，不是持久不变的，它必然随着人们需求的变更、社会价值观念的变化而改变；三是时机具有变易性。这一点与短暂性有相通之处，比如，一个人在某一时期对物质奖励更为重视，当其家庭经济条件有了较大改善后，他的需要就会更多地转向精神即荣誉奖励。根据时机的3个特点，管理者可以较为轻松和较为准确地把握及时激励原则。

及时和适度是互相联系，相辅相成的。适度原则的核心是激励和功过相一致。奖大于功或小于功、罚大于过或小于过都是不可取的，只有适度下的及时和及时下的适度，才能最大限度地发挥激励的作用和效应。凡事都有一个度，掌握不好度，就有可能出现过犹不及或火候不到的结果，这二者都是我们在管理中所不愿发生的。激励适度原则主要应注意以下6点：一是不能无功而赏，无罪而罚；二是不能功大而小赏，罪大而小罚；三是不能功小而大赏，罪小而大罚；四是激励的数量不宜太多，也不宜太少；五是不能赏罪罚功；六是激励适度还得具体情况具体分析，不可机械地进行赏罚。

能级适应的激励原则

能级，即能力的大小级别。能力大的员工我们称他具有高能级，反之具有低能级。对能力要求较高的岗位我们称之为高能级岗位，反之称之为低能级岗位。所谓能级适应性原则，是指个体能级与岗位能级应相适应。高能级者应处于较高能级的岗位，担任高能级角色；低能级的人应处于较低能级的岗位，担任低能级角色。对于角色与个体能级不适应的问题，应及时调整，既防止高能级的人担任低能级角色，浪费人才；又要防止低能级的人担任高能级角色，贻误企业目标的实现。

管理者的任务不在于重新改造员工，而在于使整体的行为能力通过对每个人所拥有的一切特长、力气、志气的运用，产生乘数效应。总之，管理者的任务就包含“按才干授责任”这一项。员工激励必须量力而激。

能级不适的任用导致失败的事例不胜枚举。

战国时期，赵国有一个将军，名叫赵括。赵括从小熟读兵书，背得滚瓜烂熟，自以为天下无敌，曾经与他的父亲赵国的名将赵奢谈论兵法，赵奢也难不倒他。但他的父亲并不认为他有才能，等到秦军进攻赵国，赵王不听赵括之母的劝阻，任用赵括为统帅，率兵抗秦。

结果赵括除了嘴皮子练得出众、夸夸其谈行文对答头头是道外，没有多少实际的作战能力。等一上战场，就不知所措，结果赵军四十万人马全军覆没，他自己也兵败身亡。

从这个例子，我们可以看出作为管理者的赵王没能够做到对赵括量才而激，赵括的个人能级不适合他担当的角色，不能胜任，结果祸国殃民。

因此，在管理活动中运用能级原理，重点在于如何盘活人这一宝贵资产上。首先需要从组织结构上划分好合理的层次结构，然后科学有效地评估组织成员的能力，再将其进行能级划分，最后通过组织建立完善的人事管理制度去选人用人，使有相应能力的人处于相应的能级岗位上。

那么领导者应该如何去实现能级适应呢?

1. 按层次需要选人用人，使各种人才处于相应的能级

由于各种层次对人才能级的要求不同，则不同能级的人就应该安排在相应的职位上。

系统达到目标能力的强弱取决于3种因素：各要素的质量、各要素组成的合理性以及各要素之间的特定关系。系统需要合适的要素和子系统，而非优良要素的堆

根据员工的能力授权

能级，指人的能力大小分级，不同行业或不同岗位对从业人员能级的标准是不一样的。能级对应是指在人力资源管理中，要根据人的能力的大小安排工作、岗位和职位，使人尽其才，才尽其用。

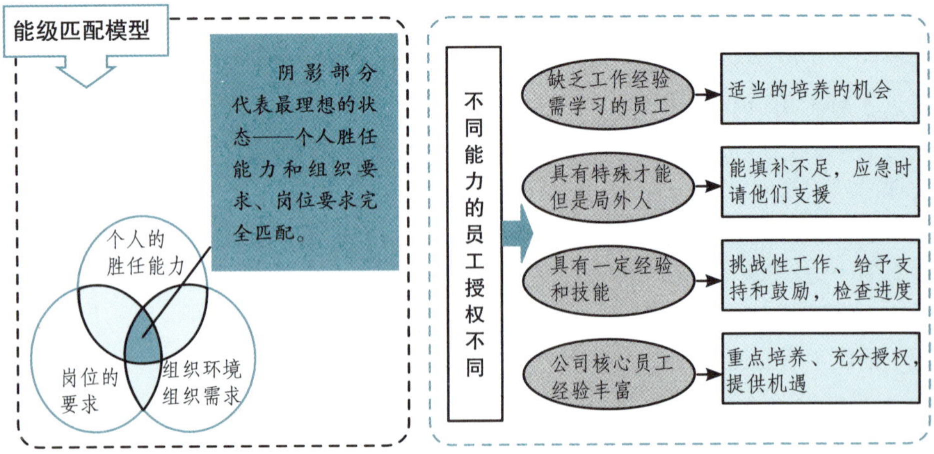

积。各种岗位对人才能级的要求是不同的，那么不同能级的人就应该安排在相应的职位上，要达到“人尽其才，才尽其用”。大材小用不但浪费人才，而且这些人迟早会另谋高就；小材大用则会延误工作。垃圾是未被利用的财富；只有混乱的管理，没有无用的人才，被放错能级的人就好比垃圾一样等于被人抛弃。据统计，我国大中型企业中工程师和技术员的比例是9∶1，而另一方面人才短缺的呼声却不绝于耳，这些都是违反能级原理造成的后果。

2. 不同的能级应该表现出不同的权力、责任和利益

权力、责任和利益是能量的一种外在体现，必须与能级相对应。在其位、谋其政，行其权、尽其责，取其酬、获其荣，失职者则要惩其误。有效的管理不是扯平或消灭这种权和利上的差别，而是要给予相应于能级差别的待遇差别。值得一提的是，管理能级是按能力划分，它与按地位和家族划分的封建等级完全不同。

3. 各能级之间的人员必须动态地相互流动

各种管理岗位有不同的能级，人也有各种不同的才能。现代科学管理必须使相应才能的人得以处于相应能级的岗位上，人尽其才，各尽所能。这样的管理组织才能形成稳定的结构，持续有效地运转。

岗位能力和人的才能都是发展变化的，没有一成不变和绝对的协调一致。因此，只有动态地实行能级对应，才不至于使昨天胜利的因素成为今天失败的原因。在我国相当多的组织中，尤其是政府部门，人事管理制度的能升不能降、有了过失横向调动的做法是违背了这一原理的。

按需激励的激励原则

有需要才有激励，人要活着就得满足各种各样的需要，离开了食物、阳光、水分，人就会死亡。当然，人除了生理需要外，还有其他需要。例如安全的需要、爱的需要、被尊敬的需要、自我实现的需要，等等。

在企业管理的各项工作中，一切都是以企业的利益为核心，而企业利益的创造始于员工的劳动。因此，如何有效地发挥企业现有员工的主观能动性，就成为人力资源管理者的一个重大课题。员工在最大限度地为企业创造利润的同时，也希望从企业的发展过程中使自己的个人价值得到肯定，而这肯定既包括物质上的肯定，也包括精神上的肯定。将绩效考核与薪酬管理紧密结合，做到赏罚分明固然重要，但对员工实现有效的激励往往不是简单的奖金奖励与表彰所能达到的。人与人之间存在差异，那企业又应如何应对员工的不同需求，进行行之有效的激励呢？

根据马斯洛的需求层次理论，只有能满足一个人的需求的给予，才能成为对他的激励因素。这种结构形式基于 3 个基本假设：（1）人要生存，他的需求能够影响他的行为，只有未满足的需求才能影响行为，已经满足了的需求不能继续充当激励

针对不同层次的需要进行激励

“马斯洛需要层次”理论将人类需求分为五种，分别是：生理需求、安全需求、社交需求、尊重需求和自我实现需求。企业可以根据不同的需求对员工进行不同的激励：

1.针对生理的需求

企业可以给员工基本的工作、住宅设施，提高福利待遇。

2.针对安全的需求

企业要给员工提供安全的工作环境，签订劳动合同，提供保险等。

3.针对社交的需求

发展企业文化，创建和谐的工作小组，制定团体活动制度，促进同事之间的交流。

4.针对尊重的需求

对员工实行考核制度、晋升制度、奖金制度等。

5.针对自我实现的需求

给员工安排具有挑战性、创造性的工作，并制定相应决策参与制度，让员工更上一层楼！

工具；（2）人的需求按重要性排成一定的次序，形成层次性的结构；（3）当人的某一级的需求得到最低限度满足后，才会追求高一级的需求，如此逐级上升，成为推动继续努力的内在动力。对一个极度饥饿的人来说，给他第一碗饭吃是救命；第二碗饭是满足；第三碗饭则是毒药。等到他吃第三碗饭时，饭的价值对于他而言，已经完全发生了变化。对于任何人而言，超过需求之外的意外收获都是毒药。

马斯洛根据研究，将不同的需求由低到高主要分为5个层次：第一是生理需求，是个人生存的基本需求，例如吃穿用等；第二是安全需求，包括心理上与物质上的安全保障，例如不受盗窃和威胁、预防危险事故、职业有保障、有社会保险和退休基金等；第三是社交需求，人是社会的一员，需要友谊和群体的归属感，人际交往需要彼此同情、互助和赞许；第四是尊重需求，包括要求受到别人的尊重和自己具有内在的自尊心；第五是自我实现需求，指通过自己的努力，实现自己对生活的期望，从而对生活和工作真正感到很有意义。

因此，不同的人，对于需求的追求和看法并不相同。想要得到最好的效果，就要因人而异，给予不同的需求激励。

根据上述原理，管理者可以采取荣誉激励法，应对不同员工的不同层次需求，而具体的操作则要根据各个公司不同的企业特征进行有自己特色的设计。

（1）按照不同的档次，向员工们陈列展示各种令人兴奋的奖励方式。具体的奖励方式可以先广泛参考员工的个人意见，例如家用电器、旅游、保险，或者更长时间的休假。奖品的设置要定期进行调整，以满足员工在不同阶段的需求（一般可以一年调整一次）。

（2）当员工在工作上有优异表现或者杰出贡献时，经由上司或同事提名和审核，就可以获得一定的荣誉点数。

（3）集合足够的荣誉点数，就可以向公司兑换现金、奖品。员工也可以将这些点数继续累积，将来兑换更大的奖品。

这种激励的方法不仅让员工在设计奖励方式时感受到了公司对其个人意见的尊重，同时设计出来的奖励方式又可以成为员工处于该阶段时真正需要的，从而使激励在物质和精神上一举两得。员工为了获得自己需要的奖励，必然产生积极工作的动力，而积极工作的同时也为企业带来了良好的效益。有了良好的效益，企业也必然将给自己的员工更多更好的回馈。如此的良性循环，我们何乐而不为?

内在激励与外在激励相统一的原则

内在激励与外在激励相统一即精神激励与物质激励相统一。

人既有精神需要，又有物质需要。因而，对员工的激励原则必然包括物质激励和精神激励两个方面。二者是辩证统一、缺一不可的。

精神激励是一种深入细致、复杂多变、应用广泛、影响极大的工作，它是管理者用政治教育倡导企业精神，培养有理想、有道德、有文化、有纪律的新型职工队伍的有效方式。比如在企业各级组织中开展的竞赛评比活动，能有效地统一集体与个人的目标，以激发人的团结协作的整体积极性，提高工作效率。

物质激励体现人们追求生活的需要，是人生存的本能。它体现在物质需求的基础上。在需求合理、情况可能的前提下，企业从具体实际出发，针对不同性质的需要特点，引导他们对目标需求、所肩负的责任及工作效果的客观认识，不要超越客观事实，把需要放在现实的基点上。

心理学家将激励分为内在激励与外在激励两种形式。尽管心理学家通常会鼓吹内在激励要优于外在激励，但是多数企业认为上述两种激励方式是相辅相成的。

激发员工的内外动机

员工喜欢一个工作，无非是两种动机，一种是内在动机，就是单纯地喜欢；另一种就是外在动机，比如薪酬高。企业要善于激发员工的两种动机，让两种动机为两种激励服务，激发人才的最大动能。

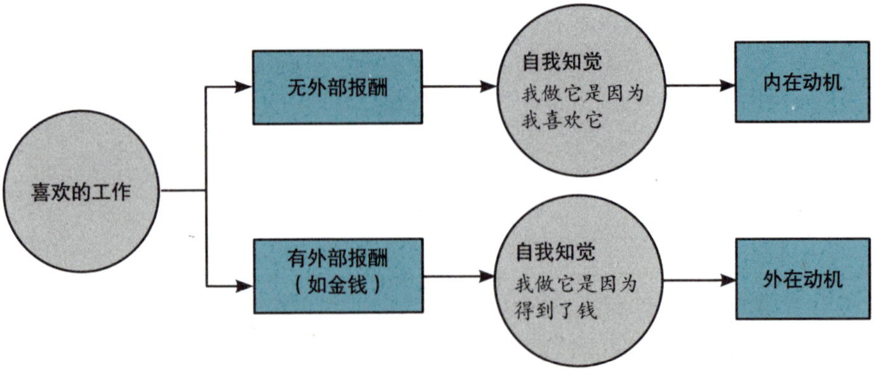

卡普兰和诺顿在《协调一致》一书中举了一个大家所熟知的例子。

每年的春秋两季，在波士顿和坎布里奇两座城市之间的查尔斯河上，哈佛大学和麻省理工学院两所学校会进行赛艇比赛。每位运动员都会为了在比赛中获胜而作出巨大的牺牲，他们冬练三九、夏练三伏，每天都会在课余抽出几个小时用于训练。那么他们能够得到多少钱呢？没有钱。这些运动员之所以牺牲休息时间并勤奋锻炼，是因为他们能够享受积极备战、与队友合作，进而赢得比赛的乐趣。我们不妨想象一下，如果一个企业能够使其员工获得相似的激励——每个人都勤奋工作并且同心协力地帮助企业创造佳绩，这将释放出多大的能量啊！

如果企业能够娴熟地将内在激励与外在激励融合，那么企业内部将会更加和谐，员工们能够更加努力地工作，企业也能够有更好的发展。

第四章

批评与激励相辅相成

批评下属的若干种方法

批评，给人们的第一印象便是严厉、苛刻。我们大多数人总是注意到其消极的一面，却忽略了其积极的一面。我们所缺少的正是一种正确的、积极的态度。只要用对方式，我们就能看到其上进的、有效的另一面。

美国玫琳凯化妆品公司在初建时只有9个人，20年后的今天，该公司已经发展成为拥有20万名员工的国际性大公司。它的创办人兼董事长玫琳凯·艾施被人们称为“美国企业界最成功的人士之一”。

玫琳凯·艾施一直严格地遵循着这样一个基本原则：无论批评员工什么事情，必须找出一点值得表扬的事情留在批评之前和批评之后说，而绝不可只批评不表扬。

玫琳凯·艾施说：“批评应对事不对人。在批评员工前，要先设法表扬一番；在批评后，再设法表扬一番。总之，应力争用一种友好的气氛开始和结束谈话。”

有一次，她的一名女秘书调离别处，接任的是一位刚刚毕业的女大学生。新来的女大学生打字总是不注意标点符号，令玫琳凯·艾施很苦恼。有一天，玫琳凯·艾施对她说：“你今天穿了这样一套漂亮的衣服，更显示了你的美丽大方。”

那位女秘书突然听到老板对她的称赞，受宠若惊。玫琳凯·艾施于是接着说：“尤其是你这排纽扣，点缀得恰到好处。所以我要告诉你，文章中的标点符号，就如同衣服上的扣子一样，注意了它的作用，文章才会易懂并条理清楚。你很聪明，相信你以后一定会更加注意这方面的！”

从那以后，那个女孩做事明显变得有条理了，也不再那么马虎。一个月后，她的工作基本上能令玫琳凯·艾施满意了。

因此，批评也是一门艺术，那么如何批评下属呢？不妨采用以下方式：

1. 公开表扬，私下批评

中国人向来都是非常爱面子的，如果领导在公开场合批评员工就会让其感觉非常没有面子。严重的，员工会对领导怀恨在心，关系紧张。其实员工在听取领导对其批评时，更多的是关注其他同事对自己的看法，会无视领导的批评。在众多员工面前批评一位员工，不但会打击士气，更会打击人心。这样，只会让员工对领导产生看法，认为其只会批评人，不会反省自己。这样，员工的战斗力就会非常低。

表扬可以以文件的形式，而批评只需要一个电话就足够了，这样既能够尊重被批评的人，也能促进被批评人反省自己的缺点。

2. 明修栈道，暗度陈仓

这个典故相信众多的人都听说过，管理者在批评员工时其实也可以采用这种方式来进行。避开与员工直面交锋引起员工的反感，通过间接的途径来提醒员工，同样能够达到批评的效果。比如，有一次一个企业举办了一个大型的活动，邀请了很多有名的专家，而活动的策划者（第一次策划活动）由于工作的疏忽没能将桌签（与会专家的姓名台卡）带到会场，而会议再有 10 分钟就要开始了，恰巧这个企业老总在会议的前一天晚上是最后一个离开办公室的，看到留在办公室的桌签，就将其收好，放到自己车的后备厢里，第二天带到会场来了。就在该策划者准备到商务

批评也要讲艺术

批评不但是一种激励方式，还是一种沟通信号，在运用时务必特别注重对批评对象、时机、场合和方式的选择。所谓“运用之妙，存乎一心”，对批评艺术的巧妙运用可以使工作变得事半功倍。

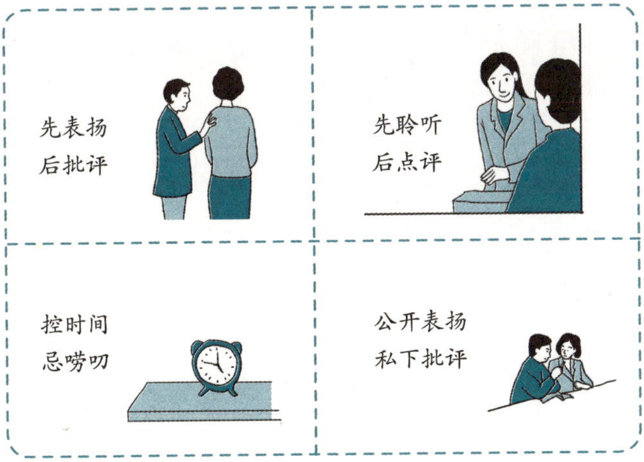

批评下属向来不是件容易的事情，有时会令那些缺乏管理知识和经验的领导者感到无所适从。但是，如果掌握了批评的艺术，就会让批评变成轻松的事。

中心打印时，老总将桌签递了过去，并对其笑着说，我现在是跟班的了，下次可要注意了。从此以后该员工再也没有犯过类似错误，并且后来的两年中多次为企业策划出重要的具有影响力的活动，取得了很好的业绩。

3. 促其反省，留有余地

我们常见到画家画花时常常画一枝，而不是全部，也会在花枝添上一只小鸟，让人品味其中意境。诗人写诗同样如此，寥寥数字就能将一幅画面展现在我们眼前。我们领导者也要善于让员工去自己反省自己，就像上面的例子一样，而不是对员工直接批评说：你怎么搞的，这点小事都办不了，丢三落四的，以后不许再犯类似的错误了。该员工要是听了这样的批评，一定会带着情绪去工作，并且心理会惴惴不安：老板是不是不重视我？所以说领导者要批评员工，应点到为止，让其去思考、想象和反省。

4. 鼓励为先，鞭策为后

比如说某位员工没有按照工作进度完成工作，领导于是找其谈话说："我对你很是失望。"这位员工听后，第一感觉是领导不重视我了，一定是对我的工作不满意了。如果我们换一种方式来处理，让其了解你的意图和想法，按照你的意图和想法来工作这才是关键。因此，你可以说："你做事向来都是很积极的，从来都是按时完成的，（提出问题和想法）一定有别的原因吧，我很重视这件事情。"让其做出回答，这样双方才能够解决问题。然后你再转到一个愉快的话题上来。相信这样既可以很好地解决问题，也不致于把领导与下属的关系处理得很紧张。

总之，正确的方法非常重要，好的方法能够促进企业的生产力提高，不好的方法会使企业的生产力下降。在企业里表扬的声音一定要远远大于批评的声音，企业才能够散发出人性的光辉，企业的绩效才能提高。

批评要因人而异，对症下药

不同的人由于经历、文化程度、性格特征、年龄等的不同，接受批评的承受力和方式会有很大的区别，这就要求批评者根据不同批评对象的不同特点，采取不同的批评方式。

不同的人对于同一批评，会有不同的心理反应，因为不同的人，性格与修养及对问题的看法都是有区别的。

我们可以根据人们受到批评时的不同反应，将人分为迟钝型反应者、敏感型反应者、理智型反应者和强个性反应者。反应迟钝的人即使受到了批评也满不在乎；反应敏感的人感情脆弱、脸皮薄、爱面子，受到斥责则难以承受，他们会脸色苍白，神志恍惚，甚至从此一蹶不振，意志消沉；具有理智的人在受到批评时会感到有很大的震动，能坦率地认错，从中汲取教训；具有较强个性的人，自尊心强，个性突出，“老虎屁股摸不得”，遇事好冲动，自我保护意识强，心理承受能力差，明知有错，也死要面子，受不了当面批评，并且不会轻易改正其缺点。

针对不同特点的人要采用不同的批评方式，对自觉性较高者应采用启发做自我批评的方法；对问题严重、影响大的人，应采取公开批评法；对思想麻痹的人应采取警示批评法。在进行批评时切忌一视同仁、方法单一、生搬硬套，应灵活掌握批

批评方法因人而异

批评，要讲究艺术性，不能与对方的自尊相对抗，要注意保护对方的自尊。为此，就要对不同人采取不同的批评方式，做到批评因人而异。需要注意的是，在进行批评时忌讳方法单一、生搬硬套，应灵活掌握批评的方法。

1.面对迟钝型反应者：直接批评法

直截了当地严肃批评，来促使其认识错误、改正错误。

2.面对敏感型反应者：暗喻批评法

巧妙地暗示对方，让其意识到自己的错误并主动改正错误。

3.面对理智型反应者：自我批评法

先指出自己的错误，然后批评对方的错误 。

评的方法。

正确的批评要求细密周到、恰如其分，普遍性的问题可以当面进行批评，对于个别现象就应个别进行。另外，也可以事先与之沟通，帮他提高认识，启发他进行自我对照，使他产生“矛头不集中于‘我’”的感觉，主动在“大环境”中认错。

同时，批评不可全盘否定，别人犯的什么错误就应对其错误加以批评，使其及时改正，不可 概而论。

美国某公司有一位高级负责人，曾由于工作严重失误造成了 500 万美元的巨额损失。为了此事，他心里十分紧张。许多人向董事长提出应把他革职查办，但董事长认为一时的失败是企业家精神的“副产品”，如果能继续给他工作的机会，他的进取心和才智有可能超过未受过挫折的常人。因为挫折对有进取心的人是最好的激励剂。第二天，董事长把这位高级负责人叫到办公室，通知他调任同等重要的新职。这位负责人十分吃惊：“为什么没有把我开除或降职？”“若是那样做，岂不是在你身上白花了 500 万美元的学费？”后来，这位负责人用坚强的毅力和智慧为公司作出了卓越的贡献。

下属犯错误时，不少领导者对此的反应常常是凶狠地训斥甚至责骂。这样做并无助于问题的解决。既然错误已经犯了，就只能在如何减少错误的损害程度和避免重犯上下功夫，使错误成为通向成功之路的铺路石。

把握好批评的 8 点要求

批评既是人际交往中不可避免的一种方式，又是进行思想交流的一种手段。被批评，既是社会生活中不可避免的一种烦恼，又是不断完善自我的一种动力。

这两者在我们的生活和工作中，随时随地都可能发生，并渗透一切社会关系中。在那些具有高度事业心和进取心较强的人之间，批评别人和被人批评的现象更是屡见不鲜，它作为一种推动个人发展的主动力和推动社会发展的辅助力，其重要意义越来越被人们所重视。

1. 批评前弄清事实

弄清事实是正确批评的基础。有些管理者一时激动就不分青红皂白对下属进行批评，而忽略了对客观事件本身进行全方位的调查。

2. 考虑妥当的批评方式

批评的方式有很多种，这就需要管理者根据具体的当事人和事件进行选择。比如，性格内向的人对别人的评价非常敏感，可以采用以鼓励为主、委婉的批评方式；对于生性固执或自我感觉良好的员工，可以直白地告诉他犯了什么错误，以期对他有所警醒。另外，对于严重的错误，要采取正式的、公开的批评方式；对于轻微的错误，则可以私下里点到为止。

3. 以尊重下属出发

尽管我们的批评未必有切肤之痛的深刻，但能从尊重下属出发，对其工作的积极性有非常重要的作用。

4. 情真意切

批评下属切忌故作姿态，冷嘲热讽，甚至恶语相伤。中国有句古话叫“良言一句三冬暖，恶语伤人六月寒”，因此，我们的批评是善意的，而非恶意的；是激励、鞭策，而不是打击、贬损；是维护人格的尊严，而不是辱没人格。所以，要选择恰当的语言和表达方式。

5. 批评时问清下属犯错原因

虽然管理者可能自认为已经清楚地了解了事件的客观真相，但在批评时还是要认真地倾听下属对事件的解释。这样做有助于管理者了解下属是否已经清楚了自己的错误，也有利于管理者进行进一步的批评。有意思的是，下属往往会告诉管理者一些管理者可能并不清楚的真相。如果管理者没有办法证实这些问题，则应立即结束批评，再作进一步的调查了解。

6. 不要大发脾气

有可能下属所犯的错误令管理者非常生气，但管理者千万不要在批评时大发脾气。这样做的后果是管理者会在下属面前失去自己的威信，并且给下属造成对他有成见的感觉。

7. 尽量对事不对人

虽说事情都是人做的，但在批评下属时，还是要尽量对事不对人。这样做也是为了防止让下属认为你对他有成见。“对事不对人”不仅容易使下属客观地评价自己的问题，让下属心服口服；它的重要意义还在于这样可以在部门内部形成一个公平竞争的环境，使下属不会产生为了自己的利益去溜须拍马的想法。

8. 不要威胁下属

威胁下属容易让下属产生“仗势欺人”的感觉，同时难免造成管理者与下属的对立。这种对立会极大地损伤部门内部的团结和合作。如果下属感觉到自己的尊严和人格受到了侮辱，很难想象他能再全心全意地为公司工作。在下属认识到自己的错误后，管理者应该尽快结束批评。过多的批评会让下属感到厌烦。另外，管理者不应该经常将下属的某个错误挂在嘴边上，喋喋不休地反复唠叨。

如果在批评时，下属有抵触情绪，在批评后的几天之内，管理者应该找下属再谈谈心，消除下属可能产生的误解；如果批评后，下属还没有改正错误，要认真地分析他继续犯错的原因，而不应盲目地再次批评。

实际上，沟通是解决问题的最佳方法。大多数的错误不是由下属主观引起的，可能是多种因素的综合结果。当管理者在批评下属时，也要认真地反省自己应该承担的责任。一味地批评别人，而不反省自己的错误，也是许多管理者的通病。

第五章

处罚下属的艺术

领导者处罚下属应遵循的原则

领导者处罚下属，并不是随心所欲、想处罚就处罚，而是应当遵循一定的原则，将副作用降到最低。可以肯定地说，如果下属做错了事，上司是一定要处罚的。然而，如何处罚、处罚多重、处罚的形式等，必须有原则性。

1. 处不处罚与领导艺术有关

《三国演义》中的关羽做了放走曹操的大错事，诸葛亮表面上一定要杀他，但是，他一直在观察众将，尤其是刘备的颜色。最终没有杀。《亮剑》中的李云龙屡屡犯错，然而，他屡屡受宠，只是接受一些形式上的“处罚”。

2. 处不处罚的前提是“错事”错到什么程度

比如：失街亭，对于马谡之错，必须严惩，这当然也许是诸葛亮在特殊时期的一个策略。不过，做管理者的，还是要有“泰山不拒泥土，江河不辞细流”的宽厚仁爱之心，切不可张嘴就训斥，闭嘴就罚款。要知道，严过了头就是酷，训过了头就是骂，处罚不当就会招致众叛亲离的结果。

3. 处不处罚还要看是否屡犯、惯犯

对屡犯或惯犯错误之人必须处罚。对初犯者，一定要宽容。同时，领导者要善于推功揽过、承担责任。下属做错了事情，首先要想到“这是我的错”“这是我的责任”。

4. 处罚还要看处罚本身的轻重程度

千万不要动辄重处、严罚。当然也不能大事化小、小事化了，更不能不了了之。要在处罚的同时以教育为主，使下属真正懂得错在哪里，应该如何杜绝。

5. 任何处罚都要有根据

有根据就是有“条条规定”，有“法律依据”，千万不可“口头晦气”，更不能以领导者和管理者自居而擅用职权。

总之，处罚问题是企业中一个十分敏感而又科学和艺术的问题。用好了可以保障和促进企业的发展，用不好就会产生阻碍企业发展的路障。因此，很多管理学家主张以“恕”为主的管理哲学。当然，以恕为主，并不等于丧失管理原则，更不等于管理者软弱无能。

处罚下属的“热炉法则”

热炉法则又称惩处法则，规章制度面前人人平等。它是将惩罚作为管理的一种基本方法，当一个组织的行为准则的底线被突破的时候，必须给予恰当的惩罚。

“热炉法则”四大惩处原则

1.警告性原则

热炉外观火红，不用手去摸，也可知道炉子是热得足以灼伤人的。

2.验证性原则

用手触摸热炉，毫无疑问地会被烈焰灼伤。

3.即时性原则

碰到热炉时，立即就被灼伤。

4.公平性原则

不管谁碰到热炉，都会被灼伤。

善用处罚，变处罚为激励

经理人在日常管理中，往往在以激励为主还是以惩罚为主二者之间徘徊，有人擅长激励，有人擅长惩罚，而到实际工作中不知是激励还是惩罚。那么作为经理人能否把激励和惩罚有机结合起来，变惩罚为激励，甚至使惩罚比激励更能有效地激励人呢？

惩罚是应该的。但是，当员工犯错误时，不只有惩罚，还可变惩罚为激励，运用惩罚的手段达到激励和奖励的目的，甚至可以达到单纯奖励所不能达到的目的。这就是惩罚的艺术性、管理的艺术性、领导的艺术性。变惩罚为激励，变惩罚为鼓舞，让员工在接受惩罚时怀着感激之情，进而达到激励的目的，而不单单是规范和约束。

恃才傲物是有普遍性的，因为有才者一般都认为自己比他人甚至比领导聪明，所以当他的顶头上司管理他时，他内心有一种逆反情绪，这就是管理者常说的不服管。进而管理者也往往带着情绪和偏见来管理这样的员工。

有一位业绩一直第一的员工，认为一项具体的工作流程是应该改进的，她也和主管包括部门经理提出过，但没有受到重视，领导反而认为她多管闲事。一天，她就私自违反工作流程。主管发现后，就带着情绪批评了她。而她不但不改，反而认为主管有私心，于是就和主管吵翻了，并离开了工作岗位。主管反映到部门经理那里，经理也带着情绪严肃批评了她，她置若罔闻。于是经理和主管就决定严惩，认为应开除她的也有，扣 3 个月工资的也有。这位员工拒不接受，于是部门经理就把问题报告到了老总那里。

老总把这位早有耳闻的业务尖子叫到办公室谈话。没有一上来就批评她，而是让她先叙述事情的经过，并通过和她交谈，交换意见和看法。结果发现这位员工确实很有思路，她违反的那项工作流程确实应该改进；而且谈出了许多现行的工作流程和管理制度中存在的不完善之处。能这样朋友似的、平等地和她交流，而且如此真诚地聆听她的意见，她感觉受到了重视和尊重，反抗情绪渐渐平息下来，从开始的认为主管有错，到最后承认自己做得也不对。她还说出了她的错误应该受到的处罚程度，最后高兴地离开了老总的办公室。

后来她在班前会上公开作了自我检讨，并补一个工作日，她十分愉快地甚至可以说是怀着感激之情接受了处罚。而老总则以最快的速度把那项工作流程改进了。事情过后，发现这位员工一下子改变了原来的傲气和不服的情绪，积极配合主管的工作，工作热情大增。大家说她好像变了一个人似的。

既然员工违反了规章制度，就必须处罚。不然，就等于有错不咎，赏罚不明。在必须处罚的前提下，不仅要留住人，更要留住心，那位员工之所以愉快地接受处罚，最关键之处是她认为不合理之处得到了改进，证明她的意见被采纳了，她的才能得到了肯定。最终的经济处罚比她心理预期的要轻，她感到庆幸。这就相当于她准备花 100 元买这次错误，而结果只掏 50 元，在一定程度上等于奖励了她 50 元钱，她岂能不高兴、不感激呢？朋友似的沟通交谈中，她自己认识到自己做错了（而不是领导或他人指责她做错了），她能不改吗？这是让员工自己改正自己的错误，是积极有效地改正错误，而不是领导要她改正，而她不得不改。被动地改、消极地改不是彻底地改，有可能留下后遗症，也随时有可能反弹。朋友似的平等地交流问题和看法，会使员工有被尊重感，有某种意义上的心理满足感，员工会感觉这样的领导可信赖，能够解决问题，就会把自己看到的问题几乎毫不保留地倒出来，这等于让她积压已久的意见得到了倾诉，心理的压抑感解除了，能不轻松愉快吗？这样的处罚，难道不是在帮助员工、肯定员工、表扬员工和激励员工吗？员工岂有不高兴和感谢之理呢？这样的解决是化消极为积极、化被动为主动、化问题为机遇、化失败为成功、化干戈为玉帛、化处罚为奖励、化约束为激励、化严肃为活泼、化漫天乌云为晴空灿烂。

所以，领导和管理者的艺术就在于化一切被动因素为积极因素，把批评和惩罚变成激励的一种手段。

设法让受罚者“戴罪立功”

“人非圣贤，孰能无过”，大凡有远见卓识的企业管理者，在处理下属犯错、给企业带来损失的问题时，都不会采取“一刀切”的方法。下属一犯错便解雇，并不是最好的解决办法；同时，其他下属就很可能因害怕犯错而变得谨小慎微，不会产生大胆的设想，企业也会因此失去最为可贵的创新意识和活力源泉。因此，管理者如果在追究责任的同时，给犯错下属一个戴罪立功的机会，使下属懂得如何规避错误再次发生，如何从错误中吸取教训，提高工作能力、取得进步，这就体现了管理中的人文关怀。

管理者在让受罚者戴罪立功时，要考虑以下几个方面：

1. 给不给机会的理由

管理者在给犯错下属提供机会之前，会对该下属的工作进行客观地评价。给予机会是一个方面，能不能珍惜机会、不辜负管理者的良苦用心是另一个方面。因此，管理者会找出下属犯错的根本原因所在：是能力缺乏、根本不称职，还是“好马失蹄”？是屡犯还是初犯？是原则性错误还是一般性错误？对某些犯错误者可以提供机会，对某些严重错误却不能姑息，当严惩不贷。这也是企业管理中必不可少的果断执行力。

2. 考察下属戴罪立功期间的表现

当管理者通过分析评估，从而决定给下属提供机会，使其能戴罪立功时，工作还只是开了个头，切不可就此罢手，而更应观察下属对这一决定的态度：对管理者是否能心悦诚服？后期的工作是否能更加做到位？并观察其在一定工作时间内有没有比较突出的表现，判断其工作态度的转变有没有带来个人素质和水平的提高等，通过综合其种种表现再作出进一步的研究和决定。若该下属确实在工作能力上存在某些不足，跟不上工作的要求，那即使他再怎么想戴罪立功，仍不大可能做出成绩，这时需要的是对其工作岗位作出适当的调整，以求得互相融洽，达到人力资源上的优化组合。可见，管理者的后续工作是极为重要的。

3. “功”不能抵“过”

“戴罪立功”并不等同于“将功补过”。过错既已造成，这是不争的事实。立功是一种成长，值得肯定，但过错仍须铭记，它应该成为警戒下属再次闯入的一个标志，它不会因为功劳的存在而隐藏或消失。因此，对管理者而言，一方面对戴罪立功的下属要予以鼓励和支持，同时，也不能因其功劳存在而掩盖其曾经犯下的过错，致使其掉以轻心，而要运用某些方式方法，让下属的过错成为其用心工作、不断前进的鞭策力量。

对下属而言，也应记住曾经犯下的错误，这不是要让自己背负着沉重的“十字架”工作，而是要其在立功之中保持必要的清醒，这也是心智成熟的表现。

有效发挥惩罚的鞭策效果

惩罚本身是一种教育和激励，所以员工犯错时，不只是惩罚，而是要变惩罚为激励。同时，惩罚本身也具有强烈的负效应，如果惩罚不当，则会适得其反。有效的惩罚要做到适度，在惩罚中应有情理，以情动人，以理服人。

领导应该正确对待员工的“错误”，惩罚员工一定要及时，不要事情过去之后想起来再惩罚。

在惩罚员工的时候，要先认同员工的优点，再惩罚错误，最后要对员工进行鼓励改进，这样才能起到鞭策效果。

面对傲娇型员工犯错，领导可以适当给这类型的员工泼点冷水，给他们提个醒。

第八篇

团队管理

第一章

打造高水平团队

高水平团队和领导的作用

从理论上来说，领导角色明确期望的一个意愿是，为了团队能够顺利完成任务，日常的工作决策和全面的职责需要依靠领导者完全承担起来。因而领导者的责任也就变得相当重大，而实际上，这种职责的权利还可以产生更大的作用。

除此之外，经过 20 世纪长时间的理论研究，有相当多的管理理论中提到：员工不愿意承担决策责任，并且员工一旦离开必要的监督，实际上还有可能浪费时间。因此导致领导加紧监督员工，而且绝对不会将决策权下放给员工的严重后果。所以，当我们谈论将决策权转移到接近执行决策的核心部门，并且把权力下放给团队成员时，就与传统的领导作用发生了抵触。很多团队的领导者在这种新的团队环境中，会质疑自己在工作中存在的价值与意义。

但是，实际上，下放日常工作的决策权，完全可以提升领导者的作用，同样也加强了团队成员的作用。特别是在更加快速地作出日常决策后，领导者可以有时间和精力去承担新的领导任务。将每日的决策权和工作安排授权给团队成员后，领导者可以将更多的时间和精力投入职能部门的战略方面。以往花费在“救火”工作的时间，现在由于团队处理紧急事件能力的提高，领导者可以将这些时间投入处理具有更大潜能和更具有附加值的工作中。

位于美国东海岸的一家通信公司已经把内部团队向高水平转化。公司允许这些团队施行自我评估生产方式，并在提出改进建议后加以实施。在为数不多的建议中，团队开始缓慢地发生变化，这些建议确实是有效的。在两年时间里，员工所提建议的数量，已经远远超过每人每年提出 5 条建议的标准，也远远超出了美国每人每年提出一条建议的标准。与此同时，获得实施的建议的数量也快速地上升，占所提建议总数的 60%——这差不多是已实施建议的平均数的 6 倍。而一条已经加以实施的建议就为公司节省了上千美元。而团队成员心态的改变同样重要，一名成员说：“在外边是什么职务名称不要紧，主要是这家公司属于我，而且我所在的团队同样也属于每位成员。”

公司内部管理向高水平团队的成功转化，已经使雇员的满意度和忠诚度得到提高，很明显这更有益于公司的发展。所以，理解向高水平团队的转换是很重要的。另一个好处是解放了团队领导、主管或经理们的思想，以便于集中精力服务于团队和机构组织。如果通过扩大团队的责任和权利，使经理、主管或团队领导者从中获得了每天超过两个小时以上的空余时间，那么在这空余的时间里，他们将有时间和精力采取新举措来提高团队、部门或机构组织的成绩。

将你的团队设想为一个高水平团队

现在世界上的工作过于复杂多变，因而，仅仅依靠个人独自工作或依靠传统团队运用有限的资源去工作，都是不可能成功的。你和你的机构组织需要拥有更高水平的团队，而且应该把更大的工作权限授予这个团队，这将有助于激发人们的创新热情，为你的团队创造更多条件，为机构组织创造更多价值。

高水平团队鼓励人们感受自身的价值和责任感，并专注于工作。所有参与者的知识、经验和能动性都得到了发挥，并且为团队及组织机构带来了丰硕的成果，因而他们感到自豪。高水平团队采用合作伙伴关系，责任感和忠诚度代替了以自我为中心的观念和缺乏独立性。

当你准备创立自己的高水平团队时，用一点时间考虑一下，到目前为止我们已经讨论过的内容。或许你已经有了自己的团队，并且在你自己的头脑中也产生了一些想法。而首先要考虑的是如何将你现在的团队与高水平团队进行比较，这点对于团队领导者是很有帮助的。我们希望你投入少许时间与你的团队讨论如下问题：

（1）将想法付诸实践。尽管将你的团队塑造成为高水平团队的想法是非常吸引人的，但重要的是，理解这个想法和实现这个想法是不同的两回事。努力引导你的团队迈上成功的台阶，尽管这是需要面对的一个挑战，但仍然是值得付出的，也是能够做到的。高水平团队确实可以用合理的神奇方法处理复杂多变的事情，这能使你自身的价值在工作中得到关注和肯定。

（2）如何把高水平团队与目前正在运行着的团队加以区别？你团队中任何成员都感到有事可做吗？他们都能感到自身的价值吗？作为一名团队成员会感到自豪吗？你的团队会接受并拥有制订决策的权利吗？你是否了解权利的界限以及能否扩大界限的范围？为完成工作，你的团队是否知道如何进行自主管理？你的团队是否取得了最好的成就？

考虑清楚上述问题，在一个相对较短的时间里，你的团队将很快迈上成功的台阶。

高水平团队的典型特征

高水平团队是指发展目标清晰、完成任务前后对比效果显著增加，团队成员在有效的领导下相互信任、沟通良好、积极协同工作的团队。

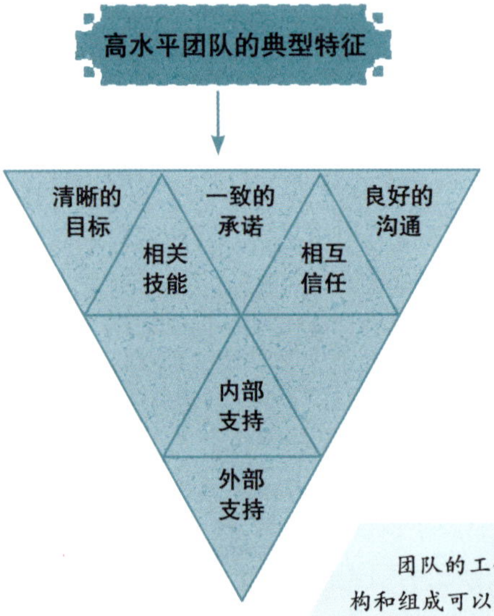

团队的工作内容、团队成员的知识结构、团队本身的结构和组成可以不同，但只要抓准了团队的特征去有针对性地管理，各种各样的团队都可能被打造成优秀的团队。

高水平团队对比工作小组

传统的工作框架模式是通过集中决策，再经由各个不同管理层垂直向下传达信息。在这类模式中，工作小组执行由经理下达的决策和指令，他们几乎没有审慎思考的机会。

在新的工作体系中，高水平团队执行任务的模式就像一个工作小组，但是在作出关于团队如何运作和完成工作的决策时，他们则拥有更多的自主权利。在创建高效率的工作流程中，这些团队已成为管理层的合作伙伴，并且取得了令人瞩目的成绩。

虽然在文字上，二者的差别并不大，但是，实际上，二者有着本质性的差别：

1. 传统工作小组

传统工作小组通过执行计划完成一项工作，每名成员接受任务并完成。在这个小组中，主管是核心。主管制定目标和工作计划、控制工作流程、决定员工的配备、评估小组及成员的绩效、解决冲突问题和主持会议。员工只做主管要求的事，这限制了员工自主性的发挥，同样也会制约工作业绩。

在20世纪80年代的质量运动中，经理们发现，包括一线员工在内的所有成员在解决生产过程中出现的问题时，产生了一系列解决方法。革新需求的增加要求人们参与更多的头脑风暴，并集中解决机构组织的问题，发展团队解决问题的模式才可以满足这种要求。

由于工作小组的模式越来越受人推崇，一线员工开始承担起更多的职责。工作小组逐渐转化为自我管理的组织，团队完全自主管理时，他们制订计划和安排自己的工作，并在团队成员之间自行分派任务，开始改进他们的工作流程，订立要达到的工作目标和指标、执行质量检查、决定员工配备、建立工作标准、考核团队成员的绩效以及其他更多的相关工作。

在这种崭新的工作团队结构下，成员为了取得成功，已经越来越多地依赖彼此间的技术、能力以及坦诚平等的交流，进一步加强彼此间的诚信。

2. 高水平团队

在20世纪90年代，当机构组织开始减少管理程度之后，创造了非常高的效率，更好地发挥了技术的作用，并且为适应全球化的挑战，需要更高效率的团队。因此，在这种快节奏、日益复杂的、全球化的商业环境下，工作团队需要再次转变为一个更高效的团队。在团队和机构组织间建立一种真正伙伴式的关系，创建更广泛的信息共享，允许团队拥有更多自主工作的权限。在高水平团队中，为了能够持续地提高自己并完善工作流程，需要成员们更多地承担起自己的职责。团队成员们都明确地意识到：组织机构的成功或失败，完全取决于他们能否高效率地工作以及他们的领导完成工作的水平的高低。高水平团队作为组织机构的一个独立部门，充分调动起了团队成员们的能动性，将他们的知识、经验有效地运用于工作中，并以有效的、权威性的方式影响了整个团队和机构的发展。

团队的基础：一个高水平团队必须回答的4个问题

高水平团队的基础一般包括4个基本元素，要适当激发团队，并将其提升到高水平，就应该一直追随发展轨迹。其中，需要回答的有4个问题。

1. 我们是否具备了共同的目标或任务

大多数团队没有达到应该达到的高度，首先是因为团队成员缺乏清晰、准确的使命感。这种使命是团队要完成的，其目标是切实可行的。遇到难题的团队、新组建的团队或现在的团队，应该清楚确定成员对自身工作的满意度。任务明确得越清晰，团队就越可能用适当的方法完成它。

美国宇航局之所以在20世纪60年代，卓有成效地建设成世界一流的航天局，原因在于委派给成千上万的工作者的任务是非常明晰的。那就是当时的总统肯尼迪所概括的："用10年的时间把一名宇航员送上月球。"

2. 我们是否同意运作的流程

一份运作流程为团队提供了程序架构，以便于团队在完成该项任务或多项任务的过程中，将依据该流程运作。它包括了团队需要处理重要议题时将如何作出决策。实际上，对于运作流程，团队必须明确并达成一致。

3. 我们是否共享运作的流程

运作原则决定了团队的成员们将如何一起工作，特别是他们彼此间将如何相处。由于团队成员们缺乏一个共同的如何在一起工作的观念，因此，团队成员们频频因为人事关系方面的问题产生争执。运作原则是指团队成员们将他们分享的共同工作的价值观付诸行动。

最基本的团队原则包括：团队成员们互相尊重；团队成员们将承担同等的任务和责任，并有共享同等成绩的权利；团队成员们在参加会议时应彼此尊重；团队成员们将尽可能地享受工作。

4. 我们是否理解并欣赏各自不同的特性

团队成员在团队中都承担着各种正式和非正式的责任。正式的责任一般是指具有明确分工的工作职责，像一些专门的技术工种或文秘、财务等工作。非正式的责任是指根据团队成员加入团队后，由于其各自的特长、才华，或是特殊的技能等而承担的工作。例如，有些成员擅长组织会议，有些成员天生具有调解争端的能力，有些成员善于提出新的建议和想法，有些成员则长于执行、落实这些新想法等等。不论是何种特性，都有其可取的一面，需要成员能够欣赏其他人的长处，并且管理者要在团队中营造一种包容的氛围。这样，也可以最大限度地发挥出成员自身的潜力。

成为高水平团队并取得最佳成就

在企业团队建设实际运行过程中虽不是一件轻松的事情，但也不像大多数人认为的那样——是一件非常困难的事情，常常感觉好像无从下手。通常可以借助一些常见的管理工具来简化团队的建设工作。团队成员的自我深入认识，明确团队成员具有的优势和劣势、对工作的喜好、处理问题的解决方式、基本价值观差异等。通过这些分析，最后获得在团队成员之间形成共同的信念和一致的对团队目的的看法，以建立起团队运行的规则。

每个团队都有其优势和弱点，而团队要取得任务成功又面对外部的威胁与机会，通过分析团队所处环境来评估团队的综合能力，找出团队目前的综合能力对要达到的团队目的之间的差距，以明确团队如何发挥优势、回避威胁、提高迎接挑战

如何打造高水平团队

树立企业团队信念，给团队成员描绘职业发展愿景，让团队成员对未来充满信心。

注重沟通，不管是团队内部的沟通，还是团队内外的沟通，都需要做好，这样才能减少决策出错。

全方位管理团队，对团队成员进行考核激励指引，使团队每一个人都能获得进步。

的能力。

微软是以团队合作闻名的公司。以项目小组的形式来开发电脑软件是由微软首创的。微软的产品是电脑软件，专业性很强，需要知识积累和不断创新，并要求不能出错。在这种情况下，公司需要的并非一团和气的文化，而是平等又充满争论的团队文化，在思想的交锋中产生创新的火花，在不同视角的争辩中创造最独特完美的产品，这是合作精神在微软产品项目小组中的体现。团队合作的内容和意义在不同的组织环境中各不相同，并非千篇一律。

那么微软的这种独特的团队合作文化又是如何创建的呢？大家都知道比尔·盖茨从小就是个电脑迷，而且很小就有用电脑知识赚钱的意识。上中学时，他就整天坐在电脑前，还为学校的一个项目编程赚钱。他对电脑的狂热和痴迷使他只追求知识和真理，而对权威毫无敬畏之心。他与保罗·艾伦创办微软之后，思想的争论，敢于向他人的思想挑战的风气就被鼓励并发扬光大，他甚至要求向他汇报工作的人以及所有项目小组都遵循“敢提不同意见”的原则。项目小组有名的“三足鼎立”结构也就这样建立起来：软件设计员、编程员、测试员，三种人员互相给彼此挑刺，刺挑得越多，最后的产品就可能越完善。而项目小组的成员是平等的，组长也没有特别的权利，主要担任沟通协调的角色，解决任务冲突、人员冲突、时间冲突，使大家愉快配合，按时将产品完成。

这样独特的团队合作能够实现，与公司的几个重大环节的把握有十分密切的关系。首先是公司文化的创立（如前所述）；其次是人员招聘的把关。微软招人的时候用的测试题全是智力和创意测试，已经成为目前 IT 行业招聘的经典。也就是说，微软招的人身上都有些许比尔·盖茨的影子：对电脑技术的沉迷热情，懂得思维的乐趣，同时又率真而无视权威；第三则是分工的极其明确和流程设计的周密。每个团队成员都十分清楚自己的职责、自己的工作在整体中的位置和顺序以及时间进度。由于分工明确，而且每个人都无法被他人替代，因此彼此都互相尊重，同时敢于提出自己的不同见解；最后则是大家都有明确的共同目标：让产品按时并高质量地完成。

如何保持高效的高水平团队

不仅是使你的团队发展避免恶化，而且事实上，要通过各种方法保持其持续的成长。当你的团队已经发展成为一支充满活力和进取心的高效工作团队的时候，如何保持团队的锐意进取呢？如果团队成员不能始终保持警醒的态度，可能团队的工作模式又退回到原来的模式之中。重复的事情做多了，自然会产生厌倦的情绪。实际上，团队面临的每次挑战都能促使成员保持饱满的精神和充沛的活力。对保持高

发挥团队精神的作用

团队精神是指一个团队的工作气势和氛围，它用来描述个体或群体在维护共同信仰和目标时表现出来的努力、斗志和效率。

1.目标导向功能

团队精神能使团队成员齐心协力，拧成一股绳，朝着一个目标努力。

2.团结凝聚功能

团队精神具有凝聚作用，能引导成员产生共同的使命感和认同感。

3.促进激励功能

团队精神能促使每一个队员自觉地向团队中最优秀的员工看齐。

4.实现控制功能

团队精神通过内部所形成的观念的力量，去规范、控制团队的个体行为。

效比较有利的一种做法是定期衡量该团队职能运作的状况。除了团队每天按照绩效指标检查其业务的进展之外，检查小组至少每季度应当评估团队的进展程度。这一点可以通过多种途径来实现，其中，最好的办法是用团队评估工具来评测整个团队的绩效。每名成员都完成了问卷和评分，然后成员们开会讨论结果。这些评估结果有利于揭露具有针对性的问题，并使这些问题在变为焦点问题之前就让你的团队来解决它。

一种保持和提高团队绩效的简单方法是评估比较低的职能级别，例如有些会议因为不能完成预定目标而遭人诟病。为确保生产效率，所有团队在会议结束的时候都应该接受队员们的口头评估。通常在这种评估会议里，每队成员在 5 分钟内就能够阐明，在哪些方面进行得比较顺利，在哪些方面又有待改进。队员们经过反复多次地参与这种会议，就磨炼出了管理会议的技巧。

另一种让团队保持活力的方法，就是让团队成员定期到外面“充电”。

一家健康导向连锁店，即健康食品市场公司，通过运作高效的团队流程，指导其旗下的全部其他分店制订规划，并且举行每一年度的场外团队建设会议。这意味着某店的生产团队必须安排规划，并组织每年一次的团队建设会议。这说明了该公司已经履行了对团队发展方向和团队成员个人职业发展的承诺。

在这些会议中，成员们学会了交流沟通、解决冲突、个性差异、财务会计、预算、利益共享的战略和流程改进等多方面的技能。

还有一种保持成员干劲和团结和谐的方法，就是让成员们定期在一些值得关注的事物上达成共识。只是简单地向另外一位成员表达谢意，就足以表明承认其他成员贡献的价值。这也是展示一个领导者领导能力的时刻。

建立和维护团队合作的精神，对于你的团队和团队成员的长期健康与干劲是十分重要的。由于对团队成员个人职业发展的需求缺乏认识，因而成员们在机构组织内表现得死气沉沉。人们渴望自己的优秀工作业绩得到承认，并且机构组织、各部门和团队都应该对这些巨大的需求造成的差距予以足够的重视。

第二章

塑造团队凝聚力

追求共同的愿景

在打造成功团队的过程中，有人做过一个调查，问团队成员最需要团队领导做什么，70%以上的人回答——希望团队领导指明目标或方向；而问团队领导最需要团队成员做什么，近80%的人回答——希望团队成员朝着目标前进。从这里可以看出，目标在打造成功团队过程中的重要性，它是团队所有人都非常关心的事情。

大家的共同目标是一个有意识地选择并能表达出来的方向，它运用团队成员的才能和能力，促进组织的发展，使团队成员有一种成就感。因此，大家的共同目标表明了团队存在的理由，能够为团队运行过程中的决策提供参照物，同时能成为判断团队进步的可行标准，而且为团队成员提供一个合作和共担责任的焦点。

在进行打造成功团队时，要将大家的共同目标灌输于团队成员并取得共识——责任共担的共同目标，不是那么容易的事情。所谓责任共担的大家的共同目标并不是要团队每个成员都完全同意目标——这是难以做到的；而是尽管团队成员存在不同观点，但为了追求团队的共同目标，各个成员求同存异并对大家的共同目标有深刻的一致性理解。要形成大家的共同目标，应从以下几个方面着手。

（1）对团队进行摸底。对团队进行摸底就是向团队成员咨询对团队整体目标的意见，这非常重要，一方面可以让成员参与进来，使他们觉得这是自己的目标，而不是别人的目标；另一方面可以获取成员对目标的认识，即大家的共同目标能为组织作出什么别人不能作出的贡献，团队成员在未来应重点关注什么事情，团队成员能够从团队中得到什么，以及团队成员个人的特长是否在大家的共同目标达成过程中得到有利发挥等，通过这些广泛地获取成员对大家的共同目标的相关信息。

（2）对获取的信息进行深入加工。在对团队进行摸底收集到相关信息以后，不要马上就确定大家的共同目标，应就各人提出的各种观点进行思考，留下一个空间——给团队和自己一个机会，回头考虑提出的这些观点，以缓解匆忙决定带来的不利影响。

（3）与团队成员讨论目标表述。树立大家的共同目标与其他目标一样也需要满足 5 项原则：目标必须是具体的、目标必须是可以衡量的、目标必须是可以达到的、目标必须和其他目标具有相关性、目标必须具有明确的截止期限。

（4）确定大家的共同目标。通过对团队摸底和讨论，修改大家的共同目标表述内容以反映团队的目标责任感。

（5）由于团队在运行中难免会遇到一些障碍，所以在决定大家的共同目标以后，尽可能地对大家的共同目标进行阶段性的分解，树立一些过程中的里程碑式的目标，使团队每前进一步都能给组织以及成员带来惊喜，从而增强团队成员的成就感，为一步一步完成大家的共同目标奠定坚实的信心基础。

团队愿景要被成员接受

领导者制定的愿景如果被成员所接受，进而内化为他们的个人愿景，那么团队愿景就能顺利实现。团队愿景被接受的过程如下：

1.领导单方面告知成员，然后领导和成员之间进行双向沟通。

2.领导对成员接受程度进行测试，并允许成员就团队愿景发表自己的看法。

3.最后，领导者和成员就团队愿景达成一致，这样，团队愿景就算是被成员接受了！

尊重、友爱

1949 年，37 岁的大卫·帕卡德参加了一次美国商界领袖们的聚会。与会者就如何追逐公司利润侃侃而谈，但帕卡德不以为然，他在发言中说："一家公司有比为股东挣钱更崇高的责任，我们应该对员工负责，应该承认他们的尊严。"帕卡德在造就硅谷精神方面的贡献，恐怕超过了任何CEO，就像希腊的民主遗产一样，他的尊重并欣赏每个人的态度，对周围人和企业的影响至深至远。正是创始人帕卡德这种尊重别人的思想和精神，缔造出了今天惠普这个产业帝国。

美国学者埃克·拉塞尔曾说过这样的话："你不可能将整个海洋煮沸！"他想要告诉我们的是，个人的知识和能力是有限的，在当今团队至上的时代，一项事业的成功依赖的不是一个人或者几个人的力量，而是一个团队，一个和谐的团队。世界上 80% 以上的团队都不是成功的，而且有两种团队特别容易失败：一是整个团队都是由聪明人组成的，二是整个团队都是由个性相近的人组成的。而这两种团队，恰恰是在商业环境下组建团队的一种倾向性标准。

建设团队的一些基本原则主要是：

1. 沟通

沟通说起来简单，实践起来困难。比如说在网络的环境下，对于学习来说，论坛不是一个最有效的沟通方式。在技术类的论坛上常会发现，一个人技术上的长进更多发生在他在论坛中看得多、说得少，思考得勤、回复得精，尊重别人多、要求自尊少的阶段。这一点也不奇怪，因为沟通中重要的是听，而不是说，对应论坛来说，就是看和读，而不是急于表达自己。好的倾听，是关注对方表达的含义，而不是对方表达的方式；争论的焦点在于观点的内容，而不是对方如何的用词；坚持的原则重在观点的意义，而不是自己的面子。

2. 制订规则

团队是集体，当然应该有规则，这可以帮助团队成员很好地界定自己应该如何表现，团队的利益要高于个体的利益。这点也是很不容易让人接受的一点。所以作为团队的领导，掌握好团队和个体的平衡，需要的是大智慧。规则制订是为了明确团队中每个成员的角色；每个人都做自己最擅长的工作；每个人都平等，而且同样重要。

3. 尊重

尊重是一种认可。尊重包括批评和自我批评，但是团队中最容易发生的一个陷阱，是对领袖的个人崇拜。中国是个喜欢偶像的国度，没有偶像，都要创造出偶像。因为每人的经验和阅历的不同，各自的偶像当然就不一样，于是团队中很容易形成不同的派别和小团体。这不是说不许每个人保持各自的喜好，而是不让自己的感觉蒙蔽你的双眼。尊重和偶像的建立是无缘的。团队需要尊重，不需要偶像。

4. 独立思考和学习

团队提供了很多机会给每个个体，保持独立思考和学习是非常重要的，一个有效的团队，至少包含着这样一个元素：个体和团队共同成长、共同分享。

工作氛围说起来是看不见、摸不着，它其实是由员工之间持续交流和互动而逐渐形成的一种气氛和习惯。目前许多企业的内部管理制度都还不够完善，而且制度也会因为各种原因而不能够得到很好的执行，这就要求在工作中充分发挥和调动人的主观能动性、积极性。

要认识到，在工作中“人”是环境中最重要的因素，许多优秀的“人”在一起才能塑造好的环境，成就优秀的团队；同时在好的环境的影响下，在优秀的团队的带领下，“人”也会变得更加优秀。

提供依靠和支持

所谓“木桶理论”亦即“木桶定律”，其核心内容为：一只木桶盛水的多少，并不取决于桶壁上最高的那块木块，而恰恰取决于桶壁上最短的那块。

根据这一核心内容，“木桶理论”还有两个推论：其一，只有桶壁上的所有木板都足够高，那木桶才能盛满水。其二，只要这个木桶里有一块高度不够，木桶里的水就不可能是满的。在团队中，成员恰恰如构成木桶的木板一样，团队的成功也不是在那个最优秀的成员身上，而是在最弱的那一方面，也就是团队的“短板”。

一只木桶能够装多少水在正常情况下不仅由最短的那块木板决定，同时也和构成其所有的木板的紧密程度有很大关系，这一点，在团队中就是每个成员之间的协作。再就是桶底，一个好的木桶，它的桶底必须是好的，没有一个好的桶底，也就盛不了水，这一点相当于团队为每个成员提供的发展平台。

当管理层营造了一种支持性的环境时，团队合作就很有可能产生。营造这样一种环境包括倡导成员作为集体考虑问题，留下足够多的时间供大家会谈，以及对成员取得成绩的能力表示信心。这些支持性的做法帮助组织向团队合作迈出了必要的一步。因为这些步骤促进了更深一步的协调、信任和相容，管理者需要发展一种有利于创造这些条件的组织文化，才能让角色分明的团队成员胜任工作，除了这些要求以外，只有在所有成员都清楚他们要与之打交道的所有其他人的角色时，成员才能作为一个团队工作。当做到了这一点时，成员们才能根据条件的需要，迅速行动起来，而不需要有人下命令。换言之，团队成员能根据工作的需要自发地作出反应，采取适当的行动来完成团队的目标。例如，一个手术小组的其中一个成员没有在适当的时间按要求去做，病人就会有生命危险。通常情况下，也许不会有生命危险，但是产品质量或者为客户提供的服务会由于一个人的失职而受到损害，高效率的团队需要所有的人都全力以赴。超凡的目标经理人员的一个主要职责是保持团队成员向总体目标努力，不幸的是，有时，一个组织的政策，保持纪录的需要和奖励体制会瓦解个人的努力成果，打击团队合作。

羚羊是草原上跑得最快的动物，它们却常常成为狼群捕食的对象，而速度比它们慢的马群却很少被狼当作捕食的目标。狼为什么能够捕获到跑得快的羚羊，而很少去捕获跑得慢的马群呢？原因很简单，羚羊遇到危险便会四散而逃，但是马则是群居动物，它们有很强的团队合作意识和团队精神。每当有食肉动物来袭击时，成年而强壮的马就会头朝里、尾巴朝外，自动围成一圈，把弱小的和衰弱的马围在中间。只要敌人一靠近，外围的马就会扬起后蹄去踢敌人。一旦被马踢到，即使不死也会受重伤，所以很少有食肉动物愿意去袭击马群。正因为这样的团队，使得马成为草原上最自由自在的动物。

当人人都意识到有一个超凡的目标在他们面前时，一些内部的小矛盾往往就消弭于无形了。

团队报酬是触发团队合作的又一因素。这种报酬或者是物质上的，或者采取认可的形式给予。如果成员们对报酬评价较高，目标对员工来说并非高不可攀，而且这些报酬是根据小组表现来评定时，这时报酬的效果最显著。此外，组织也需要在鼓励和表彰个人创新和发展及鼓励他们为团队成功竭尽全力方面保持微妙的平衡。创新性奖励包括授权挑选新成员加盟组织，或为组织成员制订纪律等。

做有效的沟通者

每个人表达的方式不一样，有的善谈，有的善听，有的善行。善于交谈不等于有效沟通，对于个人、企业和社会来说，评价有效沟通的标准应该取决具体的沟通是否有利于问题的解决；是否对人的发展及企业和社会有贡献。而沟通的目的和意义，对于企业和个人来说，最终都是为了解决问题，通过解决问题做好企业和社会中的事。

沟通的个人障碍有以下几个方面：

（1）地位差异。例如，由上往下沟通比较容易，由下往上沟通比较有障碍，领导应该知道这一点并进行克服。

（2）来源的可信度。沟通中如果经常引用不可信的未经证实的东西会降低沟通可信度，从而达不到沟通的效果，因此做领导的一定要言出必行。

（3）个人偏见。

（4）过去的经验。有的人特别是领导自恃经验丰富，居高临下地和别人进行沟通，有时候就会影响沟通效果。

（5）情绪的干扰。领导者要特别注意控制自己的情绪和脾气，就是要有高的情商。否则往往严重影响沟通的效果，甚至做出令人懊悔的举动。

如何进行有效的团队沟通

一个团队不能有效地沟通，就不能很好地协作。身为领导者，应该着力于创造一种让团队成员在需要时可以无话不谈的环境，并让其掌握有效沟通的方法。

1.明确沟通目的

必须知道说什么，这样才能做到有的放矢，达到预期的沟通效果。

2.掌握沟通时机

必须知道什么时候说出来合适，正确的时机有助于沟通的顺利进行。

3.掌握沟通方法

必须知道该怎么说，对什么样的对象采取什么样的沟通方法，必须做到心中有数。

沟通是一种技能，是一个人对本身知识能力、表达能力、行为能力的发挥。无论是企业管理者还是普通的职工，做好沟通工作，无疑是企业各项工作顺利进行的前提。

要进行有效沟通，可从以下 4 个方面着手：

第一，必须知道说什么，就是要明确沟通的目的。如果目的不明确，就意味着你自己也不知道说什么，自然也不可能让别人明白，也就达不到沟通的目的。

第二，必须知道什么时候说，就是要掌握好沟通的时间。在沟通对象正大汗淋漓地忙于工作时，你要求他与你商量下次聚会的事情，显然不合时宜。所以，要想很好地达到沟通效果，必须掌握好沟通的时间，把握好沟通的火候。

第三，必须知道对谁说，就是要明确沟通的对象。虽然你说得很好，但你选错了对象，自然也达不到沟通的目的。

第四，必须知道怎么说，就是要掌握沟通的方法。沟通就是要用对方听得懂的语言——包括语调、文字、肢体语言、多媒体技术。而你要学的就是通过对这些沟通语言的掌握来有效地使用它们进行沟通。

沟通其实很简单，其基本原理就是关心。例如，注意他人的状况与难处，注意他人的需求与不便，注意他人的痛苦与问题，设身处地地关心别人。管理者可以经常进行走动管理，而不是整天开会或者坐在电脑前看文件、打电话。通过走动来控制员工的行为，监督员工是否按你的方向去做，及时发现问题和困难，并串联所有团队成员和资源，保证项目进度。

关心还能实现沟通的另外一个重要目的，那就是表达情感，实现团队的融洽。

在沟通中，还要有主动性。如果只是一味等待，那就错过了最好的时间。沟通是相互的，但只有一方主动，就不能更好地解决问题。

凝聚力四环节

1. 合作的有序化

团队是一个鲜活的有机体，团队本身的有序结构形成了它的特有功能。要实现团队目标，首先必须根据目标的特点来调整团队，使它具备达成团队目标的结构和功能，使之形成所需要的团队秩序。

以狼群为例，假如狼群今日的目标是捕获足够维持整个狼群填饱肚子的猎物。面对眼前开阔的地形，狼王必须把狼分成两队，一队负责围堵驱赶猎物，另一队负责狙杀猎物。

而且，两小队狼都需要由勇猛的、智慧的领头狼来担任队长。狼王确定了能胜任各自任务的分队长，形成狼群的一种结构、一种秩序，它就有了完成捕获猎物的组织功能，实现目标的利器。

2. 合作的目的化

适用的团队秩序构成之后，团队领导者还必须促使团队的每一分子、各个部分，具体明确各自的突击方向和具体目的。把它们之间的努力协调起来。

比如狼群的一个分队必须先负责将猎物驱赶入另一队狙杀猎物的地区，另一分队必须负责及时、准确地捕杀猎物。任务明确、目的明确、配合协同方式明确。然后狼群才能完成合作的目标。

3. 合作的自动化

自动执行的政策，就是各方经过博弈后达到的均衡状态。当然它是一个动态均衡。团队的成员能做到合作的自动化，不是高素质团队吗？人们完成每个哪怕是微小的角色任务时，及时受到上司、同事和团队的鼓励，人们也会越干越起劲。这就是我们希望的进入自动化完成各自的角色任务的理想状态。

正如狼群在集体捕猎中所表现的那样，配合默契，自动自觉，达到合作的最优状态，取得了最大的收获——保持了狼群生存方式的极大竞争力，超越了独自为战、勇猛无比的老虎。团队的合作也是如此。由此看来，团队成员的相互鼓励是团队合作自动化的加油站。

当然，团队领袖的激励将产生无穷的力量，可以说是团队合作的强力助推剂。团队的永动机就是激励。

4. 合作的合理化

在人们自动完成各自的角色任务时，一切为实现团队总目标而努力。在达成团队目标的过程中，领导者和员工都会发现，有的本领和战术很有用，有的相互配合很成功。在团队中有用的、成功的就是合理的，没用的、不成功的就是不合理的。一个目标达成，下一个目标出现，激励团队一次次去拼搏。人们总希望做得更好。因此，达成目标的合作方法需要合理化，去除不合理的，发扬合理的。这个过程就是合作的合理化过程，它推动着合作的完善。

第三章

克服团队协作障碍的5种方法

建立信任

团队协作缺乏信任，是指团队成员都害怕成为别人攻击的对象，害怕自己的不足让别人知道，被人轻看，大家不愿互相敞开心扉进行善意的倾诉，承认自己的缺点与弱项。如果一个团队成员做不到相互信任，他们会惧怕开会，也不愿主动向别人提出帮助，不得不把大量的时间和精力放在管理个人行为和如何交流上。

大雁有一种合作的本能，它们飞行时都呈V型。这些雁飞行时定期变换领导者，因为为首的雁在前面开路，能帮助它两边的雁形成局部的真空。科学家发现，雁以这种形式飞行，要比单独飞行多出12%的距离。

合作可以产生1+1>2的倍增效果。据统计，诺贝尔获奖项目中，因协作获奖的占2／3以上。在诺贝尔奖设立的前25年，合作奖占41%，而现在则跃居80%。

一个团队远不只是一群乌合之众，不管其中的个体如何能干，每个团队成员都有独特且经常互补的技能，而这些技能的全体集合，帮助团队达成其目标。在一个由各种“劳动分工”方式创立的传统团队中，其成员间存在强大的攀比压力，没有机会发展“基于弱点的信任”。团队成员在过往绩效表现可持续的基础上受到“信任”。但是，在现代行业中，不可能假设或期望任何人具备所有所需技能，在任何状况下都能成功。互信团队中的成员们，能够承认他们的弱点和失误，请求他人的帮助，接受对他们职责领域的质询和评价，作出负面结论前先假定他人无辜，承担提供反馈意见和帮助的风险，欣赏和发掘他人的技能和经验，集中时间和精力于重要问题而非勾心斗角，提出和接受道歉时毫不犹豫，对会议和其他集体工作的机会满怀期待。

团队协作缺乏信任会引起一系列的连锁反应：因为成员之间缺乏信任，所以他们必定无法就工作而进行热烈的思想交锋，惧怕冲突；因为没有必要的争论，而使团队成员不能切实地投入讨论、辩论，在团队中就欠缺投入；因为投入的不够并且未能达成共识，所以团队成员就会逃避责任，不去指出其他成员可以改进的机会，少了相互督促、相互负责的工作作风；因为团队成员缺乏信任、逃避责任，不能相互负责和督促，他们就会把个人利益凌驾于整个团队的利益之上，而导致无视和漠视的结果产生。

相互信任是一个团队的基础。而增强团队成员间信任的最有效的方法之一就是加深彼此之间的了解。了解是增强信任、深化合作的基础，是增强信任、深化合作的前提，这既包括对团队成员性格的了解，也包括对其行事方法方式的了解。从团队成员之间的关系角度看，要塑造和谐的团队文化，建立团队精神，首先得加深团队成员间的彼此了解，以增强团队成员间的信任，从而深化成员间的合作。一开始，可以做一些团队破冰类的游戏，或者营造一种氛围，让团队成员作一个较详细的个人背景介绍，或者展开一些针对现有成员工作效率方面的讨论，还可以在一种有效的氛围中作一些个性或行为特点测试，如性格测试法，或用九型人格法测试个人的性格特征。通过这些，可以减少相互间的隔阂，并建立相互了解和体谅的基础。

营造团队信任环境

（1）领导者要充分融入团队中去，不仅仅是团队的领袖，更是团队中普通的一员。

（2）真诚、平等的内部沟通是营造团队信任的基础。部门内部应鼓励不同资历、级别的员工之间的相互信任、相互帮助和相互尊重；每个员工都有充分表达创意和建议的权利。

掌控冲突

第二种团队机能障碍是惧怕冲突。一个团队在工作中体现的完全是一幅和风细雨、你好我好大家好的情境，肯定是没有通过激烈、热烈的思想交锋，没有对异常观点的坚持与争论，那么，所进行的讨论肯定是无所作为的讨论和无关痛痒的意见，提供完全有保留的看法。特别是在企业中越往高层管理者，就越会用更多的时间和精力来试图避免激烈的争论。

美国著名组织行为学家罗宾斯认为："冲突是一个过程，这种过程始于一方感觉到另一方对自己关心的事情产生消极影响或将要产生消极影响。"管理决策学派的代表人物西蒙把冲突定义为："组织的标准决策机制遭到破坏，导致个人和团体陷入难于选择的困难。"曾任国际冲突管理协会主席的乔斯沃德教授认为："冲突是指个体或组织由于互不相容的目标认知或情感而引起的相互作用的一种紧张状态。"他认为一个人的行为给他人造成了阻碍和干扰就会产生冲突，冲突和暴力、争吵是两码事。

随着管理学的发展，人们对冲突的认识也发生了变化，国外学者把冲突观念的演变分为3个阶段，即传统观点、人际关系观点和相互作用观点。冲突的传统观点认为，冲突都是不良的、消极的，它常常作为暴乱、破坏、非理性的同义词。因此，应该避免冲突。人际关系观点认为，冲突是与生俱来的，是无法避免的，应接纳冲突，使它的存在合理化。冲突不可能被彻底消除，有时它还会对群体的工作绩效有益。相互作用观点认为，应鼓励冲突，并将其维持在较低水平，这能够使群体保持旺盛的生命力。

进行富有成效的冲突，这是一种能力，而该能力会因缺乏互信而受损。大家唯恐提出不同意见被视为反团队行为，最终变成了一个自我挫败的问题，因为对冲突的惧怕不仅损害了团队的决策力和进展，也加深了业已存在的信任缺失。团队需要进行富有成效的冲突。进行有成效冲突的团队，能够开展生动有趣的会议，提炼和开发全员的想法，迅速解决实际问题，尽量减少勾心斗角，挑明关键主题进行讨论。

对惧怕冲突的现象，团队负责人需营造有益的争论氛围。可以通过挖掘争论话题、实时地安抚与提醒，也可应用冲突模型测试来有效地帮助分析争论。这中间，所有人员都应参与其中。定位团队设立的目标，明确团队各成员的职责。通过有益的争论，坚持方向，充分听取每位成员的意见，达成共识，使每位成员从中受益。这期间我们不要追求绝对的一致和绝对的把握，可以通过统一决定、制订问题解决期限及进行意外和不利情况的分析，促使决策的及时达成。

解决团队成员冲突的方法

一般来说，团队成员之间的冲突、团队与团队之间的冲突往往对企业的发展造成巨大的影响，很多企业就是由于对这方面冲突解决不力，导致各自为战，最后分道扬镳。下面介绍几种解决团队成员冲突的方法：

1.交涉与谈判

将冲突双方召集到一起，找出分歧的原因和解决方案。

2.强制

借助组织力量或领导权力，强制解决冲突。

3.预防冲突

加强信息公开和成员沟通，尽量减少冲突的发生。

兑现承诺

第三种团队机能障碍是欠缺投入。一个团队在讨论和执行某项任务时，可能对事项的结果追求太过绝对的一致以及要求绝对的把握。那么，就有可能使团队迟迟不肯作出重要的、实质性的决策，这样看起来似乎是很谨慎，却导致了团队内部的行动迟缓、缺乏信心的工作风气，导致了工作的绝对拖延。

一个喝得酩酊大醉的人说的话，几乎没有人当真，因为他几乎没什么信用可言。日本管理学家秋尾森田就曾用喝醉的酒鬼来形容不守信用的人，因其满嘴胡言乱语而不会按自己的话去做，除了引来怀疑和嘲笑外，无法改变什么。所以，不能兑现就不要许诺，否则会声名狼藉。这就是“秋尾法则”。

高效能的团队要不断地勇于兑现承诺。不仅是团队对公司的承诺，个人对团队的承诺，公司对团队和个人的承诺，也是个人对自己的承诺。这些承诺是相互的，不能随便割裂。如果团队对个人的承诺不兑现，那么就会出现团队绩效无法提高、成员没有积极性的情况；如果团队对于企业的承诺无法兑现，同样高效能团队也只是个易碎的花瓶——起到的是摆设作用。如果团队成员中，个人对个人的承诺无法兑现，又怎么可能兑现团队的承诺呢?

在爆发金融危机的现在，年初时给员工的各种福利承诺难以兑现，这无疑在一定程度上影响团队、员工的积极性，使其对公司及上层产生意见和抵触情绪。员工是企业的宝贵财富，是发展壮大的动力，解决此类问题的核心要点是安抚员工情绪。具体建议如下：

（1）使员工理解企业及上层的难处，使其具备使命感、责任感、归属感，具有与企业共同发展进退的忠诚度。

对于一个企业来讲，如果员工只考虑自身利益，就会缺乏凝聚力，企业只能算作由成百上千个零件组装起来的单纯机器，没有生机，没有活力。要建立一种企业文化，让员工明白企业像一棵树，上层好比树根，利润好比养料，只有树根吸收了充足的养料，这棵树才能茁壮生长，才能开枝散叶，充满活力，而员工就好比枝叶，没有养料和水分，就会变得焦黄枯萎。有凝聚力的团队应是可以与企业同甘苦共患难的。

这里姑且不管企业是否具有凝聚力强的团队、忠诚度高的员工，眼下必须做的，是使员工理解企业经营所遇到的困难，包括国际局势、经济环境、竞争等，尽量使员工能站在上层的角度考虑问题，使大家明白自身的利益是与企业经营发展状况直接挂钩的。

（2）即使不能完全兑现承诺，也应尽可能满足员工的利益需求。

虽然员工们都了解企业目前所面临的困难，但企业不能因此就把对员工的承诺抛诸脑后，应尽可能地满足员工的利益需求，当然，奖励可能与年初的承诺相距较远，但要让员工明白，企业没有忘记他们这一年里所付出的辛勤汗水，即使企业再难，也要尽可能慰劳慰劳大家，这样员工心里才会平衡一些。

（3）最重要的一点，企业要信心十足，调整经营战略，给员工希望。

企业要让员工对今后的经营战略转变和政策调整有大致的概念，使他们明白，只要企业上下一心，眼下的困难不足为惧。同时，要告诉员工，在企业渡过难关之后，会连同之前未能兑现的承诺一起回报给大家。

增强责任感

第四种团队机能障碍是逃避责任。团队成员在工作任务中，发现其他成员的行为有损团队、集体的利益时，也不去给予指出。

不担承诺的团队可能在责任担当上表现欠佳。信任缺失时，团队成员经常向个人目标努力，而与团队目标南辕北辙。他们经常倾向于只对自己那部分工作承担责任。可以预料，会有很多相互指责，或是将错误归咎于外因的情形。在人的主观意识中，逃避责任是一个非常敏感的词汇，但往往人们在具体实战此行为时，却感觉不到。

对此，我们可以用一些相对简单而有效的管理方式，如公布团队工作的目标和相应的标准，明确工作计划和确定落实责任人，并定期进行工作成果的回顾，同时也可设置项目奖金、绩效奖金，建立有激励效果的激励机制，对团队进行嘉奖。互相问责的团队保证了绩效低下者感受到改善的压力，团队成员毫不犹豫地质疑他人的工作方法以图迅速发现潜在问题，在统一的高标准上互相尊重，并避免围绕绩效管理和惩治行动而产生过度的官僚主义。

李维斯的员工都非常具有主人翁意识。《财富》杂志曾经讲述过在一家生产工厂发生的事情：

在这家工厂，工人们对每年运到填埋场的重约数百万磅的粗斜纹棉布碎片进行回收。这样一来，各分公司间使用的信纸都呈蓝色，因为这些信纸加入了经过回收的粗斜纹棉布。这一措施不仅缓解了当地填埋场的压力，也使这家工厂的用纸成本降低了 18%。

这就是员工主人翁精神的体现，也是团队精神的范例。

有效的集体其价值远远大于每个人价值的数字叠加，和谐的团队能够使每个人的价值得到发挥，从而发挥集体的最大能量。员工的主人翁精神和责任感，是那些最受赞赏的公司取得成功的共同秘诀。李维斯公司的 CEO 古斯指出：员工敬业和满意是企业强大的基础。他说："你必须创造一种环境，让每个人都觉得自己是公司的代表。如果员工不知道公司主张什么，没有最出色地完成交易的意愿，公司注定要摔跟头。"

团队的每个成员都必须是团队合作者，团队依赖于每个成员的每一部分工作，而每个成员都要履行自己的责任。团队的责任心，包含主动工作的意识、合作意识、为团队成员服务的意识、接受服务的态度，等等。责任心，它是每个员工的基本职业道德，没有责任心的员工不是一名好员工。责任心是简单的，但它是无价的，工作就意味着责任，作为公司的一名员工，只有将责任心植根于心，才能让它成为脑海中的一种强烈的意识。只有这样才能有不断进步的动力，才会有勤奋工作的热情。

从行业间的竞争到企业的发展都离不开其内部的核心要素即员工的责任心。责任心是团队精神的核心。有了责任心，做好本职工作、主动工作、维护团队利益

如何克　团队缺乏责任感的障碍

一个人想要成功就必须要求有责任心，同样的道理，一个团队想要成功，团队整体就必须有责任心，那么，对于缺乏责任心的团队应该如何做呢？

1.尽快让表现不如意的成员感到有压力，并在同时要尊重团队中以高标准要求工作的同事。

2.在发现潜在问题的时候，要及时向同事提出，避免以后问题严重时无法补救。

服务他人，都不成问题了。因为有责任心，才会迸发出团队意识。只有具有团队意识，才会对本职工作拥有热情、拥有责任感。当每个人都具有责任心和团队精神，以团队的利益为重时，才会使一个公司具有生命力、创新力、凝聚力。

关注结果

第五种团队机能障碍是无视结果。当团队成员太关注或把个人的利益、本部门的利益放在整个队伍和企业的利益之上时，就会无视团队工作的成果，无视集体的工作成绩。无法互相问责给第五种机能障碍创造了生长条件。在团队成员将其个人需求（如自负心理、职业发展或者表彰奖赏）甚至其小团体的需求置于团队总体目标之上时，漠视结果就产生了。

忽视结果的团队将：

（1）无法取得进步。

（2）无法战胜竞争对手。

（3）失去得力的员工。

（4）鼓励团队成员注重个人职业前途和目标。

（5）很容易解体。

团队中没有互信，或者大家只顾埋头自己的进展，团队就经常会兑现承诺时出问题。一个专注于整体结果的团队，它留得住有成就感的雇员，减少了个人主义的行为，同甘共苦，从个人利益服从于团体利益中获益，并避免人心涣散。

第一次登陆月球的太空人其实共有两位，除了大家所熟知的阿姆斯特朗外，还有一位是奥尔德林。当时阿姆斯特朗说过一句话：“我个人的一小步，是全人类的一大步。”这早已是全世界家喻户晓的名言。在庆祝登陆月球成功的记者招待会中，一个记者突然问了奥尔德林一个很特别的问题：“阿姆斯特朗先下去，成了登陆月球的第一个人，你会不会觉得有点遗憾？”

在全场有点尴尬的注目下，奥尔德林很有风度地回答：“各位，千万别忘了，回到地球时，我可是最先出太空舱的。”他环顾四周笑着说：“所以我是由别的星球来到地球的第一个人。”

大家在笑声中，都给予了他最热烈的掌声。

团队回顾实践能够帮助它反思如何才能更有效地随之调整优化其行为方式。当团队的低层次机能障碍消除了，就有了互信的坚实基础和对团队承诺的负责担当，这让团队始终关注于整体结果，而无个人追求其私心杂念。

最后，对重视个人成绩，忽视集体成绩造成无视结果的情况发生，可以通过公布工作目标和设置基于集体成就奖、集体目标完成奖来进行有效的控制。

第四章

团队冲突管理

冲突既可以是建设性的，也可以是破坏性的

对冲突的理解和认识，不同时期的学者持有不同的观点，这是一个渐进的认识过程。早期的学者认为冲突具有破坏性，会使冲突双方变得敌对，因此必须加以避免。现代的学者认为一定程度的冲突可以加深组织成员对现有问题的认识和思考，激发组织成员的创造力和生命力，因此冲突对企业有建设性的作用。事实上，冲突具有两面性，既可能是良性的，也可能是恶性的。企业内冲突水平过高和过低都会对企业绩效产生消极的影响，只有维持适度的冲突水平才能有利于保持企业的高绩效。企业内冲突水平太低，企业就会缺乏活力，缺乏创新和改进的动力，企业会难以适应快速变化的市场环境。冲突水平过高，会导致企业的混乱和分裂，阻碍企业目标的实现。而保持适度的冲突可以激发员工的创造力和活力，有助于员工对冲突问题更深入地理解，增进员工间的相互了解和沟通，从而提出更有建设性的意见。

冲突对企业的影响到底是积极的还是消极的，取决于如何对冲突进行管理。冲突问题研究的学者已经发现竞争型冲突管理方式会导致企业员工士气低落、人际关系紧张，以及工作效率下降等；回避型冲突管理方式虽然能给企业带来暂时的平静和一团和气，但并不能帮助企业获得更多的信息、解决存在的问题，而且会使员工缺乏学习和创新的动力，最终限制企业的发展；而合作型冲突管理方式会帮助企业员工建立合作的、相互信任的关系，鼓励员工畅所欲言，激发员工学习和创新的热情，从而有利于企业持续、健康地发展。

在这方面，大连三洋制冷有限公司通过有意识地引发各部门间的建设性冲突，大幅度提高了管理效率，颇有值得借鉴之处。由于企业内各部门间在绩效考核方面一团和气，因此，有必要打破这种暮气沉沉的状态，通过挑起各部门之间对利益的争夺，在冲突中改进工作，提高效率。因此公司经营者决定引入质量成本管理法，在全公司推广实施，当各相关部门因为业务工作、管理工作出现失误时，由财务部、品质部等部门确认责任，核算出损失，然后向外部相关联公司进行索赔，对内部相关联部门列出损失数据，并据此对责任部门和责任者进行考核。质量成本管理

法一实施，由于涉及具体索赔金额方面的利益的纷争，因此各部门为了减少本部门的责任，纷纷加快了处理问题的进度，同时采取对策避免问题的再发生，不仅使企业的运营效率逐步得到提高，而且通过引入冲突，激发了各相关部门的工作改进意识，为企业的可持续发展进行了热身准备。

通过上述案例，我们可以看到，企业经营者发展到一定阶段后，通常会受到效用递减原则的影响而出现某种程度的发展停滞，为了提高组织绩效，企业在部门间冲突程度过低时，可以通过制订新的管理要求，利用利益的争夺，主动挑起各部门间的建设性冲突，以达到打破停滞状态、激发企业活力的目的，促进企业保持健康的发展势头。而且，这种方法不能偶尔用一次，而应该对企业的运营状况始终保持高度的关注，当发现效率下降时，就需要分析原因，拟定对策，必要时引进建设性的冲突，让企业动起来。

冲突水平与绩效的关系

冲突本身并无好坏之分，只有从绩效的角度，才能判别冲突的价值，在任一情况下都有一个最佳冲突水平存在。冲突水平过高，可能导致混乱，相反，冲突水平过低则导致缺乏创新意识的停滞和低绩效。

冲突与绩效的关系

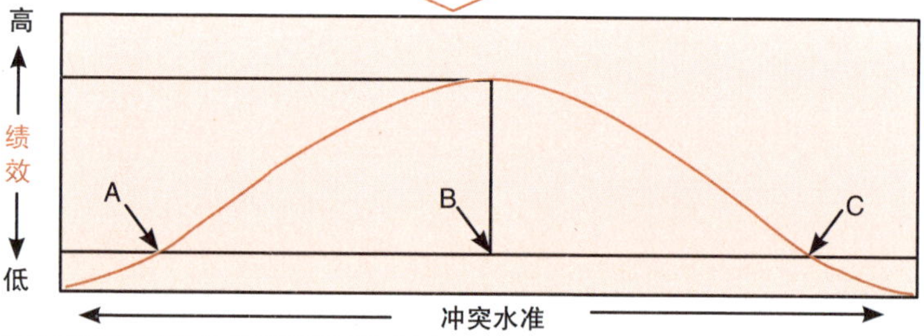

情景	冲突水准	冲突类型	内在属性	绩效
A	低 或 没有	破坏性	冷漠的 呆滞的 对改变没有反应 缺乏创新	低
B	适量	建设性	有活力的 自我批评的 创新的	高
C	高	破坏性	破坏性的 无秩序的 不合作的	低

冲突管理策略：你像什么

每种方法都有利弊和各自适应的情形，没有一种是“通用和标准”的。作为管理者，你也许经常使用特定的方法（与你的冲突处理基本风格有关）。但是高级的管理者应该知道每种方法能够做什么、怎样做以及什么时候使用效果最好。一般情况下，解决冲突的策略包括：

（1）回避。我们多次强调，并不是每项冲突都必须处理，有时“回避”，也就是从冲突中退出或者抑制冲突，就是最好的方法。回避策略什么时候效果最好？当冲突微不足道，或者冲突双方情绪极为激动而需要时间平静的情况下，这一策略效果很好。

（2）退让或迁就。迁就的目标就是把别人的需求和考虑放在高于自己的位置上，从而获得和谐的关系。例如，你顺从其他人对特定事情的看法就是迁就。当争端的问题不是很重要或者你希望为今后的工作打下基础的时候，这个选择很有价值。

战国时赵国舍人蔺相如奉命出使秦国，不辱使命，完璧归赵，所以被封了上大夫；又陪同赵王赴秦王设下的渑池会，使赵王免受侮辱。为表彰蔺相如的功劳，赵王封蔺相如为上卿。老将廉颇居功自傲，对此不服，而屡次故意挑衅说：“以后我见了他，让他下不了台。”蔺相如以国家大事为重，始终忍让。后廉颇终于顿悟，向蔺相如负荆请罪。

在国家大义面前，蔺相如能够退让或回避廉颇的挑衅，终于也使廉颇意识到了自己的错误。这才使得双方关系能够和好，将相同心，才保证了国家利益不受损害。

（3）强制。强制与迁就相反，就是试图以牺牲对方为代价而满足自己的需求。在管理中就是管理者运用职权解决争端。当你需要对重大事件作出迅速的处理，或者需要采取不同寻常的活动，以及与其他人无关紧要时，这种选择会取得很好的效果。

（4）妥协。妥协是要求冲突的双方都作出一定的有价值的让步。当冲突双方势均力敌时，或者希望一项复杂的问题得到暂时的解决方案时，或者时间紧迫且需要一个权宜之计时，妥协是最佳的选择。

（5）合作。这是一种“双赢”的解决方式，冲突的双方都满足了自己的利益。合作要求双方开诚布公地讨论、积极地倾听，并理解双方的差异，对有利于双方的所有可能解决方案进行仔细的考察。什么时候使用这一招呢？没有时间压力，冲突双方都希望获得“双赢”的解决方式，问题十分重要不可能妥协折中时，合作就是最佳的策略。

根据冲突的情形，选择不同的处理方式

根据冲突的紧迫性和重要性，选择采取不同的处理方式。

1.强制

对于紧急情况或者严重违纪行为和事故时，必须采用果断行动，强制解决冲突。

2.合作

双方有共同利益，且可以通过改变方法、策略满足双方意愿时，可采取合作的方式。

3.妥协

双方有共同利益且情况紧急需要达成一致，而双方却各持己见、势均力敌，这时可采取妥协的方式。

诚实谈判

谈判是冲突管理中必须使用的一个法宝。对于这项活动，人们往往更为看重、更为强调的是诸如谈判的策略与谈判的技巧之类的东西，并将其视为获取谈判成功的利器，是谈判的制胜之道，从而或多或少地忽略了谈判的基础——诚信的原则。

事实上，诚信是谈判不可或缺的基本准则，是谈判的命脉，它像一条主线贯穿于整个谈判活动。离开了诚信，谈判活动本身的性质与技巧策略等手段都会发生畸

变，谈判的效率会大为降低，谈判的结果将是两败俱伤，谈判的目的也无法实现。因此，谈判必须遵循诚信这一基本的商业道德准则。如果失去了诚信，可能一时获利，但是，长久来看，是不会取得什么好结果的。

《郁离子》中有这样一个故事：

济阳有个商人过河时船沉了，他抓住一根大麻杆大声呼救。有个渔夫闻声而

谈判中三类问题的回答技巧

谈判中，在回答对方的问题之前，首先要分清问题的性质，即这个问题是友善的还是不好回答的，甚至是带有敌意的，然后采取不同的应答方法。

1. 一些基本的信息等问题，如果对方没有敌意，说出来对自己也没有什么影响。这或许是对方拿已经掌握的信息对你进行试探。你应该直接回答，以显示你的真诚。

2. 问题虽然没有敌意，却是你不想回答、不便回答的。可以采取转移法、模糊回答法或者延迟回答法等方法进行回答。

3. 对你有敌意而提出的问题。回答时应该礼貌，避免采取针锋相对的态度，把握好回答的分寸。

至。商人急忙喊："我是济阳最大的富翁，你若能救我，给你一百两金子。"待被救上岸后，商人却翻脸不认账了。他只给了渔夫十两金子。渔夫责怪他不守信，出尔反尔。富翁说："你一个打鱼的，一生都挣不了几个钱，突然得十两金子还不满足吗？"渔夫只得怏怏而去。不料想后来那富翁又一次在原地翻船了。有人欲救，那个曾被他骗过的渔夫说："他就是那个说话不算数的人！"于是商人被淹死了。

商人两次翻船而遇同一渔夫是偶然的，但商人的不得好报是在意料之中的。因为一个人若不守信，便会失去别人对他的信任。所以，一旦身处困境，便没有人再愿意出手相救了。失信于人者，一旦遭难，只有坐以待毙。

诚信原则贯穿于整个谈判过程。

首先，要实现谈判的目的，谈判者必须讲诚信。倘若失去了诚信原则的规范和制约，谈判者的行为就会失范，就会越轨，就可能言而无信、背信弃义、不择手段、为所欲为。

其次，谈判的对象也决定了谈判者必须讲诚信。

从人际关系的角度看，人与人之间的交往态度多半是游离于纯粹的信任和极度的猜疑这两极之间，在谈判这一经济利益冲突非常明显的活动中，双方猜疑的成分不可谓不重。

而充满诚心、诚恳和诚实的谈判态度往往能打动对方，使对方信服，并能够有效地化解纷争而使谈判顺利进行。

最后，谈判技巧的运用也必须以诚信作为基础。背离了诚信，谈判技巧将不再是获取谈判成功的利器，它将不可避免地产生异化，被滥用而蜕变为阴谋诡计的代名词，以此作为谈判手段，其实质就是如何去算计对方，引诱对手上当受骗。

其动机固然是损人利己，结果却往往是事与愿违，因为它将招致对方以其人之道还治其人之身的反击，结果会严重地损害双方的关系。

谈判的两种类型

谈判基本上有两种类型：零和谈判和一体化或双赢谈判。

1. 零和谈判

零和谈判是指在谈判中，谈判双方争论的是协议中的利益分配。这种谈判又称为"分配式"谈判。在零和谈判中，你是为你自己争夺价值——即将价值从对方手中抢过来。合作和透露你方的信息只能给你方带来损失。在通常情况下，零和谈判中只有一个问题：钱。卖方的目标是尽可能将货物卖出高价格；买方的目标是尽可能将货物的价格压低。一方多得一元就意味着另外一方少得一元。因此，买方和卖方都要力争为自己争得最佳价格，双方的底线决定着这桩交易的可能性。但是，一旦将这种谈判视为你死我活的争夺，表面上看，可能会一时获利，但是，这种胜利

谈判要避免两个极端

1.避免顽固不退让。有的谈判者在谈判的过程中坚持不退让，让对方觉得你没有诚意，只能选择放弃合作。

2.避免一味求成的无原则让步。有的谈判者为了达到某个目标，进行了毫无原则的妥协退让。

合作不成，自然使谈判者失去了和对方达成协议的机会。

无原则地让步，尽管可能会和对方达成协议，但是这种协议对己方来说是不利的。

以上两种极端的做法导致了不同的结果，但是对谈判者来说都不是好事，因此要坚决避免。由此可见，谈判需要一定的让步，但是要有原则地让步，要利大于弊。

很可能埋藏着祸根。美国纽约报业的兴衰就是一个典型的例证。

20世纪70年代初期，美国纽约报业印刷工人为了增加工资和反对报社采取排字自动化的节流措施，发起了两次致使报业瘫痪的罢工。印刷工人在谈判桌前寸步不让，赢得了一系列的“胜利”。但是，报社受到了致命的打击，三家大报社先是合并，继而倒闭。最后，只剩下了一家晚报和两家晨报。数千名报业工人因此失业，无法谋生。

这个案例告诉我们要用发展的眼光来看问题，要充分考虑以后双方或者多方的关系，如果为了未来长远的利益，暂时作出一些牺牲和让步有时也是非常必要的。

2. 一体化或双赢谈判

一体化或双赢谈判是指在谈判中，谈判各方通过采取合作的方式获取最大利益，并且在协议中将他们的利益结合在一起。在双赢谈判中，你的任务是尽可能多地为自己和对方“创造”价值。在通常情况下，谈判双方的利益根本就没有什么冲突。双方的任务是达成协议，从而尽可能有效地将双方的利益结合在一起。

同意给谈判一方更多的好处并不会造成另外一方失去什么利益，谈判一方在协议中坚持或赢得他们所需要的利益不会削弱另外一方在协议中坚持或赢得其同样多利益的能力。在这个时候，合作根本不会给双方带来负担，实际上，互相合作和沟通信息会使双方的效率更高。

例如，有两个人在图书馆里因为是否开窗而吵架。管理员过来问其中一位为什么要开窗，回答是“使空气流通”；问另一位为什么要关窗，回答是“避免噪声”。图书管理员想了一会儿，打开旁边房间内的窗户，既让空气流通，又可以避免噪声。那两个人就没有任何意见了。

由此可见，不能只注意双方陈述的立场——“开窗”和“关窗”，而应该从“空气流通”和“避免噪声”这两项双方潜在的利益出发，达成一种解决问题的协议。明智的解决方法是针对利益，而不是针对立场。任何一种利益，一般可以有多种满足的方式。这就是说，在对立背后有可能找到既符合这方利益，又符合那方利益的可共同接受的方式，而且只有在共同性利益大于冲突性利益的情况下才能达到。

综合谈判的步骤

1. 建立信任

谈判中，双方都为了己方的利益进行交涉，必然有唇枪舌剑、讨价还价和竞争冲突。但是，“合作型”谈判模式是把谈判看作双方相互满足的合作过程，所以还是可能产生信任的。在持续不断的联系中，只要你信任对方，就会发现对方值得你信任。当你表达你信赖他们的诚实与可靠时，就会鼓励他们符合你的期望。相反，如果你自始至终抱着怀疑和不信任，则对方也会心存戒意。因此，避免自己面临最坏情势的方法就是建立一种相互依赖的关系。在这种关系中，双方坚定地信任对方的诚实与可靠，使对峙的双方结成一种联盟，以应付不可避免的分歧，击败所面临的问题。

2. 获得承诺

在现代社会，每个人都不是一个独立的个体，与你交涉的每个人必然受到周围

谈判前要调整好心态

在谈判开始前，除了要做各种充足的细节准备外，调整好心态也至关重要。

1.面对强大的对手不要紧张。因为你们的地位是平等的，你们正在商量解决问题的方法。因此，你大可不必战战兢兢，让对方感到你在求他。

2.面对相对弱小的对方时，不要傲慢无礼。因为对方可能因为你的态度傲慢而拒绝跟你友好地协商，而一旦如此，你也肯定有所损失。

不卑不亢的心态才是谈判者应该有的。这种心态能够使你最大限度地促成谈判的成功，达到自己的目标。

有牵连的各类人的影响。每个人都被联结在一个关系网络之中，网络中的这些人就是你倾听或交谈的对象。

你很重视他们的意见，你对他们很尊敬、很在乎，而他们也都各有分量，因为日后你很可能需要他们的帮助。假如需要你的上司同意才能获得某件你想要的东西，你千方百计想说服他，他却格外顽固。这时，你就可以请上司周围对他来说极为重要的人帮助你去影响他。得到这些人的承诺与帮助有很奇妙的效果，只要你的要求合乎道理，再顽固的上司也有改变初衷的可能。因此管理者在合作型谈判中应该注意：决不要把任何人视为孤立的个体，将那些你想要说服的人看作四周有许多行动者的中心，得到周围人的支持，你就可以影响中心人物的行动。

3. 控制抵抗

为了获得想要的事物就需要谈判，要谈判就必然碰上对立者。对立往往有两种形态：意见的对立和内在的对立。意见的对立是指观点的对立。如果谈判双方（或多方）都意识到这一点，有意识地对自己的意见作些调整，做出让步，就能使谈判的焦点集中在问题上。这样就有利于各方积极地寻找解决问题的途径，谈判的各方也就可能成为共同击败问题的同盟者。

内在的对立是情绪上的对立，他不仅不同意你的观点，而且反对你整个人，他甚至认为你的立场一定是邪恶的。要不造成对立，要注意两点：一是不能感情用事，决不可忘记态度的力量。汤姆斯·杰弗逊说："在任何情况下都保持冷静而不为所动，这个人便占有最大优势。"二是决不要轻易评判他人的行动及动机。一般来说，你无法看见别人的内心或思想，因此自认为知道别人的动机是荒谬的。在许多时候，一个人的行为动机甚至连他们自己都不一定会知道。明白了对抗来自何方，进而控制对抗，会使对抗向合作的方向转化。

群际冲突

群际冲突指人们把自己看作不同社会群体的成员而非单独个体而发生的内隐或外显的对抗行为。人是群体性的动物，群体为人的活动提供了基本的背景。而与此同时，群际冲突也始终是人类社会生活的重要组成部分。同时，人类有把人与人之间的关系视为群际关系的倾向。这就增加了群际冲突发生的可能性。

1994 年到 1995 年震惊美国的对辛普森涉嫌杀人案的审判，就明显地体现出了这一点。对辛普森的指控是他涉嫌杀害自己的前妻及其男友，但法庭内外对案件的争论主要集中在种族问题上，辛普森是黑人，而受害者是白种人。这样，一桩刑事案件就转化成了一场群际冲突——黑人与白人之争。

群际关系具有易冲突性的特点。而且从社会类别化和社会身份感理论的角度看，群际冲突似乎难以避免。但是，在对群际冲突社会心理原因认识的基础上，我们仍然可以设计出一些策略，把群际冲突减少到可接受的范围内，或把它引向建设性的方向。

1. 再类别化和交叉类别化

如果群体间的紧张状态是由群体划分所造成的，那么消除群体界限，鼓励人们把自己看作同一个群体的成员，就可以减少群际冲突。这种方法称为再类别化法。

美国和全球化社会的倡导者所提倡的“熔炉法”正是利用了这一原理。这种方法鼓励个体把自己和他人归入更大的公共类别，而不是强调其种族身份感。例如，强调用作为一名“美国人”或“地球公民”的身份感来创造一个公共群体。

2. 多元文化主义法

尽管人与人一般能在某种维度上找到共同之处，从而划分到同一个群体。但群体归属上的差异仍然不容忽视。由于群际冲突经常是由群体体验到其集体身份受到威胁而引起的。因此，我们应该努力使各群体都能建立起稳定、安全的身份感。该方法在用于国家水平时常被称作多元文化主义法。

3. 接触

积极有效的沟通可以减少误解，增加信任，所以增加冲突双方的接触是改善群际关系的重要方法。但是，接触必须满足特定的前提条件才能达到效果。

4. 合作和相互依存

合作是减少群际冲突最有效的手段之一。为了使合作得以进行，不同群体的成员必须为一个超级目标而一起工作。超级目标是指对两个群体的成员都有吸引力，但如果不进行群体间的合作就不能实现的目标。

5. 减少威胁

威胁可以使冲突升级，而冲突又经常促使人使用威胁。冲突的一方要主动采取分等级的实际步骤减少威胁，并力求在每一步上得到对方的积极回应。主动行动应该冒一定风险，但又不能太冒进，以免丧失保护自己或一旦对手作出侵犯性反应而采取报复的能力。

6. 运用规范使冲突去人格化

在解决具体的冲突事件时，要引导双方关注适用于该事件的一般规范，而不是冲突事件的当事人是谁，更不要关注他们分别属于哪个群体。规范是非个人化的，因为它们涉及的是具体情况，而不是冲突中人们的人格尊严。依赖于规范解决冲突直接指向找出一个公平、公正的解决方案，而不是哪一方更强大或更有能力。

7. 第三方的干预：仲裁与调解

在群体之间发生冲突时，第三方的干预常常能提供一个新的视角，从而有助于争议的解决。另外，第三方的存在本身就改变了争议各方相互作用的性质，通常会把各方的注意力从它们之间的直接争执，转向对第三方施加影响。

第三方调停

在进行冲突管理的过程中，经常被使用的方法是第三方调停。

在进行调停前，调停人首先要研判自己是否适合中介者（包含调停者与仲裁者两种身份，前者的意见没有约束力，后者则有）。假如充中介者是自己的职务所系，那么你将没话说，但如果有选择余地，你不妨考虑要不要接受担任中介者的角色。

1500年之前，有一位神父圣奥古斯丁说："如果有两个朋友要求你评断他们的纠纷，不要接受这种要求，因为你将因而失去一个朋友；如果两个陌生人对你作同样的要求，则接纳他们，因为你将因此而赢得一个朋友。"具体来说，调停者分为：

（1）抽象调停者角色。抽象调停者角色定义统一的接口用于各同事角色之间的通信。

（2）具体调停者角色。具体调停者角色通过协调各同事角色实现协作行为。为此要知道并引用各个同事角色。

（3）同事角色。每个同事角色都知道对应的具体调停者角色，而且与其他的同事角色通信的时候，一定要通过调停者角色协作。

由于调停者的行为与要使用的数据以及具体业务紧密相关，抽象调停者角色提供一个能方便很多对象使用的接口是不太现实的。所以抽象调停者角色往往是不存在的，或者只是一个标示接口。如果有幸能够提炼出真正带有行为的抽象调停者角色，同事角色对具体调停者角色的选择也是策略的一种应用。

企业里有两个优秀的销售同事一直彼此很讨厌。表面看上去，一开始他们试图争夺同一个客户，并没有多少恶意，这样的事时有发生。然而，他们彼此之间的厌恶情绪有增无减。最后到了无法想象的地步，其中一位指责另一位企图在企业的停车场把他撞倒。像许多冲突事件一样，这件事被小题大做了。很明显，整件事情闹得沸沸扬扬，对团队精神没有任何好处。最后，在和他们的主管经理会谈过几次之后，所有人都同意其实该事件是个意外，于是，背后的争论结束了，生活也回到了正轨。如今，两位同事已把这件事当作笑谈。他们的情况说明，在解决彼此之间的大问题时他们需要得到帮助，而他们也接受了这样的帮助。现在两个人相处得不错，并且都十分感谢主管经理在他们中间所进行的调解。

总而言之，不管是冲突当事人，或是调停者，要根据当事人的利害考量，来研究拟定并执行双赢或多赢的策略。但在化解冲突的过程中，有了好的策略、正确的理念，还需要有良好的沟通协调技能。如果没有良好的沟通与协调，冲突的化解将遥遥无期。

第九篇

沟通管理

第一章

指导下属高效工作

除了言传身教，还要明确标准

各级管理者的领导与管理能力的提高是提升公司核心竞争力的关键。各级管理者必须不断修炼自己的行为及沟通能力，提升公司的整体核心竞争力，促进公司的持续与稳定发展。

对管理者沟通与执行能力的核心要求为：身体力行、严格执行、有效监控、诚信服从，中、基层管理者必须具有强烈的绩效导向，紧紧围绕提高公司核心竞争力这一目标，严谨做事。

1. 制订合理的目标与计划

部门目标的制订是依据上级目标及本部门工作现状，体现对上级目标的分解与对本部门工作的牵引；工作计划符合目标原则并设有监控点。

（1）根据上级部门的规划或部署，与相关人员共同制订部门工作目标，明确各项工作任务要求和改进方向。

（2）根据工作的优先顺序分配资源（包括人、财、物、信息等），充分考虑资源成本，以使其得到有效合理的利用。

（3）与相关人员商讨，面向目标，在公司规定范围内确定执行计划的具体工作方法和活动。

（4）根据工作任务的具体要求和特点，深入分析工作中易出现失误或问题的环节，并设计相应的监控点及防范措施。

2. 组织实施工作计划

按计划要求及本部门资源状况分解工作任务，对下属进行相应的事先指导与工作辅导，协调所需资源，激发员工热情，确保工作任务高效完成。

（1）明确本人及下属的工作职责、任务要求和衡量标准，并以承诺的方式加以记录和保存。

（2）指导团队成员制订相应的个人工作计划，为下属提供相应的情况分析、资料、信息等，进行事先指导，确保下属具备明确的工作思路。

（3）按工作目标的要求，合理分配工作资源，组织各种资源及时到位，对未到

导入目标管理，明确目标责任

目标管理俗称责任制，其实质是绩效价值导向，明确目标责任就是根据每个部门、每个人的工作目标，明确其在实现总体目标中应该做什么、协调关系是什么，以及要达到什么要求等。

明确目标责任必须做到的要求

1.建立责任制

2.使责任具体化、指标化，便于执行

3.明确集体目标和个人目标

4.给予适当的权力和资源，保证目标的实现

员工目标管理（MBO）模型

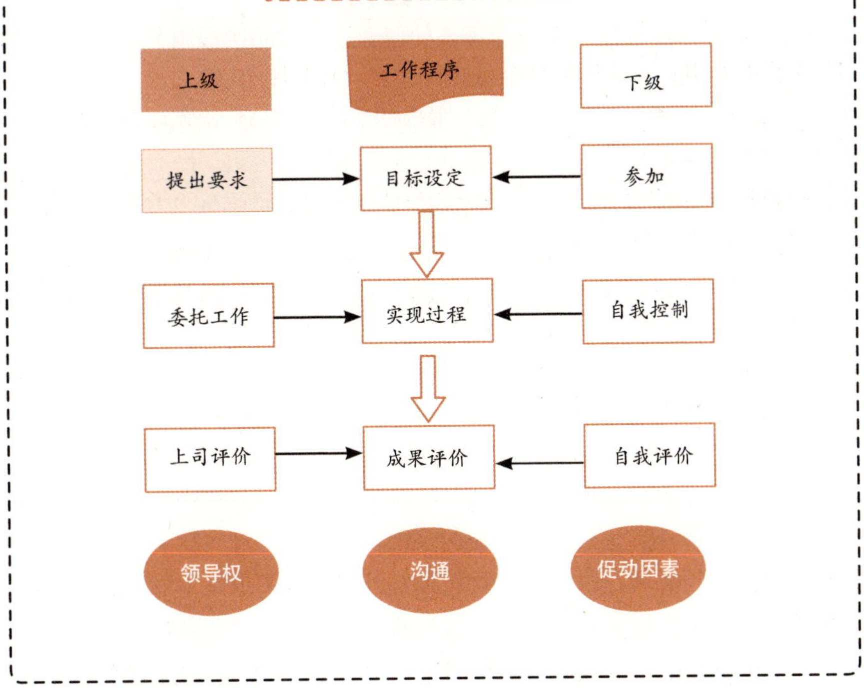

位的原因立即查清，并提出相应的补救措施，必要时上报主管及相关人员。

（4）认真听取员工对工作实施的意见和建议，正确实施正向牵引，激发员工的工作热情，提高工作参与度，确保工作士气。

除了在工作中对员工进行目标明确的言传身教外，管理者还需要树立并弘扬明确的价值观，这是管理者建设文化、营造氛围最重要的任务。这种价值观，不仅指那些有利于催化智慧、创造业绩的观念与行为，更包括人性向善的道德修养和社会责任感，同时也包括指引个体追求有意义人生的理想。

1. 多说也要多做，明确标准与管理活动并重

有句说得好：“思想决定行为，行为决定习惯，习惯决定性格，性格决定命运。”发挥思想、意识、观念这些意识形态的巨大能量，一方面需要将无形的思想“有形化”，即树立明确的价值标准，阐明价值观的内涵，并深入人心，更重要的是体现于人物（员工）、事件、活动的管理过程中（这些管理活动诸如员工绩效沟通、年度先进评选、竞聘上岗等），将价值标准表现在活生生的管理活动中。企业倡导的价值观、部门倡导的工作文化，需要中层管理者既要“摆事实”，也要“讲道理”，结合每一天要做的工作、已经发生的事情，重复、重复、再重复。

2. 多一点言传身教，少一点权势压人

改变和强化员工的意识和观念，毫无疑问是管理者面临的挑战。这种挑战，不仅意味着他要将弘扬价值观视为管理者的使命；更大的挑战则是实现自我管理，将学习—思考—实践、检讨—反省—磨砺作为每一天的必修课，严于律己，以身作则。要求员工以客户为中心，自己却对其他部门的要求推三阻四；要求员工提高“执行力”，自己却为没做完的工作找借口……此类言行不一的管理无异于掩耳盗铃——自我感觉良好却身陷困境。因此，培养人才，同时也包含了管理者“自我发展”的责任，实现发展必须在个人修炼与管理他人两个领域获得成果。

沟通能力对一个不断成长和发展的公司而言是十分必要的，带着明确的目标与员工进行沟通，可以避免言传身教所造成的扭曲和失真，同时，可以极大降低人员变动对管理工作所造成的影响。

正面引导：能做好多少呢

有人认为当好管理者是一件很容易的事情，更有的管理者认为自己已经做得很出色了。那么，管理者的存在价值究竟何在？其实，只不过是为做具体工作的人在立场、观点、方法上提供引导，这就是管理者的全部自尊。在其位，谋其职。否则就是渎职。

管理者与被管理者组成的这个群体，最能体现一荣俱荣，一损俱损的世态，前者为后者圈定责任，后者则为前者提供了创造的灵感；前者教后者工作的方式与方法，后者则赋予前者的生命以意义。管理者若是以这样的心态从事管理工作，那他肯定已经自己找到了准确的定位，为下属所拥戴。

1. 创造条件，发挥被管理者的潜能

每个人身上都有着巨大的潜能。作为管理者，其使命就在于如何创造条件，以便最大限度地释放每个被管理者身上的潜能，使这个群体成为最具创造力的群体。若说具体点，管理者更像一个导演，其全部才艺尽显于全剧的整体效果之中，好与坏全依赖于剧中的每个人物是否都被演绎得恰到好处。因而，管理者必须能够激发和释放员工的潜能，释放越多就越成功，换言之，也就是管理者做得越出色。

2. 熟通人性

人与所有的动物一样，为了生存而寻求物质利益，这无可厚非。但人又与别的动物不同，人是一种精神性的动物，他往往会在切身的福利之外，寻找一些特殊的价值，使自己的人生更加富有意义。人常常在欲望交战时无所适从，高超的管理者，却能在下属陷入当局者迷的窘境时，给他提点一下，帮他建立起自我管理机制。

荷兰有一个城市为解决垃圾问题而购置了垃圾桶，但由于人们不愿意使用垃圾桶，乱扔垃圾的现象仍十分严重。该市卫生机关为此提出了许多解决办法。第一个方法是：把对乱扔垃圾的人的罚金从25欧元提高到50欧元。实施后，收效甚微。第二个方法是：增加街道巡逻人员的人数，成效亦不显著。后来，有人在垃圾桶上出主意：设计了一个电动垃圾桶，桶上装有一个感应器，每当垃圾丢进桶内，感应器就有反应而启动录音机，播出一则故事或笑话，其内容每两周换一次。这个设计大受欢迎，结果所有的人不论距离远近，都把垃圾丢进垃圾桶里，城市因而变得清洁起来。

在垃圾桶上安装感应式录音机，丢垃圾进去播出一则故事或笑话，效果远比那些惩罚手段好得多，既省钱，又不会让人们感到厌恶，我们从中看到了人性化管理取得的良好效果。同样，在安全管理中，如果只是硬性地规定员工应该做什么、怎么做，否则受怎样的处罚，结果往往是事倍功半。

现代社会是市场经济时代，企业讲究的是实力，其所支付的薪水都应该得到超值的回报。一个人，无论受过何种教育，只要能不断出色地完成工作任务，就会在企业中得到升迁。那又是什么决定了一个人能不断出色地完成任务呢？他们大多有这样一种很简单的信念："这事是交由我做的，我应该做得更好！"这就包含了一个人的全部自尊。

3. 明了事理

管理者不熟通人性，则无从管理；不能明了事理，则无以立身。每件事都是立体的，都有其独特的表现形式，都有它发生和存在的理由，以及由生到灭的过程。在市场上搏击的现代企业，会遇到太多的险风恶浪，只有善于把握风险，才能在竞争中胜出。而善于把握风险，不全靠上天赐予的绝顶智慧，而是靠企业管理者对具体事情的把握程度。

只有明了事理，才能够正确地引导，这之间需要通过实践去检验；需要经过挫折和反复才能心领神会。说得过早、过多，反倒容易遏制下属的积极性，造就一大批庸才。因此要懂得有选择地提供引导，在最适当的时机和最佳地点为下属提供引导。

管理者要勇于承担责任

作为上司，在下属闯祸之后，首先要冷静地检讨一下自己，要让他明白，无论如何，自己永远是他们的后卫。

那种不分青红皂白就大发雷霆的上司们，不仅使下属不再感到丝毫内疚，甚至不再拥戴他。

所以，当下属在工作中犯了错误，受到大家的责难，处于十分难堪的境地时，作为上司，不要落井下石，而应勇敢地站出来，主动承担责任。

合理传递工作压力

做好一个企业或者一个企业的内部工作，如何传递工作压力，如何将所传递的工作压力转变成工作动力，这是一个成功管理者必须思考的问题。

立志科技是一家高科技企业，凭借一种公司利益至上的高压强的企业文化，立志科技不断在市场上取得突破性进展。虽然实行8小时工作制，但立志早已形成了一种以加班为荣的文化。一开始是研发部门任务重、时间紧，经常加班加点赶进度，后来是市场部为完成销售任务也经常加班，最后导致行政、后勤、中试、生产等部门都逐渐加班。再加上，立志实行从国外引进的将收入与绩效挂钩的薪酬管理制度，达不到工作目标就意味着工资少很多，主管领导的考评也受影响。因此，工作任务和压力从高层到各部门、基层员工层层传递，每个员工都在压力驱动下忘我工作，时间一长，几乎所有员工都在自觉不自觉加班。久而久之，公司给加班员工提供免费夜宵，派车送他们回家，部门主管会适当对长期加班的员工给予绩效照顾。同时，公司在研发环节也实行精细化管理。技术攻关类项目要在限定时间和研发费用内完成，费用不能不用完，但也不能过多超支；此外，研发中如果有重大失误导致巨大浪费，整个项目组都将受到惩处。由此，研发人员在钻研技术之外，还要承受来自财务和管理上的巨大压力。

从立志科技的案例中仔细分析，可以对比出有些管理人员在工作压力的传递方面存在着一些问题，使工作始终处于被动局面。或者是将上级或外界传递来的工作压力，由自身消化，不能很好地传递下去；或者是将上级或外界传递来的工作压力不经过滤，完全传递给下级，自身毫无工作压力，却造成下级无所适从，产生消极抵触情绪。把压力完全传递给下级，表面看来将压力完全分解，而事实恰恰相反，从末端反传回来的压力最终导致工作压力为最大值，而工作效率为最小值；成功的管理者是将工作压力适度传递，犹如物理学中的杠杆原理，就是用一定的力量便能撬动你所必须撬动的物体，找到你的力学点，找到下级人员的力学点。

从第一种传递方式看，实际上他没有传递，是将传递链人为卡断了，他自己只是单纯地接收上级或外界传递来的压力信息，不作分解不作消化，看似整天工作忙忙碌碌，而工作效率极差。这种人不懂得管理中的分工合作与充分调动人力资源的道理。

从第二种传递方式看，这种人不能很好理解或完全不懂人力资源是最活跃的因素这个道理。他们企图将所有的工作压力毫无保留地传递给下级，而自己不承受一点压力，岂不知压力过大，便会产生一种破坏力。这种工作方法导致的最终结果是产生抵触情绪，甚至消极怠工，使企业或部门的工作目标不能实现，管理者的人气指数为零。

为员工适当减压

压力是一把双刃剑，适度的压力可以激发员工的工作热情和创造力，而过度的压力则会起到相反的作用。面对工作压力愈演愈烈之势，企业思考如何为员工减压具有显著的现实意义。

压力是一把双刃剑，适度的压力可以激发员工的工作热情和创造力，而过度的压力则会起到相反的作用。

压力与绩效

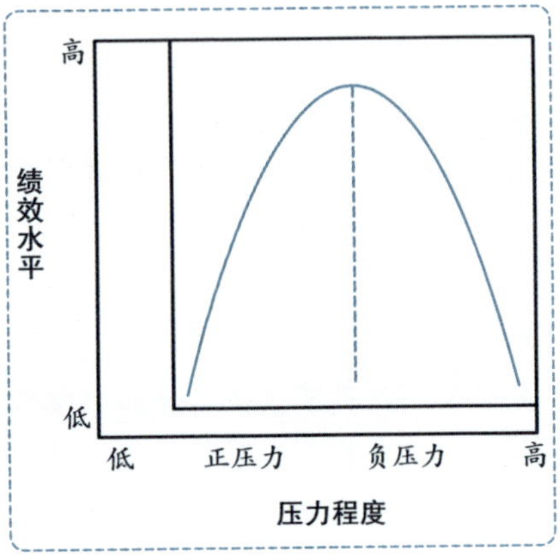

企业为员工减压应采取的措施

1.改善员工心理环境

通过鼓励等方式，帮助员工肯定自己，倡导积极平和的心态。

2.培养员工良好的工作习惯

为员工创造高效的工作环境，加强时间管理，合理安排员工作息时间，减轻员工工作压力。

第三种传递方式，应该说是一种比较科学的传递方式，它能较好地将所传递的工作压力迅速转变为工作动力。工作压力的适度传递，意味着管理人员与你的下属共同承担工作压力、责任、风险，共同实现本企业或本部门的目标价值，同时为你的下属提供了较好的施展才华的工作平台和展示自己的机会。个人的智慧是有限的，只有充分集中团队的智慧，发挥每个员工的积极性，才能很好地将压力转变成动力，完成团队的工作目标，实现企业价值的最大化。

以身作则胜过千言万语

领导必须保证他人最为优先的需要能首先得到考虑。他们必须问问自己服务的对象是否获得了成长——变得更健康、更聪明、更自由、更富于自觉性、更能干——以及更可能像自己一样成为公仆式领导。领导以服务作为其领袖气质的内涵。

富有领袖气质的领导者为他人树立榜样，他们乐于以衡量他人的同一标准来约束自己。富有领袖气质的领导者身先士卒，他们实实在在地说到做到。

领导者之所以身先士卒，是因为这样表明了他们对理想、方案或服务的一种坚定信念。身先士卒为领导者的尽职尽责提供了确凿的证据，它表明领导者愿意亲身实践，愿意从新方法的试行中吸取免不了的教训。

此外，通过身先士卒，领导者还可满足下属不断探索未知领域的渴望；其下属也可以从他们的领导那儿学到各种经验，当知道自己并非孤军奋战时，下属们会感到更加满意。通过身先士卒，以身作则，并在重要事情上倾注大量时间和精力，领导便成为人们仿效的榜样。

麦克唐纳海军上将在海军服务了 42 年，最后在大西洋联军统帅和大西洋地区美军总司令的职位上退休。有一次他向来自各军种的一群高级将领谈到领导问题时提出了自己的看法：“设定路线，然后第一个带头走。假若你这样做的话，你得计算你带头的距离——保持领先一步。”在佐治亚州班宁堡的美国陆军步兵学校和以色列陆军都用的同一座右铭——跟我来。

两者用的这句话都表示富有领袖气质的领导人的领导方法。这种方法是如此重要而成为一条准则，并成为富有领袖气质的领导人身上熠熠生辉的特色之一。

以色列陆军对带头指挥抱着特别认真的态度，在作战时，指挥官都在最前面。以色列军队告诉它的军官说：“假若你是军官，这就是你付出的代价，你必须走在最前面。”以色列人在战场上就真的这样做。每次和邻国作战时，他们都实践这项理论。尽管军官的伤亡因此占全世界陆军的第一位，他们仍然如此做，因为他们知道指挥者必须走在所有部属的前面。以色列正因为如此而拥有了一支常胜军。

这样做的不只是以色列陆军。

在第一次世界大战期间，麦克阿瑟将军下属的一位指挥官米诺赫尔将军说：“我怕总有一天我们会失去他，因为在战况最危急的时候，士兵们会发现他就在他们身边。在每次前进的时候，他总是带着军帽，手拿着马鞭，和先头部队在一起。他是激励士气的最大资源，他这个师都忠于他。”这就难怪只有 38 岁，麦克阿瑟就升到准将。麦克阿瑟的精神是富有领袖气质的领导人的楷模。

榜样能给人巨大的影响，富有领袖气质的领导人都明白这个道理。美国前副总统林伯特 · H. 汉弗莱说：“我们不应该一个人前进，而要吸引别人跟我们一起前进。这个试验人人都必须做。”这就是说，以身作则可以成为富有领袖气质的领导者的一股强大的力量。与你并肩前进的人总是比跟在你后面走的人更努力，也走得更远。

富有领袖气质的领导者认为：领导者是被学习的榜样，不是被赞扬的对象。树立榜样就意味着富有领袖气质的领导者发展诸如勇气、诚实、随和、不自私自利、可靠等个人品格特征。为别人树立学习的榜样，也意味着富有领袖气质的领导者坚持道义的正确性，甚至当这种坚持需要付出很高代价的时候，也得坚持。

诺贝尔和平奖获得者阿尔伯特 · 施韦泽说：“在工作中榜样并不是什么主要的事情，但那是唯一的事情。”富有领袖气质的领导者认为，伟大的梦想并非单靠一位领导者就能独立实现的。“领导”是一项群策群力的共同努力。领导楷模会赢得同人们的全力支持与协助。

领导魅力源于以身作则

领导不仅是制度的签发者，更是一切制度的遵守者、维护者。领导力来源于领导的以身作则。

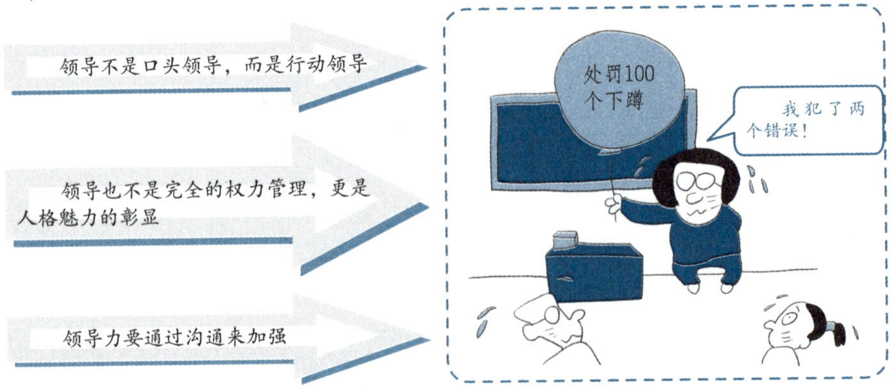

第二章

管理上司的 6 个技巧

主动报告你的工作进度——让上司知道

在日常工作中，我们需要主动向上司报告自己的工作进度，不能总让上司来问你：你现在在做什么？你做到哪里了？完成了几分之几？

在向上司报告时，要充分考虑材料的切题性，而不是材料的重要性。汇报工作并不是简单的口头叙述事情。有的人汇报工作，准备十分充分，汇报的过程中叙述也很仔细，可领导听后似乎无动于衷，整个汇报没有取得所期待的效应。还有的人在直接向上级汇报工作时心理上没压力，而越级汇报时心中却总有一种忐忑不安的感觉。然而，另外有些人不这样，他们不论向哪一级领导汇报工作，都镇定自若、恰到好处，每每博得上级领导的好评乃至赞扬。这些事实说明，汇报工作绝不是简单地叙述事情。

从一定意义上讲，汇报工作是一种比较特殊的回答式对话，既有说话的技巧，又有心理沟通的艺术，是一门综合学问。掌握这门学问的人，汇报工作时说话既清楚、简练，又分寸得当、逻辑性强，说出的道理令人信服，上级领导一听就明白，且容易引起心理上的共鸣。

在向上级领导汇报工作时，要博得上级领导满意需在心里回答好以下几个问题：此次汇报的主要目的是什么？不进行这次汇报自己能否顺利地解决问题？与汇报相关联的情况是否都了解清楚了？上级领导是否准备讨论自己提出的问题？自己对汇报的良好开端是否有信心？会遇到什么样的主观和客观的障碍？什么样的汇报开端对自己和对方是合适的，什么样的是不合适的？在汇报中利用什么样的方法可以对上级领导产生作用？上级可能提出什么问题？

要想使自己的汇报令上司满意，管理者需要学会采取以下几种技巧：

1. 突出中心，特点鲜明

泛泛而谈，毫无重点的汇报显得很肤浅。通常，管理者可把自己主管的或较为熟悉的情况和掌握全面的某项工作作为突破口，抓住工作过程和典型事例加以分析、总结和提高。

2. 以线带面，从抽象到具体

管理者汇报工作要讲究一定的逻辑层次，不可“眉毛胡子一把抓”，讲到哪儿算哪儿。一般来说，汇报要抓住一条线，即本单位工作的整体思路和中心工作；展开一个面，即分头叙述相关工作的做法、措施、关键环节，遇到的问题、处置结果、收到的成效等内容。

3. 调整心理状态，创造融洽气氛

管理者向上级汇报工作要先缓和以及营造有利于汇报的氛围。汇报之前，可先就一些轻松的话题进行简单的交谈。这不但是必要的礼节，而且管理者可借此机会稳定情绪，理清汇报的大致脉络，打好腹稿。

4. 选择汇报工作时机

要成为上级的好助手，管理者应该耳聪目明、手脚灵活，能够关心自己周围和整体的事情。尤其要用心观察周围的动态，正确地掌握对方的心理，然后再采取行动。

5. 弥补失误，力求完备

管理者向上级汇报工作时，往往出现一些失误，比如对一些情况把握不准，或漏掉部分内容、归纳总结不够贴切等。对于失误，可采取给领导提供一些背景资料、组织参观活动、利用其他接触机会与领导交流等方法对汇报进行补充和修正，使其更加周密和圆满。

6. 不要事事汇报

遇到稍有例外的事、下属稍有失误、材料中断或者旁人看来极琐碎的事，也都一一搬到上级面前去请求，管理者这样事事请求不但增加了上级的负担，而且本身也很难“成长”，更不会得到上级领导的赏识。

7. 把握汇报工作的“度”

管理者如果经常找领导或上级聊聊，固然可以使其了解自己的工作情况，了解自己的能力，熟悉自己的情况，加深对自己的印象。但是，次数不能过多，有时也常常招惹领导的烦心，以致讨厌自己。因此，应当把握汇报工作的“度”，做到适度。

8. 选择汇报的时机

管理者汇报工作需要选择合适的汇报时机。

（1）定期汇报。报告的时机因其重要的程度不同而不同。很重要的事，必须即刻提出报告。至于次要的，或属日常性事务，可以在一天的工作告终之时，提出简明扼要的报告。

（2）中途报告。如果一件任务完成得很顺利或完成时间很短，就用不着中途报告。但完成一件任务需要很长时间，在解决途中就需要向上级进行中途报告，汇报工作的进展情况，以便上级对自己的工作有所了解。另外，有意外事故发生时，也需要提出中途报告，分析原因，展示过程，并接受以后工作的指示。

在工作中，领导和下属往往容易形成一种矛盾，一方面下属都想在不受干扰的

情况下独立做事，另一方面领导对下属的工作总不放心。在这种情况下，要解决上述矛盾，通常的情况是下属应适应上司的要求。凡事多汇报，这对那些资深且能力很强的下属来说，就只能在领导的支持和允许下工作，如果没有这种支持和允许，你将无法工作，更不用说创出业绩了。

汇报工作的方式

汇报工作的方式主要有两种，即书面汇报和口头汇报，这要根据工作任务的性质和重要性来选择。

1.书面报告

一般而言，内容较为复杂，或很重要，需要归档，或需转递报告时，都要采用书面报告的形式。

2.口头报告

内容比较简单时，一般采用口头报告的形式；上级急着要知道情况时，一般也采用口头报告的方式。

对上司的询问有问必答而且清楚——让上司放心

在沟通时不要上司问一句你答一句，这样不但使你很被动，而且无法让上司完全了解事情的全貌，他也就无法充分了解你。所以，你一定要将事情尽量讲得全面、完整。

有一个小说中的经典场景还记得吗？

洪钧到机场接到了上司皮特，在车中向他汇报与合智签协议的一些情况。

“合智现在的业务怎么样？好还是不好？”皮特问。

“他们现在的日子不轻松，事实上，他们的家电业务很艰难。家电产品的价格越来越低，华南的那些企业可以做出非常便宜的产品，他们的销售价甚至比合智的成本都低，合智想推出新产品的难度也很大。”

皮特很高兴地说：“那我们的软件正好可以帮助合智降低他们的成本，让他们的价格更有竞争力，这样合智很快就可以看到使用我们软件后所带来的效益。”

洪钧沉吟了一下，摇了摇头：“恐怕我们最好不要让合智对我们有这样高的期望值……”皮特感到惋惜，因为一个立功的好机会，白白流走了。

洪钧平静地解释：“我对陈总裁说，合智现在恰恰应该做好准备，一旦新政策下来允许把很多人、很多负担转出合智，一旦合智一直要做的新产品被批准，我们的软件就可以保证合智在很短的时间内完成这些改变，所以合智应该现在就开始我们的软件项目，而不是等到以后再做。”

很快，洪钧的汇报就得到了皮特的夸奖：“所以，最重要的是人。吉姆，我有你，而维西尔和科曼都没有，我很幸运。”

洪钧看着皮特的眼睛，把他早已准备好的话，说了出来：“你和我，我们是梦之队。”

洪钧作为公司的主力去迎接上司皮特，本来是想要在完成了合智这个项目之后得到公司的提升的。因此这一次合作对他来说尤为关键，如果在说话上丢分，失去了皮特的支持，那将再难赢得这样的提拔机会了。

向上司汇报情况的时候，洪钧并没有夸大前程的美好性，也没有缩小自己的把握。就是诚恳地把自己想了很久的东西说了出来，也没有因为上司的夸奖而飘飘然。

然而有很多人害怕和老板沟通。言多必失，言少又不能全面地说明问题。如何是好？学一学洪钧的汇报方式：实事求是，但要显得是经过了深思熟虑的。

但汇报不是写新闻，你的听众只有一个：上司。如果你是上司，你希望下属怎样对你介绍情况呢？当然是说明自己的优势，也认识到可能存在的不好情况。上司希望你已经把事情考虑得很周全了，他只需要动手签个字，参加一下庆功会，在发布会上露露脸就够了。说到底，他就是想少担心、多省力。

所以你在说计划的时候，一方面不能太强调自己的作用，而要多强调老板的作用；另一方面，就是把事情考虑好了再说，切忌随口承诺和逢场作戏。

充实自己，努力学习——让上司轻松

在公司里，不同级别的人的知识背景和眼界是不一样的。老板雇用下属是需要下属为企业提供价值，如果没有价值，老板雇用你就失去意义了。著名企业家奥·丹尼尔在他那篇著名的《企业对员工的终极期望》一文中这样说道：“在你任职期间，你会被要求做许多事情：一般性的职责、特别的任务、团队和个人项目。

学习力提升模型

学习力就是竞争力。学习是进步的阶梯，那么，怎样才能提升学习力呢?

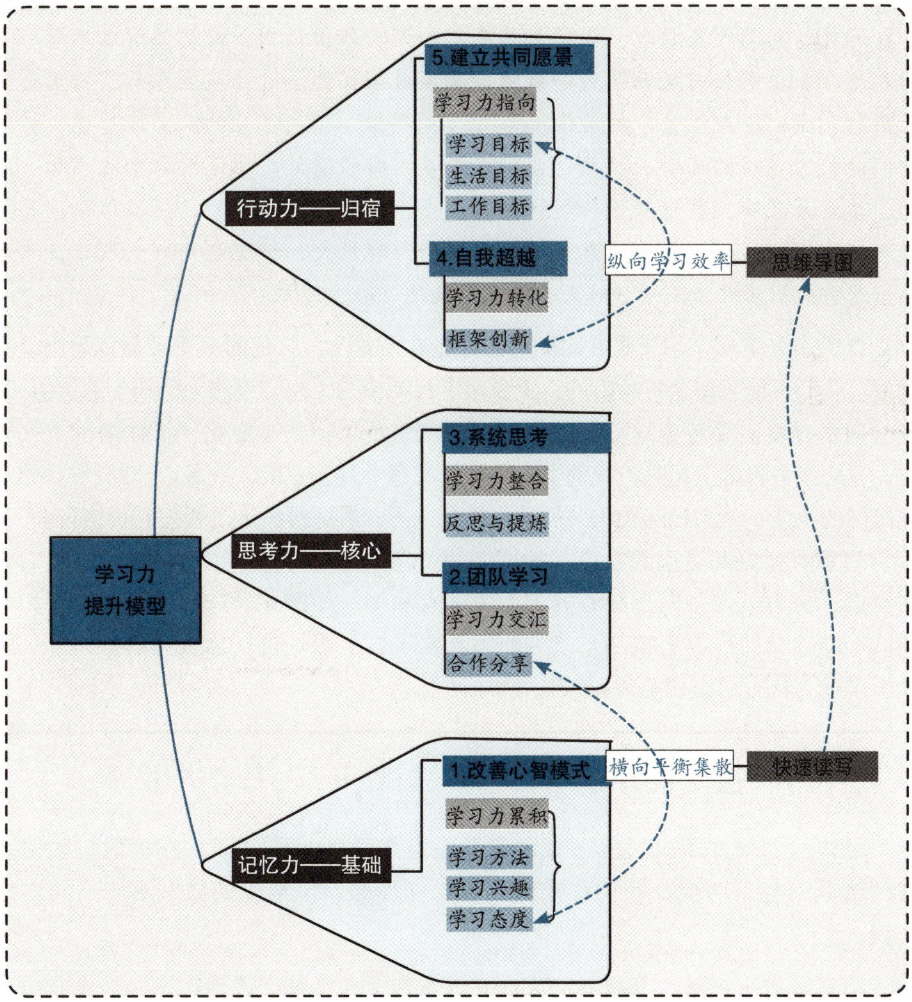

你会有很多机会超越他人，显示你的优秀，并向我们证明当初聘用你的决定是多么明智。然而，有一项最重要的职责，或许你的上司永远都会对你秘而不宣，但你自己要始终牢牢地记在心里，那就是企业对你的终极期望——永远做非常需要做的事，而不必等待别人要求你去做。”

这个被丹尼尔称为终极期望的理念蕴含着这样一个重要的前提：作为企业的一分子，你绝对不需要任何人的许可，就可以把工作做得漂亮出色。无论你在哪里工作，无论你的上司是谁，管理阶层都期望你始终运用个人的最佳判断和努力，为了公司的成功把需要做的事情做好。

肯德基进入中国之前，公司派一位执行董事来中国考察市场。他来到北京街头，看到川流不息的人流，穿着都不很讲究，就报告说：炸鸡在中国有消费者，但无大利可图，因为中国人消费水平低，想吃的多，但掏钱买的少。由于他没有主动进行相关信息的收集整理，仅凭直观感觉和经验作出预测，被总公司以不称职为由降职处分。接着公司又派了另一位执行董事前来考察。这位先生在北京的几条街道上用秒表测出行人流量，然后请 500 位不同年龄、不同职业的人品尝炸鸡，并详细询问他们对炸鸡的味道、价格、店堂设计等方面的意见。他还对北京的鸡源、油、面、盐、菜及鸡饲料行业进行了详细的调查，并经过总体分析，得出结论：肯德基进入北京市场，一只炸鸡虽然是微利，但消费群巨大，仍能赢大利。果然，北京的第一家肯德基店开张不到 300 天，赢利就高达 250 多万元。

作为一名下属，不管是在时间上，还是在质量上，任何时候都要做得超出老板的期望。我们不能只做老板吩咐的，更要做老板期望的，想方设法为公司创造价值。

我们经常需要考虑这样一些问题：部门出现了一些小变化、工作取得了一些进展，我应该去告诉上司吗？我的上司是希望我每个月去一次，并且用 20 分钟介绍我所在部门的业绩、计划和问题吗……认真思考一下，然后再决定是否把它付诸行动。

想要看到更高更远的景色，我们必须要登上更高的楼层，也就是说，我们要充实自己，努力学习，向上级看齐，力争拥有和他一样的才学和眼界。所以，如果你能够不断地学习，努力提高自己的能力和水平，上司一讲，你就明白，而且可以准确无误地去执行，上司自然就轻松了。

接受批评，不犯三次过错——让上司省事

子曰：“颜渊不二过。”说的是孔子有个学生叫作颜渊，在他的一生中，同样的错误不会犯两次。我们很难做到像颜渊那样，但至少要做到不犯三次同样的错误。

美国旅馆业巨头希尔顿有一次去日本东京，在飞机上遇到了一位女记者。这位

女记者问希尔顿："希尔顿先生，您取得了辉煌的成就，您的经营技巧是什么？我和所有人都想知道。"希尔顿听后笑了笑，没有正面回答，而是对女记者说："你到了东京之后，住进我的旅馆，临走时把你不满意的地方告诉我，当你下次来住时，我们不会再犯同样的错误。这也许就是我的技巧吧！"

其实，抛开上司的批评是否正确而言，作为下属的职场新人都应该坦然接受上司的批评。

1. 切勿当面顶撞上司

小杨所在的公司虽没有严格的考勤制度，但在每天的工作例会上上司总会搞"突击"，点名一下今天又有谁迟到了。在一次例会上，上司点到了小杨的名字。但小杨那天根本没有迟到，于是他马上反驳了上司，并指出上司看错了人。上司当时没有说什么，但事后小杨被调到了公司的另一个部门。

在公开场合受到不公正的批评指责，的确让自己难堪，但小杨的做法是极其不理智的，他可以在散会后找上司作个私下解释，在公司例会上当面顶撞领导是他被调到另一个部门的导火索。下属在公开场合受到不合理的批评时要懂得忍让，不要当面顶撞上司，这让上司下不了台，对于上司来说，无疑是火上浇油。如果下属聪明地在上司"发威风"时给他留足面子，起码能说明下属大气、理智、成熟。只要上司不是存心找茬，冷静下来他一定会反思，而且下属的表现一定会给他留下深刻的印象，那么你在公司得到重用的日子也就不远了。

2. 要虚心接受批评

自参加工作后，网名为"凉茶"的毕业生在工作之余就上网诉苦，说上司如何尖酸刻薄，自己稍有不慎做错一点小事都会遭到上司毫不留情的批评责骂。而"你到底在干什么""你怎么一点小事都办不好""都不知道请你回来做什么的"诸如此类的语言更成为上司批评"凉茶"的口头禅。"凉茶"说，自己每次做错事情之后已经很后悔了，但上司还是骂个不停，他觉得上司很过分，有时在上司批评的时候就会想：其实你又比我强多少呢？

在工作中出现一些差错是在所难免的，最重要的是知错能改。面对上司的批评，要学会虚心接受，当执行任务失败时，即使你有充分的理由也不要辩解，要第一时间向上司道歉，即使上司不会马上接受，事后也会觉得你态度良好，会赢得他的好感，最终加深对你的信任。

3. 不要把批评看得太重

自尊心太强的人往往受不得半点批评。甚至有的受过一两次批评的人认为自己再也不会得到上司的赏识，在这个公司已经没前途了。其实不要把批评看得太重，如若受到一两次批评就一蹶不振，提不起精神，只会让上司更加看不起你，今后再不会信任和提拔你了。

如何面对上司的批评

面对上司的批评，无论是因为你在工作中的失误，还是其他的理由，都要摆平心态，虚心接受，即使有不同的意见，也必须在服从中理解上司的想法。

1.虚心接受，并表示歉意

2.不找借口，勇于承担

3.服从批评，立即改正

但是确实遭到误解怎么办？可找机会向上司说明事实，但要点到为止，即使上司最终没有为你“平反昭雪”，也不要纠缠不休。聪明的下属应该学会“利用”批评，如上司对下属错误的批评，只要下属处理得当，有时也会变成有利因素；反之，如果下属不服气，发牢骚，那么将使下属和上司的关系恶化。

毫无怨言地接受任务——让上司信任

很多管理者都遇到过一件很无奈的事情：本来任务安排得好好的，突然间就冒出来一个计划外的任务，搞得大家措手不及，不知道怎么办才好。

下级服从上级，是上下级开展工作、保持正常工作关系的首要条件，是融洽相处的一种默契，也是上司观察和评价自己下属的一个尺度。

服从是一种美德，一名称职的员工必须以服从为第一要义。没有服从观念，就不可能把自己的工作做好。每位员工都必须服从上司的安排，就如同每个军人都必须服从上司的指挥一样。大到一个国家、军队，小到一个企业、部门，其成败很大程度上就取决于是否完美地贯彻了服从的观念。

对上司需要谦恭礼让，但是一味地谦恭礼让不如遵其所命，对上司而言，服从是第一位的。当然，上司的决策也有错误的时候，但是，作为一名下属你也应该遵从执行。你既不能事先加以否定或指责，也不要事后加以抱怨或轻视他的决定，更不能不去执行他的命令。

“糟了，糟了！”通用公司采购部的经理理查德放下电话，就叫嚷了起来：“那家便宜的东西，根本不合规格，还是迈克尔的货好。”他狠狠地捶了一下桌子：“可是，我怎么那么糊涂，还发电子邮件把迈克尔臭骂一顿，还骂他是骗子，这下麻烦了！”

“是啊！”秘书詹妮小姐转身站起来说：“我那时候不是说吗，要您先冷静冷静，再写信，您不听啊！”

理查德说：“都怪我在气头上，以为迈克尔一定骗了我，要不然别人怎么那么便宜。”理查德来回踱着步子，突然指了指电话说：“把迈克尔的电话告诉我，我打过去向他道个歉！”詹妮一笑，走到理查德桌前说：“不用了，经理。告诉您，那封信我根本没发。”

“没发？”理查德惊奇地停下脚步，问道。

“对！”詹妮笑吟吟地说。

理查德坐了下来，如释重负，停了半晌，又突然抬头问：“可是，我当时不是叫你立刻发出的吗？”

“是啊，但我猜到您会后悔，所以就压了下来！”詹妮转过身，歪着头笑。

“压了3个礼拜？”

“对！您没想到吧？”

“我是没想到。”

理查德低下头去，翻记事本：“可是，我叫你发，你怎么能压？那么最近发南美的那几封信，你也压了？”

“那倒没压。”詹妮的脸更靓丽了，“我知道什么该发，什么不该发！”

“是你做主，还是我做主？”没想到理查德居然霍地站起来，沉声问道。

詹妮呆住了，眼眶一下湿了，颤抖着问道：“我，我做错了吗？”

“你做错了！”理查德斩钉截铁地说。

詹妮被记了一个小过，但没有公开，除了理查德，公司里没有任何人知道。真是好心没好报！一肚子委屈的詹妮，再也不愿意伺候这位是非不分的上司了。她跑到总经理的办公室诉苦，希望调到总经理的部门。

“不急，不急！”总经理笑笑，“我会处理。”

隔了两天，詹妮一大早就接到了一份解雇通知。

在一些公司里，像詹妮这样纪律观念不强、服从意识差的人，只是自作聪明而已。一个团队，如果下属不能无条件地服从上司的命令，那么在达到共同目标时，就可能产生障碍。

巴顿将军在他的战争回忆录《我所知道的战争》中曾写到这样一个细节：

“我要提拔人时常常把所有的候选人排到一起，给他们提一个我想要他们解决的问题。我说：‘伙计们，我要在仓库后面挖一条战壕，8英尺长，3英尺宽，6英寸深。’我就告诉他们那么多。我有一个有窗户或有大节孔的仓库。候选人正在检查工具时，我走进仓库，通过窗户或节孔观察他们。我看到伙计们把锹和镐都放到仓库后面的地上。他们休息几分钟后开始议论我为什么要他们挖这么浅的战壕。他们有的说6英寸深还不够当火炮掩体。

其他人争论说，这样的战壕太热或太冷。如果伙计们是军官，他们会抱怨他们不该干挖战壕这么普通的体力劳动。最后，有个伙计对别人下命令：‘让我们把战壕挖好后离开这里吧。那个老东西想用战壕干什么都没关系。’”

最后，巴顿写道：“那个伙计得到了提拔。我必须挑选不找任何借口完成任务的人。”

毫无疑问，无条件服从命令的人具有最优秀的执行力。在面对上级的命令时要明确一点，服从是无须任何条件的，只要是必须做的事情，就要坚决地执行。在很多员工的理念中，服从就是“对的就服从，不对的就不服从”。其实服从是无条件的，凡是上司的指令，作为员工第一时间就应该按指令去行动。你不能以你使用的判断标准作为最终标准，而应以上司的判断为判断标准。

总之，不管什么工作给你，你都应该毫无怨言地把它接过来。从表面上看，你似乎吃亏了，但从长远看，还是得到了好处，不但增长了才干、积累了经验，还在不知不觉中使自己成了不可替代的角色，从而为自己事业的进步争取到了难得的机会。

对自己的业务主动提出改善计划——让上司进步

只有上司的业务进步了，才会带来公司真正的进步。上司业务的进步，除了依靠自身的不懈努力之外，还离不开下属的业务支持，要想管理上司并不难。只有你了解上司的长处，知道上司能做什么，并且重视上司的长处，协助其发挥自己的长处，这样的管理就是有效的。

要使上司发挥其所长，不能以谄媚的方式唯命是从，而应该采取实事求是的态度，以上司能接受的方式提出正确的意见，在此之前需要先了解：上司究竟能做些什么事？他过去真正做好过哪些事？他需要你完成些什么事才有助于其发挥特长？你应该努力使他发挥特长，设法为他创造一切可能的有利条件，一旦你的上司发现你真正支持他，他就会乐于听取并采纳你提出的有关政策和管理的意见。

当你要有效地约束你的上司时，请记住苏格拉底的秘密。苏格拉底被誉为一位最英明的规劝者，他的全部秘密就是：一开始就要一连串地争取获得“是”的反应，如果可能，设法不要让别人说“不”。他提的问题就连他的反对者也不得不同意，于是他接连不断地获得称赞，并获得大量的“是”。他不断地提问题，直至最后他的反对者几乎不知不觉地发现自己已经赞同了一个在几分钟之前还强烈反对的问题。

威尔逊总统入主白宫期间，十分重视豪斯上校的秘密咨询和意见。那么豪斯是用什么方法来影响总统的呢？“我发现，要改变总统对一件事的看法，只有一个方法，那就是，我常常很不经意地向他提出一些事情，使我的观念自然地灌注到他的头脑中，使他发生兴趣，潜移默化地影响他的决策。

“这一方法第一次生效的时候是在一次偶然事件中，我到白宫拜见他，催促他决定一项决策，而他当时显然对这项政策并不赞成。可是，几天之后，我在餐桌上吃惊地听到他把我的建议当成他自己的意见说了出来。”这是经验总结，显然，豪斯上校没有提醒总统：“那不是你的思想，而是我的。”因为他不在乎名誉，只在乎实际效果，他让威尔逊总统继续认为那是他自己的智慧、自己的决策，还为了这些思想给威尔逊以公开的赞誉。

如果你要改造你的上司，那么不要忘记，让别人觉得这个想法是他自己的。另外，如果你想要你的上司接受你的观点，一定不要贸然闯进他的办公室，你要在他的办公室外徘徊几分钟，根据他的兴趣及动机来判断他会怎样对待你的意见。从他的角度多想想，从中找出共同的语言，千万不要以讨论不同的意见作为开始。只有细心观察、全面思考，方能让上司接受你的意见，为你所用。

“管理下属”是我们常常听到的一句话，其实，上司也是需要管理的。如果能管理好你的上司，你的工作也会卓有成效。管理上司的关键就是发挥上司的长处。

总之，不要常常说上司不了解我们，要想到是我们没有做任何事情让他了解我们，上司平时是很忙的，他有他自己的工作。如果我们不能主动去了解上司，我们又有什么权利去要求上司了解我们？所以，沟通是双向的，我们不能单方面地埋怨上司，应该学会自我检讨，主动地去做一些事情让上司发现我们、了解我们。

第三章

构建融洽的同事关系

给自尊心一个房间

职场中的人际隔阂和矛盾均与自尊心有关。伤害了自尊心就等于伤害了感情，所以善待自尊心成了职场生存中的一门大学问。把自己对自尊心的要求平等地给与他人，那么至少可以减少不必要的情感伤害，同事之间的关系自然可以融洽。

如何做到给自尊心一个房间，不妨尝试以下几种推荐方法：

1. 把自己的自尊心要求写下来

将心比心，是最合适的方法。所以在办公室中，不妨把自己对自尊心的要求写下来，而且越具体越好。“可以让我在公司里发表自己的意见，不管正确与否”、“可以在一个相对私密的空间里被老板训话”、“可以讨论错误的原因，而不是指责自己的过错”。

因为自己有这样的要求，那么在对待下属、同事时或许就会考虑对方的情绪和要求，不至于伤害到对方脆弱的情感。

2. 学会把自尊心看作“面子”

自尊心的问题说白了也就是“面子”问题，没有人愿意被老板随意当垫背，也没有人愿意被同事经常恶搞，更没有人愿意在办公室成为八卦新闻的主角，因为所有这一切都会影响其在办公室的地位和声誉，也就是有可能“脸面丧尽”。

所以正确的方法，就是把对他人的尊重问题看作给足“面子”的举措上，这样至少不会让人有“脸上挂不住”的感觉。

3. 积极参与“自尊心伤害”之补救

无论我们是有意还是无意中伤害了别人的自尊心，首先要想到补救的良策。因为行动上的积极补救，说明我们还在挽救自己的过错，听之任之绝对是不负责任的方法。

如果你在一个敞开的办公环境里对秘书提出批评性意见，导致她不高兴。事后你应该主动说对不起，并对自己一直把她当小孩子看待表示抱歉，并感谢她为自己提出一个好的建议，从此也成为你的人生经验。你的补救会让你和秘书的关系变得更加融洽。

4. 为自尊心建个小房子

因为了解了自己对自尊心的保护要求，所以在和他人相处的过程中，可以尽可能为其自尊心建一个小房子，那是真正的保护层，使其与伤害有效隔离。

这个小房子由无数的“不要”组成，比如不要践踏尊严、不要侵犯隐私、不要公然对峙、不要限制自由、不要主动揭短、不要藐视存在。有了这样的不作为，那么人际圈中的自尊心自然就得到了保护，也因此理顺了办公室的关系。

不犯伤人自尊的职场大忌

在与人说话时切不可伤害别人的自尊，挖苦别人是伤害对方自尊心的行为，特别是和同事打交道时，你更要小心自己的语言，不要去伤害他人。那么，在职场中，应该如何维护他人的自尊呢？

1.学会换位思考

站在对方的角度看问题，感同身受，推己及人。

2.不做有损他人人格的事情

比如别人的缺陷或者其他有损他人自尊的事情，都应尽量避免提起。

3.善于欣赏、接纳他人

只有真正学会了欣赏、接纳他人，才不会因为嫉妒等不良心理而去伤及他人自尊。

5. 用“自尊心”调动积极性

别以为保护自尊心仅仅是为了和谐关系的考虑，更多的时候自尊心问题处理好了还能带来意想不到的积极性。

伤害了自尊心就等于伤害了感情，自尊心人人都有，给自尊心一个房间，或许真是一个不错的选择。

说话时照顾多数人

在办公室中，同事之间存在着合作与竞争的矛盾，在对立和统一中彼此之间的关系变得十分微妙而复杂。同事之间在利益上竞争，在工作中合作，既不能相互冒犯，相互干预；也不能相互漠视，相互拆台；或者只顾自己，不顾他人。同事之间各有各的工作，既相互独立，又相互依赖，没有人能独自成功。但在利益竞争上又表现得非常激烈，互相猜忌、嫉妒、排挤，甚至谗伤的现象司空见惯，只要你学会在竞争中合作，就能携手与同事共创“双赢”的局面。

能否处理好与同事的关系，会直接影响你的工作。许多人处事很懂得技巧，他们在与同事的交往中不用花言巧语，却能赢得大多数人的喜爱。这些人有很强的号召力，却总是态度谦逊，做事从容，应对得体，从不感情用事。其实，说起来这也并没有什么太多的秘诀，只是他们遵循了保持良好同事关系的原则，掌握了与人良好沟通的技巧。

说话简明扼要可以让你显得可信。沟通技艺差未必就是致命的，但会加大你赢得潜在的投资者、客户、雇员以及合作伙伴的难度。表达能力是小企业塑造品牌、建立专长、获得免费宣传并在市场中领先的法宝。沟通高手更容易吸引投资者。

有些企业家实在太不善于表达，只跟合作者见一次面就出局。一位出色的企业家用 30秒钟就可以宣传自己的企业，让你对他的印象直线上升。很多人花一个小时却做不到这一点，关键是没有让对方顺着你的思维想问题。

业务能力与亲和力哪个更重要？没人愿意搭理讨厌鬼。有些人因为与同事相处得不融洽，根本没法让自己掌握的技术诀窍在团队中发挥作用，大多数人宁愿与讨人喜欢的傻瓜一起工作，也不想和有本事的讨厌鬼共事。其实，同事的能力和知识最重要。要是他好相处，那自然更好。但这不是关键因素。员工如果对某个同事一点好感都没有，他们不在乎这个人的业务水平是否出色，他们不愿意与这样的人合作。员工有问题总愿意找他们觉得可亲的人帮忙，即使这个人水平不高。

企业管理者在委派职务时不应低估个人亲和力的因素。有必要提醒人际关系不好的员工改改自己的坏脾气，倘若这样仍无济于事，那么最好的办法就是将其安排在能独立完成工作的岗位，或者派他去整顿业务、重组机构。

但也有人认为，能力出众、难以与人相处的专业人员正是企业的财富。其他员工通常总在努力掩饰自己对别人的不满。如果管理者只用自己喜欢的人，对公司也不好。社会心理学家早就发现，人总是对与自己有相似之处的人有好感。由具有共同背景、类似爱好与性格的人组成的团队很容易片面地处理问题。

在我们的工作环境中，建立良好的人际关系，得到大家的尊重，无疑对自己的生存和发展有着极大的帮助，而且有一个愉快的工作氛围，可以使我们忘记工作的单调和疲倦，也使我们对生活能有一个美好的心态。遗憾的是，我们常常听到不少人对怎样处理好办公室里的人际关系感到棘手，抱怨甚多。其实，只要我们为人正直，用心并努力，做个受人喜爱的同事并不是很难的事。

如何做一个让同事喜爱的人

根据行为专家的忠告和许多人提供的经验，我们不妨从以下几个方面入手：

1.对同事提供善意的帮助。

2.用自己的性别优势关心异性同事。

3.适当“让利”，放眼将来。

4.让乐观和幽默使自己变得可爱。

5.对他人的成长表示真诚的赞美。

只要你以真诚的态度，注意从以上5个方面去努力实践，同时在工作时保持做人的正义感，那么做个让人喜欢的好同事、得到好人缘并不难，工作便也成了一件让人快乐的事了。

不可忘记赞美这把利器

与同事沟通时，应采用怎样的沟通技巧？如何通过沟通中的赞美改善同事关系？

在同一家公司任职的李小姐和苏小姐素来不和。

有一天，李小姐忍无可忍地对另一个同事王先生说：“你去告诉苏小姐，我真受不了她，请她改一改她的坏脾气，否则没有人愿意搭理她！”

王先生说：“好！我会处理这件事。”

后来李小姐遇到苏小姐时，苏小姐对她既和气又有礼貌，与从前相比简直判若两人。

李小姐向王先生表示谢意，并且好奇地问：“你是怎么说的？苏小姐竟有如此大的变化。”

王先生笑着说：“我跟苏小姐说：‘有好多人称赞你，尤其是李小姐，说你既温柔，又善良，而且脾气好、人缘更佳！’如此而已。”

同事之间，如果缺少知心的沟通，就会互相猜疑、互挖墙脚，只看重自己的价值，而忽视他人的价值。

能够看到同事身上的优点，并及时给予赞美、肯定，对一些不足给予积极的鼓励，这是良好沟通的基础。不要背后议论你的同事，要常常做“送人鲜花的人”，不要做“抛人泥土的人”，和颜悦色是人们交往的需要。你这样做了，就一定能受到同事的喜欢。

对待同事的缺点或错误，有时候反向的赞美比正面的批评更有效果。良好的沟通，不仅会消除矛盾，更会让人与人的心靠得更近，关系更紧密。

赞美使人愿意沟通。沟通是双方的互动，如果一方不愿意沟通，那么沟通必然失败。

假设你要与一位女士沟通，当你首先赞美她的衣服漂亮时，她一定会高兴，会乐意与你沟通。反之，当你批评她的衣着时，她一定是懒得理你。所以，赞美往往使人愿意与你沟通。例如在工作中，当你肯定同事的优点时，同事会很乐意帮你，会把他的经验告诉你，这就是赞美的作用，它让对方愿意与你沟通。

虽然，赞美有利于沟通，但是，赞美却需要技巧、需要真情投入。合适的赞美是建立在细致的观察与鉴赏之上。赞美对方一定要赞美对方的长处，如果你去赞美肥胖者的身材，一定会被认为讽刺；如果去赞美口吃者的口才，对方定会愤怒。那么，如何赞美呢？赞美一定要避开对方的短处。对于长相一般的女士，可以赞美她的气质；对于并不高大英俊的男士，可以赞美他的睿智；对于淘气的小孩，可以赞美他的活泼。赞美还要发自真心，由衷的赞美使人如沐春风，虚伪的赞美使人犹如吃了苍蝇。赞美还要适度，有时一句稍稍的赞美，反而使人觉得舒心，但夸张的赞美就成为拍马屁了。

千万不要吝啬赞美之词。当你赞美家人时，家人会对你敞开心扉，而充分沟通的家庭必定是和美的；当你赞美下属时，下属会乐意把他们的设想告诉你；当你赞美同事时，同事会与你分享工作上的收获，而充分沟通的部门一定会爆发无穷的创造力。赞美是价廉而高效的投入，多多赞美别人，就会获得更多的沟通机会，就会取得成功。

职场上如何赞美他人

威廉·詹姆斯说：“人性中最深切的禀质，是被人赏识的渴望。”所以说，你身边的每一个人都渴望被别人赞美。职场上懂得赞美他人，可以营造良好的工作环境与和谐的同事关系。

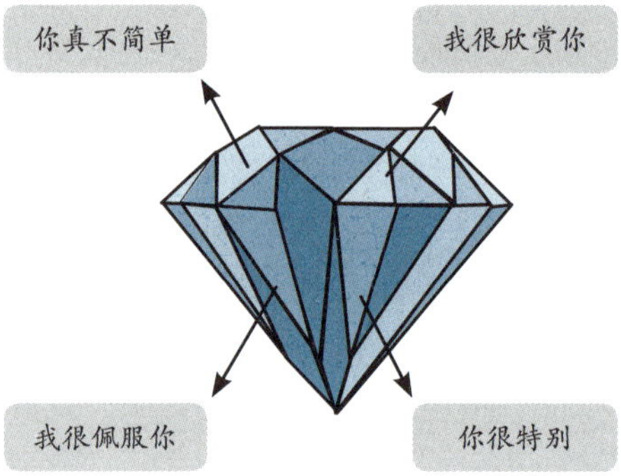

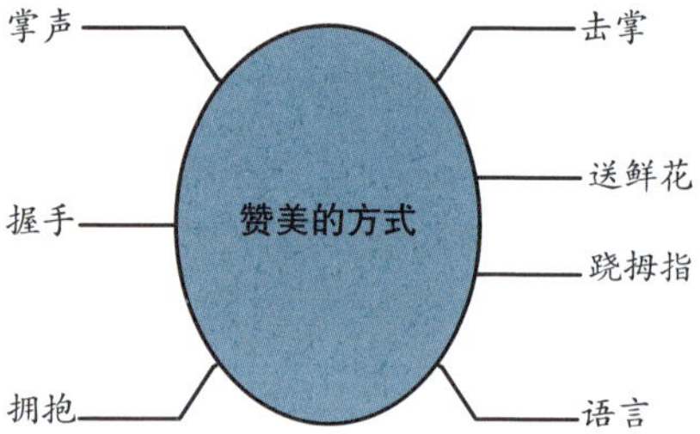

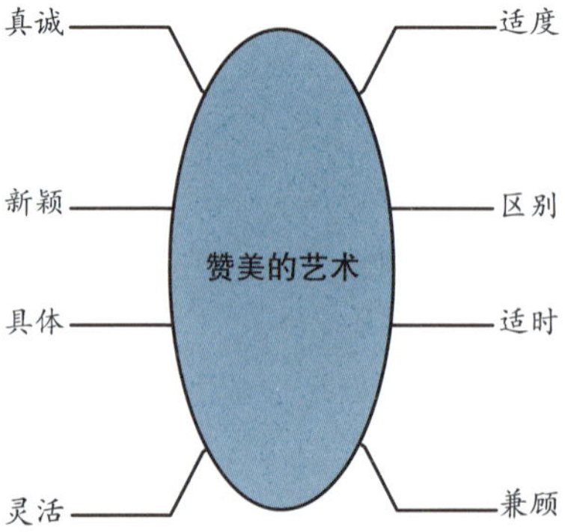

赞美的技巧：

1.善于从小事上赞美别人；

2.挖掘不明显的优点进行赞美；

3.赞美对方引以为傲的事情；

4.虚心请教是高超的赞美。

坦荡竞争，尊重对手

时代让竞争成为一个沉重的话题。市场上此起彼伏的广告战、价格战、渠道战、口水战乃至肉搏战经久不息，职场中明争暗斗、恶语中伤乃至拳脚相向的打拼仍在继续。难道作为万物之灵的人类不可以用双赢的智慧削去竞争的锋芒，微笑竞争，携手同行吗？

竞争应该是在美德肩膀上优美的舞蹈。美国著名拳击手杰克每次比赛前都要做一次祈祷，朋友问道："你在祈祷自己打赢吗？""不"，杰克说道，"我只是祈求上帝让我们打得漂漂亮亮的，都发挥出自己的实力，最好谁都不要受伤。"

杰克的话中渗透着双赢的智慧。双赢小到个人领域，就是用美德为竞争镶边着色，让折射的阳光照亮携手同行的路程，让竞争在微笑中把心灵放松，在合作中共同进步，在人与人关爱和睦、诚实守信中描绘出一幅和谐的生动图景。

竞争应该在合作的怀抱里微笑。竞争体现着时代的特点，双赢更是代表着一个民族和个人的高度。微笑竞争，携手同行，这是双赢的智慧，更是人类和人生至高的境界。

蒙牛前总裁牛根生深谙竞争与合作的道理。在早期蒙牛创业时，有记者问："蒙牛的广告牌上有'创内蒙古乳业第二品牌'的字样，这当然是一种精心策划的广告艺术。那么请问，您认为蒙牛有超过伊利的那一天吗？如果有，是什么时候？如果没有，原因是什么？"

牛根生答："没有。竞争只会促进发展。你发展别人也发展，最后的结果往往是'双赢'，而不一定是'你死我活'。一个地方因竞争而催生多个名牌的例子国内国际都很多。德国是弹丸之地，比我们内蒙古还小，但它产生了 5 个世界级的名牌汽车公司。有一年，一个记者问'奔驰'的老总，奔驰车为什么飞速进步、风靡世界，'奔驰'老总回答说'因为宝马将我们撵得太紧了'。记者转问'宝马'老总同一个问题，宝马老总回答说'因为奔驰跑得太快了'。美国百事可乐诞生以后，可口可乐的销售量不但没有下降，反而大幅度增长，这是由于竞争逼使它们共同走出美国、走向世界的缘故。"

曾经在牛根生的办公室，挂着一张"竞争队友"战略分布图。牛根生说："竞争伙伴不能称为对手，应该称为竞争队友。以伊利为例，我们不希望伊利有问题，因为草原乳业是一块牌子，蒙牛、伊利各占一半。虽然我们都有各自的品牌，但我们还有一个共有品牌'内蒙古草原牌'和'呼和浩特市乳都牌'。伊利在上海 A 股表现好，我们在香港的红筹股也会表现好；反之亦然。蒙牛和伊利的目标是共同把草原乳业做大，因此蒙牛和伊利，是休戚相关的。"这就不难理解，在伊利高管出事以后，牛根生和他的蒙牛为什么没有落井下石，反而说了很多好话。

如何正确看待职场竞争

在职场上，只有保持阳光心态，正确看待竞争，才能够在激烈的职场竞争中占有一席之地。如果没有一个良好的心态，那么很难正确面对竞争和对手，不利于建立融洽的同事关系，在职场竞争中容易被击败。

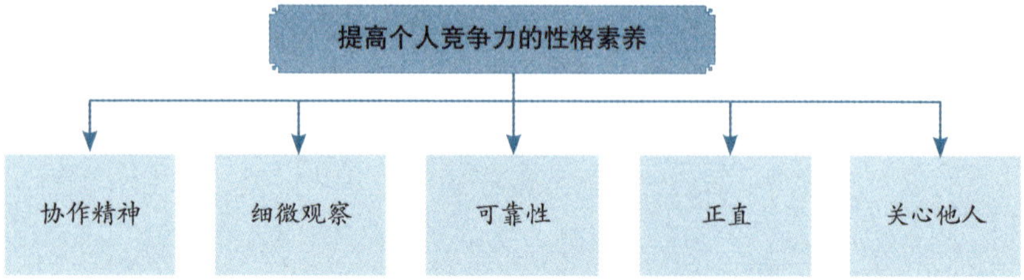

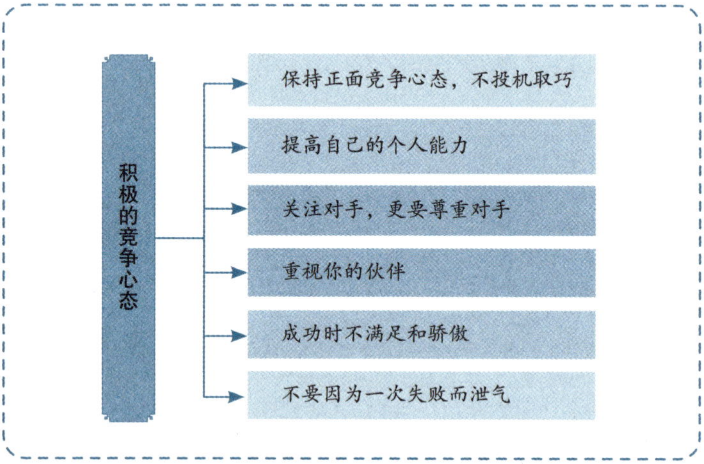

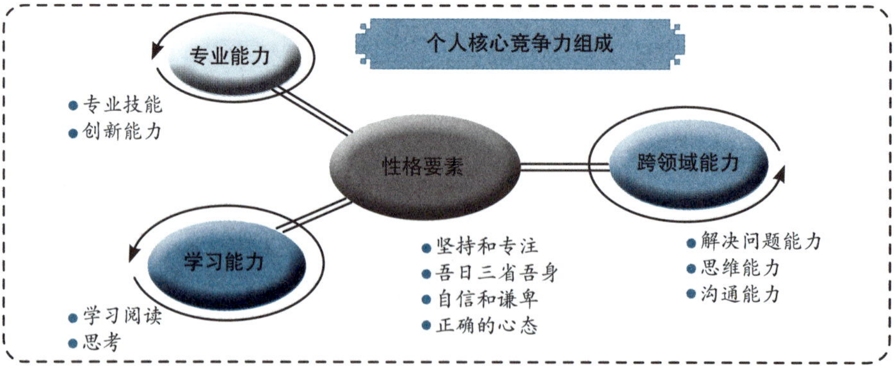

雄鹰振翅高飞，划过长空。那一片湛蓝包容了它的不羁，承载了它的稳重，为此，蓝天才多了一分神秘，多了一分美丽。鲤鱼摆尾洄游，穿透碧波。那一片汪洋容许了它的活跃，收留了它的灵动，因此，大海才多了一分迷人，多了一分澄澈。职业人士不论是在商场还是在职场，都存在激烈而残酷的竞争。与老板、客户、同事、下属、对手，都要摆正竞争与合作的关系，以利人利己的共赢思维做大市场、做大事业，而不是以“杀敌一千，自伤八百”的赌气竞争心态，非要搞出个你死我活、两败俱伤。

理性对待矛盾，给对方留有余地

很多人在职场上处理人际关系时，不知道应该与同事间保持怎样的距离。过远，不利于保持同事关系；过近，有时候往往起到负面作用，甚至在不经意间对你的职场生涯产生不利的影响。正确的做法应该是什么呢？那就是：不即不离，留有余地。

我们谈话时时刻都要提醒自己，要给自己留余地，使自己可进可退，这好比在战场上一样，进可攻，退可守。这样有了牢固的后方，既能出击对方，又可及时撤回，仍然处于主动地位。虽说未必就是战无不胜，但也不会出现一败涂地的现象。

对于这一点，美国前总统富兰克林有过一段精彩的描述：

“我在约束自己言行的时候，在使我日趋合乎情理的时候，我曾经有一张纸列着言行约束的检查表。当初那张表上只列着 12 项美德，后来，有一位朋友告诉我，我有些骄傲，这种骄傲经常在谈话中表现出来，使人觉得盛气凌人。于是，对于这位友人难得的忠告，我立刻意识并想到这样会足以影响我的发展前途。随后我在表上特别列出‘虚心’一项，专门注意。我所说的话，一定竭力避免一切直接接触或伤害别人情感的，甚至我自己禁止使用一切确定的词句，如‘当然’‘一定’等，而用‘也许’‘我想’来代替。说话和事业的关系，是成功与失败的关系。你如果出言不慎，跟别人争辩，那么，你将不可能获取别人的同情，别人的合作、别人的帮助、别人的支持、别人的赞赏。”

同事之间，如果不是期望通过吵架来存心贬低对方、使对方难堪，而是在某个具体的工作问题上各持己见，争执不下，那么这样的吵架，不会造成当事人双方的敌对和仇视，反而有利于问题的充分沟通和解决。一方的强硬态度，会第一时间充分引起另一方的重视和思量，避免了由沉默和妥协造成的沟通失效、配合迟钝。同时由于彼此平等的工作关系，方式上可以表现得激烈一些，但切不可触及对方身体，由“吵架”变成“打架”。

与其过分压抑自己，造成沟通上的堵塞和彼此之间的不信任，还不如学会真诚而率性地“吵架”。在不恶意攻击他人、损害他人名誉的前提下，适当而直接地表达出对他人意见的异议，或者是对他人做法的批评，这样的吵架是可以被理解并光明磊落地存在的。

专家提示职场“吵架”要诀：

（1）不是所有的事情都可以用吵架来解决。人际交往的飞短流长、利益纷争的不甘示弱，这样的吵架会连“身段”一同吵丢。

（2）不是所有的人都适合吵架。激烈的言辞和激动的情绪，不是每个人都能正常承受的东西。例如，新人如果在入职不久就“被吵”，那么很可能会伤害他的职业自尊心，影响他对企业文化的正确认识和评估。

正确处理职场冲突和矛盾

冲突无处不在，职场也不例外。要高效地处理冲突，化冲突为和谐，必须以坦诚、相互包容的态度处理冲突，只有这样才能赢得支持和理解，使冲突处理取得意想不到的结果。

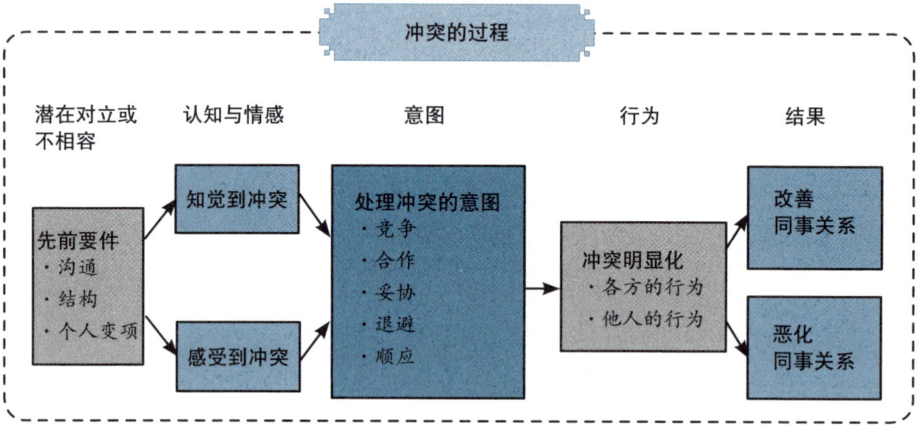

1.沟通协调一定要及时，但也要注意，负面情绪中不要协调沟通。

2.善于询问和倾听，理解他人。做到容忍冲突，强调解决方案。

（3）吵架要建立在彼此了解、彼此信任的基础上。初次合作的两个人，还是应当尽量用平和的方式进行沟通，盲目的吵架会导致无端的猜疑，甚至造成关系的永久破裂。

（4）吵架要目的明确，不能偏题。只有发生了具体的问题时才可以吵架，不能将吵架视为日常不满情绪的发泄方式，应“对事不对人”。

（5）吵架要注意语言方式。吵架应当就事论事，当事人可以直抒胸臆，但不可言词污秽，进行恶意的人身攻击，更不能越吵越远，最后变成“揭底口水大战”。

（6）正视吵架的意义。吵架不是攻击性、压倒性地强迫对方接受自己的意见，而是通过比较激烈的方式，讨论问题并解决问题。不要寄希望于通过比试嗓门的高低而使他人臣服。

（7）冷静对待吵架的结果。当“战事”平息之后，吵架的双方应当抽离出激动的情绪，客观地分析对方的意见或者指责，找出自身缺失或不足的地方加以改进和完善。

将事情冷处理

同事之间因为经历、立场等方面的不同，对同一个问题常常产生差异极大的看法，以致引发不同程度的争论，稍不小心就容易伤了同事之间的和气。所以，跟同事发生意见分歧时，第一是不能过分争论是非对错。从客观上看，每个人接受一种新观点都需要一个过程；从主观上来说，人时常都有“好面子”“好争强斗胜”的心理。当同事之间谁也不服谁时，如果过分争论，就非常容易激化矛盾而不利于整体团结。第二是不要一味“以和为贵”、事事都讲求一团和气，哪怕涉及原则问题也不坚持、不争论，而是随波逐流，刻意掩盖矛盾。这就会走向另一个极端，也同样会不利于团体事业的发展。面对问题，尤其是存在较大分歧时要努力寻找共同点，争取求大同存小异。即使确实不能求得一致时，也不妨冷处理，明确表达“我难以同意你们的观点，我保留我的意见”，使争论逐渐淡化，同时又保持自己的立场和态度。

学会冷处理，就会冷静地调整事态，面对各种复杂的变化时就会从容不迫，处逆境而不乱，受打击而不惊。学会冷处理，就可以让大事化小，小事化了，让矛盾慢慢消失。

美国一名男子因伤害他的前妻而被法庭责令到心理专家那里进行愤怒管理的辅导，但男子并不是很乐意，因为他发自内心地认为自己没有做错什么，更没做什么应被看作违法的事。男子辩解道：“我一般是不愿和人发生冲突的。我总是尽可能地避免冲突。我生气的时候也不会骂人，包括我的前妻，因为我不想伤害别人的感情或让他们难堪。我宁可把很多火气都压在自己心里，也不会轻易去伤害别人。那天我本来不愿和她发生冲突，我本来是想离开而不是争吵，但是她站在门口挡住了路，所以我就把她推到了一边，然后她就打电话叫来了警察。”

既然不想伤害别人，为什么还要暴力地推开前妻呢？心理学家相信，他的本意也许并没有想伤害前妻，但是他无法控制自己的情绪。他看到前妻挡在门口，就气血上头，上前推了一把，而这种“身体伤害”就成了他上法庭的铁的证据。这一推，就让前妻的前额撞到了墙角，受了伤，也让自己吃了官司。如果能提前想想后果，在情绪激动的时候不去采取行动，一切是不是就可以避免了呢？

每天我们都要面对很多事情，有时难免会有不如意，很容易就会发火。但是，发火只会令事情更加糟糕，而冷处理则会显出你的大度，显出你的睿智。一个有涵养的人，是很少发火的，因为他们知道，生气无法解决问题，冷处理才会让一触即发的矛盾烟消云散。

1. 减少抱怨

如果冲突的对方是决定你未来的人时，无论如何不要抱怨，也少用“讨厌”“烦死了”等一系列负面的词语，而是多一些探讨和请教的口吻，如“我不确定自己是否处理得当，请问还有什么更好的方式吗？”

2. 强化赞许

直接邀功当然不妥，最好是对肯定进行正面强化，比如上司或同事因某事赞许你时，及时回应“你的肯定让我倍受鼓舞”。

冷处理避免冲突紧张

“冷处理”，是指使矛盾的双方采取冷静、理智、克制和忍让的态度，冷静地判断是非，淡化矛盾，避免冲突紧张，为化解矛盾、解决纠纷找出最佳途径。

冷处理的行动原则

1.检视自己认为对方不愿意处理冲突的前提是否正确。
2.尽量保持开放及公正的心态。
3.认识破坏性冲突的代价以及建设性冲突的优点。
4.避免怪罪对方，给对方面子。
5.针对对方对你的负面印象，刻意表现与之不一致的行为。
6.提供替代方案以利双方获得一致协议。

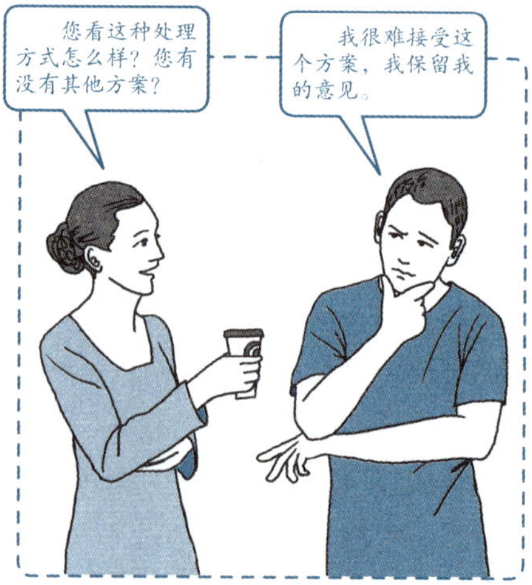

3. 做好准备

沟通前打好腹稿可以避免感情用事、言语伤人。可以套用的沟通格式是：引发的事件，自己的感受、对未来的希望。比如，“你昨天在众人面前批评我，这让我很受伤，我很希望今后避免这种事发生，我们就此谈一谈好吗？”

4. 诚实自省

被“对人不对事”地否定让许多人恼羞成怒。美国职场教练米兰达·肯尼特曾建议人们在发飙之前先花些时间，以冷眼旁观的心态诚实地自省，分析一下这个人为什么针对你：他只这样对待你吗，是否也这样对待其他人？

保持平常心，赢得同事信任

沟通犹如博弈，沉静、冷静者都会是赢家。平常心是道，道出平常心。职场沟通中，与上级沟通最容易失去平常心，因为想到个人升迁，想到把自己最好的形象和最大的魅力展示给领导，最后往往是适得其反，不尽如人意。

书法艺术有一个最高境界法则：无意为佳乃佳。沟通中依然管用，与客户沟通也会出现急功近利心态，心态一失常，客户就会生疑，一生疑障碍就自然产生。

沟通的成功一定是在心平气和的氛围中沟通出来的。职场沟通中的平常心境界是修炼的结果。

有了平常心才会冷静，有了冷静才会倾听，有了倾听才会正确理解对方的信息，最后才能够实现高效沟通。

有一个舞厅歌手对自己拼命唱歌，却要将收入的一半交给经纪人不满，不想与其合作了，双方闹得很僵。歌手的父亲是个农民，他千里迢迢赶到城市劝女儿，他说：“当初小李（经纪人）找到你，又花钱将你捧红，他付出了那么多自然应该得到回报。你一个山里伢如今在城市买房落户，站稳脚跟，也得到了你想要的。人呐，不能翅膀硬了就忘本，多想想现在得到的，不要嫌少，要不是他，你还在地沟里割禾呢。”女儿听了父亲的话，心里的疙瘩解开了，与经纪人的矛盾消除了，合作得更好了。

在现实生活中，在职场竞争上，人们总是不由自主地认为，蛋糕只有那么大，假如别人多抢走一块，自己就会吃亏，人生仿佛一场“零和游戏”。难怪俗话说：共患难易，共富足难。见不得别人好，甚至对亲朋好友的成就也会眼红，这些都是“匮乏心态”在作怪。

抱着这种心态的人，甚至希望与自己有对立关系的人小灾、小难不断，疲于应付而无法与自己竞争。这样的人时时不忘与人比较，认定别人的成功等于自身的失败。即使表面上虚情假意地赞美对方，内心却是又妒又恨，只有自己独占鳌头才能满足。更有甚者恨不得身边全是唯唯诺诺之人，不同的意见都会被视为叛逆、异端。

相比之下，“富足心态”的人，源自厚实的价值观与安全感。这样的人相信世间有足够的资源，人人都可以享有，世界之大，人人都有足够的空间，他人之得不必视为自己之失。

所以不怕与人共名声、共财富、共权势。正是这种心态，才能开启无限的可能性，充分发挥创造力，提供广阔的选择空间。拥有“富足心态”的人，相信成功并非压倒别人，而是追求对各方面都有利的结果。所谓“双赢”乃至“多赢”，其实是“富足心态”的自然结果。

同事间最重要的是取得信赖。让别人信赖你，一方面可以避免别人对你的言行产生误解，另一方面有利于你的工作。那么，什么样的态度最容易博取别人的信赖呢？

1. 倾听对方谈话

训练自己成为一名好听众很不容易，尤其是当对方滔滔不绝地向你诉苦或谈论个人问题时，总是令人感到十分不耐烦。但不论如何，请拿出你的耐心，认真聆听同事说话。

2. 言行一致

即使处理细微的琐碎事也不能掉以轻心，如有任何言行不一的情形出现，都会破坏人们对你的信赖。

同事之间的沟通就是通过减少摩擦、克服内耗、解决矛盾，求得个体与群体的相对稳定与和谐发展。据调查，在办公室里，大约要将60%以上的时间和精力用来处理各种复杂的人际关系。这就表明，能否较好地掌握协调人际关系的艺术往往是一个人能否成功的重要因素。

第四章

沟通中的非语言技巧——此时无声胜有声

解读非语言

语言与非语言信息有一致性的重要，但两人的对话中，语言信息所传达的意思不如非语言的分量重。非语言沟通大部分用于表达人类的情绪。对语言内容有强化功效，同时也能显出语言与其抵触之处，我们必须留意。

但很多时候，我们会忽略沟通中的非语言。其实，就像我们在说话时都不可避免地要运用表情、语气与动作一样，没有人在说话时不使用非语言，可以说非语言是无处不在的。

非语言沟通技巧包括面部表情、身体距离、姿势、动作、眼神、声调音量、仪表服饰、身体接触，甚至你所布置的环境等。下面，就让我们来详细地解读一下非语言。

1. 面部表情

脸和眼睛是身体上最易引起注意的部位，是非常复杂的表情管道：因为产生出来的实在太多，而表情的变化也实在太快。面部表情基本上可以分为惊讶、害怕、生气、嫌恶、伤心，但亦可同时多种结合在一起。若你对对方或当时的情况了解的话，你可能很正确地判断出对方面部表情所代表的情绪。

与人交往时，面部表情宜生动吸引，并要配合说话内容，而笑容亦是面部表情需要的一环，一个友善的笑容，表示友善，愿意开放与人交往。别人接收了这个友善的信息后，也较愿意接近及与你交往。

2. 眼神接触

如果你避免注视某个人，别人将猜测你是焦虑的、不诚实的，或比较有兴趣于你的眼神正在看着的事物。眼神交流过多，如瞪视，会令人不自然。

适当的接触是敬意和注意的有力象征。眼神接触能有力地表示出你的态度，如服从、胆怯、愤怒，也是开放话语的重要技巧。眼神接触要自然，不要过频密或以逃避眼神或以敌视的眼望着对方。与人交流时不需全时间望着对方眼睛，可不时转移至对方面部的其他地方，比如鼻子，这样会较自然。

3. 身体姿势（包括坐姿，站姿）

你的身体摆出来的姿势等于告诉别人，你希望和别人有什么样的交往关系、对方所说的事你有没有兴趣。双手交叉或双腿交叠得太紧，都是封闭式的姿势，显示你紧张的心绪或没有兴趣和别人交往；双手不交叉，双腿交叠而方向指向对方或微微张开，都是开放式的姿态，这些姿势被理解成你精神放松，而且愿意和别人保持交往；面向别人并向前倾斜是非常重要的姿势，显示敬意和投入。

4. 手势及其他动作

说话时可以适当地配合手势的运用，加强内容表达和感染力，不过要注意手势运用宜自然，不要太夸张。

不经意地咬着指甲、玩笔等表达出坐立不安的情绪。紧张的人会手握拳，或扳折手指关节等。当一个人想表达他的友谊时，通常是张开手臂。点头是聆听技巧的一种，表示正聆听并明白对方所说的话。

动作要清楚、自然。简单的动作能有助于表达，加强说服力；动作过分令人觉得神经质。

5. 声线

声线包括音调、声调、清晰程度及流畅程度。

说话时语调要柔和，并且高低抑扬，给人有亲近感。音量要适中，不要过大声

非语言在沟通中的重要性

一个人的言辞固然能表达某种态度，他的肢体语言却能加深并艺术化对对方的感染。懂得了这一点，在我们讲话时，眼神、表情、动作和气质与述说的语言就应做到同步化，使自身的形象更完美，以自身的情绪去影响对方的情绪。

当人们进行面对面沟通的时候，会使用到三个主要的沟通元素——用词、声调，还有肢体语言。所谓的“7%—38%—55%定律”，指的就是这三项元素在沟通中所担任的影响比重。它是美国心理学家艾伯特·梅拉比安提出的。

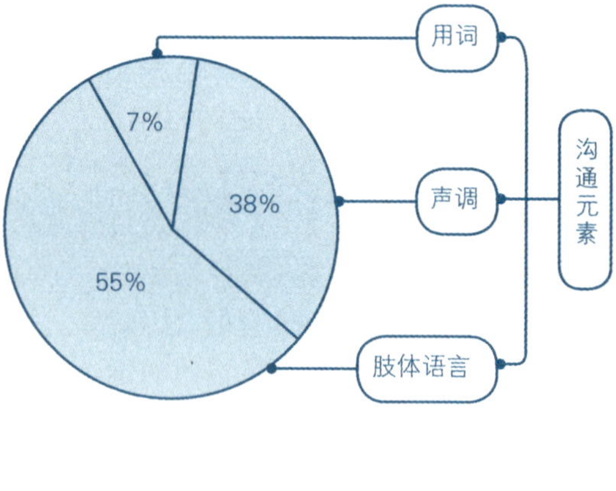

或过细声：大声令人有凶恶的感觉，过细声令人听得困难。

话尽量要清晰及流畅，不要过于简略或含糊。

6. 距离

人与人之间维持距离的远近，表示不同的意义。不同的场合及熟络程度有不同的距离标准。每个人都有无形的私人领土，若自己的领土被人入侵就会有不舒服的感觉。

可分为亲密距离、私人距离、社交距离，不同的人所需要的也不同。

7. 外表

包括整洁、发型、衣着等，影响给人第一印象。

外表可以显示某种角色，亦可作为隐藏角色的工具。

有时人会特意以穿着来传送某些有关个人的信息。我们亦会根据外表来评价他们，尝试去判断其个性、态度等，但不宜抱有固有的看法，这些判断有时也未必准确。

不同的非语言技巧组合会有不同的效果。其中包括微笑、开放的姿势、前倾的坐姿、点头、适度的眼神和身体接触等。

有时非语言沟通是模棱两可的，也很个人化，很难正确了解其意思而有所误解，需要与对方澄清确定。有些手势、表情或其他行为有其文化背景意义，在不同文化或文化间不能通用。以上介绍的主要是一般人的反映，管理者在沟通中要在对沟通对象了解的前提下，结合不同场合与需要，有针对性地应用这些非语言沟通技巧。

体态秘语

商场如战场，一次次的博弈过招，决定了双方的输赢。其中，双方的谈判就是常用的一种博弈方式。在谈判的过程里，双方都盘算着如何能让对方陷入自己的布局中。此时，相信对手的语言不如观察他的举动更可靠。所以，绝对不能将注意力只集中在做作记录，而要学会收集对手身体送出的信号，要让自己处在一种掌握最大信息的立场，并在谈判中好好利用。

哈佛心理学教授曾说：看穿身体语言，掌握谈判优势。在谈判之中，双方为了各自公司的商业利益，展开口舌之战。每个人都步步为营，防止有闪失。在这个时候，如果能够从他人身上的细微之处窥视人心，则可能有事半功倍的效果。

1. 关注对方的眼部

在谈判中，双方将最先开始目光接触。而眼睛因为具有反映人们内心深层心理的能力，所以能传达出更多真实的情绪。有经验的谈判者一般从见到对手的那一刻到握手达成交易时，都一直保持同对方的目光接触。如果对方不停地眨眼睛，则可能是因为神情活跃，对某事感兴趣，或者因为紧张腼腆而不自觉地作出的调整行为；但若是眼神飘忽不定，则要当心，他可能是想在谈判中为你设置陷阱。

2. 关注对方的表情

谈判的时候，对方的表情将是其内在心理变化的外在反映。一般，如果一个人神色紧张，面部肌肉紧绷，露出不自然的笑容时，说明他可能是情绪不安，想要借这样的笑容来调节一下情绪或者因撒谎而使用的掩饰动作。

眉毛动作不同，心情各异

从生理学来说，眉毛对保护眼睛是功不可没。在心理学上，眉毛的作用也不可小看，从眉毛的动作可以看出一个人的心情。

眉毛完全抬高表示“难以置信”。

眉毛正常表示“不作评论”。

眉头紧锁，说明这人内心忧虑或犹豫不定。

眉梢上扬，表示这人正喜形于色。

3. 对方的举止是否自然

谈判中，如果对方动作生硬，那么你要提高警惕。这很可能表示对方在谈判中为你设置了陷阱。同时，还要注意他的动作是否切合主题。如果在谈论一件小事的时候，就做出夸张的手势，动作多少有些矫揉造作，欺骗意味增加，需要仔细辨别他们表达情绪的真伪，避免受到影响。

4. 咬住的嘴唇

谈判中，如果对方经常咬住自己的嘴唇，就是一种自我怀疑和缺乏自信的表现。因为在生活中，人们遇到挫折时容易咬住嘴唇。若在谈判中用到，则说明对方已经开始认输，内心开始妥协退让了。

5. 说话速度快

如果对方的说话速度非常快，则他们对谈判已经胸有成竹，势在必得，甚至不会在意你所提出的建议。态度是不满或者莽撞的。这样往往容易引起对方的不满。若只是在某些地方突然变快，则这里可能隐藏着他们的弱点，不希望他人发现或者揭穿。

6. 交谈中，多次点头

在谈判中，一边听一边点头，说明对方在仔细聆听。但是如果他的目光并没有投注在你身上，而是其他地方，则表示另有想法。倘若表现出毫无意义地点头或在不恰当的时候点头，则说明他并没有听懂你的谈话，或者他根本就不想听。是个不想对方提出异议的人物。

7. 谈判中五指伸开

在谈判时，将手逐渐伸开，说明他现在的心情放松，正想要陈述观点，并可能继续做出这个动作。伸开的手指就是在释放压力，也是鼓励自己，就像小学生举手回答问题一样，赋予自己自信。

8. 交叉双臂和双腿

如果对方交叉腿和双臂，呈现一种封闭的姿态。这时，继续谈论什么他可能都不为所动。所以，你不妨用新的方式来继续谈判，重新解释问题；或者为双方制造一个暂时休会的契机。会议的暂停可以让彼此更充分地考虑谈判策略，并重新作出部署。

9. 沉默地吸烟

谈判的过程中，如果对方不再说话，而是沉默地吸烟，并不停地磕烟灰，说明内心有矛盾或者冲突。他很焦虑不安，为了化解内心的情绪，在寻找发泄的途径。这样的表现对继续开展谈判非常不利，可以转换话题，让对方的思维暂时跳出来。

说话要听声

卡耐基说：“最重要的是聆听，在你开口告诉别人你有多棒之前，你一定要先聆听。然后你才能开始认识别人，与别人交谈，千万别高人一等。多跟别人交谈，用心倾听，不要太快下决定。”

简单地说，世界上任何人都喜欢有人听他说话，只有对于听他说话的人，他才有反应。聆听也是尊重的一种最佳表示，表示你看重他。等于在说：“你的想法、行为与信念对我都很重要。”

反之，对方还没有把将要说的话说完，你就听不下去了，这最容易使对方自尊心受挫，从而导致交谈不顺畅。世界著名的推销天才乔·吉拉德就曾因没有倾听顾客说话而错失了一次交易。

一天，吉拉德向一位客户销售汽车，交易过程十分顺利。当客户正要掏钱付款时，另一位销售人员跟吉拉德谈起昨天的篮球赛，吉拉德一边跟同伴津津有味地说笑，一边伸手去接车款，不料客户却突然掉头走了。乔·吉拉德苦思冥想了一天，不明白客户为什么对已经挑选好的汽车突然放弃了。

夜里11点，乔·吉拉德忍不住给客户打了一个电话，询问客户突然改变主意的原因。客户不高兴地在电话中告诉他：“今天下午付款时，我同您谈到了我的小儿子，他刚考上大学，是我们家的骄傲，可是您一点也没有听见，只顾跟您的同伴谈篮球赛。”吉拉德明白了，这次生意失败的根本原因是自己没有认真倾听客户谈论自己最得意的儿子。

懂得倾听的人，不仅在生活中受益，在工作中也会有意想不到的收获。高情商者还会在倾听中加上动作，让倾听展现出更好的效果。

有人做过这样一个实验，来证明听者的态度对说话者有着极大的影响。让学生表现出一副心不在焉的样子，结果上课的教授照本宣科，不看学生，无强调，无手势；让学生积极投入——倾听，并且开始使用一些身体语言，比如适当的身体动作和眼睛的接触。结果教授的声调开始出现变化，并加入了必要的手势，课堂气氛生动起来。

由此看出，当学生表现出一副心不在焉的样子，教授因得不到必要的反应而变得满不在乎起来。当学生改变态度，用心去倾听时，其实是从一个侧面告诉教授：你的课讲得好，我们愿意听。这就是无声的赞美，并且起到了积极的效果。

从上面的例子也可以看出，倾听时加入必要的身体语言，是非常有必要的。行动胜于语言。身体的每一部分都可以显示出激情、赞美的信息，可增强、减弱或躲避、拒绝信息的传递。

精于倾听的人，是不会做一部没有生气的录音机的，他会以一种积极投入的状态，向说话者传递“你的话我很喜欢听”的信息。录音机是没有眼睛的，俗语说，“眼睛是心灵的窗口”。适当的眼神交流可以增强听的效果。这种眼神是专注的，而

倾听是有效沟通的必要部分

倾听，属于有效沟通的必要部分，以求思想达成一致和感情的通畅。倾听也是一门艺术，不仅仅是要用耳朵来听说话者的言辞，还需要一个人全身心地去感受对方在谈话过程中表达的言语信息和非言语信息。

倾听时避免使用不正当的眼神

倾听中，目光专注柔和地看着对方，适时给出回应，比如点头和“嗯”，表示你正在专心倾听。同时在倾听的时候千万不要使用不正当的眼神。

不正眼看人的眼神

贼溜溜的眼神

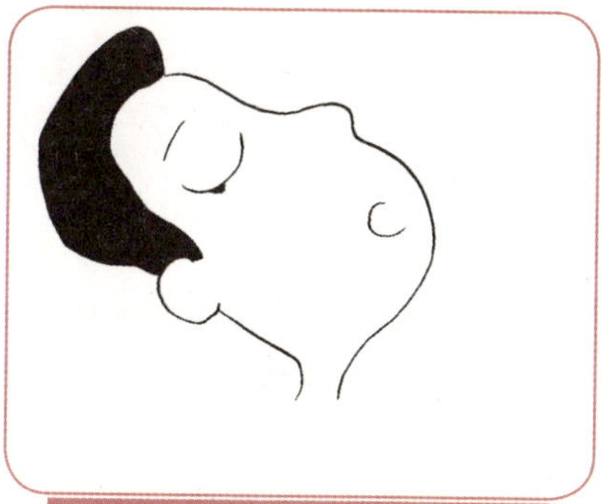

冷眼看人的眼神

直愣愣的眼神

不是游移不定的；是真诚的，而不是虚伪的。发自灵魂深处的眼神是动人心魄的。

录音机做不了“小动作”，而倾听者则必须做一些“小动作”。身体向对方稍微前倾，表示你对说话者的尊敬。正向对方而坐，表明“我们是平等的”，这可使职位低者感到亲切，使职位高者感到轻松。自然坐立，手脚不要交叉，否则让对方认为你傲慢无礼。倾听时和说话人保持一定的距离，恰当的距离给人以安全感，使说话者觉得自然。动作跟进要合适，太多或太少的动作都会让说者分心，让他认为你厌烦了。正确的动作应该跟说话者保持同步，这样，说话者一定会把你当作“知心爱人”。

倾听，不仅要倾听别人的声音，还要倾听平时少为人听或不为人听的声音，因为那里面也许藏有珍宝。学会倾听，发掘生活中的小秘密，这就是许多人走向成功的秘诀。

倾听是对别人的尊重和关注，它在日常的人际交往中具有非常重要的作用。学会倾听的人，往往表现出大度与接纳，更容易受到倾诉者的欢迎。

那么，如何才能学会倾听呢?

1. 倾听时要有良好的精神状态

良好的精神状态是倾听的重要前提。如果沟通的一方萎靡不振，就不会取得良好的倾听效果，它只能使沟通质量大打折扣。良好的精神状态要求倾听者集中精力，随时提醒自己交谈到底要解决什么问题。

2. 及时用动作和表情给予呼应

作为一种信息反馈，沟通者可以使用各种对方能理解的动作与表情，表示自己的理解，传达自己的感情以及对于谈话的兴趣。

3. 适时适度地提出问题

沟通的目的是为了获得信息，是为了知道彼此在想什么、要做什么。因此，适时适度地提出问题是一种倾听的方法，它能够给讲话者以鼓励，有助于双方的相互沟通。

4. 要有耐心，切忌随便打断别人的话

有些人话很多，或者语言表达有些零散甚至混乱，这时就要耐心地听完他的叙述。即使听到你不能接受的观点或者某些伤害感情的话，也要耐心听完，听完后才可以表达你的不同观点。

5. 必要的沉默

沉默是人际交往中的一种手段，它看似一种状态，实际蕴含着丰富的信息。它就像乐谱上的休止符，运用得当，则含义无穷，可以达到“无声胜有声”的效果。但沉默一定要运用得体，不可不分场合，故作高深。而且，沉默一定要与语言相辅相成，才能获得最佳效果。

总之，只有学会倾听，你才能拥有和谐的人际关系。倾听是一种动听的语言，倾听是我们对别人的一种最好赞美，很少有人拒绝接受专心倾听所包含的赞许。

妙用沟通的“地形”

古往今来，军事上一直都非常讲究地形因素，其对作战的成败，往往至关重要。其实，在交际心理学里，“地形”同样十分重要，如果能占据优势“地形”，你就很容易博得对方喜欢，赢得好感。

关于这一点，美国心理学家穆勒尔和他的助手曾做过一个有趣的实验，证明许多人在自己的会客厅里谈话，比在别人的客厅里更能说服对方。由此表明，人们在自己熟悉的地方与人交往容易无拘无束，可以灵活主动地展现或推销自己，有利于社交的成功。

试想，在别人熟悉而自己不熟悉的地方交往，我们很容易产生莫名其妙的不安和恐惧，难以洒脱自如，自然处于劣势。这就是为什么经人介绍对象的时候，两人初次见面往往喜欢选择在自己的“领地”内进行，而不愿在对方的“地盘”内进行。

既然在与人相处时，位置很重要，我们就应该学会在交际中多营造对自己有利的“地形”条件。具体来讲，可以参考以下一些要点。

1. 相距50厘米能给对方留下好印象

要使对方对你产生好感，与谈话者就应保持理想的距离。谈话的距离较近，能制造一种融洽的气氛，消除紧张情绪。最合适的距离就是一方伸出手可以够到另一手，即50厘米左右。

2. 对初次见面的双方，采取立于旁边的位置，较能迅速建立亲近感

初次见面，和人面对面地谈话，是一件不好受的事。因为两人之间的视线极易相遇，导致两人之间的紧张感增加。而坐在旁边的位置，则不必一直注意对方的视线，因而容易轻松下来。

3. 坐椅子时，浅坐的姿势会令人产生好感

交谈时，如果对方深深地坐在沙发或椅子上，甚至上半身靠在椅子上，那么说明他根本没有专心听你讲话，缺乏诚意。相反，如果浅坐在椅子前端的1／3处，就会使人产生好感。

4. 黑暗有助于人们交往

在光线暗的地方，人们比较容易亲近。心理学的实验也表明，黑暗是人们亲密起来的保护伞。

当你想与他人建立一种亲密关系的时候，就应尽量请他们到酒吧、俱乐部、咖啡室等地方去。

当然，最佳地利是有条件的、辩证的、可以变化的。在自己熟悉的地方交往，在一般情况下是有利的，但若对方是老人、长者、女士等，让他们也屈身就己，恐怕于情于理都说不过去。相反，倘若听凭他们选择，自己前往他们的地盘，则更能体现对他们的照顾、体谅和尊重，这样做本身就极有利于社交的成功。

总之，地点是与交往的目的密切联系的，二者相符方能收到最佳效果。高级宾馆、豪华客厅是招待高级宾客的好去处，而花前月下、幽静隐蔽之地是谈情说爱的理想场所，办公事在单位为宜，办私事则到家里办。因事而定，随事而变，才是明智的选择。

此外，仍需要说明的是，在自己的领地内，固然容易充分发挥自己的交往潜能，可时常也会伴有少了约束的弊端，使自己的缺点外露。而在别人的地盘内进行，虽然受到的约束较多，却可用心专一，利于深层次、多方位地观察和了解对方。所以，真正的社交高手，绝不局限于自己的领地，而是既可以“请进来”，也可以“走出去”，是不会作茧自缚的。

第五章

沟通的方式与渠道

高效会议的沟通形式——虚拟会议

会议是企业沟通管理中采用的最普通的沟通方式，也是存在问题最多的沟通方式。所以作为一名管理者必须考虑到怎样才能使会议效率和效果达到满意。随着科技的迅猛发展，人们的沟通方式越来越多，会议沟通也可以根据采用的沟通手段不同分为：面对面会议与虚拟会议。下面主要讲一讲如何运用虚拟会议这一形式达到高效的会议沟通。

虚拟会议能够帮助我们节省大量的时间、免去很多旅行、节省很多金钱。这些优点无须赘述。但有时，虚拟会议也会变得很麻烦，比如程序的安装与使用等，关键是有时管理者觉得虚拟会议不能帮他们达到想要的沟通目的。

应对这个问题，就是不要把虚拟会议看得太神秘。毕竟，衡量一次会议成败的标准几千年来都没有改变过。能够达成目标的会议就是好会议，反之则是失败的会议。你希望传递信息，增强参与感，收集每个人的意见，推动项目的进展。媒介只是你用来达成目标的一个工具而已。衡量成功与否的标准和传统面对面的会议不应有什么不同。下面是管理者在召开虚拟会议中应该注意的几个问题：

1. 要清楚会议议程、知道该准备什么、了解会议的预期效果是什么

因为时间是虚拟工作环境中的关键，所以与会者能够做好相关准备、态度积极地按时参加会议是关键。清晰的日程，包含与会者需要的所有文档和信息的链接，以及对他们以及会议的期望能够帮助大家清晰地了解会议的全貌。他们需要在参加会议之前了解所有的这些信息（而不仅仅是在开会前5分钟收到一封电子邮件进行通知）。

2. 要确保与会者在虚拟会议中不会分心

启动一个虚拟会议的过程如此烦人，至于无论你是会议的领导者还是参与者都很容易分心。提前确认每个人都有音频，并且获得了登录信息——最好在会议邀请中包含自动的日历条目和登录链接。即便每次都是同样的信息，也要在邀请中给出这些信息。会议的开始和结束都要准时。在你进入重要的议题之前，确保每个人都感觉舒服，所有的人都知道怎么使用虚拟会议工具。

视频会议技术及功能解读

视频会议是指位于两个或多个地点的人们，通过通信设备和网络来实现的虚拟会议。不同地点的参会者可以听到其他会场的声音、看到其他会场现场参会人的形象、动作和表情，使与会者有身临其境的感觉。视频会议需要使用专业的视频会议设备，组建专门的视频会议系统。

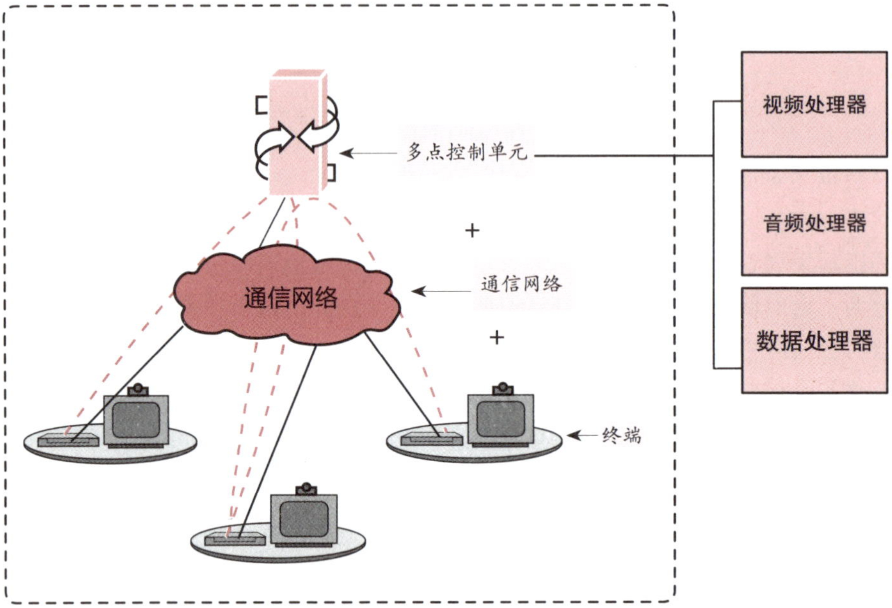

视频会议系统

技术优势

1. 节省大量会议费用和差旅费用。
2. 减少旅途消耗和舟车劳顿。
3. 多方交流。
4. 即时通信和实时会议，沟通更彻底。

功能应用

日常会议　汇报工作

教学培训　技术交流

远程医疗　调度指挥

3. 要奠定一个清晰的会议基调

虚拟会议开始的一两分钟内，会议的基调就被确定了——特别是如果主持会议的人之前有过召开效率低下会议的记录的话，更是如此。如果参与者必须听讲话，喋喋不休谈论自己或者听起来不确定的话，那么就只会强化他们脑海中已有的负面感觉。如果你在领导这个会议，那么他们的第一感觉就是如此。有了视频、应用，你最好在人们登录之前就放松一下自己，在他们登录进来的时候问候一下，就像在传统会议中所做的那样。还可以找一个人协助你使用这个技术工具，甚至找个人来主持会议也没什么关系，这样你就能够集中精力倾听、提问并且关注会议期望的结果，而不是过程。

4. 要让与会者时刻保持警惕

与会者能够为会议作什么贡献？如果他们要做的全部事情不过是坐在那里回复电子邮件，那么他们为什么要参加会议呢？你不能够把数据发给他们吗？你不能记录下来以后再听听他们的意见吗？如果你希望得到他们的意见和问题，那么就要让事情变得简单。在你的建议中使用工具。保持电话线畅通，让交谈变得容易——或者起码鼓励人们取消电话静音，进行沟通。和那些不想参与但是又有问题或者意见的人聊天，并且鼓励他们使用这些工具。

如果他们确实有关，而且能够推动进行，那么不要让问题留在那儿。好的推动和聆听技巧对于召开一个成功的会议是必需的，对于在线会议来说就更是如此。如果你无法召开成功的传统会议，那么你几乎没有可能为远程团队召开一个成功的虚拟会议。

5. 要让与会者清楚自己的角色

与会者是否会问自己，“这到底是在干吗？”没有什么比在拿起或者放下电话的时候，困惑于“你为什么要这样做”更能够打击人们对会议（通常还包括随后的会议）的积极性的了。

当你召开一个虚拟会议，那么应该明确哪些工作已经完成、行动步骤是怎样的，并且感谢所有与会者花时间参加这个会议，让大家明确花在这个会议上的时间是有用的。任何以“好吧，我们的时间到了，所以让我们下周再来讨论这个问题。感谢……”结束的会议都不会激起与会者的热情。

你所在的团队的虚拟会议效率如何？如果你能够确定行为或者问题所在，解决起来就会更容易一些。如果你不花时间弄清楚为什么与会者会感到痛苦，他们就会继续在你的会议上浪费生命。

网络会议、电话会议和视频会议都是可以选择的虚拟会议途径，如果没有一个好的组织沟通形式，就像科技带来的信息量过大也会为人们造成负担一样，虚拟会议的这些优势就会变成劣势，所以，管理者在组织虚拟会议时一定要注意以上的这些问题。

书面沟通使信息传递更有效

书面沟通在企业管理过程中扮演着重要角色，具有其他沟通形式所不可替代的作用。企业在处理日常事务时经常使用的信函、计划书、各类报告、合同协议等都是重要的书面沟通方式。有统计表明，企业中高层领导的大部分时间花在文件审阅、传送及拟定上面，也就是说，其大部分时间花在了书面沟通上。可以说，无论企业内部沟通还是外部沟通，时刻都离不开书面文字。

对企业内部而言，企业成立时需要拟定公司章程、制定规章制度、编制工作说明书等；日常管理中需要制订各种计划、签订有关合同、发放各种通知等。对企业外部而言，书面沟通更为普遍，如财务报告、市场调研报告、对外商务交往信件与函件等，这些都是企业与外部环境联系的桥梁和纽带。

在处理下面几种情况时，管理者应该选择用书面沟通的方式让信息传递得更有效：

1. 沟通内容需要长期保留时

书面沟通可供阅读，可长期保留，并可作为法律凭证。一般情况下，信息的发送者与接收者都是通过书面文字了解信息，传递思想与情感。这些书面文字可以长期保存，如果对信息的内容有疑问，事后对信息的查询也是完全可行的。由于书面沟通有据可查，因此在某种意义上还可以作为法律上的凭证和依据，如合同与协议书的条款一旦生效就具有法律效力。不仅如此，书面沟通还能够给读者提供更多的思考时间，使其仔细分析文字上所附有的意义，并且可圈可点。

2. 需要深度交流、避免面对面交流的尴尬时

管理者采用书面的形式与下属沟通，既能拉近彼此之间的距离，让下属感到亲切，同时下属也比较重视，能够及时改进自己的不足。同时，采用书面形式沟通，可放开思想包袱，从容表达自己的想法，避免了口头沟通时说话不连贯、吞吞吐吐、欲说还休的尴尬情况。

美国汽车制造商福特广发电子邮件给旗下员工，信中所提虽然与加薪无关，但倒也不是员工们最担心的工厂裁员问题。其实，这不过是总裁比尔·福特对车厂近年的表现有感而发，通过文字抒发一下个人意见罢了。

“我们过去几十年做事的方式已经落后，也无法让我们从中获利。”比尔·福特写道。他表示目前解决车厂危机的方法，需从3个方向着手：领导力、福特全球产业，再就是当务之急应加速扭转北美的颓势。

在信中他也呼吁员工，其实危机就是转机，希望同人们不要自乱阵脚。除了精神喊话之外，他也提出了车厂实际的应对计划，像新车内部的升级改进和推出新车款等，都能让福特成为更具竞争力的车厂。

福特公司给员工的这封信使员工感受到了强烈的鼓舞。

很多时候，文字的力量比我们想象得更强大。

3. 当企业需要把信息传递得最大化时

书面沟通的内容易于复制，有利于大规模地传播。书面沟通可以将内容同时发送给许多人，给他们传递相同的信息。书面沟通的载体形式多种多样，包括报纸、杂志、书籍、信件、报告、电子邮件、传真、通知等。广泛的载体形式使得书面语可以不受时空限制，从一地转到另一地。而且，只要载体上所印制或储存的文字及其他信息符号能够保存，内容就可以长期保存下来。

4. 当要传达逻辑性强、内容严谨的信息时

书面沟通讲究逻辑性和严密性，说理性更强。人们把所要表达的内容说出来和写出来是大不一样的。一般而言，说出来要比写出来更为容易，因为说的时候不必对文字仔细推敲，也不必讲究语法和修辞，并且可以伴随着大量的肢体语言和表情等。但要把自己口头表达的内容变成文字，就必须对其进行认真组织，既要讲究语言的运用，又要考虑修辞、逻辑以及条理性。同时，书面文字在正式传播以前还要经过反复修改、补充、论证，以使意思表达得更为清晰。

5. 当传递不确定、尚待修改的信息时

书面沟通可以反复推敲、修改，直到满意为止。由于口头表达大多是即时性的，不会给表达者很多的时间思考、准备。说话者一旦话已出口，则很难收回，尤其是当话语有损于对方时，即使重新表达自己的意思也无法消除之前造成的不良效果。而书面沟通则不同，人们在进行书面沟通时，时间一般是比较充实的，可以对自己要表达的思想和观点进行反复推敲、修改，这样不仅可以避免口头表达时因个人情绪冲动而产生的不利影响，而且能够表达口头语言无法表达的内容和观点，如个人情感及内心感受等。也正因为如此，书面沟通才具有口头沟通不可替代的作用。

人类智慧的迷人之处就在此——我们可以选择很多方式表达同样的内容，却可以造成不同的沟通质量，所有的成功都是因为在对的时候做了对的事，所以，当管理者们有以上 5 个沟通需要时，请选择书面沟通，它会把你的信息传递得更有效。

电话沟通的要领

现代社会，各种高科技的手段拉近了人与人之间的距离，即使远隔天涯，也可以通过现代通信技术近若比邻。事实上，我们在日常的沟通活动中，借用最多的工具就是电话。

管理者接听拨打电话的沟通技巧是否高明，常常影响到他是否能顺利达成本次沟通的目标，甚至也直接影响到企业、公司的对外形象。所以，不要觉得打电话是一项不用在意的小事情。为什么有人能在电话沟通中高效解决问题，有人却总觉得“电话说话不方便”呢？

电话和面对面沟通毕竟有所不同，平时你习惯使用的一些肢体语言根本没办法在电话中展现，即便你是一个高明的面对面沟通者，也未必能做好电话沟通。因此，必须要抱着虚心的态度，把电话沟通当成一门学问，认真学习，掌握它的要领。

1. 电话机旁应备齐纸笔

即使是人们用心去记住的事，经过 9 小时，遗忘率也会高达 70%，日常琐事遗忘得更快。试回忆本周前 4 天晚饭的内容，大概很多人想不起来吧。所以不可太相信自己的记忆，重要事项可采取作记录的措施予以弥补。若在电话机旁放置好纸笔，当他人打来电话时，就可立刻记录主要事项。如不预先备妥纸笔，到时候措手不及、东抓西找，不仅耽误时间，而且搞得自己狼狈不堪。

春秋时，晋悼公当了国君以后，想重振晋国的威名，像他的先祖晋文公一样称霸诸侯。这时，郑国是一个小国，一会儿和晋结盟，一会儿又归顺楚国。晋悼公很生气，公元 562 年，他集合了宋、鲁、卫、刘等十一国的部队出兵伐郑。郑简公兵败投降，给晋国送去大批礼物，计兵车一百辆、乐师数名、一批名贵乐器和十六个能歌善舞的女子。晋悼公很高兴，把这些礼物的一半赏赐给魏绛，说：“魏绛，是你劝我跟戎、狄和好，又安定了中原各国，八年来，我们九次召集各国诸侯会盟。现在我们和各国的关系，就像一曲动听的乐曲一样和谐。郑国送来这么多礼物，让我和你同享吧！”魏绛说：“能和狄、戎和好相处，这是我们国家的福气，大王做了中原诸侯的盟主，这是凭您的才能，我出的力是微不足道的。不过，我希望大王在安享快乐的时候，能够多考虑一些国家的未来。《尚书》里说：‘在安定的时候，要想到未来可能会发生的危险。您想到了，就会有所准备，有所准备，就不会发生祸患。’我愿意用这些话来提醒大王！”

我国古人很早就懂得“有备无患”的道理，治国如此，电话沟通中也不能少了这个环节，一个举手之劳，就会为你接下一笔大生意甚至把你从危机中挽救出来！

2. 先整理电话内容，后拨电话

给别人打电话时，如果想到什么就讲什么，往往会丢三落四，忘却了主要事项还毫无觉察，等对方挂断了电话才恍然大悟。因此，应事先把想讲的事逐条逐项地整理记录下来，然后再拨电话，边讲边看记录，随时检查是否有遗漏。另外，还要尽可能在 3 分钟之内结束。实际上，3 分钟可讲 1000 个字，相当于两页半稿纸上的内容。如果一次电话用了 5 分钟甚至 10 分钟，那么一定是措辞不当，未抓住纲领、突出重点。

3. 态度友好

有人认为，电波只是传播声音，打电话时完全可以不注意姿势、表情，这种看法真是大错特错。双方的诚实恳切，都包含于说话声中。若声调不准就不易听清楚，甚至会听错。因此，讲话时必须抬头挺胸，伸直脊背。“言为心声”，态度的好坏，都会表现在语言之中。如果道歉时不低下头，歉意便不能伴随言语传达给对方。同理，表情亦包含在声音中。打电话时表情麻木，其声音也冷冰冰。因此，打电话也应微笑着讲话。

在这里，其实有一个小技巧可以帮助你在打电话时时刻保持微笑。我们在对着镜子说话时，会很自然地微笑，根据这一原理，管理者应该在办公桌上放置一面镜子，就可以让自己在接电话时保持微笑，然后通过语言把友好的讯息传递出去。

4. 注意自己的语速和语调

急性子的人听慢话，会觉得断断续续、有气无力，颇为难受；慢吞吞的人听快语，会感到焦躁心烦；年龄高的长者，听快言快语，难以充分理解其意。因此，讲话速度并无定论，应视对方情况，灵活掌握语速，随机应变。

打电话时，适当地提高声调显得富有朝气、明快清脆。人们在看不到对方的情况下，大多凭第一听觉形成初步印象。因此，讲话时应该有意识地提高声调，会让你的声音格外悦耳优美。

5. 不要使用简略语、专用语

简略语和专用语只适用于特定行业的人员，其他行业的人未必懂得。有的人不以为然，乱用简称、术语，给对方留下了不友善的印象。有的人认为外来语高雅、体面，往往自作聪明地乱用一通，可是意义不明的英语，并不能正确表达自己的思想，不但毫无意义，有时甚至发生误会，这无疑是自找麻烦。

6. 养成复述习惯

为了防止听错电话内容，一定要当场复述。特别是同音不同义的词语及日期、时间、电话号码等数字内容，务必养成听后立刻复述、予以确认的良好习惯。文字不同，一看便知，但读音相同或极其相近的词语，通电话时常常容易搞错，因此，对容易混淆、难于分辨的这些词语要加倍注意，放慢速度，逐字清晰地发音。如1和7、11和17等，为了避免发生音同字不同或义不同的错误，听到与数字有关的内容后，请务必马上复述，予以确认。

当说到日期时，不妨加上星期几，以保证准确无误。

这简简单单的6个要领，很多人在日常生活中都知道，但在每次电话铃响起、拿起电话之后又因为习惯问题而不小心踩上了电话沟通的“雷点”，使沟通无法畅快进行。所以，身为在沟通中有使命感的管理者，要把每一通电话都当作最重要的电话来接，久而久之，这些良好的电话沟通技巧就会成为你的优秀习惯。

电话沟通礼仪

通话过程中，如果难以控制打哈欠，应避免让对方听到。

通话过程中，即使对方与自己关系密切，也不要边吃东西边说话。

通话过程中，应避免用手捂着嘴说话，会造成对方听不清楚。

有的人边与别人通电话边打哈欠，或者吃东西，自己觉得这都是“小节”，无关紧要，其实这些并非“小节”。通话过程中做与通话无关的事情是心不在焉的表现。

使用电子邮件的10条法则

曾经神秘的“伊妹儿”如今被大家使用的频率已经远远超过了传统的纸质邮件。电子邮件是工作场所重要的通信工具之一，但不是每个人都知道如何很好地使用这个工具。

由于电子邮件不像书信那么正式，因此很多人并不太在意工作邮件的语气和行文，而这么做会有损个人的职业诚信度。

我们与他人的任何一次沟通，不管使用何种方式，都会给对方留下或好或坏的印象。漫不经心的邮件可能会让人觉得你的纪律性不强，还可能会引起同事们的误会。工作时，一封写得很糟糕的邮件会大大影响你的业绩。

因此，当你下一次写邮件的时候，要牢记以下10条“经验法则”：

1. 写作风格

大多数年轻人往往把手机短信中的一些非正式用语用到电子邮件中。这可是工作邮件的大忌。

在写工作邮件的时候，要遵循语法和语序的规则，避免使用俗语、网络流行语、简称等不规范的形式。

在发送邮件之前要认真检查是否存在错字和语法错误。避免使用很多的感叹号，因为那样看上去可能显得不成熟。不要用特别的字体来写邮件，因为这样会造成对方的阅读不便。

在正式的邮件中最好不要使用搞笑的表情符号，当然这些符号可以用在社区网站和微博中。另外，一些非正式的信息可以通过私人邮件来传递。

2. 行文方式

由于我们每天都会收到大量的邮件，所以要尽量让你的邮件篇幅短小、重点突出，不要写那些看上去永远不会结尾的句子。如果你必须在邮件中包含多个要点，可以使用着重号把所有的要点简明扼要地标注出来。

如果你正在回复一封往来多次的邮件，就要考虑删去正文中旧有的部分，或者用简短的几句话将其归纳一下。

在邮件末尾加上自己的签名是个不错的主意，其中可以写上你的电话号码和其他的联系方式。这一点在写给客户、招聘人员以及其他外部人员的邮件中尤其重要。

3. 主题

缺少主题或者像“你好”或“我有一个问题”等模糊不清的主题会让忙碌的收件人觉得厌烦。而且，这会让收件人在收件箱里查找你的邮件变得更困难。

邮件的主题要明确，如果不是紧急邮件的话也要一并说明。不要写“我有一个问题”，而要写成“我的假日计划，非紧急”。同时，主题不宜过长或过于详细。

另外，不要在同一封邮件中讨论主题之外的其他新话题。这也会使根据某一特定问题查找邮件变得困难。最好通过发送单独的邮件来讨论不同的话题。

4. 写对对方的称谓

如果你在邮件的正文中把收件人的姓名拼写错误，或者更糟糕地把一位女士称为“先生”，那么很可能惹恼对方。在邮件发送之前，切记要反复检查收件人姓名和职务的拼写正确无误。如果你不确定收件人是男是女，那么就可以光使用他的名字，或者使用其全名。

5. 慎用“全部回复”

点击这个键时一定要非常慎重，因为如果使用不当会带来很多尴尬。

最常见的问题之一，就是你的信息已经让不应该看到它的人收到了，而你自己却可能还没有意识到。

设想一下，当你想要开某人的玩笑或者向一位同事抱怨你的老板时按下“全部回复”键会是怎样的后果吧。即使是多年使用电子邮件的人也有可能会犯这种错。

有时候，人们使用“全部回复”键是因为“他们想要向别人展示自己做了一些工作”，他们向所有人转发邮件，但那只会加大收件人邮箱的负荷，而且还可能让人生厌。

不要频繁使用“全部回复”键，而且在使用之前要三思而后行。

6. “发送”之前请确认

电子邮件转发起来很容易，因此很可能最终会有你意想不到的人读到你的邮件。在发送之前要反复认真地阅读你写的邮件，确保它不会冒犯别人，而且不要在邮件中写一些可能给你带来麻烦的话。

邮件不是你宣泄感情的地方。不要匆匆忙忙地发出愤怒的邮件，因为随后这可能给你带来困扰。如果你需要回复一封无礼的邮件，那么就要认真地起草邮件，通读一遍，而且在你冷静下来以后再按下发送键。总的说来，最好要避免发出这类邮件。

7. 及时回复

回复一封邮件的迅速程度通常取决于邮件的性质。一般情况下，你应该立即回复。如果你无法立即回答一个特定的问题，那么就应该回信表示你已经收到了邮件，然后告诉对方一个你预计能够做出回复的时限。理想的话，你应该在 24 小时内作出回复。

8. 邮件发送后忌打电话

你可能想要给刚刚发出那封邮件的收件人打个电话，但是最好打消这个念头。这么做可能让收件人感到厌烦。

要给收件人几个小时、甚至一天的时间去考虑并作出回复，不论你是多么急切地希望他作出回应。如果事出紧急，就要在邮件的主题中注明。

如果有什么事的话——如果是一件紧急的事——可以先给收件人打个电话提醒他你发了邮件。

9. 附件

通常要避免把大文件作为附件来发送，因为它们会把收件人的邮箱塞满。如果收件人邮箱中的内容已经接近其总容量，那么你的大文件甚至可能被删除。如果你是发送图片，就要把它们调整到较小的解析度。如果你一定需要发送大文件的话，可以先打电话给收件人让他检查一下邮箱。

10. 何时不宜发邮件

不要把每一件琐事、特别是在电话里或者当面就能轻易说清楚的事发送邮件。使用电子邮件的目的是为你节省时间，而不是浪费时间。可能有时管理者会发现自己一天的时间都在收发邮件中虚耗了。以上高效的邮件沟通技巧就是为了避免这个问题——认真对待每一封发出去的邮件，就会为你减少很多麻烦问题。

使用网络即时通信工具也要讲究礼仪

不要再认为网络即时聊天只是一种休闲娱乐的方式，对礼仪的方面没什么要求。今天的生活已经被无处不在的因特网所包围，更多工作机会潜藏在网络中，这是一个开拓事业的简单而有效的工具。利用网络聊天谈判时，运用礼仪也非常重要，记得在轻松幽默的同时也要体现出你的风度和职场素质。

你是否曾在公司使用即时通信工具时遇到过类似的事：

公司新来的女同事在一家餐馆订餐，发现不好吃，于是在公司群里告知大家，以后都不要到这家餐馆订餐。这本来也是件好事，但是有一位男同事不同意她的观点，于是在群里反驳了一句。这下可好，两个人在 QQ 群里展开了一场激烈的口水战。

时间持续了十几分钟，群里没有了动静。但是，随后两个人私开聊天窗口又接着对骂了一个上午。最后以两个部门的领导出面劝阻才平息了这场战争。

在工作时间发生这样的事情显然是不对的，甚至是荒唐的。工作时间不能因为个人的恩怨而打扰别人的工作，而且不应在上班时间聊私事。个人的事再大也是小事，公司的事再小也是大事。这是每位职场人士都应该遵守的法则。可见，使用网络即时通信工具也是要讲礼仪的。网络即时通信工具礼仪主要包含以下几个方面：

1. 办公时间不聊私事

有数据显示，MSN、QQ和微信已经成为办公人群的首选通信工具，但是30%的企业不允许使用 MSN、 QQ和微信，其最主要的原因是怕员工在上班的时候聊家常，影响工作。不过，因噎废食也不是一个好的办法。毕竟即时通信已经是一种非常流行的商务沟通工具。

使用网络即时通信工具的注意事项

网络即时通信工具对于日常沟通的确起到了很大的促进作用，使人们的沟通随时可以进行，但是，与此同时也会引发一些问题，如网络安全、员工自律等。那么，在使用这种即时通信工具时应该注意什么呢?

1.不能直接发离线文件

发离线文件之前要和对方打好招呼，否则等到对方上线时会感到手足无措、一头雾水，对你产生不礼貌的印象。

2.不能发一些不太健康的图像和言论

网络语言也会反映你的言行，并且散播得更广，还有可能被对方保存甚至公开，说不定你不经意的一幅图或一句话，会破坏了自己的职业生涯。

3.一定要及时回复别人的留言

不要认为对方和你距离遥远就可以不重视这种基本的社交礼仪，即使是不重要的留言，也要给对方一个回复，让他知道你看到了他说的话。

针对办公室网聊问题，目前只有两种管理办法：一种是彻底禁止，或者购买用于企业内部的即时通信软件；另一种是监控使用。

选择“彻底禁止”的企业，大多是对MSN、QQ和微信等聊天工具“恨之较切”的企业。取而代之的解决方案是，企业自己花钱购买软件部署一套内部聊天通信系统，从而在根本上解决私聊、安全等问题。可惜的是，这样的通信只限于本企业内部，企业员工无法与外部合作伙伴正常沟通，这样给企业带来的价值就大打折扣了。而且，由于企业管理者可以监控到员工的聊天内容，员工使用的积极性和频率也大大降低，达不到企业预期的使用效果。

况且，少则数千，动辄几万元、几十万元的投入，对企业本身也是一个不小的负担。

而采用“监控使用”的办法大多是容忍员工使用网聊工具的企业，方法简单，操作方便，成本也很低，但实际引发的负面效应更加可怕。

这两种方法都是无法两全齐美的。所以从根本上，还需要大家严于律己，遵守使用即时通信工具的礼仪，不在办公时间聊私事。作为管理者，更要以身作则，这样员工们才会自觉自愿地遵守这项礼仪。

2. 不群聊不必要的内容，不发较大的图片

很多公司为了方便群发消息，都建立了自己的 QQ 群、微信群，这样每次发布重要通知或是开网络会议时大家就都可以收到信息、参与决策。但如果在群中聊与工作无关的话题，不但浪费了自己的工作时间，同样影响了同事们的效率。发较大的图片也是这个道理，办公室的网络是公用的，接收图片不但占用网速还会占用内存，影响电脑的使用速度，也就影响了大家的工作效率。

3. 沟通的时候要直接明了

商务沟通不同于休闲聊天，是抱着明确的目的进行沟通的，所以，为了节约时间和不跑题，除了必要的礼貌语言外，要直奔主题，不聊与此无关的话题。

由于网络沟通方式并不是真正的面对面，经常因为缺乏面对面的交流机会，导致有时候言语稍有不当就会造成误会。因此，学习一下必要的即时聊天礼仪也非常有必要。礼仪就是在细节中体现你是否尊重别人。在日常办公活动中，一定不要忽略现代网络沟通交流工具的使用礼仪。

第六章

特殊情况下的人际协调艺术

掌握与上级争辩的语言技巧

先说软话，可以在上级面前取得进一步争辩的机会；再说硬话，就可以显示一些说服的力量。软的为绵，硬的为针，是谓绵里藏针。“绵里藏针法”的运用，招数因人而异，窍门却一通百通。

春秋时期的晋灵公奢侈腐化。某年下令兴建一座九层高的楼台，群臣劝说，他火了，干脆又下了一道命令，敢劝阻建九层台者斩首。这样一来便没人敢说话了。

只有一个叫孙息的大臣很讨灵公喜欢。他就告诉灵公说他能把九个棋子摞起来，上面还能再摞九个鸡蛋。灵公听了，觉得这事儿挺新鲜，立即要孙息露一手让他开开眼界。孙息也不推辞，就把九个棋子摞在一起，接着又小心翼翼地把鸡蛋往棋子上摞，放第一个，第二个……孙息自己紧张得满头大汗，战战兢兢，看的人也大气不敢出一口。如果孙息不能把鸡蛋摞好，就犯了欺君大罪，是会被杀头的。

这时，灵公也憋不住了，大叫：“危险！”孙息却从容不迫地说：“这算什么危险，还有比这更危险的事哩！”灵公被勾起了好奇：“还有什么比这更危险？”

孙息便掂掂手中的鸡蛋，慢吞吞地说：“建九层台就比这危险百倍。如此之高台三年难成，三年中要征用全国民工，使男不能耕，女不能织，老百姓没有收成，国家也穷困了。而国家穷困了，外国便会趁机打进来，大王您也就完了。您说这不比往棋子上摞鸡蛋更危险吗？”

灵公吓得出了一身冷汗，立即下令停工。

孙息让晋灵公看了场不成功的杂技表演，更受了一次形象生动的批评，那味道确实是又甜又苦。正在气头上的上级，是难以与他正面争辩的。何况他还是你的上级，拥有比你大的权力，那更是老虎屁股——摸不得。然而，“绵里藏针法”每每在这样的关键时刻，能起到逆转乾坤的作用。庄重显力量，风趣显风度。在争辩中做到既庄重又风趣，可以叫对方无力招架，自叹弗如。庄重为绵，风趣为针，是谓绵里藏针。

一般来说，绵里藏针，话里藏话，总体上有两个基本功能：一是能够听出对方的弦外之音，否则便会成为笑柄，白白赔了笑脸；二是要委婉含蓄地表达自己，话要说得很艺术，让听话之人心领神会，明白你话中的锋芒所在。

所以，在与上级交际、辩论的时候，你不方便直接使用刚的策略，不妨将刚置于柔中，采用绵里藏针的策略，往往收效更为显著。

与异性争辩时应注意的问题

因为男女先天思维习惯等的不同，沟通难免遇到些困难，再加上发生争辩就更难以解决。精确使用词语并非女人所擅长，为了追求说话的效果，女人有时夸大其词，不会因此感觉有什么错。然后男人逐字逐句地理解女人的话并作出相应的反应。比如这样的对话：

女："你从不赞成我说的任何事。"

男："'从不'是什么意思？我同意你的最后两点，对不对？"

女："你总是不同意我，总是你正确！"

男："不对！我没有'总是'不同意你！今天早上，昨天晚上，上星期我都同意过！"

女："你每次都那么说！"

男："撒谎！我没有'每次'都这么说！"

女人继续争辩着，带着感情色彩攻击他，而他不断对她说的词下定义，直到两个人精疲力竭，不再说话。

因此，有人总有这样的疑问：难道异性之间注定就不能实现有效沟通？只要你从细节上多注意些，异性之间同样能实现有效沟通。

身为男人要知道，为了在争辩中取胜，女人用的词是不确切的，因此不能按字面来理解。再比如，当一个女人说，"如果我坐在一个女人身边，发现她穿得跟我一模一样，我气得差点要死去！没有比这更糟的了！"女人并不指没有更糟的或她真想死。而男人一般作出的反应就是"不！你不能死哦，绝对有比这更糟的事！"这对于女人来说真是莫大的讽刺。同样，女人想要在争论中取胜，必须学会和男人有逻辑地辩论，并且一次只谈一个观点。

但当语境换到工作场合中，新的分歧又出现了。在职场上，男性像赴战场准备作战，女性却像前往社区服务中心建立人际关系。因此，男性的工作方式较具战斗性，而女性却倾向于合作。如此不同的风格意味着，冲突和混乱不可避免。不同于同性之间的争辩，在工作中与异性争辩时，男女双方都有要特别注意的事项。

1. 女性需要注意

女人的脸部表情反映了她的感情。一个女人平均有 6 种面部表情来对说话者的感情作出反应。对于旁观者来说，从两个女人的表情几乎就猜出她们谈论的事情。女人通过音调和说话者的身体语言来理解话的含义。

在商业活动中，说话低沉的女人被认为更机智、更独立。为了获得职位，某些女人错误地提高了她们的声音，留给别人的印象却是好斗、纠缠不清。另外一个有趣的现象是有些肥胖的女人用与她身躯不相称的“小女孩”般的声音来博得她喜爱的男人的保护。

职场女性在与男性争辩时要特别注意措辞和语气，因为这决定了男性到底会有多认真聆听。女性常在无意间使用“自我削弱力量”的字句，例如“好吧”、“也许”、“好像”、“大概”及“我不确定这是不是个好主意，但是……”这样的字句会使得女性显得缺乏力量，要尽量避免。职场女性与男性争辩时的秘诀在于：

（1）只在男性要求时提出劝告，而且最好是私下为之。

（2）说话时肯定而有自信，同时提高音量。

（3）避免经常谈论问题，着重如何解决问题。

（4）不要太在意批评。

2. 男性需要注意

男人在倾听时似乎戴了毫无表情的面具，防止泄露内心想法，来更好地控制局面，但这并不意味着男人没有体验到感情。男人体验感情同女人一样强烈，但他避免表露出来。

了解这些研究结果非常重要，在与异性交谈中，如果想卖弄自己见多识广而讲个不停，丝毫不给别人以说话的机会或者在争辩中有理不让人、无理也要辩三分，都会使人反感；当然，也不要总是缄口不语，或只是“嗯”“啊”不已。如果这样，尽管你面带笑容，也会使人觉得你城府太深，使人扫兴。

女性在职场往往是较弱的沟通者，专家建议，男性应该给予她们较多的体贴、关心、信赖和分享，让她们把话说完，把意思表达清楚，而不要打岔或是表现出“我都知道了”的不耐烦态度，这样很容易挑动女性敏感的神经，引发无谓的争吵。当争辩发生时，职场男性应注意：

（1）犯错误时道歉。

（2）不要打断女性说话，不要替她们把话说完，更不要贬低她们的构想。

（3）举例时，不要老是提运动和战争。

（4）聆听，聆听，再聆听。

曾经有本畅销书叫《男人来自火星　女人来自金星》，作者以男女来自不同的星球这一新鲜、生动、形象的比喻作为他的全部实践活动的理论支撑点：即男人和女人无论是在生理上还是心理上，无论是在语言上还是在情感上，都是大不相同

职场沟通，男女有别

为了在职场中更好地合作，了解男女在沟通上有什么不同，为何有这样的不同，可以改善沟通方式和效果，增加你的人际影响力。

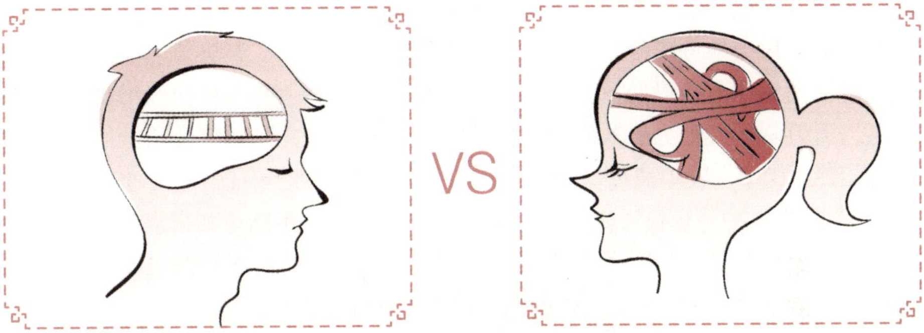

不同点	男人	女人
情感需求	信任、接受、感激、赞美、肯定、鼓励	关心、了解、尊重、忠诚、认同、安慰
沟通目的	大多是为了解决问题	大多是为了沟通感情
做事方式	一次只做一件事；沟通时需要停下手中其他工作	可以同时做好多件事情；沟通时可以同时处理其他事情
对结果的要求	只要目的达成即可	偏于感性，爱把细节全部都完善

的。其实，这并不是什么坏事情，就像你未必会喜欢一个和你完全相同的人，而且一个团队里如果都是一类人也会是场灾难。异性相处只要多一些技巧，就会把这些差异转化成工作中的优势——正所谓“男女搭配，干活不累”。

用有效沟通阻止危机的扩散

在危机中，由于危机的破坏性和时间紧迫性，需要人们之间的团结合作，以共渡难关，因此快速而准确的沟通就显得很重要了。

1. 内部沟通

我们可以看到建立有效的内部沟通包括以下几个方面的内容：

（1）不要向员工隐瞒坏消息。大多数企业乐于将好的消息告诉员工。当坏消息出现时，却变成了很困难的决定。企业可以利用这个机会反复强调产品和服务的高标准。如果对于企业的缺点及赢得的赞美都能够非常坦率和诚实，企业就能提高员工对它的信任。

（2）用各种方式和员工进行沟通。一个公司如果认识到了用各种方式与员工沟通的益处，它可以通过办公室的公告牌和给员工家里写信告诉员工有关的情况。在员工工资信封里加进附件，以及在分厂和办公地召开由主要决策者参加的小组会议。还可设立免费电话以便员工询问有关调查的问题。一些人喜欢以书面的形式获得信息，而另一些人则更喜欢别人告诉他。运用多种媒介以确保公司能同每个人进行沟通，并在这个过程中通过反复的方式来加强公司的核心信息。

（3）在危机中保证员工能够及时得到有关信息，并不断更新信息的内容。汽车供应商知道应当让员工随时了解有关情势的最新信息。因为不同的员工关注危机的方面不同，企业对不同的员工提供的信息应有不同的侧重点。

2. 外部沟通

在危机中，企业应该把顾客所关注的核心内容告诉他们。这主要包括以下几点：

（1）企业出现了什么问题，危害性有多大？对顾客的影响如何？

（2）问题是如何发生的，到底发生了什么，有多严重？

（3）危机对企业应对顾客承担的责任有什么影响（服务、产品、承诺、最后期限）？企业的前景如何？

（4）企业采取了哪些措施以防止问题再次发生？哪些步骤会对顾客有所影响？

（5）企业是否采取了别的措施来表明形势已经得到很好的控制？

（6）顾客一般应该找谁提出疑问和批评？如果他们想提供帮助，他们应该如何提供这种帮助？如果需要，他们是否可以找到负责的人？

（7）顾客什么时候会从企业那里再得到消息？以后企业会以何种方式与顾客联系？企业怎样决定什么时候与顾客再次联系最恰当？

（8）企业会要求顾客做什么，什么时候应该完成？

（9）企业是否对顾客一如既往的支持表示感谢？是否采取了一些措施以减轻危机对顾客所造成的负面影响？

3. 有效沟通的建立

（1）沟通过程要细分。信息沟通应至少细分为企业内部沟通和企业外部沟通两个过程，而不能用内部沟通的思想去判断外部沟通。

（2）建设促进沟通的企业文化。企业文化不但要内容丰富，而且要有利于促进沟通。

企业文化鼓励企业成员的创新则会激励成员去沟通，因为创新难以通过闭门造车来实现，需要与别人交流，吸收他人的观点，或者与他人合作才能成功。企业要

危机沟通有效性策略

危机沟通是指以沟通为手段、解决危机为目的所进行的一连串化解危机与避免危机的行为和过程。有效的危机沟通可以降低企业危机的冲击，并存在化危机为转机甚至商机的可能。

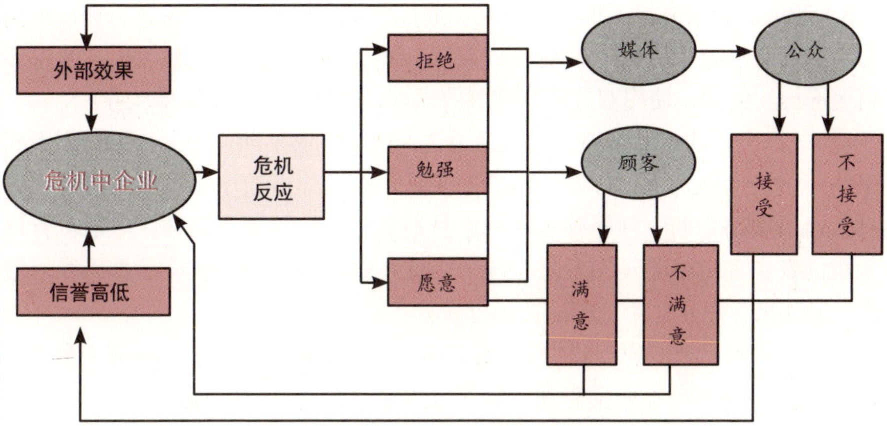

企业危机反应的信息流动

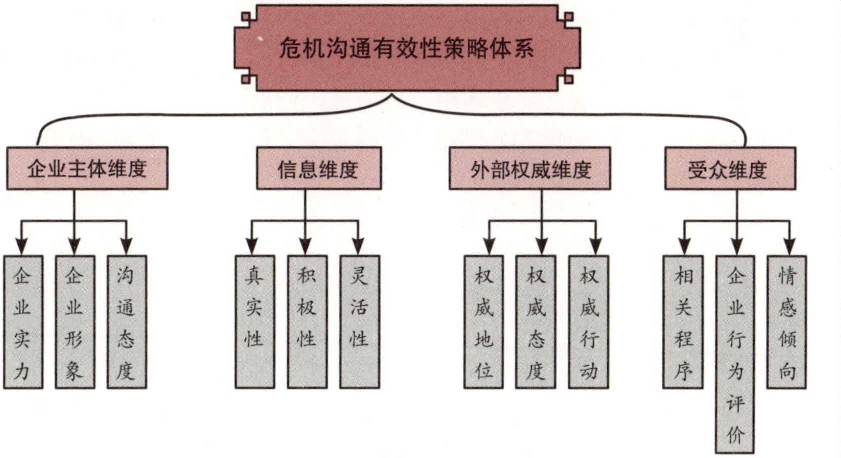

有容忍失败的文化，这种文化使企业成员不会因为失败或提出错误、离奇的观点受到打击，而停止与别人的沟通。

企业文化不要过于强调权威的作用，这样企业成员就敢于提出自己的观点和看法，从而加强企业成员间的交流，不会因为权威的压制而保持沉默。企业中如果有很浓的合作和竞争的文化氛围，那么企业成员就不会为了竞争放弃合作，也不会为了合作放弃竞争，而是在合作与竞争的动态平衡中进行有效的沟通。

（3）通过培训提高员工的沟通技能。危机管理中需要对员工进行培训以加强沟通能力，沟通并不是双方的技能越强就越好，而是双方的技能能够匹配，使沟通能够顺利地进行。例如，使用双方都能理解的词语，选择合适的沟通环境等。

（4）选择合适的沟通通道。沟通通道选择因危机的不同而不同，要根据不同的危机采用不同的沟通通道，以防止沟通的中断。在爆炸事故中，爆炸可能使现场所有的有线通信线路中断，使爆炸现场的人员不能与危机管理者沟通，向危机管理者报告危机的发生和危机的动态发展状况。因此在爆炸事故中，就应选择无线通信进行沟通。而如果在深水之中，则应选择可视方式进行沟通。

（5）减少由情绪失控导致的内部噪声的干扰。危机会对企业的内部人员或外部人员造成伤害，使人产生逆反心理。因而，无论在日常危机管理还是在危机事件管理中，都要充分考虑到人们的情绪所导致的内部噪声。

日常危机管理的危机沟通中，要采取适当的沟通策略，以减少内部噪声。如描述危机的危害时不要过分地渲染，使得人们提高危机意识的同时，又不会产生对危机的过度恐惧；或者使人们相信，只要采取合适的措施，危机是可以避免或可以被有效控制的，以提高人们在危机面前的自信心，从而在有关危机的沟通中减少心理上的抵触。由于人们一般认为朋友和亲人不会欺骗自己，因此非正式组织成员之间有更高的信任度，也就是说，非正式组织可以抵抗沟通中不信任或不重视造成的内部噪声。在危机开始阶段和提高危机意识的教育中，信任起着重要的作用，使用非正式组织进行沟通可以产生更好的效果。

第十篇

信息系统管理

第一章

商业智能的基础：数据和信息管理

传统数据库

通常，用一个记录描述一个实体。客观存在而且可以相互区别的东西称为实体。实体可以是具体的对象，也可以是抽象的事件。实体可以有很多特性，每个特性就称为一个属性。属性的具体值放在一条记录的相应字段中。这样一组相互有关联的文件就组成了一个数据库。传统的数据库系统是关系型数据库，开发这种数据库的目的，是处理永久、稳定的数据。关系数据库强调维护数据的完整性、一致性，但很难顾及有关数据及其处理的定时限制，不能满足工业生产管理实时应用的需要，因为实时事务要求系统能较准确地预报事务的运行时间。

一个有效的信息系统应该向用户提供准确、及时、有用的信息。如果文件能够以恰当的方式排列和管理，用户就可以方便地存储、访问、修改和检索所需的信息。但是，很多企业或组织虽然拥有性能卓越的硬件和软件，却由于文件管理混乱，使信息系统难以达到其预计效果。这是由于传统数据组织方式有着诸如数据冗余、数据—程序依赖、缺乏灵活性、低安全性以及低共享性等弊端。

1. 数据冗余和不一致性

数据冗余是指多个文件和重复存储相同的数据。数据冗余大多是由于建库的时候表之间的关系没有充分考虑完全而造成。数据的冗余会导致存储空间的浪费，以及数据交互和数据库访问执行效率降低。

2. 数据—程序依赖

数据—程序依赖是指一旦某个应用程序改变了，相应的数据也要随之改变，原因是各种不同的传统计算程序对数据有各自不同的要求。这种对程序依赖的数据严重妨碍了数据共享。

3. 缺乏灵活性

传统的关系型数据库管理系统，在文本处理方面不具有足够的效率和灵活性。在现实情况中，用户在查询时希望具有极大的灵活性。用户可以提任何问题，可以针对任何数据提问题，可以在任何时间提问题。无论提的是什么问题，都能得到快速回答。传统的数据库不能够提供灵活的解决方法，不能对随机性的查询作出快速响应，因为它需要等待系统管理人员对特殊查询进行调优，因此导致很多公司不具备这种快速反应能力。

4. 低安全性

数据库的安全性是指保护数据库以防止不合法的使用所造成的数据泄露、更改或破坏。计算机系统都有这个问题，在数据库系统中大量数据集中存放，为许多用户共享，使安全问题更为突出。而由于传统数据库对数据缺乏控制和管理，对于数据的访问和传播可能失去控制。我们可能无法得知谁在读取甚至修改重要的数据。

5. 低共享性

缺乏对数据的控制和管理并不意味着可以很容易地获得所需信息。所需要的信息通常分布在不同的文件、不同的部门内，相互之间缺乏联系。因此，实际上实时的数据共享是不可能实现的，而且由于很有可能存在数据的不一致性，系统的可靠性大大降低。

数据库技术发展历程

数据库技术是20世纪60年代开始兴起的一门信息管理自动化的新兴学科，随着计算机硬件和软件的发展，数据库技术也不断地发展。从数据管理的角度看，数据库技术到目前共经历了人工管理阶段、文件系统阶段和数据库系统阶段。

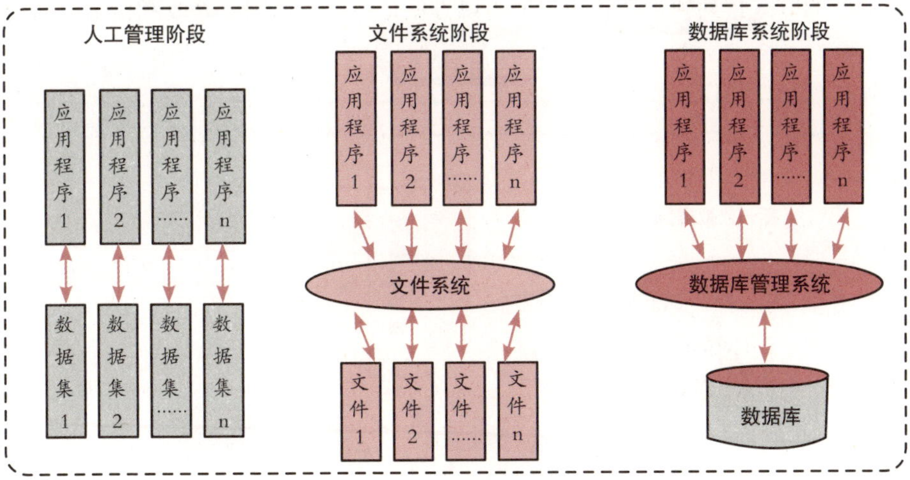

数据管理与数据库管理

数据管理是利用计算机硬件和软件技术对数据进行有效的收集、存储、处理和应用的过程。其目的在于充分有效地发挥数据的作用。实现数据有效管理的关键是数据组织。随着计算机技术的发展，数据管理经历了人工管理、文件系统、数据库系统3个发展阶段。本文主要介绍用数据库方法对数据进行管理。

利用数据库系统中所管理的数据结构，可以更充分地描述数据间的内在联系，便于数据修改、更新与扩充，同时保证了数据的独立性、可靠性、安全性与完整

我国企业数据管理现状

国内企业，不论是国企还是民企，大部分数据管理仍然停留在数据收集、整理、存储和简单报表等几个初级阶段。能够对大数据进行基本分析和运用的，只有少数几个行业的少数企业。

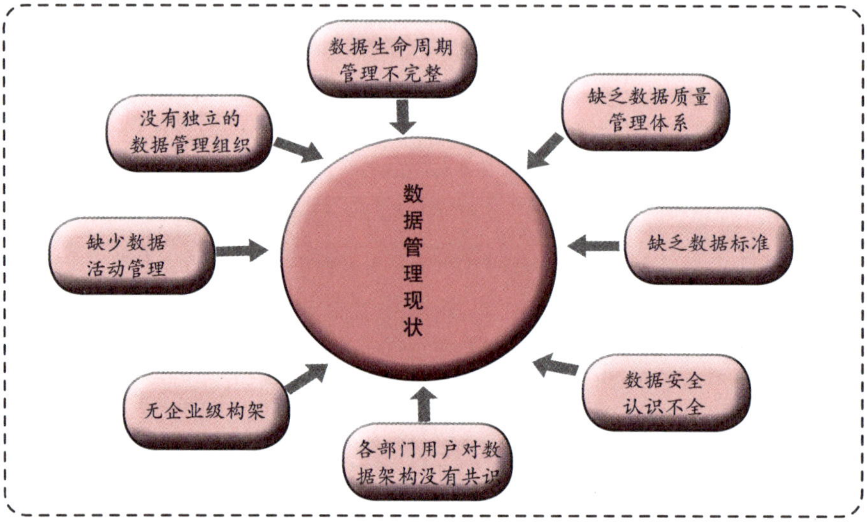

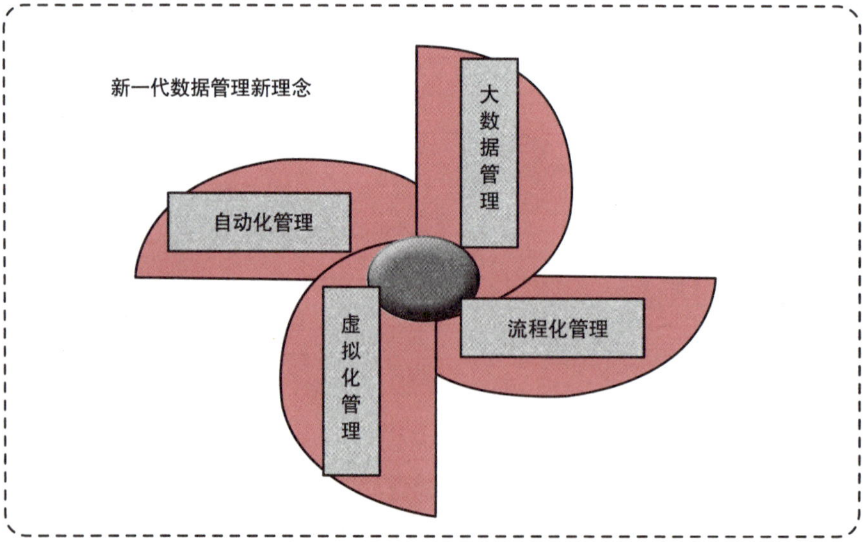

性，减少了数据冗余，故提高了数据共享程度及数据管理效率。远程数据库服务在国外正如火如荼地开展，每年可以创造上亿美元的产值。

数据库管理的技术特点为：

（1）采用复杂的数据模型表示数据结构，数据冗余小，易扩充，实现了数据共享。

（2）具有较高的数据和程序独立性，数据库的独立性有物理独立性和逻辑独立性。

（3）数据库系统为用户提供了方便的用户接口。

（4）数据库系统提供4个方面的数据控制功能，分别是并发控制、恢复、完整性和安全性。数据库中各个应用程序所使用的数据由数据库系统统一规定，按照一定的数据模型组织和建立，由系统统一管理和集中控制。

（5）增加了系统的灵活性。

然而，信息技术是一把双刃剑，为社会的进步和发展带来便利的同时，也带来了许多的安全隐患。对传统数据库而言，其安全隐患存在更加难以估计的风险值，致使传统数据库安全事件层出不穷。

传统数据库安全面临内部恶意操作以及外部恶意入侵两大夹击。如何有效保护数据库信息成为当前信息安全界最为关注的课题。

数据资源的管理方法

信息的技术进步使信息化成为企业发展和快速扩张的有效支撑手段。多年来，国内外各行各业分别建设了适合本企业的信息系统，如生产支撑型、业务支撑型、管理支撑型，以及分析决策型系统等。与此同时，随着全球经济发展、市场竞争加剧、新技术的推陈出新和逐渐商用，信息系统所承载的业务内涵、系统规模、数量以及复杂性也在不断攀升。数据是企业在持续经营活动中积累下来的宝贵资产，数据本身以及围绕数据所进行的活动必须得到管控，以确保在合理的成本范围内数据价值充分发挥并进一步增值，实现投资回报最大化。数据资源管理是应用信息技术和软件工具完成组织数据资源管理任务的管理活动。

早期的数据资源管理采用文件处理方法。在这种方法中，数据根据特定的组织应用程序的处理要求被组织成特定的数据记录文件，而且只能以特定的方式进行访问。显然对于现代企业来说，使用这种方法提供流程管理、组织管理信息时显得过于麻烦，成本过高并且不够灵活。所以现在普遍使用数据库管理方法，解决文件处理系统存在的问题。

大量的企业数据在长期使用中积累、沉淀了大量的核心业务数据，如客户资料、营销策划内容、产品资料、合作伙伴、合同契约、企业资源、进销存、生产、工程建设、财务数据等，这些既是企业的关键信息，也是企业的核心资产，如果不对数据生命周期全过程加以管治，将可能带来多方面问题。在数据管理方面，武汉船用机械厂的企业信息化的工作就做得很好。

武汉船用机械厂是中船总公司下属的以生产船用机械为主的大型骨干企业，主要产品有锚机、舵机等，是典型的多品种小批量、按订单生产方式，交货期短，质量要求高。近年来，武汉船用机械厂的企业信息化工作得到了厂领导的高度重视，起点高、针对性强、重视信息集成，基本上实现了 CAD / CAPP 的一体化，企业的管理信息系统初具规模。随着企业信息化建设的深入，武汉船用机械厂经过选型研究，选择武汉开目公司作为信息化战略合作伙伴，并启动 PDM 项目，目前该技术信息化项目已通过验收。这项技术实现了工艺的快速设计，工艺设计过程的计算机管理，用工作流和任务流管理来协调、控制产品设计过程中的各种活动，保障文件的审批工作按正常顺序准确执行。

企业数据管理体系的建设是系统化工程，涉及众多源系统的交互和大量协调工作，必须有数据管控平台来有效支撑这些工作，保障数据管控的可行、高效。但是数据管理体系在投入运作前，必须进行需求分析、规划、设计、平台开发。对于这些工作，建议企业引入具有实际实施经验的专业咨询公司，可以通过行业标杆、业界经验的引入开阔视野、确保高度，又能确保所设计的管理体系是切实可行的。

企业数据信息管理体系

在企业总体发展目标下，建立完善、规范的信息管理体系，对企业的信息资源进行科学管理和利用，可以为企业的业务活动、经营管理和决策提供强有力的信息支持。

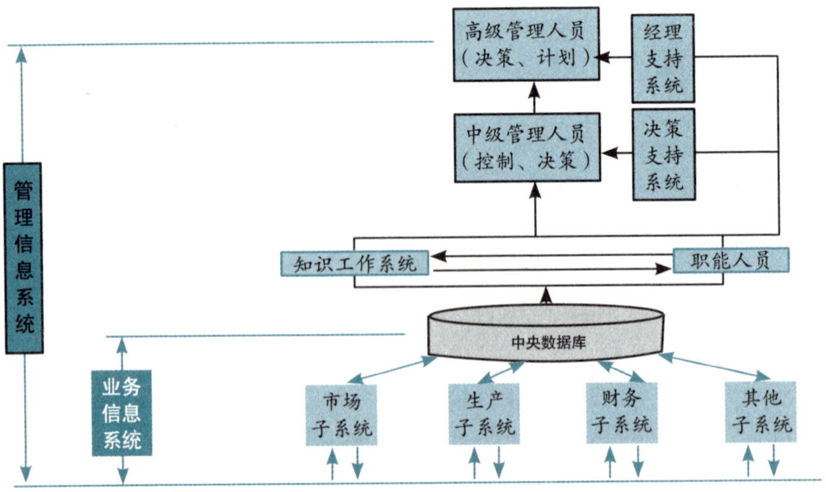

第二章

如何发挥通信、互联网与无线技术的作用

互联网与企业管理

大量实践经验表明，一方面计算机和现代通信技术的普及应用，需要管理思想与管理环境的变革；同时，从另一方面看，信息技术的普及又不断推动着管理体制、管理思想的不断发展和变化。互联网是信息与管理技术的最佳结合，其爆发出来的力量是无穷无尽的。它对企业的影响是最直接和最深远的。面对全球范围内互联网技术及文化的广泛应用和普及，企业管理必须适应这种新的经营环境，作出相应的调整和创新。

互联网的出现给传统企业管理带来了一系列巨大的变化。

（1）企业内部之间的变化。传统的企业组织管理方式是传统组织理论下形成的金字塔式、自上而下控制的管理组织形式。网络经济下，这种传统严格的等级制度组织模式受到极大的压力和挑战，所暴露的问题越来越多。

（2）市场需求的变化。传统的管理方式是以标准化、大批量生产来降低成本并且提高效率的。而互联网为企业和客户提供了一个相互交流的便捷平台，提供了更大范围的消费选择机会和灵活的选择方式。

（3）信息传递之间的变化。在互联网出现之前，用户与厂商在知悉商品的相关信息方面是很不对称的。而信息渠道的网络化使用户的个性化有了可能，信息网络技术提供了满足客户多样化需要的手段，激活了顾客的个性化需求。

互联网的迅速发展和广泛普及，正在改变传统企业管理的许多做法。企业纷纷压缩纵向距离，造成了企业结构向水平化、横向化的构造运动。互联网的出现和广泛应用，使得一个普通程序员可以将有关信息直接传送给远隔千山万水的总部CEO，一下子跨越了传统管理的许多层级和诸多需要汇报、请示的环节，加快了企业信息的反馈速度，更消除了金字塔型等级制的官僚作风，使得高层与基层直接对话成为现实可能。

美国经济学家钱德勒在其颇有影响的著作《看得见的手——美国企业中的经理革命》一书中曾经写道：“美国现代企业制度的成长过程可以从两个方面把握：一

是企业规模的扩张过程；二是资本所有权与管理权的分离过程。”“由一组支薪的高、中层经理人员所管理的多单位企业，就可恰当地被称为现代企业。”这种被称为现代企业制度的组织形式成了当今美国工商企业制度中的标准形式，也被包括中国在内的许多国家和地区作为建立现代企业制度的参照系。

通信发展史上的里程碑——通信网络

人们的信息交流从语言、文字、印刷、电报、电话一直到今日的多姿多彩的现代通信。现代通信网络正向数字化、智能化、综合化、宽带化、个人化迈进。

传统的通信网络是由传输、交换和终端三大部分组成。传输是传送信息的媒体，交换是各种终端交换信息的中介体，终端是指用户使用的话机、手机、传真机和计算机等。目前的因特网由多个计算机网络、传输、交换和终端等几部分组成，是遍及全球的互联网。

通信网络是一种由通信端点、节（结）点和传输链路相互有机地连接起来，以实现在两个或更多的规定通信端点之间提供连接或非连接传输的通信体系。通信网按功能与用途不同，一般可分为物理网、业务网和支撑管理网等3种。

物理网是由用户终端、交换系统、传输系统等通信设备所组成的实体结构，是通信网的物质基础，也称装备网。

业务网是疏通电话、电报、传真、数据、图像等各类通信业务的网络，是指通信网的服务功能。

支撑管理网是为保证业务网正常运行，增强网络功能，提高全网服务质量而形成的网络。随着信息交换量的日益增大，建立有线和无线综合利用的通信网已提上了议事日程，当有线信道发生障碍时，信息传输就会自动改道，用无线信道接替传输。

目前，国外使用较多的“自动通信集成网络”是比较理想的一种电信网络。这种网络由3个相互联系的部分组成：电话中枢网、无线电话网和控制中心。其主要优点是通信可靠，能保证用户随时同任何地点的其他用户取得联系；机动性强，当它转移时通信不会中断；安装速度快，建立一个电话中枢仅需半小时；抗毁性强，当一部分通信设备遭受意外摧毁或干扰时，信息的传输就会自动迂回，以保证通信联络不间断。

DFDS（Det Forenede Dampskibs-Selskab）是丹麦最大最古老的船运公司，是北欧最著名的搬运公司之一。为了满足客户的服务需求，DFDS采用思科广域网技术来集成位于欧洲的各个陆地分公司，在轮船上也采用了思科局域网以及思科虚拟专用网，以便利用一个统一的基础设施针对不同的功能创建单独的虚拟网络，如面向乘客的电子邮件和互联网访问，以及面向DFDS员工和船员的财务信息或运输数据应用。DFDS还在其总部建立了一个基于思科技术的数据中心，该中心支持着大量公司应用，如DFDS内部设计的运输管理系统。

类似DFDS的公司还有很多，可以说通信网络的诞生改变了整个商业社会的通信模式，因此它被誉为通信发展史上的一座里程碑。通信网之所以能获此殊荣，最根本的原因是它顺应了现代社会发展的需求。

在电子抗争日益尖锐的今天，通信设施往往成为不怀好意的商业对手首选的打击目标。在保证信息畅通、提高通信的抗毁生存能力这方面，通信网络也能一显身手。当将众多的通信信道按照一定的规律编织成网时，网络的局部受损只是影响一定的通信呼损率，使接通率下降，但仍能保证生存用户间的通信，不会影响通信联络的全局。

无线网络时代的企业管理

你如何在远程快速了解多种设备的工作情况或者特殊环境的数据？

通过传感器和发射器无线传输信息的网状网络就可以做到。企业用户能够通过这种反应迅速直观的网状网络及时了解到公司的某些设备是否过热或者发生故障。而那些制造企业更是可能通过网状网络了解生产线的运转情况，及时甚至提前对生产线故障作出反应。

无线办公的优势

无线通信技术的飞速发展促进了办公的无线化，现代化社会的办公模式，更倾向于移动的办公环境。无线办公不仅带来了工作的便利性，而且大大降低了管理成本，提高了工作效率。

- 无纸化办公，减少打印等方面支出。
- 移动化办公，随时随地处理文件。
- 网络远程会议，实现高效快捷沟通。

无线的特点使网状网络拥有比有线网络更多的优势。比如在灯光控制方面，其安装时间只需几个小时，而传统的线路控制则需要数周。这样网状网络的成本只有传统方式的1／2至1／4，采用低带宽的网状网络能耗非常低，其5年内的能耗仅仅相当于一节5号电池的能量。

我国进入4G时代，很多新技术新应用方兴未艾，让通信企业触摸到了无限广阔的市场前景。无线宽带的出现和热销就是一个很好的例子。因为无线宽带具有更多私人性，出差在外，无疑是最棒的选择，而对于企业来说，4G的出现，在企业无线办公方面将带来哪些巨变，带来哪些便利呢?

当谈到无线技术的时候，不少网络管理员还只是停留在部署方便、管理方便上，他们可能还站到无线网络技术可以帮助企业降低信息化管理成本的这个高度上。无线网络不但给网络管理人员带来维护、部署上的便利，更大的价值在于可以帮助企业降低管理成本。

第三章
数字时代的关键系统应用

电子商务对市场的影响

电子商务是利用计算机技术、网络技术和远程通信技术，实现整个商务（买卖）过程中的电子化、数字化和网络化，是以商务活动为主体，以计算机网络为基础，以电子化方式为手段，在法律许可范围内所进行的商务活动过程。

电子商务是运用数字信息技术，对企业的各项活动进行持续优化的过程。电子商务涵盖的范围很广，一般可分为企业对企业、企业对消费者、消费者对消费者、企业对政府、业务流程等5种模式，其中主要的有企业对企业、企业对消费者、企业对政府3种模式。

企业对企业（B2B），电子商务涉及公司之间的销售，原材料供应商使用B2B系统向制造商销售，制造商使用B2B系统向分销商销售，分销商使用B2B系统向零售商销售。

企业对消费者（B2C），提供一个以网络为基础的应用程序或客户可以进入并管理他们的订单的网络店面，亚马逊公司、REI.com 等就是使用B2C系统的典型公司。

企业对政府（B2G），涉及公司和政府组织之间的销售。供应商、分销商、零售商均可对政府出售商品。

随着国内因特网使用人数的增加，利用因特网进行网络购物并以银行卡付款的消费方式已日渐流行，市场份额迅速增长，电子商务网站也层出不穷。电子商务最常见的安全机制有SSL（安全套接层协议）及SET（安全电子交易协议）两种。

至于电子商务是否新事物或者它是否只是现行业务活动的技术扩展的讨论，在企业观察者之间一直在持续。虽然专家对于是否产生了“新经济”意见不一，但是所有人都同意电子商务确实引发了更高的市场效率。一方面，电子商务导致了脱媒化，淘汰了供应链中的中间层；另一方面，电子商务也增加了价格信息的流动。而站在卖者的角度，电子商务产生了关于价格弹性的信息，价格弹性在以前是无法获得的。

当瑞典沃尔沃公司于1998年收购三星重型工业下属的建筑设备分公司时，后者几乎无力承担450亿韩元的经营赤字。但是，在7年之后，该公司扭亏为盈，赢利达到了830亿韩元。同时，它的生产额从1995年的3545单位逐年增至2005年内的9465单位，员工人数从1980人下降至1280人，下降幅度为35%，然而每个员工的人均销售额从1亿韩元增至6亿韩元，增加了5倍。发生这种巨大转变的主要驱动力是该公司引入了电子供应链管理系统，该系统的使用，使企业消除了仓库，同时采购人员也从95人减少到44人。得益于先进的网络技术，使供应商、制造商、用户以及计划引入供应链管理的企业之间可以共享有效信息。沃尔沃韩国建筑设备公司可谓一个引入基于网络的供应链管理系统的楷模，并且它也通过引入该系统而获得了可观的利润。

电子商务商业模式及运营

电子商务是利用微电脑技术和网络通信技术，买卖双方不谋面地进行各种商贸活动，实现消费者的网上购物、商户之间的网上交易和在线电子支付以及各种商务活动、交易活动、金融活动和相关的综合服务活动的一种新型的商业运营模式。

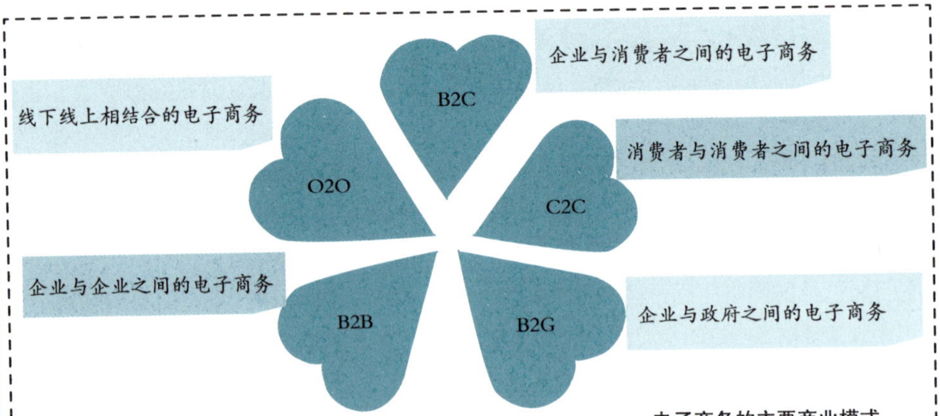

电子商务的主要商业模式

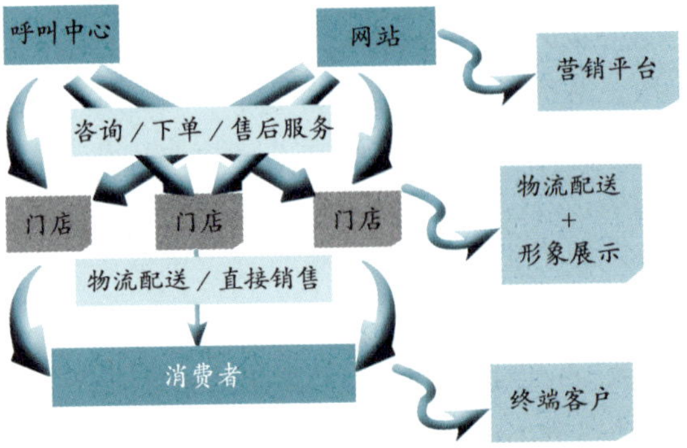

电子商务运营流程

沃尔沃韩国建筑设备公司的转型，其惊人的发展和成功，尤其是它的ERP和eSCM（电子化供应链管理）的创建使用不但在沃尔沃公司传为佳话，而且在其他已经实施或准备实施 ERP 和 eSCM 的分公司或工厂成为榜样。

供应链管理与企业物流管理

供应链管理就是指在满足一定的客户服务水平的条件下，为了使整个供应链系统成本达到最小而把供应商、制造商、仓库、配送中心和渠道商等有效地组织在一起来进行的产品制造、转运、分销及销售的管理方法。供应链管理包括计划、采购、制造、配送、退货五大基本内容。通过供应链管理平台，制造商、供应商、分销商、零售商等供应链上的各类实体都能保持良好的合作关系和共荣关系，围绕平台的核心商业价值，降低运营成本及风险，提高自身的综合实力和核心竞争力，实现商业圈的繁荣和共赢。

有4个主要元素影响着供应链的实施，即设施、库存、运输和信息。

（1）设施是实际产品被制造、配装，储存位置的定位，规模和作业方法。设施的最适宜设计是一件复杂的事情。

（2）库存包括供应链中的所有材料，有原材料在建产品以及完工产品。管理库存需要平衡有效性和成本。库存管理者通过增加库存规模来增加产品有效价值，并且一直在平衡有效性和成本之间的联系。

（3）运输是第三个驱动因素，它涉及供应链中的材料输送。运输方式影响速度和成本。

（4）信息是影响最为巨大的一个驱动因素。信息通过影响供应链请求、回答和告知的组织方式影响供应链设施。信息有3个因素：目的、有效性和手段。

而供应链管理系统就是跟踪企业内部流程和企业间的存货及信息的 IT 系统。供应链管理与传统的物流管理在存货管理的方式、货物流、成本、信息流、风险、计划及组织间关系等方面存在显著的区别，这些区别使得供应链管理比传统的物流管理更具优势。

戴尔公司以“直接经营”模式著称，其高效运作的供应链和物流体系使它在全球IT行业不景气的情况下逆市而上。事实上戴尔的供应链系统早已打破了传统意义上“厂家”与“供应商”之间的供需配给。在戴尔的业务平台中，客户变成了供应链的核心。直接经营模式可以让戴尔从市场得到第一手的客户反馈和需求，生产等其他业务部门便可以及时将这些客户信息传达到戴尔原材料供应商和合作伙伴那里。这种在供应链系统中将客户视为核心的“超常规”运作，使得戴尔能做到4天的库存周期，而竞争对手大多还徘徊在30～40天。这样，以IT行业零部件产品每周平均贬值1%计算，戴尔产品的竞争力显而易见。

戴尔公司在电子商务领域的成功实践使“直接经营”进入人们的视线并且将其发扬光大，极大地增强了产品和服务的竞争优势。戴尔模式无疑对中国企业实施供应链管理有着重要的参考价值，我们在取其精华的同时，还应根据自身特点，寻找提升竞争力的有效途径。

基于电子商务的供应链与物流系统

电子商务下的供应链与物流系统是指在实现电子商务特定过程的时间和空间范围内，由所需位移的商品、包装设备、装卸搬运机械、运输工具、仓储设施、人员和通信设施等若干相互制约的动态要素所构成的具有特定功能的有机整体。

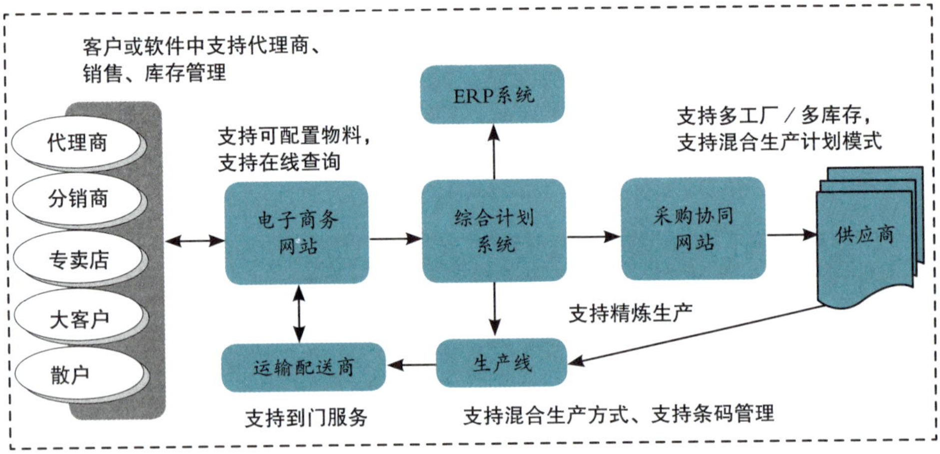

吸引并留住客户的工具——客户管理系统

客户关系管理（Customer Relationship Management，简称为CRM），是一种以“客户关系一对一理论”为基础，旨在改善企业与客户之间关系的新型管理机制。客户关系管理考虑的是以客户为中心，无论是生产、销售、服务都是围绕着客户的需求进行。其要求可以用一句话来概括：将正确的产品和服务，提供给正确的客户，以正确的价格，在正确的时间，通过正确的渠道去满足客户的需要和愿望。

CRM系统能分析并发送客户信息，同时为组织提供有关每个客户购物经验的整体概况。其基本功能包括客户管理、联系人管理、时间管理、潜在客户管理、销售管理、电话销售、营销管理、电话营销、客户服务等，有的还包括工作流管理、呼叫中心、合作伙伴关系管理、商业智能、知识管理、电子商务等。

总的来说，一个精心设计的客户关系管理系统主要专注于通过使用多种方法带给客户愉快的购物体验，从而增加收入。比如：提供定制的产品与服务，准确无误地提供产品知识等。因此，客户关系管理系统主要关注的是：

（1）差异化和集中化。

（2）献上主动性。

（3）组织成长。

在客户关系管理系统中，前台系统是主要的客户界面和销售渠道。他们将收集到的所有客户信息发送到数据库。后台系统常用于实现和支持客户订单，同时也能将所有客户信息发送到数据库。典型的后台功能与供应链管理系统直接相连，使得客户关系管理系统与供应链管理系统相协调。

CRM为企业构建了一整套以客户为中心的有关客户、营销、销售、服务与支持信息的数据库，帮助企业了解管理渠道，建立和优化前端业务流程，包括市场营销、销售、产品的服务与支持、呼叫中心等。该系统可以进行深层次分析和挖掘，从而发现最有价值的客户、新的市场和潜在的客户，创造业务良机。该系统可扩

客户管理系统模型

客户管理系统是选择和管理有价值客户及其关系的一种商业策略，它要求以客户为中心的商业哲学和企业文化来支持有效的市场营销、销售与服务流程。如果企业拥有正确的领导策略和企业文化，它将能为企业实现有效的客户关系管理。

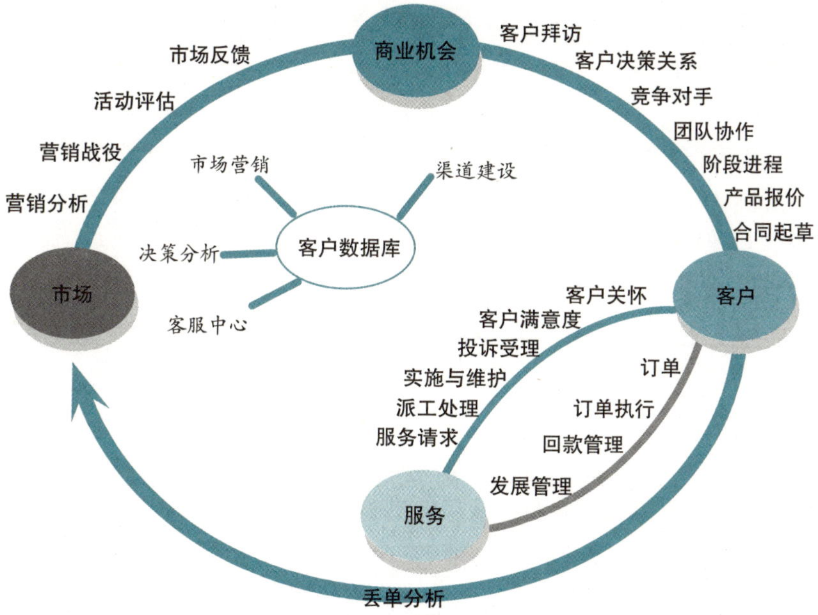

展、可联结的特性可以与企业的SCM、ERP系统无缝集成，实现实时的数据交换，增强企业与供应商、合作伙伴、客户间的关系，加快客户服务与支持响应速度，增强企业在电子商务时代的竞争优势。

施耐德电气旗下的美国电力转换公司作为全球领先的关键电源与制冷服务提供商，销售网点遍布全球，在美国、巴西、印度、中国、爱尔兰、瑞士、菲律宾和丹麦均有制造厂，产品更是运往全球超过160个国家和地区。能够很好地服务分布如此之广的客户，主要是由于美国电力转换公司确立了叫作“客户忠诚框架”的新举措，通过使用Siebel等公司的客户关系管理技术，识别与客户的每个接触点、满意度，以及失败交易的原因。

美国电力转换公司在客户关系管理方面的成功值得其他各型企业的借鉴。企业通过使用新的系统，如通过衡量管理绩效的数据监控体系、内部管理报表体系、决策数据及分析体系对企业经营状况作出分析。在此过程中，企业要与系统的供应商一起对系统应用的有效度进行评估，在使用中发现问题，对不同模块进行修正，不断提高其适用程度。

现代化企业管理方法——企业系统

企业系统是指能够体现企业管理的大部分职能（包括决策、计划、组织、领导、监控、分析等等），能够提供实时、相关、准确、完整的数据，为管理者提供决策依据的一种软件。它由人、资金、设备、原材料、任务和信息6个要素组成，它们都要满足一定的制约条件。以模块划分，企业管理软件可分为财务管理、车间管理、进销存管理、资产管理、成本管理、设备管理、质量管理、分销资源计划管理、人力资源管理、供应链管理、客户关系管理等品种。

进行经营管理之前首先要认识它们的制约条件，从而能动地求得在制约条件下系统的最优运转。制约分为两类，一类是经济规律的制约，另一类是技术条件的制约。在制约条件下求得总体最优是企业系统工程的核心问题。企业系统工程的主要内容是：工业企业管理方法最优化、管理工具现代化和管理结构合理化。

中国对外贸易运输（集团）公司（以下简称中外运），是一个以运输业为主，全面发展的，实行跨地区、跨行业和跨国经营的大型企业集团。由于仅仅依靠手工管理或是一些单机管理，造成中外运的人力资源管理效率极其低下，人力资源部门面对大量的信息，无法有效地将其中的重要部分提取出来，并作出相应的判断和处理。集团管理者的决策只能依据报表数据，在浪费大量人力物力的同时无法做到实时监控，难以保证数据的准确性以及及时性。正是由于奇正人力资源系统，中外运集团在节约大量人力、物力的同时，为企业人力资源管理、决策分析

管理信息系统发展历程

从信息化发展历程来看，自20世纪60年代至今，企业管理信息系统经历了从MRP（物料需求计划）到MRPII（制造资源计划）再到ERP（企业资源计划）的转变过程。

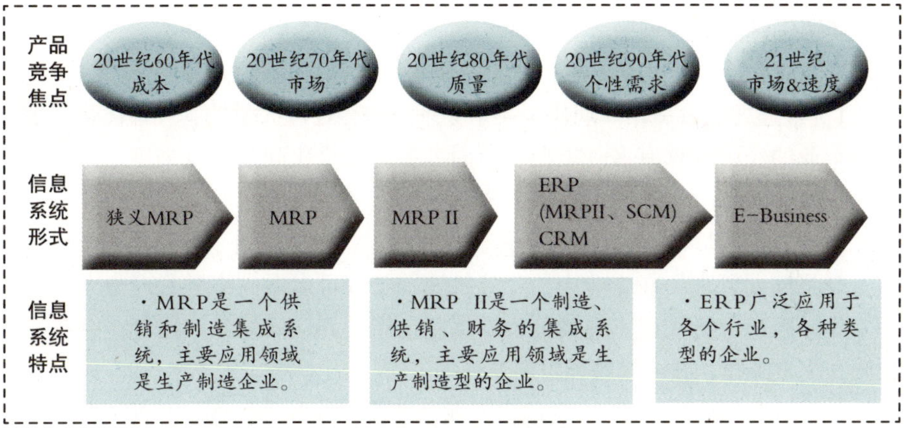

ERP系统优势

除了MRP II 已有的生产资源计划、制造、财务、销售、采购等功能外，ERP系统还有质量管理，实验室管理，业务流程管理，产品数据管理，存货、分销与运输管理，人力资源管理和定期报告系统。

提供了大量真实、准确、及时的数据，使中外运集团的人力资源管理由理想变为现实。目前，在集团总公司与人力资源系统密切相关的其他系统主要有：考勤管理系统、原人事管理软件、护照签证管理系统以及其他外部的数据处理系统。

由于企业系统帮助企业办公自动化、程序化，并且对信息集中管理，包括中外运等大部分公司企业才能够更高效地完成其任务，达到对人员的良好管理，更好地实现生产销售目标。

企业系统包括以下几点内容：

（1）管理方法最优化。现代工业企业系统中存在着大量的管理最优化问题。现代工业企业的经营管理有多种类型，不同类型的最优化问题可以采用不同的最优化方法来解决。

（2）管理工具现代化。系统化管理就标志着广泛应用电子计算机和现代化通信设备等工具辅助管理。在企业中，计算机辅助管理可以做到事务管理中大量的数据处理工作，系统分析和成本效益分析，编制生产计划、安排生产进度，企业经济活动预测和决策工作，技术管理和生产管理等工作。

（3）管理结构合理化。合理确定工业企业管理体制和结构，是保证合理分工、协调配合、提高效率、降低费用的主要方面。管理结构一般采用递阶控制形式。整个递阶系统有一个总目标，各决策单元和谐地工作以实现总目标的最优。递阶控制结构可由两种形式实现：多层控制结构和多级控制结构。

便捷安全的货币支付——电子商务支付

在电子商务的世界里，你必须建立能够支持客户进行便捷、安全、电子化支付的 IT 系统，显然，你还必须能够接受信用卡以及其他电子商务支付系统，就像在传统红砖加灰泥的世界中一样，电子商务支付系统实际上也是一种电子化形式的支付手段。电子支付是以计算机和通信技术为手段，通过计算机网络系统以电子信息传递形式实现的货币支付与资金流通。是一种通过实现资金的网上安全转账、付款的方式。电子支付又称网上支付，它是以金融电子化网络为基础，以商用电子化机具和各类交易卡为媒介，以计算机技术和通信技术为手段，将货币以电子数据（二进制数据）形式存储在银行的计算机系统中，并通过专用网和因特网以电子信息传递形式实现货币的流通和支付。

电子支付方式的出现要早于互联网，银行进行电子支付的5种形式分别代表着电子支付发展的不同阶段。

第一阶段是银行利用计算机处理银行之间的业务，办理结算。

第二阶段是银行计算机与其他机构计算机之间资金的结算，如代发工资，代交水费、电费、煤气费、电话费等业务。

第三阶段是利用网络终端向用户提供各项银行服务，如用户在自动柜员机上进行取、存款操作等。

第四阶段是利用银行销售点终端向用户提供自动扣款服务，这是现阶段电子支付的主要方式。

第五阶段是最新发展阶段，电子支付可随时随地通过互联网络进行直接转账结算，这一阶段的电子支付称为网上支付。

1994年维萨和万事达宣布联合开发基于安全结构的软件，使客户能够联机使用银行卡。1996年这两家全球性的信用卡公司宣布将同产业界的知名公司联手制订出基于数字签名的安全电子交易规程，并于1997年联合创立了一家名为SETCO的公司来实施其安全电子交易系统。可以说安全电子交易系统解决了如何将现有的信用卡交易做法从专用金融网络部分移植到互联网上的问题。

电子商务的安全一直是人们普遍关注的问题。无论你的客户是其他企业还是最终消费者，他们都非常关心交易问题。这包括电子信息的所有方面，但主要还是集中在与支付相关的信息以及支付本身，也就是电子货币。在安全方面，你需要考虑

基于电子商务的电子支付流程

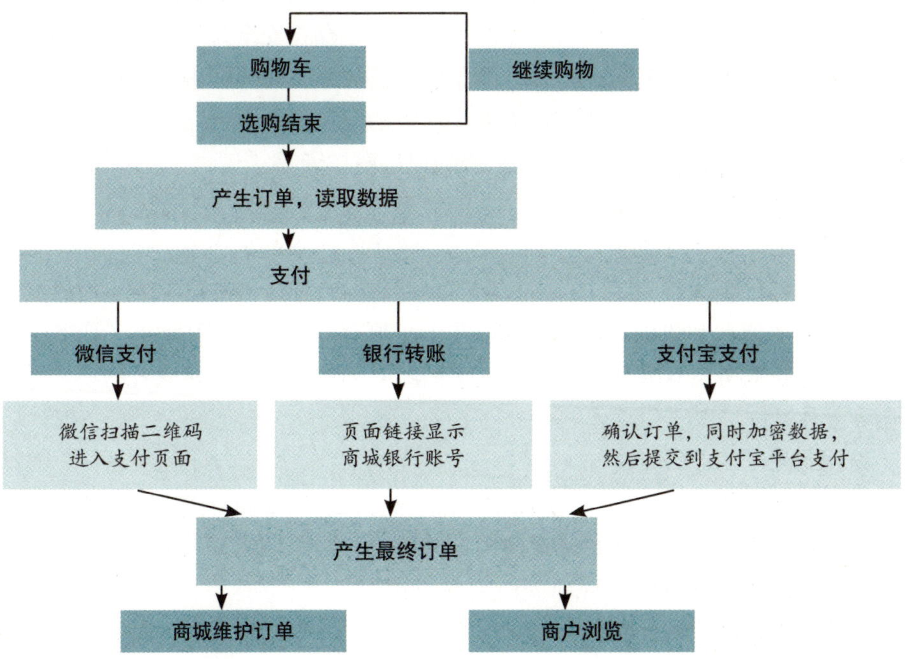

加密技术、安全套接层协议以及安全电子交易协议等问题。这些绝不是安全的所有问题而只是广泛的安全领域中与电子商务相关的代表性问题。

电子支付系统的安全要求包括：保密性、认证、数据完整性、交互操作性等。目前，国内外使用的保障电子支付系统安全的协议包括：安全套接层、安全电子交易等协议标准。

安全套接层协议是由网景公司提出的一种安全通信协议，它能对信用卡和个人信息提供较强的保护。安全套接层是对计算机之间整个会话过程进行的加密协议，在安全套接层中采用了公钥和私钥两种方法。

安全电子交易是维萨、万事达两大国际信用卡组织和多家科技机构共同制订的进行在线交易的安全标准。安全电子交易主要是为了用户商家和银行通过信用卡交易而设计的。用以保证支付信息的机密、支付过程的完整、商户和持有人的合法身份以及交互操作性。

新型的电子商务方式——移动商务

移动商务，就是利用各种移动设备和移动通信技术，随时随地存储、传输和交流各种信息，进行商业活动的创新业务模式。移动商务的应用主要包括移动信息服务、基于位置的服务、企业运作的移动商务支持、移动支付、移动娱乐等。移动电子商务作为一种新型的电子商务方式，利用了移动无线网络的优点，是对传统电子商务有益的补充。尽管目前移动电子商务的开展还存在安全与带宽等很多问题，但是相比于传统的电子商务方式，移动电子商务具有诸多优势，得到了世界各国的普遍重视，发展和普及速度很快。移动电子商务的服务包括银行业务、交易、订票、购物、娱乐、无线、医疗、移动应用、服务提供商，等等。

移动商务的特点为：

1. 服务对象的“移动性”

移动商务的最大特点是“自由”和“个性化”。传统商务已经使人们感受到了网络所带来的便利和快乐，但它的局限在于必须有线接入，而移动电子商务则可以弥补传统电子商务的这种缺憾，可以让人们随时随地结账、订票或者购物，感受独特的商务体验。

2. 服务要求的“即时性”

移动商务的用户可以通过移动通信在第一时间准确地与对象进行沟通，与商务信息数据中心进行交互，使用户摆脱固定的设备和网络环境的束缚，最大限度地驰骋于自由的商务空间。

3. 服务终端的“私人性”

由于移动电话具有比 PC 机更高的可连通性与可定位性，因此移动商务的生产者可以更好地发挥主动性，为不同顾客提供定制化的服务。

4. 服务方式的"方便性"

移动通信所具有的灵活、便捷的特点，决定了移动电子商务更适合大众化的个人消费领域，比如：自动支付系统，包括自动售货机、停车场计时器等；半自动支付系统，包括商店的收银柜机、出租车计费器等；日常费用收缴系统，包括水、电、煤气等费用的收缴等；移动互联网接入支付系统，包括登录商家的 WAP 站点购物等。

移动商务的四种主导模式

当前中国移动电子商务服务模式总结为四类，分别是电信运营商主导的移动电子商务、传统电子商务提供商主导的移动电子商务、软件提供商主导的移动电子商务和新兴移动电子商务提供商主导的移动电子商务。其中，传统电商优势明显。

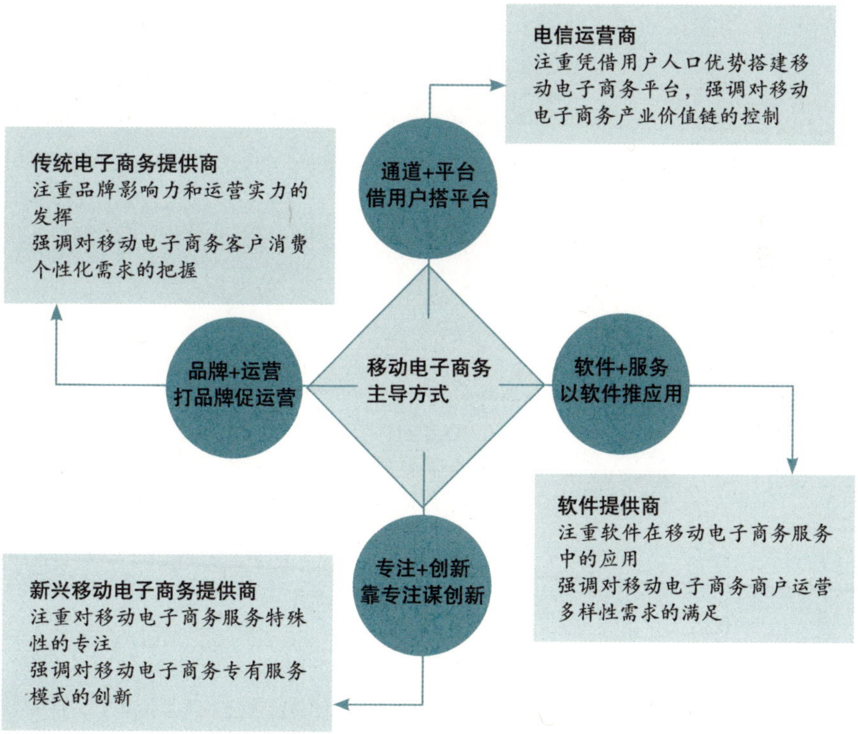

移动商务的类型包括移动商务、移动门户、WAP 网关和服务提供商 4 种。

空中网于2002年由创办ChinaRen校友录的周云帆和杨宁创建，得到了美国硅谷及香港风险投资基金支持。空中网致力于以彩信、手机上网、手机游戏 2.5G、3G为主要开发平台，以领先的技术水平和对用户的深入理解来提供广受欢迎的娱乐产品和完善的服务。空中网与中国移动、中国联通、中国电信、中国网通结成合作伙伴关系，为中国手机用户和固定电话用户提供电信增值服务。2004 年7月在纳斯达克上市。

空中网的成功表明了移动电子商务领域更易于技术创新。移动电子商务领域因涉及IT、无线通信、无线接入、软件等技术，并且商务方式更具多元化、复杂化，因而在此领域内很容易产生新的技术。随着中国3G网络的兴起与应用，这些新兴技术将转化成更好的产品或服务。所以移动电子商务领域将是下一个技术创新的高产地。

第四章

维护信息安全

安全保障措施

安全保障措施是对安全威胁的防范。前文已经说过我们可以通过硬件、软件、数据、程序、人这5个要素的方面来检查安全保障措施。其中有意向保障措施涉及计算机硬件和软件，一些设计数据，其他的涉及程序和人。现在我们就来具体介绍安全保障的方法。

1. 识别和验证

现在每个信息系统都要求用户使用用户名和密码登录。但是密码也有着突出的弱点，首先，用户常常不顾系统及他人的警告，将写有密码的纸片放在别人能够发现的地方，或者轻易地与他人分享密码，并且大部分人多选择无效并且简单的密码。使用这种简单密码，入侵系统以及黑客能够很容易地猜出密码，从而入侵你的系统，并且盗取资料，给企业带来极大的危害。

而密码的这些缺陷可以通过使用智能卡和生物识别身份证来减少。

生物识别身份证是指利用生物识别技术开发的身份证。这些身体特征包括指纹、声音、面部、骨架、视网膜、虹膜和DNA等人体的生物特征，以及签名的动作、行走的步态、击打键盘的力度等个人的行为特征。生物识别的技术核心在于如何获取这些生物特征，并将其转换为数字信息，存储于计算机中，利用可靠的匹配算法来完成验证与识别个人身份的过程。

2. 加密

发送者使用一个密钥加密一个普通文本信息，然后将加密的信息发送给接收者，其收到后用另一个密钥解密这个信息。加密技术包括对称型、非对称型、SSL / TLS、数字签名以及数字证书等基本方法。

3. 防火墙

所谓防火墙指的是一个由软件和硬件设备组合而成、在内部网和外部网之间、专用网与公共网之间的界面上构造的保护屏障。是一种获取安全性方法的形象说法，它是一种计算机硬件和软件的结合，使因特网与企业内部网之间建立起一个安全网关，从而保护内部网免受非法用户的侵入，防火墙主要由服务访问规则、验证工具、包过滤和应用网关 4 个部分组成。

安全计划的最后组成部分——事件响应机制

“智者千虑，必有一失”。尽管已经为信息系统的防护开发了许多技术，但是很难没有一点疏漏，何况入侵者也是一些技术高手。

系统遭受到一次入侵，就面临一次灾难。这些影响信息系统安全的不正当行为，就称为事件。事件响应，就是事件发生后所采取的措施和行动。信息系统的脆弱，加上入侵技术的不断进化，使得入侵不可避免。因此，遭受灾难后的系统恢复就成为一个与防火墙技术、入侵检测技术等同样重要的技术。

事件响应有时也被称为事件处理。事件由某个对象发出，并由某个对象接收和处理。设置事件的接收和处理对象，就是确定该事件的响应者。

每个企业都应当将事件响应作为安全程序的一个组成部分，而不应等到公司资产丢失或受到损害后再决定该如何去做。安全计划应当包括员工该如何对安全问题作出响应，他们应当向谁报告，应当提供什么样的报告，为了降低进一步的损失应当采取什么行动。

事件响应组织的主要工作有：

（1）安全事件与软件安全缺陷分析研究。

（2）安全知识库（包括漏洞知识、入侵检测等）开发与管理。

（3）安全管理和应急知识的教育与培训。

（4）发布安全信息（如系统漏洞与补丁，病毒警告等）。

（5）安全事件紧急处理。

1988年，莫里斯蠕虫以迅雷不及掩耳之势肆虐互联网，招致上千台计算机系统的崩溃，造成了数千万美元的损失。这突如其来的灾难，给人们敲响了警钟：人类对信息系统依赖程度不断增强，对付入侵不仅需要防御，还要能够在事件发生后进行紧急处理和援助。1989年，在美国国防部的资助下，计算机紧急响应组成立。从此紧急响应被摆到了人们的议事桌上。紧急响应组成立以后，做了大量工作。但最大的成就是使紧急响应为人们普遍接受。

由此事件可以看出，当一个安全事件发生后，速度是关键。病毒能在企业网络上迅速传播，快速响应有助于减轻后果。由于对速度的需求，必须提前做好准备。事件响应计划应该明确关键人员及其业余时间的联系信息。如果没有充分的准备，往往就存在着好心人将事情办得更糟的危险。同时也会使企业存在谣言工厂，一个消息灵通、训练有素的人员架构，将有助于抑制这类谣言。

最后，企业应当周期性地演练事件响应机制。没有此类演练，人们很难理解这个计划，并且只有通过演习才能让系统本身存在的一些漏洞显现出来。

安全事　处理流程

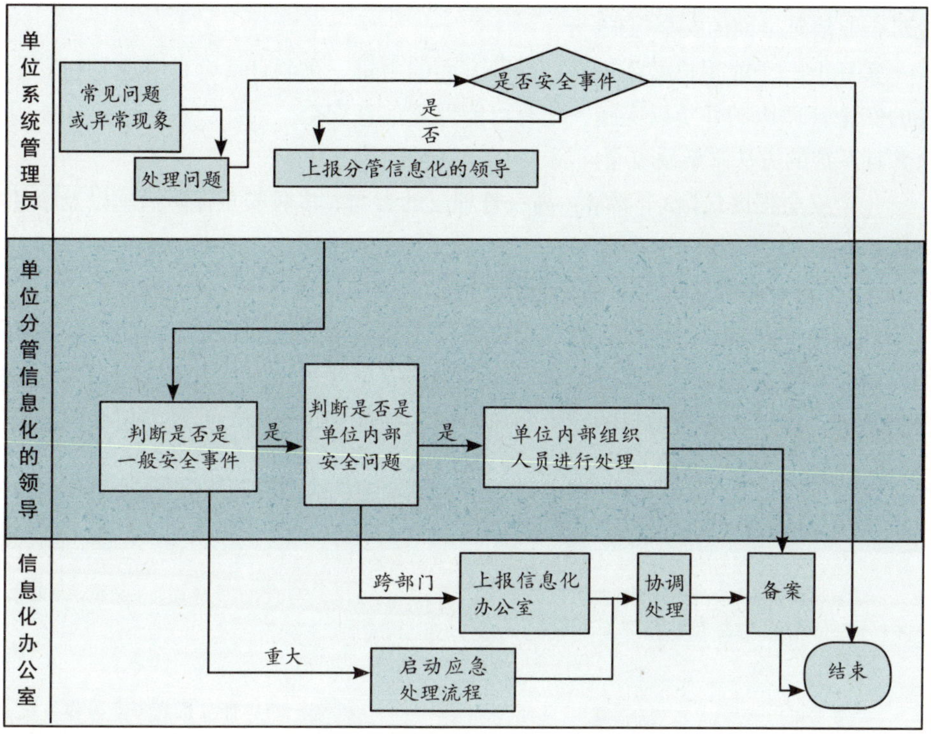

安全问题与安全程序

前文所说的所有安全问题都是真实的，并且非常严重。数据泄露、法规需求和萧条的经济市场都意味着企业用户更愿意在信息安全上进行投入来保护他们的数字资产。目前中国的信息安全状况令人担忧，随着政府上网和企业信息化的推进，越来越多企业的日常业务已经无法脱离网络和信息技术的支持。

但是，现状是绝大多数的企业用户并不知道采取什么措施才能有效地保护自己的信息安全。当前市场上存在的众多错误概念和混乱意识，使得刚刚开始形成安全意识的企业用户莫衷一是，亟须在全社会范围内普及新的信息安全应用理念和使用习惯，以便企业可以在面对自己的信息安全需求时有章可循；同时，由于历史的原因，在信息安全方面开始醒悟的很多企业，由于缺少必要的培训和专业咨询指导，从而导致面对众多的网络安全产品，不知道该如何合理选择；而以往固守市场一隅，始终难以形成品牌和市场影响能力的大量安全产品提供商，没有，也无力进行规模化的市场培育和技术服务支持，导致了很多企业用户在购买产品后，不知道如何正确使用；而且，任何一种或者一批信息安全工具的独立使用，都不可能真正形成对企业信息全面的安全保护。

实际上，企业用户必须依靠社会各方面的力量，来制订适合自身业务和安全需要的安全管理机制并予以实施，才有可能保障信息安全。因此，各个组织必须用安全并且系统的方法来解决安全问题。

一个安全程序包括3个要素：高级管理层的参与、多种安全保障措施以及事件响应机制。

（1）对于高级管理层来说，他们在信息系统中扮演着一个极其重要的角色。因为管理层制订政策，所以只有管理层能够将安全系统的成本与安全威胁的风险相平衡。高级管理层有两个重要的安全职能：制定安全政策，使其为组织应对安全威胁提供基础；在平衡安全项目的成本与风险的基础上管理风险。并且高层和中层管理

信息泄漏威胁种类

能够准确了解到企业可能面临的数据安全风险，能够让我们做到有的放矢，也能为安全投入节省成本。企业信息泄漏威胁主要源于下面四种情况：

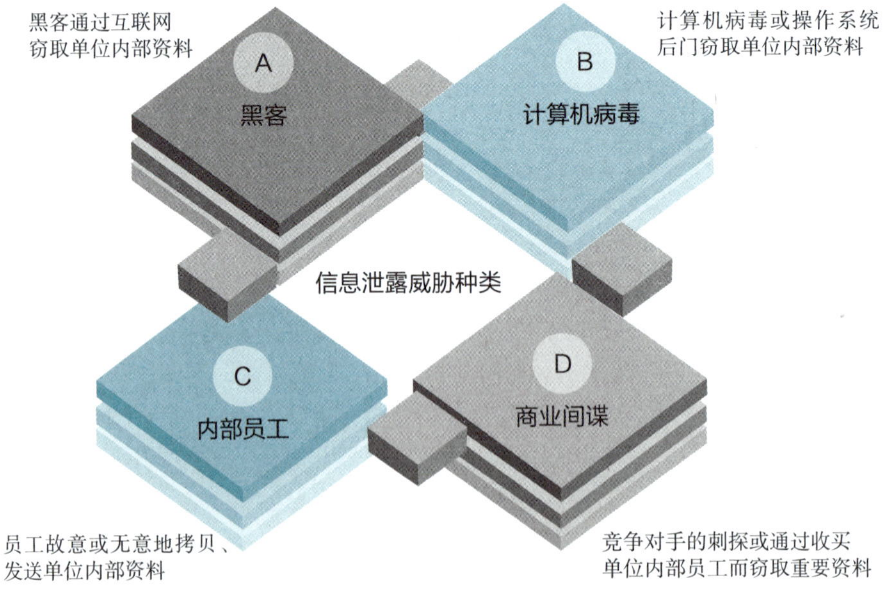

者要亲自积极参与组织内部的关键性安全活动。高层和中层管理者通过每时每刻参加安全的运作，与一般员工交流注重安全的理念，表明自己对安全的重视态度，这将在很大程度上促使员工自觉遵守安全操作规程。

（2）安全保障措施是对安全威胁的防范。先进的信息安全技术是网络安全的根本保证。用户对自身面临的威胁进行风险评估，决定其所需要的安全服务种类，选择相应的安全机制，然后集成先进的安全技术，形成一个全方位的安全系统；并且能够智能识别计算机所运行的涉密数据，并自动强制对所有涉密数据进行加密操作，而不需要人的参与。

体现了安全面前人人平等，从根源上解决信息泄密。而且除了这些保障措施之外，企业还必须考虑灾后重建等保障措施。可以说，一个有效的安全程序是由平衡所有这些保障措施组成的。

（3）安全响应机制是安全程序的最后一个要素，很明显，我们不能等到所有的计算机都崩溃的时候才去考虑该做些什么。作为未来信息系统的使用者，你不会自己设计应用程序，但是你应该确保为你和你所在的部门开发的任何一个信息系统都将安全性作为应用程序的一个要求。

电子商务的安全威胁

随着电子商务的飞速发展，电子商务的安全问题日益成为人们关注的焦点。

黑客的攻击和电脑病毒的爆发常常造成网站的瘫痪、信息的丢失，给蓬勃发展的电子商务带来极大威胁。如，CIH病毒的爆发几乎在瞬间给网络上数以万计的计算机以沉重打击。典型的“虚拟盗窃”能从因特网上窃取那些粗心用户的信用卡账号，还能以欺骗的手法进行产品交易，甚至能洗黑钱。因此，安全问题成为电子商务发展过程中的隐患。

现在互联网上经常有一些网络钓鱼的网站，网络钓鱼是一个欺骗合法公司，试图非法获取信用卡卡号、电子邮件账号、驾驶证号码和其他数据的操作。他们通常是通过电子邮件发起的，通过一些看似官方的电子邮件，指引你点击其链接。当你这样做了之后，你将链接到一个网站上，要求你提供个人数据，如信用卡卡号、信用卡有效日期、驾驶证号码、社会保障号码等数据。一般这个网页是由一家不存在的公司制作的，是完全虚假的，该网站的唯一目的是非法取得你的信息。它也有可能在你的计算机上安装间谍软件、广告软件或其他恶意软件。

如果你已经操作到这里，应该关闭你的浏览器，并重启你的计算机，同时运行反恶意软件来扫描你的计算机。

安全问题的来源分为人为错误和失误、恶意的人为活动、自然事件和伤害。

电子商务安全 胁类型分布

电子商务安全问题主要有下面6种类型：

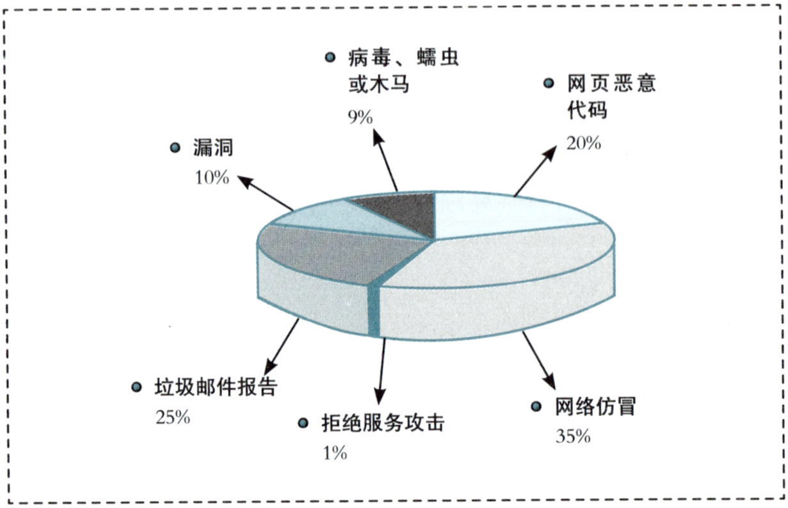

人为的错误和失误包括员工和非员工造成的意外问题。

恶意的人为活动包括员工和前员工蓄意地破坏数据或其他系统元件。

自然事件和灾害是安全问题的第三个来源，这类威胁包括水灾、火灾、飓风、地震、海啸、雪崩和其他的自然活动。

信息系统的防灾避难措施

灾难是指由自然活动、犯罪或恐怖活动导致的计算机基础设施的巨大损失。

主要的防灾准备工作包括在安全地点安装基础设施、确定关键任务系统、确定运行此类程序所需资源、安装远程备份设备以及培训和演练。

1. 在安全地点安装基础设施

防范灾难的最好安全保障措施是选择合适的地点，不过，有时候企业需要在不太适合的地方设置必要的计算机设施。另外，即使是在很合理的地方，灾难也同样会发生。如果可能的话，不要将计算机中心、网络场和其他计算机设备安置在容易发生水灾、地震、飓风、龙卷风或雪崩的地方。即使是在这些地方，也应当将设备安置在防火建筑物内，以保障贵重和重要的设备。

因此，一些企业将备份程序中心安置在远离主要处理站点的地方。正如多次强调过的，解决问题的最好办法是不要出现问题。

2. 确定关键任务系统

在选择了一个安全的计算机安置点后，企业应当确定所有关键任务使用程序。此类程序是指企业没有它们就不能够继续进行，以及无论在任何时候，丢失它们都会给企业带来失败。

3. 确定运行此类程序所需资源

企业应当明确运行这些系统所必需的资源。这些资源包括计算机、操作系统、应用程序、数据库、管理数据、数据文件和有经验的人员。

4. 安装远程备份设备

企业应当为远程处理中心的重要资源创建备份。所谓的热站是指由商业防灾服务商操作的远程处理中心。收取月租后，他们可以向企业提供灾后维持运转所需的所有设备。相对应地，冷站是指提供办公地点，由客户自己提供和安装维持运转所需的设备。

远程和移动设备上的数据之所以没有像企业主数据中心里的数据那样被严格地保护，其中原因显而易见，因为它们并不在数据中心。远程机构与主数据中心之间、个人与主数据中心之间并没有高速的网络联结，这就决定了我们不可能使用主数据中心里常见的备份软件去备份这些数据。在主数据中心里，传统的备份应用必须保证有高速的网络连接到服务器端，在这种技术体系下，一旦换成联结到远程的服务器，性能会非常差。带宽的限制使得软件无法传输大量的数据，网络延迟还会带来更多不必要的流量开销，因为备份应用是一种基于会话的机制，网络延迟会导致服务器和客户端之间反复进行通信联结。

5. 培训和演练

一旦企业进行了适当的备份，就必须培训和演练，将操作活动从主要中心系统切换到备份文件中。周期性的复习演练是必要的。安装备份设备是非常昂贵的，但是建立和维护该设备是一种保障方式。高层管理人员必须在平衡风险、收益和成本的基础上，来决定如何安装这类设备。

电子商务系统安全涉及诸多方面，是一项复杂的系统工程。尽管目前提出了很多技术解决方案，但离真正的安全电子商务还有一段距离。优秀的系统管理人员往往可以在很大程度上保障系统的安全运行，无形中提高了企业的竞争力，降低了企业进行电子商务的成本。

企业信息安全策略

为了提高信息安全性，企业应建立网络与信息安全保密组织，制定相关的管理制度和体系，大力宣传信息保密工作的重要性，最大限度地保护企业的各种秘密信息。

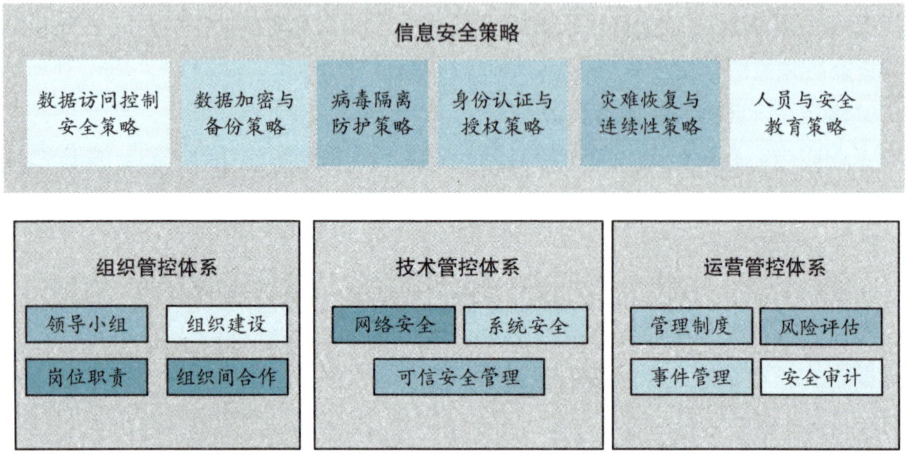

第五章

用信息技术获得竞争优势

供应链的管理方法

所谓供应链，其实就是由供应商、制造商、仓库、配送中心和渠道商等构成的物流网络。同一企业可能构成这个网络的不同组成节点，但更多的情况下是由不同的企业构成这个网络中的不同节点。比如，在某个供应链中，同一企业可能既在制造商、仓库节点，又在配送中心节点等占有位置。在分工愈细，专业要求愈高的供应链中，不同节点基本上由不同的企业组成。在供应链各成员单位间流动的原材料、在制品库存和产成品等就构成了供应链上的货物流。

供应链管理是一种集成的管理思想和方法，它执行供应链中从供应商到最终用户的物流的计划和控制等职能。从单一的企业角度来看，是指企业通过改善上下游供应链关系，整合和优化供应链中的信息流、物流、资金流，以获得竞争优势。

供应链管理是企业的有效性管理，表现了企业在战略和战术上对企业整个作业流程的优化。整合并优化了供应商、制造商、零售商的业务效率，使商品以正确的数量、正确的品质、在正确的地点、以正确的时间、最佳的成本进行生产和销售。

一个公司采用供应链管理的最终目的有3个：

（1）提升客户的最大满意度（提高交货的可靠性和灵活性）。

（2）降低公司的成本（降低库存，减少生产及分销的费用）。

（3）企业整体“流程品质”最优化（错误成本去除，异常事件消弭）。

供应链管理主要涉及4个领域：供应、生产计划、物流、需求。职能领域主要包括产品工程、产品技术保证、采购、生产控制、库存控制、仓储管理、分销管理。辅助领域主要包括客户服务、制造、设计工程、会计核算、人力资源、市场营销。

推迟制造就是供应链管理中实现客户化的重要形式，其核心的理念就是改变传统的制造流程，将最体现顾客个性化的部分推迟进行。譬如，美国贝纳通制衣公司就是应用该方法的典型例子。

贝纳通制衣公司将某些生产环节推迟到最接近顾客需求的时间才进行生产。如对毛衣而言，顾客需求变化最快的主要是衣服的花色，而尺寸变化则相对较小。所以贝纳通制衣公司在生产毛绒衫时，先以一定规模生产的方式将其制成白毛衣（不染色），然后等到快要投放市场之前再染色（而不是像传统上那样先染色再针织），这样来保证衣服的花色符合当时的最新潮流，以满足顾客需要。

总之，在整个供应系统的设计中，应该对整个生产制造和供应流程进行重构，使产品的差异点尽量在靠近最终顾客的时间点完成，从而充分满足顾客的需要。这种对传统的制造流程进行重构的做法实际上与当前流行的企业经营过程重构是一致的。

供应链的另一种管理方法则是在生产上对所有供应厂家的制造资源进行统一集成和协调，使它们能作为一个整体来运作。企业往往有很多的供应厂家，为了满足某一个具体的用户目标，就必须对所有这些供应厂家的生产资源进行统一集成和协调，使它们能作为一个整体来运作。这样使企业所拥有的市场和生产信息、供应厂家网络以及对整个供应厂家的协调管理技术是其最重要的核心能力。这种能力使它能像大公司一样思考和赢利，并像小公司一样灵活自如。

供应链是一个系统

供应链是围绕核心企业，通过对信息流、物流、资金流的控制，把供应商、制造商、经销商、零售商直到最终用户连成一个整体的功能网链结构模式。

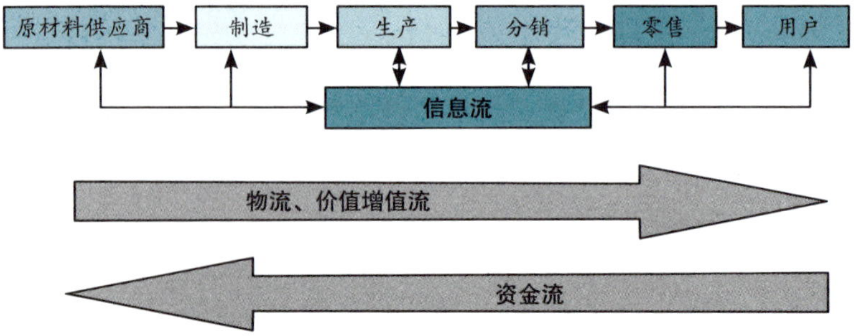

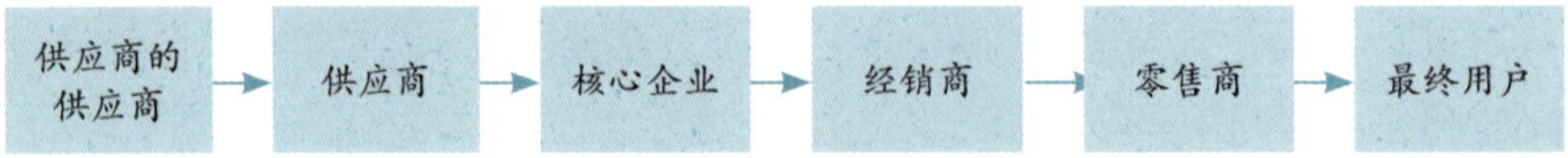

如何能与客户进行更好的管理沟通

客户关系管理这个概念最初是由 Gartner Group 提出来的，而最近开始在企业电子商务中流行。客户关系管理的主要含义就是通过对客户详细资料的深入分析，来提高客户的满意程度，从而提高企业竞争力的一种手段。它主要包含以下几个主要方面（简称 7P）：

客户概况分析（Profiling）：包括客户的层次、风险、爱好、习惯等；

客户忠诚度分析（Persistency）：指客户对某个产品或商业机构的忠实程度、持久性、变动情况等；

客户利润分析（Profitability）：指不同客户所消费的产品的边缘利润、总利润额、净利润等；

客户性能分析（Performance）：指不同客户所消费的产品按种类、渠道、销售地点等指标划分的销售额；

客户未来分析（Prospecting）：包括客户数量、类别等情况的未来发展趋势、争取客户的手段等；

客户产品分析（Product）：包括产品设计、关联性、供应链等；

客户促销分析（Promotion）：包括广告、宣传等促销活动的管理。

在传统企业引入电子商务后，企业关注的重点由提高内部效率向尊重外部客户转移。而客户关系管理理念正是基于对客户的尊重，要求企业完整地认识整个客户生命周期，提供与客户沟通的统一平台，提高员工与客户接触的效率和客户反馈率。总的来说客户关系管理的作用有以下几点：

1. 提高市场营销效果

企业通过客户关系管理的营销模块，对市场营销活动加以计划、执行、监视、分析；通过调用企业外部的电信、媒体、中介机构、政府等资源，与客户发生关联；通过销售模块，提高企业销售过程的自动化。随着企业信息的网络化发展，订单处理和信息传递都会通过网络进行；通过前端销售功能模块与后端企业资源管理的整合，协调企业其他经营要素，从而为客户提供更快速周到的优质服务，吸引和保持更多客户。

2. 为生产研发提供决策支持

客户关系管理的成功在于其具备数据仓库和数据挖掘功能，企业通过所搜集的资料了解企业客户，发现具有普遍意义的客户需求，并合理分析客户个性需求，从而挖掘具有市场需求而企业尚未提供的产品品种、产品功能以及需完善和改进之处等深加工信息。

3. 是企业技术支持的重要手段

企业通过客户关系管理，借助通信、因特网等手段，利用本企业及销售商、服务商等合作伙伴的资源共享，对已有客户自动地提供个性化的技术解答、现场服务、产品修理等支持和服务，并能优化其工作流程。

4. 为财务金融策略提供决策支持

企业通过中介机构和其他途径获得客户的信用状况，通过本企业和客户关系管理系统的修正和检验，反馈企业对不同客户提供不同财务政策的决定。

5. 为适时调整内部管理制度提供依据

企业通过客户关系管理反馈信息可以检验已有内部管理体系的科学性和合理性，以便及时调整内部管理的各项制度。

6. 优化企业业务流程

客户关系管理的成功实施必须通过对业务流程的重新设计，使之更趋合理化，才能更有效地管理客户关系，从而降低企业成本。

360度客户信息管理